|이|야|기|로|풀|어|쓴|

조선왕조실록

|이|야|기|로|풀|어|쓴|

조선왕조실록

아이템북스

머리말

태조 이성계가 1388년 위화도 회군으로 고려를 멸망시키고 1392년 조선왕조를 창업하여 27대 518년 만에 일제에 의해 강제로 멸망하기까지 역대 왕들의 실록을 모은 책이 『조선왕조실록』이다.

역대 왕들의 실록에는 그때의 정치·경제·사회·문화 등을 비롯하여 백성들의 애환이 고스란히 담겨져 있어 그 당시의 온갖 상황들을 한눈에 파악할 수 있다.

500여 년 동안 전해 내려온 조선왕조의 역사는 그야말로 파란만장한 것이었다. 왕권의 확립을 위해 온갖 수단을 가리지 않는 임금과 그 밑에서 나라를 위해 헌신적으로 왕을 보필하는 신하가 있는가 하면 자신들의 이익을 위해 파당을 만들고, 상대를 모함하고 죽이는 일들이 비일비재하였다.

왕의 배우자인 왕비는 자신이 왕비이었기 때문에 친정 집안이 한순간에 풍비박산되는 슬픔을 겪기도 했으며, 후사를 잉태하지 못해 오히려 후궁들의 눈치를 살펴야 했고, 왕을 둘러싼 후궁들의 질투는 많은 풍파를 일으키기도 했다.

이 책은 조선왕조 역대 왕들의 실록을 체계적으로 이해할 수 있도록 왕대별로 중요한 역사를 발췌하여 정리하였고, 조선왕조의 족보인 『선원록』을 참고하여 역대 왕들의 가족관계를 한눈에 파악할 수 있도록 꾸몄다.

　수백 권에 달하는 방대한 기록인 『조선왕조실록』을 한권으로 묶는 데는 어려움이 많았다. 그러나 역대 왕들의 치적과 재위기간에 일어난 중요한 사실들을 모두 실었으며, 누구나 알기 쉽고 흥미있게 읽을 수 있도록 이야기식으로 풀어 엮었고, 부족한 부분이나 누락된 부분은 점차적으로 수정 보완할 것을 약속한다.

　그리고 독자들이 이 책을 이해하는 데 도움이 되기 위해 이 책에 등장하는 인물들의 도록과 유물들을 많이 실었으므로 한껏 생동감과 신선감을 불러일으킬 것이다.

　부록으로 조선왕조 정부기관의 해설, 내명부와 외명부의 품계, 조선왕조의 왕릉, 그리고 조선왕조의 족보인 선원계도와 왕세계도를 실었으니 참고하기 바란다.

　역사는 언제 다시 보아도 우리들에게 이상야릇한 느낌을 준다. 지나온 역사가 우리들의 흥미를 끄는 것은 비록 옛날에 일어난 일들이었지만, 그 역사적 사실은 오늘을 살아가는 현대인들에게 큰 공감을 불러일으키고, 그 사실을 통해 배울 점이 많기 때문이다.

　이 책은 중·고교생은 물론 직장인, 그리고 입사를 위해 준비하는 수험생, 현대를 살아가는 우리들이 반드시 읽어야 할 책이며, 조선왕조사를 이해하는 데 큰 도움이 되리라 믿는다.

차례

_머리말··4

_태조실록 太祖實錄
태조실록 편찬 경위··9
태조실록의 내용··10

제1대 태조
태조 이성계의 조상들··11 / 이성계의 등장··20
황산 대첩··25 / 위화도 회군··30
정몽주, 선지교에서 죽다 37 / 무학 대사··40
한양을 수도로 정하다··43 / 이성계와 정도전··46
제1차 왕자의 난··50 / 태조의 업적··56
이성계의 조상과 형제들··57 / 이성계의 가계··62

_정종실록 定宗實錄
정종실록 편찬 경위··67
정종실록의 내용··68

제2대 정종
제2차 왕자의 난··69 / 정종의 가계··75

_태종실록 太宗實錄
태종실록 편찬 경위··77
태종실록의 내용··78

제3대 태종
왕권의 강화와 중앙집권의 확립··79
함흥차사··83 / 공신들을 제거하다··87
양녕대군과 효령대군··90 / 태종의 가계··93

_세종실록 世宗實錄
세종실록 편찬 경위 97
세종실록의 내용 98

제4대 세종
해동의 성군 세종··99 / 심온의 죽음··102
세종의 업적··104 / 황희 정승··109
어린 세손을 부탁하다··112 / 세종의 가계··114

_문종실록 文宗實錄
문종실록 편찬 경위··119
문종실록의 내용··120

제5대 문종
폐출되는 세자빈··121 / 문종의 눈물··125
꿈에 나타난 현덕왕후··129

_단종실록 端宗實錄
단종실록 편찬 경위··133
단종실록의 내용··134

제6대 단종
'황표정사'··135 / 계유정난··137

_세조실록 世祖實錄
세조실록 편찬 경위··143
세조실록의 내용··144

제7대 세조
세조의 왕위 찬탈··145 / 사육신과 생육신··148
단종, 영월로 내쫓기다··159
이시애의 반란··163 / 세조의 가계··165

_예종실록 睿宗實錄
예종실록 편찬 경위··167
예종실록의 내용··168

제8대 예종
최초의 수렴청정··169 / 남이 장군의 죽음··171
예종의 가계··175

_성종실록 成宗實錄
성종실록 편찬 경위··177
성종실록의 내용··178

제9대 성종
사림파의 등장··179
연산군의 어머니 윤씨의 폐위··185
성종의 가계··190

_연산군일기 燕山君日記
  연산군일기 편찬 경위··195
  연산군일기의 내용··196

제10대 연산군
  불길한 징조··197 / 무오사화··199
  장녹수의 등장··202 / 갑자사화··206

_중종실록 中宗實錄
  중종실록 편찬 경위··211
  중종실록의 내용··212

제11대 중종
  중종반정··213 / 치마 바위··216
  중종의 계비 장경왕후··218 / 조광조의 개혁 정치··219
  기묘사화··221 / 중종의 가계··223

_인종실록 仁宗實錄
  인종실록 편찬 경위··227
  인종실록의 내용··228

제12대 인종
  '작서지변'··229 / 인종의 가계··233

_명종실록 明宗實錄
  명종실록 편찬 경위··235
  명종실록의 내용··236

제13대 명종
  대윤과 소윤··237 / 문정왕후와 보우··240
  대도 임꺽정··243 / 순회세자의 죽음··246
  조선 최고의 성리학자 이황··248
  명종의 가계··250

_선조실록 宣祖實錄
  선조실록 편찬 경위··253
  선조실록의 내용··254

제14대 선조
  서출로 계승되는 왕위 255 / 동인과 서인 257

  정여립의 역모, 가축옥사··261
  임진 왜란··265 / 행주대첩··275
  정유재란··278 / 살아 있는 관음보살··285
  인목왕후와 영창대군··288
  선조의 가계··290

_광해군일기 光海君日記
  광해군일기 중초본의 편찬 경위··295
  광해군일기의 내용··296

제15대 광해군
  임해군의 죽음··297 / '강변칠우사건'··303
  광해군의 대외정책··306
  광해군 부인 유씨··308

_인조실록 仁祖實錄
  인조실록 편찬 경위··313
  인조실록의 내용··314

제16대 인조
  인조반정··315 / 이괄의 반란··319
  정묘·병자호란··323 / 소현세자의 죽음··327
  인열왕후의 내조··329 / 인조의 가계··333

_효종실록 孝宗實錄
  효종실록 편찬 경위··337
  효종실록의 내용··338

제17대 효종
  '조 귀인의 옥사'··339
  청나라의 러시아 정벌··341 / 북벌계획··343
  인선왕후의 내조··346

_현종실록 顯宗實錄
  현종실록 편찬 경위··349
  현종실록의 내용··350

제18대 현종
  '제1차 예송'··351 / '제2차 예송'··354

차례

_숙종실록 肅宗實錄
  숙종실록 편찬 경위··359
  숙종실록의 내용··360

제19대 숙종
  탁남과 청남의 대립··361 / 경신환국··362
  노·소론의 분당··365 / 요녀 장씨··367
  쫓겨난 인현왕후··371 / 장 희빈의 죽음··384
  세자와 연잉군··387 / 숙종의 가계··391

_경종실록 景宗實錄
  경종실록 편찬 경위··395
  경종실록의 내용··396

제20대 경종
  소론과 연잉군··397 / 목호룡의 고변··399
  경종의 가계··401

_영조실록 英祖實錄
  영조실록 편찬 경위··403
  영조실록의 내용··404

제21대 영조
  을사처분과 정미환국·이인좌의 난··405
  영조의 열등의식··408 / 사도세자의 방탕생활··410
  나경언의 고변··418 / 영조의 업적··423
  실학의 선구자 안정복··426
  과학의 선구자 홍대용··427 / 영조의 가계··429

_정조실록 正祖實錄
  정조실록의 편찬 경위··433
  정조실록의 내용··434

제22대 정조
  홍국영의 세도정치··435 / 정조의 화성 건설··439
  새로운 시대를 여는 실학··441 / 정조의 가계··449

_순조실록 純祖實錄
  순조실록 편찬 경위··451
  순조실록의 내용··452

제23대 순조
  '신유사옥··453 / 안동 김씨의 세도정치··456
  홍경래의 난··458 / 풍양 조씨의 세도··459
  순조의 가계··461

_헌종실록 憲宗實錄
  헌종실록 편찬 경위··463
  헌종실록의 내용··464

제24대 헌종
  '기해박해'··465 / 헌종의 가계··468

_철종실록 哲宗實錄
  철종실록 편찬 경위··471
  철종실록의 내용··472

제25대 철종
  왕위에 오른 강화도령··473
  허수아비 임금··477 / 진주 민란··479
  동학의 탄생··481 / 철종의 가계··485

_고종실록 高宗實錄
  고종실록 편찬 경위··487
  고종실록의 내용··488

제26대 고종
  흥선대원군의 개혁··489
  흥선대원군과 명성왕후··492
  임오군란··497 / 갑신정변··499
  권력투쟁에 집착한 명성왕후··502
  동학혁명··503 / 을미사변··505
  아관파천··508 / 고종과 엄 귀비··510
  고종의 가계··513

_순종실록 純宗實錄
  순종실록 편찬 경위··519
  순종실록의 내용··520

제27대 순종
  망국의 황제 순종··521 / 순종의 가계··526

태조실록 太祖實錄

『태조실록』 편찬 경위

　『태조실록』은 태조 원년(1392)부터 7년(1398) 9월까지 7년 동안의 역사를 편년체로 기록한 사서이다. 정식 이름은 『태조강헌대왕실록』이다. 모두 15권 3책이며, 처음에는 베껴 쓴 책으로 전해지다가 뒤에 활자로 간행되었다. 조선시대 다른 왕들의 실록과 함께 국보 제151호로 지정되었다.

　1409년 8월 28일에 태종은 영춘추관사 하륜, 지춘추관사 유관, 동지춘추관사 정이오·변계량에게 명하여 『태조실록』을 편찬하게 하였다. 그러나 시대가 멀지 아니하고 또 당시에 활동하던 인물들이 모두 살아 있으므로 실록 찬수가 이르다 하여 후일을 기다리자는 건의도 있었으나 태종은 듣지 않았다.

　태종은 태조 원년부터 정종 2년까지의 사초를 각 사관에게 제출하도록 명령하는 동시에, 하륜 등으로 하여금 실록을 편찬하게 하였다.

　『태조실록』 15권이 처음 완료된 것은 태종 13년 3월이며, 『정종실록』(전 6권)은 세종 8년(1426) 8월에 완성되었고, 『태종실록』(전 36권)은 세종 13년(1431) 3월에 완성되었다. 세종 27년 (1445)에 이들 3대(태조·정종·태종) 실록을 각기 네 질(4본)씩 필사하여, 한 질은 서울 춘추관에, 기타 세 질은 충주·성주 및 전주 사고에 각각 보관하도록 하였다. 실록을 활자로써 발간한 것은 『세종실록』 때부터였다.

　태조는 1408년 5월 24일 창덕궁에서 세상을 떠났다. 시호는 강헌, 존호는 지인계운성문신무, 묘호는 태조이며, 능호는 건원릉으로 경기도 구리시 인창동 동구릉 경내에 있다.

『태조실록』의 내용

태조(1335~1408)의 본관은 전주, 초명은 성계, 자는 중결, 호는 송헌이었으나 조선왕조를 창건하여 왕위에 오른 뒤 이름을 단, 자를 군진으로 고쳤다. 고려 말 동북면의 신흥 군벌이었던 자춘의 둘째 아들이며, 어머니는 최한기의 딸이다.

태조의 아버지 이자춘은 1356년(공민왕 5) 고려의 쌍성총관부 공격 때 내응해 원나라 세력을 축출하는 데 큰 공을 세우고 고려에 복종하였다. 그는 1361년 삭방도만호 겸 병마사로 임명되어 동북의 실력자가 되었다.

이성계는 타고난 군사적 재능을 바탕으로 크게 활약하여 1361년 10월에는 반란을 일으킨 독로강만호 박의를 죽이고, 같은 해 홍건적의 침입으로 개경이 함락되자 이듬해 이를 탈환하는 데 앞장섰다.

1362년 원나라 장수 나하추의 대군을 함흥평야에서 격퇴하였다. 이 해에 밀직부사의 벼슬과 단성양절익대공신의 호를 받았고 뒤에 동북면원수 지문하성사 · 화령부윤 등에 임명되었다.

1377년(우왕 3)에는 경상도 일대와 지리산의 왜구를 대파하고, 1380년에 양광 · 전라 · 경상도 도순찰사가 되어, 아지바두의 왜구를 운봉에서 섬멸했다. 1388년에 수문하시중이 되었다.

이 해 최영이 요동 정벌에 나서자 태조는 우군도통사가 되어 위화도까지 종군하였으나, 결국 회군하여 최영을 제거하고 우왕을 폐한 뒤 창왕을 옹립했다. 이듬해 다시 창왕을 폐하고 공양왕을 옹립한 뒤 수문하시중이 되었다. 1391년에는 삼군도총제사가 되었고 전제개혁을 단행하여 구세력의 경제적 기반을 박탈하였다. 익년 1392년 7월에 공양왕을 강압하여 선양을 받고 새 왕조의 태조로서 즉위했다.

1398년 8월 태조가 병을 앓고 있을 때 다섯째 아들인 방원이 군사를 일으켜 정도전 · 남은 등을 죽이고 이복 형제들인 세자 방석과 방번을 죽였다. 이에 태조는 방원의 요청으로 둘째 아들인 방과를 세자로 결정하였다.

태조는 다음달 왕위를 세자에게 선양하고 상왕으로 물러났다.

제1대 태조
(1335년~1408년, 재위기간 1392년 7월~1398년 9월)

태조 이성계의 조상들

　태조 강헌대왕의 본관은 전주 이씨이며 시조 이한의 22대손으로 이름은 단이며, 자는 군진이다. 그리고 원래의 이름은 성계이고 호는 송헌이다.
　태조의 조상은 신라와 고려 때 여러 가지 벼슬을 역임했으며 제18대 목조 때 전주에서 살았는데 산성별감과 기생 때문에 말썽이 생겨 고을의 원과도 사이가 나쁘게 되었다. 고을의 원은 안렴사와 의논하여 군사를 일으켜 목조를 죽이려고 하였다.
　목조는 이러한 사실을 알고 곧장 강릉도 삼척현으로 옮겨 갔다. 이때 목조를 따라온 백성들이 170여 호나 되었고, 그는 그곳에서 왜구의 침입을 막는 데 힘썼다.
　목조는 성품이 호탕하였으며 그가 전주에 살 때는 스무 살 남짓하였고 용맹과 지략이 뛰어났다.
　그의 아버지 장군 이양무는 상장군 이강제의 딸에게 장가들어 안사를 낳았는데 그가 바로 목조이다.

태조 이성계
1388년 위화도 회군으로 고려를 멸망시키고 1392년 조선왕조를 건국했다.

    그 뒤 원나라의 야굴대왕이 고려의 여러 고을을 침략하자 목조는 두라 산성을 지키면서 난리를 피했다.
    이때 전주에서 목조와 다투었던 산성별감이 삼척현의 안렴사로 오자 그는 화가 치밀어 집안 식구들을 데리고 바닷길로 해서 동북면 의주에 머물렀다. 이때 전주에서 따라온 170여 호의 백성들도 그를 따라왔고 동북면의 백성들은 그를 따르는 사람이 많았다.
    고려 조정에서는 목조를 의주 병마사로 임명하여 원나라의 군사를 막게 하였다.
    그때 쌍성(영흥) 이북은 개원로에 속했는데 원나라의 산길 대왕이 쌍성에 와서 머물면서 철령 이북의 땅을 빼앗으려 했다.
    산길 대왕은 여러 번 목조에게 사람을 보내 항복하기를 권하자 그는 김보노 등 1,000여 호를 데리고 원나라에 항복하였다.
 이때 목조를 따르던 많은 사람들도 그를 따라갔다.
 목조가 많은 사람들을 거느리고 원나라에 항복하자 산길 대왕은 그를 후하게 대접하였고, 연회를 열어 술을 마시었다.
 그와 헤어질 때 산길은 옥술잔 하나를 목조에게 주면서
 "이 옥술잔으로 내 마음을 표시하니 받으라"고 말했다.
 그 뒤 목조는 개원로의 남경에 있는 알동에 가서 살았다.
 이듬해 원나라에서는 목조에게 알동천호소를 세워 주고 금패를 내려보내 남경 등 다섯 개 천호소의 우두머리 천호 겸 달로화적으로 임명하였다.
 알동은 경흥부에서 동쪽으로 30리 떨어져 있고, 알동의 서북쪽으로 120여 리 되는 곳에 두문성이 있고 또 그 서쪽으로 120여 리 되는 곳에 알동 역참이 있었다.
 알동에서 동남쪽으로 30여 리 되는 곳에 북쪽에 육지와 닿은 자고라는 섬이 있는데 목조는 이곳에 성을 쌓고 말과 소를 길렀다.
 목조가 세상을 떠나자 경흥부에서 남쪽으로 5리 떨어진 곳에 장사지냈고, 뒤에 함흥부의 의흥부 달단동에 옮겨 장사지냈다.
 목조의 부인은 이씨인데 신우위 장사 공숙의 딸로 행리를 낳았는데 이가 곧 익조이다.
 익조는 아버지의 벼슬을 물려받았다. 그는 원나라 세조가 일본을 칠 때 군사들을 뽑아 쌍성총관부의 삼살천호인 몽골인 대탑실과 함께 출전했다.
 이때 그는 고려의 충렬왕을 만났다. 충렬왕을 만난 그는
 "신의 아버지가 북쪽으로 간 것은 위험한 처지에서 벗어난 것이지 결코 고려를 배반하자는 것이 아니었습니다. 그 죄를

용서해 주시기 바랍니다."
라고 말하였다.
　그러자 충렬왕은
"경은 본디 선비의 집안인데 어찌 그 근본을 잊겠는가. 지금 경의 행동으로 미루어 보아 그 마음을 알 만하다."
고 말하였다.
　익조의 덕망이 사방에 알려지자 여러 천호들의 부하들이 그를 찾아왔는데 천호들이 그를 시기하여 죽이려고 의논하였다.
"행리는 원래 우리 민족이 아니고 그는 우리들을 언젠가는 해칠 것이다. 우리들이 군사들을 모아 그를 죽이고 재산을 나누어 가지는 것이 좋겠다."
　여러 천호들은 이렇게 모의하고 익조에게 거짓말을 하였다.
"우리들은 북쪽으로 사냥하러 가니 20일에 만나는 것을 그만두기로 하자."
　익조는 그들의 뜻을 승낙했다. 그러나 그들이 약속한 날짜에 오지 않으므로 한성에 가 보았다.
　그곳에는 늙은이와 어린이를 비롯하여 여자들만 있었고 남자들은 한 사람도 없었다.
　익조가 한 여자에게 묻자
"그들은 사냥에 정신이 팔려서 지금까지 돌아오지 않는가 봅니다."
라고 말했다.
　그 여자와 헤어진 익조는 집으로 돌아오다가 길에서 한 노파를 만났는데 그녀는 머리에 물동이를 이고 손에는 사발을 들고 있었다. 목조는 갑자기 목이 말라 그 노파에게 다가가서 물을 달라고 하자 노파는 사발에 물을 따라주면서

"이곳 사람들이 공을 시기하여 죽일 작정으로 군사들을 모으러 간 것이지 사냥을 나간 것이 아니오. 그들은 사흘 뒤에 돌아올 것이오."

익조는 노파의 말을 듣고 집으로 돌아와 세간살이를 배에 싣고 두만강을 내려오다가 적도에서 다시 만나자고 집안 사람들과 약속하고 부인과 함께 가양 개울을 건너 높은 곳에 올라 바라보니 알동 벌판에 300여 명의 군사들이 달려오고 있었다.

익조는 부인과 함께 말을 달려 적도의 북쪽 기슭에 이르렀다. 강의 넓이는 600보쯤 되었고 깊었으며 약속한 배도 오지 않아 그는 어쩔 줄을 몰랐다.

이때 갑자기 물이 빠지면서 수심이 얕아지는 바람에 강을 무사히 건넜다. 그들이 강을 건너자 다시 물이 차서 그를 뒤쫓던 군사들은 강을 건너지 못했다.

익조는 그곳에 움막을 짓고 살았다. 그러자 알동의 백성들이 그가 있는 곳으로 찾아와서 모두 함께 살았다.

익조는 다시 바닷길로 해서 의주에 돌아와 살았다.

얼마 뒤 익조의 부인 손씨가 아들 형제를 낳았는데 맏아들은 규수이고, 둘째는 복이다.

손 부인이 죽자 익조는 두 번째 부인을 얻었는데 최씨로 등주 호장 기련의 딸로서 농토를 마련하여 그곳에서 살았다.

익조는 두 번째 부인이 태기가 없자 부인과 함께 낙산 관음굴을 찾아가서 간절히 빌었다.

"천지 신령이시어, 우리에게 아들을 주십시오."

이렇게 며칠 동안 정성껏 빌자 어느 날 밤 꿈에 중이 찾아와서

"그대는 반드시 귀한 아들을 낳을 것이다. 아들의 이름은 선래라 지어라."

하고 사라졌다.

　익조는 집으로 돌아왔고 얼마 뒤에 부인에게 태기가 있어 마침내 열 달 만에 아들을 낳았다.

　익조는 중이 가르쳐 준 대로 아들의 이름을 선래라 지었다. 이가 곧 도조(度祖)이다.

　원나라에서는 익조에게 승사랑의 벼슬을 주고 쌍성 부근에 사는 고려의 군사들과 백성들을 다스리도록 하였다.

　익조가 세상을 떠나자 안변부의 서곡현 봉룡 뒷골에 장사지냈다.

　도조의 이름은 춘이고 아이 적 이름은 선래이며 몽골이름으로는 발안첩목아다. 그는 아버지의 벼슬을 물려받았으며 문하부 시중을 추증한 박광의 딸을 아내로 맞이하였다.

　박씨 부인은 아들 형제를 낳았는데 큰아들은 자흥으로 몽골 이름은 탑사불화이고 둘째는 자춘으로 곧 환조이다.

　도조는 부인 박씨가 죽자 화주로 옮겨 살면서 쌍성총관의 딸 조씨에게 장가를 들어 아들 두 명과 딸 셋을 낳았는데 맏아들은 완자불화이고 둘째는 나해이다.

　도조는 안변 이북의 땅을 모두 차지하고 의주에 옮겨 가서 살았다. 그 이유는 남쪽으로 내려온 백성들과 가깝게 지낼 수 있었고 짐승을 기르는 데도 편리했기 때문이다.

　어느 날 밤 탁조가 꿈을 꾸었는데 어떤 사람이 찾아와서

　"나는 흰용으로 지금 아무 곳에 삽니다. 검은 용이 내 집을 빼앗으려 하니 공이 나를 구원해 주시기 바랍니다."

라고 말하였다.

　도조는 깜짝 놀라 꿈에서 깨어났으나 그 꿈을 이상하게 생각지 않고 지냈다.

며칠이 지난 어느 날 밤 꿈에 그 흰용이 찾아와서
"공은 어째서 내 말을 곧이듣지 않습니까?"
하면서 날짜까지 지정해 주었다.
　도조는 그제야 이상하게 생각하고 용이 정해 준 날짜에 활과 화살을 가지고 가 보았다.
　그곳에는 구름과 안개가 자욱한데 흰 용이 검은 용과 못 속에서 한창 싸우고 있었다. 도조는 흰 용이 말한 대로 활을 쏘아 검은 용을 단번에 쓰러뜨리자 못 속으로 가라앉아 버렸다.
　그 뒤 꿈에 흰룡이 찾아와서
"앞으로 공의 자손들에게 큰 경사가 있을 것입니다."
하고 사라졌다.
　도조가 죽자 함흥부의 운천동에 장사지냈다.
　도조가 세상을 떠나자 큰아들 탑사불화가 개원로에 찾아가서 보고하였는데 개원로에서는 그가 도조의 본처의 아들인 것을 확인한 다음 그에게 아버지의 벼슬을 물려받게 하였다. 그러나 그가 갑자기 세상을 떠났는데 이때 그의 아들은 어렸다.
　조씨 부인이 낳은 둘째 아들 나해는 자기의 어머니가 고려 왕의 친척이고 자신과 형 완자불화가 벼슬을 하고 있으며 조 총관의 세력을 믿고 마침내 엉뚱한 마음을 품었다.
　그는 아버지의 장례를 틈타 그의 임명장과 도장을 훔쳐가지고 가 버렸다. 그러자 관내의 군사들과 백성들은
"조씨가 본처도 아닌데 나해가 어떻게 아버지의 벼슬을 물려받겠는가."라고 말하였다.
　환조가 형수에게
"아주머니께서 개원로에 찾아가서 진실을 밝혀야 합니다."
라고 말했다.

박씨 부인은 안변 출신 박득현의 딸이다.

환조가 어린 조카 교주를 데리고 박씨와 함께 개원로에 찾아가서 사실을 말하자 개원로에서 황제에게 보고하였다.

원나라 조정에서는 조씨가 도조의 본처가 아니며 교주가 나이가 어리니 환조로 하여금 아버지의 벼슬을 물려받되, 교주가 장성하면 돌려주라고 하였다. 그리고 관리를 보내 나해를 죽이라고 명령하였다.

환조의 이름은 자춘이고, 몽골이름으로는 오로사불화이다. 그는 어려서부터 보통 아이들과는 달랐고 말을 잘 탔으며 활을 잘 쏘았다.

환조가 아버지의 벼슬을 물려받게 되자 군사들과 백성들은 모두 기뻐하였으며 그를 잘 따랐다.

조카 교주가 성년이 되어 환조가 아버지의 벼슬을 돌려주려고 하자 그는 사양했다.

환조가 공민왕을 만나자 그는

"경의 할아버지가 지방에 있으면서도 늘 왕실을 생각하였기 때문에 내 아버지께서 무척 사랑하셨소. 이제 경이 할아버지처럼 행동한다면 내가 경을 훌륭한 사람으로 만들어 주겠소."

라고 말하였다.

본디 쌍성은 땅이 기름지고 관리들이 훌륭하여 남쪽의 백성들이 많이 모여들었다. 공민왕이 이러한 사실을 원나라에 알리자 중서성과 요양성에서 관리를 보냈다.

공민왕도 정동성 낭중 이수산을 보내 그들과 만나게 했고 전부터 살고 있던 백성들과 새로 들어온 백성들을 등록하게 하였다. 그 뒤 그들을 잘 돌보지 않은 관계로 차츰 흩어져 버리자 공민왕은 환조에게 다스리게 하였다.

환조가 개경의 공민왕을 찾아가자 그는 반갑게 맞이하면서
"경이 백성들을 돌보기에 얼마나 수고가 많은가."
라고 말하였다.

이때 기 황후의 일족들이 황후의 세력을 믿고 몹시 횡포하게 굴었다. 황후의 오빠 기철이 쌍성의 관리 조소생·탁도경 등과 내통해서 반역을 꾀하고 있었다.

공민왕은 환조에게
"경은 곧장 돌아가서 우리 백성들을 잘 다스리고 혹시 어떤 일이 발생하면 짐이 시키는 대로 거행하라."
라고 말하였다.

공민왕은 기 황후의 오빠 기철을 없앤 다음 밀직부사 유인우를 보내 쌍성을 공격하라고 하였으나 그는 등주에서 머뭇거리면서 나아가지 못했다.

공민왕은 이 소식을 듣고 환조를 소부윤으로 임명하고 중현대부로 품계를 높이고 병마 판관 정신계를 보내 환조를 응원케 했다.

환조는 공민왕의 명을 받고 유인우의 군사와 합세하여 쌍성을 공격하자 조소생·탁도경 등이 밤에 도망쳤다.

이때 환주·등주·정주·장주·예주·고주·문주·의주 및 선덕진·원흥진·영인진·요덕진·정변진 등 여러 성들을 되찾았고, 함주 이북으로 합관·홍헌·삼살 등은 99년 동안 원나라에 강제로 점령되었다가 모두 회복하였다.

공민왕은 환조를 대중대부, 사복경으로 임명하고 개경에 집을 마련해 주고 눌러살게 하였다.

이때 왜구가 양광도에 침입하였으므로 수도인 개경의 방비를 삼엄하게 하였다. 환조는 군기감 판사로 있다가 서강 병마사로

나갔고, 통의대부·정순대부에 올랐으며 천우위 상장군에 임명되었다.

환조가 장작감 판사로 삭방도 만호 겸 병마사로 나가게 되자 어사대에서 그는 본디 동북면 출신이고 그 지역의 천인인만큼 그를 병마사로 임명한 것은 옳지 않다고 건의했으나 공민왕은 허락하지 않았다.

공민왕은 연회를 벌여 환조를 극진히 대접하였고 재상들이 희빈문 밖에 나가 송별연을 벌여 위로하였다. 그리고 그 뒤 호부상서로 벼슬을 올려 주었다. 환조는 46세에 병으로 세상을 떠났다. 함흥부의 신평부 귀주동에 장사지냈다.

공민왕은 그의 죽음을 몹시 슬퍼하였으며 관리를 보내 정중히 조문하였다. 환조의 부인은 최씨로 문하부 시중, 영흥부원군의 벼슬을 추증한 최한기의 딸인데, 영흥부에서 1335년 이성계를 낳았다.

이성계의 등장

이성계는 태어나면서부터 몹시 총명하였고 콧마루가 높고 용의 상으로 슬기와 용맹이 뛰어났다.

그는 어릴 적에 화령과 함주 사이를 돌아다니며 놀았는데 그 부근의 사람들은 이성계의 인품에 모두 놀라곤 하였다.

어느 날 의붓어머니인 김씨가 담 위에 앉아 있는 까마귀 다섯 마리를 활로 쏘아 맞히라고 하자 그는 한 발에 다섯 마리의 머리를 맞혔다.

태조의 필적
태조 이성계가 태종에게 왕위를 물려주고 태상왕으로 있을 때 쓴 필적.

　의붓어머니 김씨는 천인 신분으로 의안대군 화의 어머니이다. 그의 빼어난 활 솜씨는 여러 가지 일화가 전해 내려오고 있다.
　동북면 도순문사 이달충이 관내의 고을을 돌아보기 위해 안변부에 찾아왔다. 이때 그의 부하가 태조 이성계를 헐뜯는 말을 하자 그는 곧장 이성계를 불렀다.
　태조는 이달충의 부름을 받고 그를 찾아갔다. 이달충은 태조의 얼굴을 곰곰이 살피더니
　"저 사람은 보통사람이 아니니 앞으로는 절대로 맞서지 말아라."
하고는 태조를 정중히 맞아들여 술을 대접하였다. 이윽고 이달충이 개경으로 돌아가게 되자 환조가 송별연을 마련했는데 환조가 술을 그에게 권하자 그는 서서 마시다가 태조가 권하자 꿇어앉아 마시었다. 옆에서 이러한 모습을 지켜보던 환조가 이상하게 생각하여 그에게 물었다.
　"어째서 제 아들이 권하는 술을 꿇어앉아서 마십니까?"
하면서 자신의 아들을 부탁하는 것이었다.

이때 맞은편 언덕에 노루 일곱 마리가 모여 있는 것을 보고 이달충이 환조에게

"저 노루를 잡아 오늘의 술안주로 삼으면 좋겠는데 누가 나서서 잡아오겠는가?"

라고 말하였다.

환조는 태조에게 이 일을 맡기자 곧장 쫓아가서 노루를 활로 쏘아 일곱 마리를 모두 잡아가지고 돌아왔다.

태조의 활 솜씨는 뛰어나 그 부근에서는 그를 당할 사람이 없었다.

공민왕 5년(1356) 태조는 스물두 살 때 처음으로 벼슬에 올랐다.

공민왕 10년(1361) 10월 독로강만호 박의가 반란을 일으켜 천호들을 죽였다. 공민왕은 형부상서 김진을 보냈으나 그들을 진압하지 못했다.

이때 태조는 동북면 상만호로 있었는데 공민왕이 김진을 도우라고 하자 태조는 군사 1,500명을 거느리고 가서 박의와 그의 부하들을 모두 붙잡아 목을 베었다.

공민왕 11년 정월 참지정사 안우 등이 20만 대군을 거느리고 나가 왜구와 싸워 수도인 개경을 되찾았는데 이때 태조는 군사 2,000여 명을 거느리고 싸워 승리를 거두었다. 2월에 조소생이 원나라 삼양행성의 승상인 납합출을 꾀어 군사를 이끌고 삼산, 홀면지역에 쳐들어왔다.

고려의 도지휘사 정휘는 용감히 싸웠으나 패전하였다. 그가 공민왕에게 태조를 보내 달라고 조정에 요청하자 공민왕은 태조를 동북면 병마사로 임명하고 그곳에 보냈다.

납합출은 7월에 수만 명의 군사들을 거느리고 조소생·탁도경 등과 함께 홍원의 달단동에 머무르면서 합랄·백안보하 등

에게 군사 1,000여 명을 주어 고려군을 무찌르게 하였다.
 태조가 이끄는 고려군은 덕산동 원평에서 그를 맞아 물리쳤고, 함관령과 차유령을 넘어 모두 무찔렀다.
 싸움에 패한 납합출은 덕산동으로 옮겨 와서 진을 쳤고, 태조는 밤에 적을 습격하여 그들을 물리쳤다. 그리고 도망가는 적을 뒤쫓아 무찔렀다. 납합출은 고려군에 맞설 수 없다고 생각하고 흩어진 군사들을 거두어 도망쳤다.
 그제야 비로소 동북면 일대가 고려군에 의해 평정되었다.
 그 뒤 납합출은 사람을 보내 우호 관계를 맺자고 하면서 공민왕에게는 말을 바치고 태조에게는 북과 좋은 말 한 마리를 보냈다.
 일찍이 태조의 아버지 환조가 원나라에 가는 길에 납합출을 만나 태조의 재주를 자랑한 적이 있었다. 그는 태조에게 패전하고 돌아가는 길에 이렇게 말했다.
 "지난날 자춘이 재주 있는 아들을 자랑하더니 과연 헛말이 아니었구나."
라고 말하였다.
 공민왕 13년 기 황후의 일족이 처단되자 기 황후는 공민왕에게 감정을 품고 있었으며 최유는 원나라에서 벼슬하면서 못된 사람들과 함께 공민왕을 내쫓고 덕흥군을 고려의 왕으로 세우려고 음모를 꾸몄다.
 그는 기 황후를 꾀어 요양성 군사들을 움직여 압록강을 건너왔다. 그러자 공민왕은 찬성 안우영을 보내 방어케 했으나 패전했고, 안주로 물러났다.
 공민왕은 찬성 최영에게 정예 군사들을 거느리고 안주로 가서 군사들을 지휘하고, 태조에게는 동북면의 정예기병 1,000여 명을 거느리고 가도록 명령했다. 태조는 적을 삼면으로 공격하여 크게 격파하여 쫓아 버렸으며 화주·양주 등을 되찾았다.

공민왕은 태조를 밀직사 부사로 승진시키고 봉익대부로 봉했으며 금띠를 주고 더욱 신임했다.

공민왕 19년 정월 태조는 기병 5,000명과 보병 1만 명을 거느리고 황초령을 넘어 600여 리를 행군하여 설한령을 거쳐 압록강을 건넜다. 이 날 저녁 개경의 서북쪽 하늘에 자줏빛 기운이 가득했는데 모두 남쪽으로 그림자가 드리워졌다.

서운관에서는 그 빛이 용맹스런 장수의 기운이라고 왕에게 보고하자 공민왕은

"짐이 이 장군을 보냈더니 바로 그 때문일 것이다."

라고 하였다.

이때 동녕부 동지 오로첩목아는 태조가 온다는 소식을 듣고 우라 산성으로 옮겨 가서 막으려고 하였다.

태조가 야둔촌에 이르자 오로첩목아가 찾아와서 싸우다가 갑자기 갑옷을 벗어 던지고 두 번 절하면서

"우리 조상들도 본디는 고려 사람이었습니다. 저를 거두어 부하로 삼아 주십시오."

라고 하였다.

그는 이때 300여 호를 데리고 항복하였다. 그러나 그의 우두머리인 고안위가 성을 차지하고 있어 항복하지 않았기 때문에 고려군은 성을 포위했다.

태조가 70여 발의 화살을 쏘아 적을 쓰러뜨리자 그들은 기세가 꺾여 고안위는 가족도 버린 채 성을 빠져 나와 도망쳤다. 그리고 그의 부하들은 백성들을 거느리고 항복하였다.

이리하여 동쪽은 횡성, 북쪽은 동녕부, 서쪽은 바다, 남쪽은

압록강까지 고려의 영토가 되었다.
 공민왕 12월 태조는 군사 1,600명을 거느리고 압록강을 건넜다. 태조는 최공철 등에게 날쌘 기병을 거느리고 요성을 공격하게 하였다. 그러자 적군은 고려군이 숫자가 적은 것을 보고 곧장 달려나와 싸우다가 고려군이 계속 도착하는 것을 보고 기가 꺾였다.

황산 대첩

 고려 말에 왜구의 침략이 빈번하여 백성들과 조정을 괴롭혔다. 그들을 바다 연안에 있는 고을들을 모두 잿더미로 만들고, 죽이고 잡아간 사람도 헤아릴 수 없이 많았고, 산천이 백성들의 시체로 뒤덮이고 곡식을 빼앗아 배로 가져가느라 땅에 쌀이 흘린 것만도 무려 그 두께가 한 자 정도가 되었다.
 우왕은 태조를 양광·전라·경상 세 도의 도순찰사로 임명하고 왜구를 치게 하였다. 찬성 변안렬을 도체찰사로 삼고, 왕복명·우인렴·도길부·이원계 등을 원수로 임명하게 태조의 지휘를 받게 하였다.
 태조가 거느린 군사들이 장단에 이르렀을 때 흰 무지개가 해를 가로지르자 사람들은 싸움에서 이길 징조라고 말하였다.
 이때 왜구는 상주에 쳐들어와서 엿새 동안 술자리를 벌이면서 창고에 불을 지르고 경산부를 거쳐 사근내에 머무르고 있었다.
 삼도 도원수 배극렴 등은 왜구와 싸움에서 패배하였고 박수경을 비롯하여 군사들도 500여 명이 죽었다.

왜구의 모습
고려 중기 이후 조선 초기에 이르는 동안 우리나라와 중국 연안을 무대로 사람과 재물을 해치고 약탈하던 일본의 해적을 말한다. 이들은 고려 말엽에서 조선 초기에 활동하였다.

　왜구의 기세는 하늘에 닿았으며 그들은 함양성을 함락하고 운봉현을 불사르고 인월역에 진을 쳤다.
　태조가 군사들을 거느리고 남원에 이르자 배극렴 등이 마중 나왔다.
　태조가 서북쪽에 이르러 산의 정상에 올라 주위의 지리를 살피자 지름길이 눈에 띄었다.
　'음, 왜구가 틀림없이 이곳으로 나와 우리를 덮칠 것이다.'
하고는 그곳에 갔는데 예상한 대로 적들이 쳐들어왔다.
　태조가 대우전 스무 개와 유엽전을 오십여 발 쏘아 적의 얼굴을 맞히자 적은 잠시 망설이는 듯하다가 곧장 덤벼들었다.

이성계는 말을 타고 활을 쏘아 적군을 쓰러뜨리면서 앞으로 나아갔다. 고려군과 왜군은 육박전을 벌이면서 치열하게 싸웠다. 이성계는 이때 왼쪽 무릎에 화살을 맞았으나 왜구 여덟 명을 죽이자 감히 담벼들지 못했다.

이성계는 화살을 뽑아 버리고 군사들에게
"겁이 나는 자는 물러서라. 나는 죽음을 각오하고 싸우겠다."
라고 말하자 장병들이 감동하여 저마다 죽을 힘을 다하여 싸웠다.

적이 약간 물러설 때 적장이 나타났다. 이성계가 바라보니 나이는 겨우 열대여섯 살밖에 안 되어 보이고 얼굴도 곱상하게 생겼으며 흰 말을 타고 군사들을 지휘하고 있었다.

군사들이 그 사람이 대장인 아지바두라 말하면서 서로 먼저 피하려고 하였다.

이성계는 그가 아까워서 이지란에게 산 채로 잡으라고 명령했다. 그러자 이지란은

혈암(피바위) 고려 말 왜구들은 대부분 지리산 방면으로 침입하여 백성들을 괴롭혔다. 이성계는 이 피바위에서 왜구를 크게 무찔렀다.

"산 채로 잡으려다가는 반드시 다치게 될 것입니다."
라고 하였다.

아지바두는 갑옷을 입고 투구를 썼으며 온몸을 단단히 무장해서 화살을 쏠 데가 없었다.

이성계는 이지란에게

"내가 저 놈의 투구꼭지를 맞혀 투구를 벗길 것이니 그때 네가 화살을 쏘아라."
하고 명령하였다.

이성계가 활을 쏘아 아지바두의 투구꼭지를 맞히자 투구끈이 끊어지면서 투구가 한 쪽으로 기울자 그가 투구를 바로잡을 때 이성계가 또다시 활을 쏘아 투구를 맞히자 투구가 그만 땅에 떨어졌다. 이때 이지란이 활을 쏘아 그를 죽였다.

그제야 적들의 기세가 꺾이었다. 이성계가 달려나가 왜구들을 무찌르자 적의 울음소리는 마치 만여 마리의 소가 울어 대는 것 같았다. 왜구는 말을 버리고 산으로 올라갔다.

고려군은 달아나는 왜구를 뒤쫓아 닥치는 대로 죽였다. 고려군의 대승리였다.

왜구가 흘린 피로 냇물이 붉어져서 일주일이 지나도록 핏빛이 변하지 않았다. 이때 노획한 말이 1,600마리이고 무기는 헤아릴 수 없이 많았으며 왜구는 겨우 70여 명 정도 살아 남아 지리산 쪽으로 도망쳤다. 이 전투를 '황산 대첩'이라 한다.

이성계가 왜구를 물리치고 개경으로 돌아오자 삼사판사 최영이 백관들을 거느리고 정중하게 맞이하였다. 최영은 눈물을 흘리면서

"공이 아니었으면 누가 왜구를 무찌를 수 있겠소."
"아닙니다. 공의 지휘대로 요행히 승전한 것입니다. 제가 무

슨 공이 있습니까."
하고 말하였다.
　우왕은 이성계에게 금 50냥을 주었고, 한산군 이색은 시를 지어 승리를 축하했다.

　　　　썩은 새끼 끊어 던지듯 적을 소탕하니
　　　　이 땅에 가득한 기쁨 그대의 공적이어라
　　　　충성은 해발을 꿰뚫으니 가렸던 안개도 걷히고
　　　　온 강토에 위엄이 떨쳐
　　　　바다의 풍랑도 일지 않아라
　　　　들 밖에 차려놓은 성대한 잔치에선
　　　　군공을 노래하고
　　　　공신들을 기념하는 높은 누각에는
　　　　영웅의 얼굴이 그려져 있구나
　　　　병으로 누웠다가 겨우 일어나서
　　　　그대를 마중하는 모임에 들지 못하고
　　　　한 편의 시로 큰 공훈을 칭송하노라

　삼사좌윤 김구용도 시를 지어 그의 공로를 치하하였다.

　　　　우레처럼 위엄있게 적을 꺾었네
　　　　공의 힘이 아닌 것은 어느 하나도 없네
　　　　상서로운 안개로 독한 안개는 스러지고
　　　　서릿바람 싸늘하여 그대의 위풍을 돋우었네
　　　　섬 오랑캐는 기가 꺾이고
　　　　드높은 기세로 이웃나라들도 넋을 잃었으니
　　　　온 나라 사람들이 다투어 축하하니
　　　　삼한의 만대를 태평케 한 공이라고

위화도 회군

이성계가 황산에서 왜구를 무찌르고 개경에 돌아오자 조정의 대신들의 신임을 받아 자신의 입지를 다져나갈 무렵 최영은 수문하시중이 되어 조정의 권력을 손에 넣었다.

이때 중국에서는 원나라가 쇠퇴하고 한족 출신인 주원장이 명나라를 세우고 고려에 압박을 가하기 시작했다. 그들은 고려의 조정에 말과 처녀들을 보내라고 윽박질렀으며 철령위를 명나라에 반환하라고 요구하였다.

최영이 조정의 대신들을 모아놓고 이 문제를 토의했으나 모두 철령위를 내어주는 것을 반대했다.

이때 우왕은 최영과 함께 요동을 공격하기로 은밀히 의논했다. 서북면 도안무사가 명나라의 요동에 있는 군사가 강계에 와서 철령위를 세우려 한다는 보고를 받자 우왕은

"조정의 대신들이 내 말을 듣지 않아서 이렇게 되었다."
라고 말하였다.

우왕은 최영과 의논하고 요동을 공격하기로 결정하고 사냥을 핑계로 해주로 갔고, 4월에는 봉주에 머물렀다. 그곳에서 우왕은 이성계에게 사람을 보내

"짐이 요동을 공격하려고 한다. 아무쪼록 경 등이 힘을 다해야 한다."
라고 말했다.

우왕 14년(1388) 마침내 나라 안에 명을 내려 군사들을 소집하였다. 그러자 백성들은 혼란스러워 갈피를 잡지 못하였고 안절부절하였다. 오랫동안 왜구의 침략에 시달린 백성들은 궁핍해졌고, 때마침 농사철이어서 원성이 많았다.

최영은 팔도도통사가 되어 우왕과 함께 평양으로 떠나면서, 조민수를 좌군도통사, 이성계를 우군도통사로 삼고 4만여 명의 군사들을 거느리고 요동으로 가도록 명령하였다.
　　그러자 이성계는 요동 공격의 불가함을 아래와 같이 우왕에게 건의하였다.
　　"지금 군사를 일으키는 것은 네 가지 옳지 않은 점이 있습니다. 첫째, 작은 나라가 큰 나라를 치는 것이요, 둘째, 여름철에 군사를 일으키는 것은 옳지 않음이요, 셋째, 나라 안의 군사들을 모두 동원하면 그 틈을 타서 왜구의 침략이 걱정되오며, 넷째, 지금은 장마철이라 활은 아교가 풀어지고 군사들은 전염병에 걸릴 것이니 옳지 않습니다."
라고 이성계는 우왕에게 강력하게 건의하였으나 우왕은 그의 말을 듣지 않았다.
　　이성계는 자신의 뜻이 받아들여지지 않자 또다시 우왕에게 건의하였다.
　　"전하께서 요동을 공격하려 하신다면 평양에 계셨다가 가을에 군사를 일으켜 출전해야 합니다. 가을에는 군량미도 넉넉하니 마음껏 싸울 수 있고, 지금은 때가 아니옵니다. 설령 요동성을 차지한다 하더라도 곧 장마가 시작되어 군사들의 발이 묶이고 그러면 오랫동안 머물러야 되기 때문에 군량미도 부족하여 큰 불행을 겪을 수 있으니 헤아려 주시기 바랍니다."
　　우왕은 이성계의 건의를 받아들이지 않았다. 이때 이성계는 눈물을 흘리면서
　　"이제부터 백성들의 불행이 시작되는구나."
라고 말했다.
　　우왕은 평양에서 여러 도로부터 군사들을 징발하여 압록강에

배로 다리를 놓고 군중들을 모아 군사로 만들었다.
　마침내 모든 부대가 평양을 떠났다. 5월에 많은 군사들이 압록강을 건너다가 위화도에 머물러 있는 동안 도망치는 군사들이 많자 우왕은 그들을 모두 죽이라고 했지만 막아내지 못했다.
　좌군도통사 조민수와 우군도통사 이성계는 우왕에게 글을 올렸다.
　"신 등이 뗏목을 타고 압록강을 건넜습니다. 그러나 장마로 빗물이 불어나서 첫 번째 여울목에서 뗏목이 떠내려가서 물에 빠져 죽은 군사가 수백 명이며, 두 번째 여울목은 수심이 깊기 때문에 건너지 못하고 섬 속에 머무르게 되어 군량미만 소비하게 됩니다. 여기서 요동성까지 가려면 매우 어려울 것 같습니다. 그리고 지금은 무더운 장마철이어서 활의 아교는 풀어지고 갑옷은 무겁고 사람들과 말은 몹시 지쳤습니다. 이들을 내몰아 요동성에서 싸움에 임한다면 승리를 보장할 수 없습니다. 이러한 때에 군량미가 모자란다면 어떤 방법으로 대처하시겠습니까? 그러하오니 지금이라도 군사들을 돌려세우시는 것이 옳은 줄로 아오니 헤아려 주시기 바랍니다."
　그러나 우왕과 최영은 그들의 건의를 받아들이지 않았다.
　이때 위화도의 고려군 진영에서는 유언비어가 떠돌고 있었다. 그 내용은 이러하였다.
　"우군도통사가 부하들을 거느리고 동북면으로 떠나려고 한다."
　이러한 뜬소문이 퍼지자 군사들은 안절부절 못하였고, 좌군도통사 조민수는 이성계를 찾아와서 눈물을 흘리면서
　"공이 이곳을 떠나시면 우리는 어디로 가야 한단 말입니까?"
라고 말하자 이성계는

"내가 어디로 간단 말이오. 공은 뜬소문에 현혹되지 마시오."
라고 말했다.
　이성계는 곧장 여러 장수들을 불러 이렇게 말했다.
"작은 나라가 큰 나라를 치게 되면 천자에게 죄를 짓게 되고 나라와 백성들에게 화가 미칠 것이다. 나는 조정의 요동 공격의 옳지 않음을 여러 차례 건의했으나 받아들여지지 않았다. 그대들은 나와 함께 임금을 만나 이곳의 형편과 요동 공격의 부당함을 건의하고 임금의 주위에 있는 나쁜 자들을 없애 버리고 백성들이 편안하게 살아갈 수 있게 하지 않겠는가?"
라고 말하자 여러 장수들이 나서서
"이제 나라가 망하고 흥하는 것은 오직 우군도통사에게 달렸습니다. 저희들은 장군께서 시키는 대로 하겠습니다."
　이성계는 군사들을 돌려세웠다. 이성계는 붉은 활과 흰 깃을 단 활을 가지고 말 위에 올라앉아 강언덕에서 군사들이 모두 강을 건너는 것을 지켜보았다.
　그때 여러 날 동안 장맛비가 내렸으나 물이 불어나지 않더니 군사들이 강을 다 건너자 큰물이 갑자기 밀려와서 온 섬이 물속에 잠겨 버렸다.
　이때 한 동요가 백성들 사이에서 불리워졌는데 그 내용은 다음과 같다.
"나무의 아들이 나라를 차지하겠구나."
였다.
　조전사 최유경이 이성계의 부대가 위화도에서 군사들을 돌려세워 평양을 향해 달려오고 있다고 우왕에게 보고하였다.
　이성계는 군사들에게 이렇게 명령하였다.
"만약 임금을 해치면 내가 너희들을 용서하지 않겠다. 백성들에게 폐를 끼치면 비록 작은 일이라도 큰 처벌을 받을 것이다." 라고 엄하게 명령하였다.

이성계는 일부러 행군을 늦추었다. 그들이 개경으로 가는 길에는 백성들이 술과 음식물을 들고 나와 맞이하였고, 동북면 백성들과 여진족들도 소문을 듣고 다투어 모여들었다.

우왕은 개경의 화원으로 쫓겨들어갔고 최영은 이성계의 군사들과 싸우려고 모든 관리들에게 무기를 가지고 임금을 호위하게 하는 동시에 궁궐의 수레를 모아 거리의 입구를 막게 했다.

이성계는 마침내 개경의 성 안으로 들어가 화원을 겹겹이 에워쌌고 이때 우왕과 영비와 최영은 팔각전에 있었는데 곽충보 등이 팔각전으로 들어가서 최영을 끌어냈다.

우왕은 최영의 손을 잡고 눈물을 흘리며 작별했고 최영도 우왕에게 두 번 절을 한 뒤 곽충보를 따라나섰다.

이성계가 최영에게

"이와 같은 변란은 나의 본마음이 아니오. 그러나 이러한 방법으로 백성들을 살릴 수밖에 없었소. 부디 잘 가시오."
하고는 눈물을 흘렸다. 이성계는 최영을 고봉현으로 귀양보냈다.

우왕은 조민수를 좌시중, 이성계를 우시중으로 임명하였다.

어느 날 우왕이 밤에 내시들에게 갑옷으로 무장하게하고 이성계·조민수 등을 없애려고 그들의 집에 달려갔으나 모두 자신들의 집에 있지 않고 성문 밖 진영에 있었기 때문에 해치지 못하고 돌아왔다.

최영은 고봉현으로 귀양보냈다가 수원부로 옮겨 그곳에서 처형되었다.

그는 죽음에 앞서

"내가 나라를 위해 큰 일을 도모하다가 이루지 못하고 죽으니 원통하다. 나는 오직 나라에 충성했을 뿐이다. 내가 만일 나쁜 마음을 품었다면 내 무덤에 풀이 돋을 것이다."

그는 이렇게 말하고 나서 형장의 이슬로 사라졌다. 그가 죽은 뒤 그의 무덤에는 백여 년 동안 풀이 나지 않았다고 한다.

최영이 죽고 나자 장수들이 들고 일어나 우왕을 내쫓자고 하였다. 그들은 우왕의 정비인 영비가 나라를 어지럽혔으니 먼저 영비를 내쫓으라고 우왕을 윽박질렀다. 영비는 최영의 딸이었다.

최영
고려의 명장으로 명나라의 철령위 문제로 요동정벌을 주장하여, 우왕과 함께 평양까지 나아갔지만, 위화도에서 회군한 이성계 세력에 밀려 뜻을 이루지 못하고 죽임을 당하였다.

우왕은 눈물을 흘리면서 장수들에게 사정했으나 그들은 왕의 청을 받아들이지 않고 우왕과 영비를 강화도로 보냈다.

이성계는 위화도 회군으로 고려 조정의 실권을 손에 넣었고, 조선왕조 창건의 기틀을 마련하였다.

우왕이 강화도로 쫓겨나자 우왕의 뒤를 이을 왕을 정할 때 이성계는 왕씨의 자손들 중에서 세우려고 하였으나 조민수가 우왕의 장인인 이인임의 친척이었으므로 우왕의 아들 창을 세우자고 건의하자 이색에게 물어 보고 나서 마침내 의논하여 창을 내세웠다. 이가 곧 창왕이다.

창왕도 임금의 자리에 올랐으나 오래가지 못했다.

명나라에서 다른 성을 가진 자를 왕씨의 후계자로 삼는 것은 부당하다는 명나라 황제의 명령이 쓰인 공문을 사신으로 갔던 윤승순 등이 가지고 돌아왔다.
　이성계를 비롯한 정몽주·성석린·조준·박위·정도전 등은 이 문제를 의논하였다.
　이때 조정의 대신들은
　"우왕과 창왕은 본디 왕씨가 아니니 종묘의 제사를 받들 수 없다. 명나라 황제의 명령이니 마땅히 창왕을 몰아내고 진짜 왕씨인 신종의 7대손인 정창군 요를 임금으로 세워야 한다."
　이렇게 의견이 모아지자 조정의 대신들은 공민왕비를 찾아가서 승낙을 받고 강화도에 귀양간 우왕을 강릉으로 옮겼고 창왕을 강화도로 내쫓고 요를 맞아 임금으로 세웠다. 이가 곧 고려의 마지막 왕인 공양왕이다.
　공양왕이 왕위에 오르자 정몽주는 왕의 스승이 되어 그를 도왔다.
　정몽주는 이성계와 같이 친명론을 주장하였고 왕씨가 아닌 가짜 임금을 폐하고 진짜 왕씨를 왕으로 세운다는 폐가입진의 공신의 한 사람이었는데 나중에 수시중에 올랐으며 오직 고려의 조정을 위해 노력했다.
　그러나 이때 이성계를 추종하는 세력이 날이 갈수록 기승을 부리고 민심이 이성계에 쏠리자 그는 이성계를 배척하려고 모의하였다.
　마침 명나라에 갔던 태자가 귀국하자 마중나간 이성계가 해주에서 사냥하다가 말에서 떨어져 상처를 입게 되었다.
　정몽주는 이때를 이용하여 대간 김진양으로 하여금 조준·정도전·남은 등을 탄핵하여 그들을 조정에서 내쫓으려고 음모를 꾸몄다.
　이러한 정보를 전해 들은 이성계의 다섯째 아들 이방원은 아

정몽주
고려 말의 충신으로 자는 달가, 호는 포은이다. 이성계와 함께 공양왕을 세우고 문하찬성사 등의 벼슬을 하였고, 조준·정도전 등이 이성계를 왕으로 추대하려고 하자 그들을 없애고 고려왕조를 끝까지 떠받들고자 하다가 이방원에 의해 선지교에서 죽임을 당했다.

버지 이성계가 개경으로 빨리 돌아오도록 벽란도에 찾아가서 조정의 형편을 말했다.

정몽주, 선지교에서 죽다

한편 정몽주는 이방원이 자신을 해치려는 사실을 소문을 통해 잘 알고 있었다. 그는 이성계를 찾아가서 문병을 하고 그러한 분위기를 살폈다.

정몽주가 집에 찾아오자 이방원은 술과 음식을 내어 그를 정중하게 대접하면서 그의 속마음 떠보려고 시 한 수를 지었고,

정몽주로 하여금 그에 답하는 시를 주문했다.

이런들 어떠하리 저런들 어떠하리
만수산 드렁칡이 얽혀진들 어떠하리
우리도 이같이 하여 백 년까지 누리리라

이방원이 이렇게 시를 읊자 정몽주는 다음과 같은 시를 지었다.

이 몸이 죽고 죽어 일백 번 고쳐 죽어
백골이 진토되어 넋이라도 있고 없고
님 향한 일편단심이야 가실 줄이 있으랴

정몽주가 이렇게 시를 읊자 이방원은 그의 마음을 꿰뚫고 있었다. 그는 정몽주를 죽이기로 결심하고 이지란에게 자신의 마음 털어놓자 그는
"어찌 당대의 명현을 죽인단 말인가? 나는 도저히 자네의 뜻을 따를 수 없네."
라고 말했다.
이방원은 정몽주를 없앨 천재일우의 기회여서 곧장 심복인 조영규를 불러 명령했다.
"그대는 부하 몇 명을 데리고 선지교(선죽교) 부근에 가서 숨어 있다가 정몽주가 그곳을 지나가면 가지고 간 무기로 그를 없애라."
조영규는 이방원의 명령을 받고 곧장 선지교로 달려갔다.
정몽주는 이성계의 집에 들렀다가 곧장 나왔다. 그는 집으로 돌아가는 길에 전 개성부 판사 유원이 세상을 떠났기 때문에 그 집에 들러 문상하고 집으로 향했다.

정몽주가 탄 말은 어느덧 선지교 가까이 다다랐다. 이때 앞에서 철퇴를 든 사람이 갑자기 나타나자 그는 왠지 불길한 예감이 들었다.

그는 뒤따르는 사람에게 자리를 피하라고 말하고 계속 앞으로 나아갔다.

정몽주가 가까이 다가오자 조영규는 철퇴로 그를 내리쳤으나 맞지 않았다. 그는 조영규를 꾸짖었다. 조영규는 재빠르게 그를 쫓으면서 철퇴로 그가 타고 있는 말의 머리를 내리치자 말이 쓰러지는 바람에 정몽주가 땅에 떨어지자 그는 곧장 철퇴로 그를 처참하게 죽였다.

이리하여 고려의 충신 정몽주는 세상을 떠났다. 그 뒤 정몽주가 죽은 선지교에는 대나무가 생겨났다. 그리하여 선지교의 이름을 선죽교로 고쳤다.

이방원이 이성계에게 정몽주를 죽인 사실을 말하자 이성계는 몹시 화를 내면서

"우리 집은 본디 충성과 효성을 근본으로 삼는 집안이다. 너희들이 나라의 대신을 죽인 일을 백성들이 원망할 것이다. 내가 약이라도 먹고 죽어야겠구나."

"아버님, 정몽주가 우리 집안을 쑥대밭으로 만들려고 음모를 꾸몄습니다. 어찌 앉아서 그들에게 당해야 합니까?"
라고 말하고 나가 버렸다.

이튿날 이성계는 황희석을 불러

"정몽주의 무리가 몰래 대간들을 꾀어서 나를 비롯한 조정의 어진 사람들을 모함하다가 발각되어 죽임을 당했다. 조준·남은 등을 불러들여 조정의 대간들에게 해명해야겠다. 지금 곧장 임금께 보고하라."

한편 정몽주의 시체는 선지교에 버려졌으나 송악산의 승려들이 염습하고 풍덕 땅에 장사지냈으며, 조선왕조가 건국된 뒤에 경기도 용인에 이장했다.
　정몽주가 죽자 남은·조준·정도전·조인옥·조박 등 52명은 이성계를 왕으로 추대하려고 은밀하게 모의했다. 마침내 그 때의 시중인 배극렴 등은 공민왕비인 정비 안씨에게 공양왕의 부덕함을 낱낱이 말하고 그를 원주로 내쫓은 다음 이성계에게 옥새를 바치고 왕위에 오르도록 하였다.
　이성계는 몇 번 거절하다가 수창궁에서 왕위에 올랐다. 이때가 1392년이며 고려의 태조 왕건이 나라를 세운 지 34왕 425년 만에 고려는 막을 내렸다.
　이성계가 왕위에 오르자 고려의 대신들과 뜻있는 선비들은 새로운 조정에 나아가지 않았고 깊은 산 속으로 들어가 버렸다.
　그 대표적이 인물로는 조준의 아우 조견·원천석·길재·이색·이숭인 등 고려왕조 말기의 쟁쟁한 사람들이었다.

무학대사

　이성계가 젊었을 적 어느 날 안변읍을 지나가다가 어떤 작은 암자가 있었는데 피곤하여 그곳에 들어가 잠깐 눈을 붙였다.
　꿈에 자신의 등에 서까래 세 개를 짊어지고 갑자기 꽃잎이 떨어지면서 거울이 깨어지는 꿈을 꾸었다.
　꿈에서 깨어난 이성계는 이상하게 생각되어 그 부근에 해몽을 잘하는 도승이 있다는 말을 듣고 그를 찾아갔다.

무학대사
고려 말의 승려로서 경남 합천에서 태어났으며 이성계를 도와 조선왕조의 개국공신이 되었다.

"대사, 내가 간밤에 이상한 꿈을 꾸었는데 해몽을 부탁드립니다."
라고 말하자 그는 이성계의 얼굴을 유심히 한동안 살펴보더니
"어떤 꿈을 꾸었길래 소승에게 해몽을 부탁합니까?"
"내가 지난밤에 등에 서까래 세 개를 짊어지고 갑자기 꽃잎이 떨어지면서 거울이 깨어지는 꿈을 꾸고 놀라 잠에서 깨었소. 도대체 이 꿈은 길몽이요, 아니면 흉몽이오?"
"그 꿈은 대몽입니다. 등에 서까래 세 개를 짊어졌으니 임금 왕(王) 자가 분명하고, 꽃잎이 떨어졌으니 곧 열매가 맺을 것이요, 그리고 거울이 깨어졌으니 어찌 소리가 없겠습니까. 귀공께서는 얼마 후에 임금이 되실 것입니다. 참으로 길몽입니다."
"대사, 혹시 놀리는 말이 아니오. 그런 일은 없을 것이오."

"아닙니다. 귀공은 소승이 말한 대로 반드시 임금이 될 것입니다."

"정말 내가 그렇게 되겠소?"

"예, 틀림없습니다. 소승은 무학이라 하옵고 귀공께서 왕위에 오르시면 이곳에 절을 하나 세워 주십시오."

하고 간곡히 말하였다.

"내 나중에 대사께서 말씀하신 대로 왕위에 오르면 반드시 절을 지어 드리겠습니다. 약속합니다, 대사."

이성계는 조선왕조를 창건하고 왕위에 오르자 사람을 보내 무학대사와 만났던 곳에 절을 짓게 하고 절의 이름을 석왕사라 하였으며, 그를 왕사로 삼았다.

무학은 1327년 경상도 합천에서 태어났는데 속성은 박씨로 몽골 항쟁의 명장 박서의 5대손이다. 그의 법명은 자초이며, 18세에 송광사로 출가하였고, 용문산의 해명스님에게 공부하였다.

그의 부모는 고려 말 바닷가 지방에 자주 출몰하던 왜구에게 끌려가다가 간신히 탈출하여 안면도에서 갈대로 삿갓을 만들어 근근이 살아가는 사람이었다.

무학은 얼마 후에 원나라로 유학하여 그곳에서 인도의 고승 지공을 만나 선불교를 공부했고, 고려에서 온 나옹스님의 제자가 되었다.

원나라에서 돌아온 무학은 나옹스님을 찾아갔다. 이때 나옹스님은 공민왕의 왕사로 있었는데 무학을 제자로 삼았으나 또 다른 나옹스님의 제자들은 그를 매우 못마땅하게 생각하였다. 그 이유는 무학이 천민 출신이라는 것이었다.

마침내 무학은 나옹스님의 곁을 떠나 토굴 속에서 오랫동안 수도생활에 전념했다.

무학은 천문지리와 음양도참설에도 뛰어났고 뒤에 이성계가 한양을 조선왕조 도읍지로 정하는 데에도 솜씨를 발휘하게 된다.

무학은 태조 이성계의 왕사로 있으면서 조선의 안정을 위해 자신의 역량을 마음껏 쏟았다.

한양을 수도로 정하다

이성계는 조선왕조를 창건하고 무학과 정도전 등의 건의를 받아들여 새로운 도읍을 건설하려고 계획을 세웠다. 그러나 조정 대신들의 반대가 만만치 않았다. 조정의 대신들을 비롯하여 많은 관리들이 개경에 오랫동안 살아왔으므로 떠나기를 싫어하였다.

이성계는 조정 대신들의 반대를 무릅쓰고 나라의 도읍을 옮기기로 결심했다.

태조 2년(1393) 천도에 대한 논의가 거론되자 새로운 수도로 계룡산이 한양을 제치고 부상하였다.

마침 왕실의 태(胎)를 봉안할 장소를 찾으러 양광(경기·충청)·경상도·전라도에 나갔던 권중화가 조정에 돌아와서 계룡산을 강력하게 추천하자 태조도 그곳에 관심을 보였다.

태조는 이지란·남은·무학 등과 계룡산에 도착하여 그 부근의 여러 곳을 살펴보고 그 중 한 곳을 정하여 수도로 삼으려고 했다. 태조는 김주 등 관리들을 그곳에 남게 해서 공사를 준비하도록 명령했다.

새 수도 건설 공사가 10개월쯤 진행될 때 경기도 관찰사 하륜이 계룡산이 수도로 부적당한 곳이라고 주장하였다.

"한 나라의 도읍은 마땅히 나라의 중앙에 위치해야 하는데 계룡산은 남쪽으로 치우쳐서 동북면과 서북면이 서로 멀리 떨어져 있고, 계룡산의 지역은 산줄기가 서북쪽에서 오고 물은 동남쪽으로 흘러간다고 합니다. 이는 송나라의 호신순이 말한 바와 같이 장생혈로 물이 빠져 나가는 형상으로서 이곳에 도읍을 정하면 나라는 곧 망합니다."

태조는 하륜의 건의를 듣고 정도전 등에게 풍수책을 살펴 연구하라고 명령하고, 고려왕조의 역대 왕들의 능을 살펴보라고 하였다.

태조의 명을 받은 봉상시에서는 고려의 여러 왕릉이 풍수책에서 제시한 이론과 맞는지 검토한 결과 모두가 맞았다.

태조는 그제야 새 수도 건설공사를 중단하였다.

그러자 대신들과 백성들은 모두 기뻐하였다.

태조는 하륜에게 명령하여 새로운 수도를 물색하여 보고하라고 명령하였다.

일설에 의하면 계룡산 아래에 새 수도를 정하고 공사가 한창이던 무렵에 태조가 어느 날 꿈을 꾸었는데

"이곳은 정씨가 도읍할 곳이니 어서 다른 곳으로 가거라."
라고 한 신인이 나타나서 말하고 곧장 사라졌다. 태조는 그 뒤 계룡산의 천도를 중단했다는 말이 전해 내려온다.

새로운 수도로 거론된 곳은 오늘날의 서대문 연희동·신촌 일대에 해당되는 무악이었다. 누가 나서서 이렇게 주장한 것은 정확하지 않으나 아마도 하륜이 주장한 것 같다. 그는

"도선의 비기에 의하면 한수 이북이 명당이다라는 말이 있으니 수도를 무악 남쪽에 세우는 것이 마땅하다."

고 주장하였다.

　무악이 새로운 수도 후보지로 떠오르자 권중화와 조준 등은
"무악 남쪽은 땅이 좁아 도읍으로 적당하지 않습니다."
라고 반대하자 태조는

"서운관에서 짐에게 보고하기를 송도는 이미 기운이 쇠진해서 한양으로 도읍을 옮기자고 주장하였다. 근래에는 계룡산이 도읍할 만한 곳이라 하여 백성들을 동원하여 공사를 일으켰다 중단했는데 이제 또 무악이 땅이 좁다 하여 안 된다고 하니 어찌 하면 좋겠는가?"
라고 말하면서 소격전에 기도를 드리고 나서 자신이 결정하겠다고 말하였다.

　태조는 한양을 찾아와서 일행들과 고려 시대의 개국공신 윤신달이 길지의 터로 꼽은 남경(한양)의 궁궐터를 돌아보고는 주위의 신하들에게 묻자

"전하, 도읍지로는 송경이 제일이요, 그 다음이 이곳입니다. 그러나 땅이 낮고 물이 마른 것이 흠입니다." 하였다.

　태조는 어느 정도 이곳이 새로운 도읍지로 알맞은 곳이라 생각하고 주위의 대신들에게 묻자 그들도 반대하지 않았다.

　태조 3년 8월 13일 한양이 새 도읍지로 결정되었다. 이로써 조선왕조의 수도인 서울이 역사의 중심지로 자리 잡게 되었다.

　한양으로 도읍지가 결정된 뒤에도 태조의 왕사인 무학과 정도전 사이에는 의견이 엇갈려 논란이 일어났다고 한다.

　태조가 무학에게 어느 곳을 도읍으로 정하는 일을 묻자

"인왕산으로 진산을 삼고 삼산이 좌우의 용과 호랑이가 되어야 합니다."
고 말하자, 정도전이 나서서

제 ❶ 대 태조

"예부터 제왕은 모두 남쪽에 앉아 나라를 다스렸으니 동쪽을 향한다는 말은 일찍이 신이 들어 보지 못했습니다."
라고 반박하였다. 그러자 무학은
"일찍이 신라의 의명대사가 말한 바에 의하면 한양을 도읍으로 정할 때 정씨 성을 가진 사람이 시비를 건다면 5세를 지나지 못해서 왕위를 찬탈당하는 불행한 일이 일어날 것이며 나라를 세운 지 2백 년 만에 몹시 혼란스러운 난리를 맞을 것이라 예언했습니다."

무학의 말에 따르면 5세가 지나서 왕위를 찬탈당하는 일은 수양대군(세조)이 단종의 왕위를 빼앗는 일인 것 같고 2백 년 만의 혼란스런 난리는 곧 임진 왜란을 일컫는 것 같다.

온갖 우여곡절 끝에 한양에 새 수도를 마련하고 천도하였으나 정종 원년(1399) 제1차 왕자의 난이 일어난 뒤 한양을 버리고 다시 개경으로 천도하는 사태가 발생하였고, 정종 2년 제2차 왕자의 난이 일어난 뒤 정종이 아우인 태종에게 왕위를 물려주자 태종은 다시 한양으로 돌아왔다.

이성계와 정도전

정도전의 자는 종지이고 호는 삼봉이며 안동 봉화 출신으로 형부상서 정윤경의 아들로 태어났다.

그는 공민왕 9년(1360)에 19세로 성균관 시험에 합격하고 이듬해 과거에 급제한 뒤 벼슬이 점차로 올라 통례문 지후에 이르렀다.

정도전은 29살 때 성균관 박사로 임명되었고, 예의정랑, 예문응교를 거쳐 성균관 사예로 승진했다.

이때 원나라에서 고려에 사신을 보냈는데 친명파인 정도전은 "임금께서 명나라를 섬기기로 결정했는데 원나라의 사신을 맞아들인다는 것은 옳지 않다."
라고 주장하였다. 그러나 임금은 그의 뜻을 받아들이지 않고 오히려 원나라의 사신을 영접하라고 명령하였다. 이것은 조정의 실권자인 이인임이 정도전이 거절할 줄 알고 내놓은 계책이었다.

그러나 정도전은 끝까지 원나라 사신을 맞이해서는 안 된다고 강력하게 조정의 대신들을 규탄하자 이인임·경복흥 등의 노여움을 사서 전라도 회진현으로 유배되었다.

그 뒤 유배에서 풀려나 삼각산 밑에 초가를 짓고 유생들을 가르쳤으며 정몽주의 서장관으로 명나라의 수도에 갔고, 돌아와서는 성균관 사예에 임명되었다.

이성계가 실권을 잡자 대사성이 되었고 이어서 밀직사 제학으로 과거 시험의 우두머리 시험관이 되었다.

그는 예문관 제학 때 『진백도겸』을 저술하였고 조준 등과 더불어 개인 소유의 토지를 없애자고 주장하였으며 공양왕 때 삼사우사로 중흥공신에 들어 충의군이 되었다.

이성계가 조선왕조를 건국하자 1등공신에 올라 문하시랑 찬성사 겸 상서사 판사에 올랐고 사신으로 명나라 수도에 다녀와서 3도도통사가 되었다.

그는 『진도』·『수렵도』·『경국전』 등을 저술하였고 『고려사』를 편찬하였다.

정도전은 총명하고 민첩했으며 어려서부터 공부하기를 좋아하여 많은 책들을 보았고, 논리가 명확하였으며 유교 이외의 학설을 배격하는 것을 자신의 임무로 알았다.
　그가 동북면 지휘사로 있는 이성계를 찾아가면서부터 이성계와 관계를 맺게 되는데 그는 이성계의 군대를 살펴본 뒤 이성계에게
　"장군께서 거느린 군사들이 몹시 훌륭합니다. 이러한 군사들이 그 무엇인들 못하겠습니까."
　이 말은 이성계에게는 의미심장한 말로 들렸다.
　"그대는 무슨 뜻으로 나에게 그런 말을 하는가?"
하고 묻자 그는 거짓으로 꾸며 대답하기를
　"왜구를 두고 하는 말입니다. 저기 군영 앞에 소나무 한 그루가 있는데 그 소나무에 시를 한 수 남기겠습니다."

　　　　　　아득한 세월을 거쳐온 한 그루의 소나무
　　　　　　푸른 산 몇만 겹 속에 둘러싸였구나
　　　　　　잘 있거라 다음날 또 만날 수 있을까
　　　　　　변함이 많은 세상 돌아서면 옛일이로다.

라고 읊었다.

　이성계가 조선왕조를 세울 당시 그는 가끔 술에 취해 혼잣말로
　"한 고조가 장자방(장량)을 찾아 쓴 것이 아니라 장자방이 한 고조를 찾아 쓴 것이다."
라고 되뇌이었다.
　여기서 한 고조는 곧 이성계를 가리킨 것이며, 장자방은 자신을 가리키는 말이었다.

그 뒤 그는 이성계가 조선왕조를 건국하는 데 일등공신이었으며 큰 업적을 이루었다.

정도전은 도량이 좁고 남을 시기하는 버릇이 있었으며 겁이 많았다. 그는 자기보다 나은 사람이 있으면 해치려고 하였고 옛날 품었던 감정을 잊지 않고 보복하려고 하였다.

정도전은 이색을 스승으로 섬기고 정몽주·이숭인 등과 친구로 사귀었다. 그러나 나중에는 권근과 친하기 위해 세 사람을 헐뜯었다.

정도전의 외할아버지의 장인인 김전이 일찍이 중노릇을 할 때 수이라는 종의 아내와 간통해서 딸을 낳았는데 그 딸이 정도전의 외할머니가 되었다.

우현보의 자손들이 김전과 인척관계였으므로 자신이 맨 처음 벼슬을 하게 될 때 임명장이 늦어지는 이유가 우현보의 자손들이 자신의 비리를 떠들고 다녔기 때문이라 생각하고 그들에게 앙심을 품었다.

그는 우현보의 자손들에게 복수하기 위해 그들에게 죄를 씌어 죽여 버렸다.

정도전은 이성계의 신임을 믿고 세자 방석을 세우는 데 적극 협조하였으며 나라의 권력을 독차지하여, 이성계의 아들들을 해치려다가 오히려 그들의 손에 비참하게 생애를 마감했다.

흥천사 대종. 태조는 매일 아침 사랑했던 강비가 묻힌 정릉의 재를 올리는 흥천사의 종소리를 듣고서야 아침 수라를 들었다고 한다.

제1차 왕자의 난

태조 7년(1398) 8월 왕이 병으로 병석에 있을 때 한양의 분위기는 몹시 어수선했다.

태조의 다섯째 아들인 방원은 아버지 태조가 조선왕조를 건국하는 데 일등공신이었다. 그러나 세자 자리는 그에게 돌아가지 않았다.

그는 태조와 그의 첫 번째 부인 사이에 태어났으며 이때 그의 어머니는 세상을 떠났고, 둘째 부인인 강비가 태조의 사랑을 받고 있었고, 정도전·남은 등과 모의하여 자신이 낳은 아들 방석을 세자로 세웠고 얼마 뒤에 강비는 병으로 세상을 떠났다.

 방석이 세자가 되자 화가 난 방원은 그의 심복인 하륜 등과 모의하여 정도전을 비롯한 조정의 대신들을 없애려고 하였다.

 하륜은 지모가 뛰어나고 관상을 잘 보았으며 한양을 서울로 정하는 데 크게 기여하였다.

 그는 일찍이 이방원을 만나 보고 그가 장차 큰 인물이 될 것을 예언하였다. 그러자 이방원은 그를 심복으로 삼았다.

 하륜이 충청 감사로 임지로 떠나는 날 이방원은 하륜의 집을 찾아갔는데 이때 그는 정도전·남은 등이 자신을 비롯하여 태조의 전 부인이 낳은 아들들을 죽이려고 모의한다는 내막을 들었다. 그리고 그는 방원에게

 "안산군수 이숙번은 지략과 용맹이 몹시 뛰어나니 그를 불러 중요한 때 쓰십시오."
라고 건의하였다.

 이때 정도전·남은·심효생 등은 정도전의 집에 모여 음모를 꾸미고 있었다. 그들은 태조의 병이 위독하니 방원의 형제들을 궁궐에 불러 그들이 오면 모두 죽이기로 약속하였다.

 방원은 하륜이 소개시켜 준 이숙번을 불러

 "정도전 등이 부왕이 앓아 누우신 틈을 타서 반란을 일으킬지도 모른다. 너는 내가 부르면 빨리 달려와야 한다."
라고 하였다.

 며칠 뒤 방원의 명령을 받은 그의 처남 민무구가 이숙번을 불렀다.

 이때 태조의 병이 위중해서 정안군과 익안군·회안군·의안군 등이 근정전 문 밖 서쪽 집에서 밤을 새우고 있었다.

이 날 저녁 무렵 정안군의 부인 민씨는 동생 민무질과 한참 동안 이야기를 나눈 뒤에 갑자기 종 소근을 불러 빨리 궁궐에 들어가서 정안군을 모셔오라고 다그쳤다.
종 소근이 머뭇거리자 민씨 부인은
"내가 갑자기 몸이 아프다고 대군께 알리고 반드시 모셔와야 한다."
고 말하였다.
종 소근은 곧장 대궐에 달려가서 정안군에게 민씨 부인이 몹시 위중하다는 말을 전하자 이때 그곳에 있던 의안군이 약을 정안군에게 주면서 집으로 돌아가라고 하였다.
정안군이 곧장 집으로 돌아오자 조금 있다가 민무질이 찾아왔다. 정안군과 민씨 부인 그리고 민무질은 한참 동안 이야기를 나누었다.
정안군이 다시 궁궐로 들어가려고 하자 민씨 부인이 정안군의 옷을 잡고 들어가지 말라고 당부하자 정안군은
"죽는 것이 무서워서 대궐에 들어가지 말라니 말도 안 되는 소리요. 더구나 형님들께서 모두 대궐에 계시는데 가지 말라니, 그리고 만약 변란이 일어난다면 내가 대궐에서 나와 군사를 일으켜 모두 없애 버릴 테니 안심하시오."
라고 말하고는 부인의 손을 뿌리치고 밖으로 나갔다. 그러자 민씨 부인은 따라나오면서
"부디 조심하십시오."
라고 말하였다.
이미 밤이 되었다. 이때 태조의 아들들은 거느리고 있던 군사들을 해산했으나 오직 방번만 군사들을 거느리고 있었다.
방원이 군사들을 해산시킬 때 무기를 모두 불살라 버리려고

하는 것을 민씨 부인이 몰래 감추어 두어 위급할 때 쓰려고 하였다.

정안군은 처남 민무구를 시켜 이숙번에게 무장을 갖추고 자신의 집 앞에 있는 신극례의 집에서 기다리라고 지시하고 궁궐에 들어가서 자려고 준비하였다. 이때 그는 말을 그곳에 준비해 두었다.

초저녁 무렵에 내관이 나와서 말하기를 태조의 병이 위중해서 자리를 옮기려고 하니 여러 아들들은 곧 안으로 들어오라고 말했다.

이때 궁궐의 여러 문들은 불이 켜 있지 않았다. 의안군이 들어가고 정안군은 문밖에 있는 뒷간으로 들어가서 한참 동안 상황을 살폈다.

잠시 뒤 익안군·회안군이 정안군이 보이지 않자 큰 소리로 연거푸 정안군을 부르자

"형님들, 왜 이렇게 큰 소리로 부르십니까?"

그는 이렇게 말하고 곧장 말을 타고 궁궐의 서쪽 문으로 나가자 익안군·회안군 등이 모두 뛰쳐나왔다.

정안군은 자기 집 앞의 동네 어구에 있는 군영 앞에 말을 세우고 이숙번을 불렀다. 그는 군사들을 거느리고 갑옷차림이었다.

이때 모인 사람들은 이거이·조영무·신극례·민무구·민무질 등 10여 명에 불과했고 군사들도 10여 명에 지나지 않았으며 각 집의 종 10여 명이 뒤따랐다.

정안군은 이숙번에게

"내가 앞으로 어떻게 해야 좋은가?"

하고 묻자 그는

"간악한 무리들이 모여 있는 곳으로 쫓아가서 포위하고 그

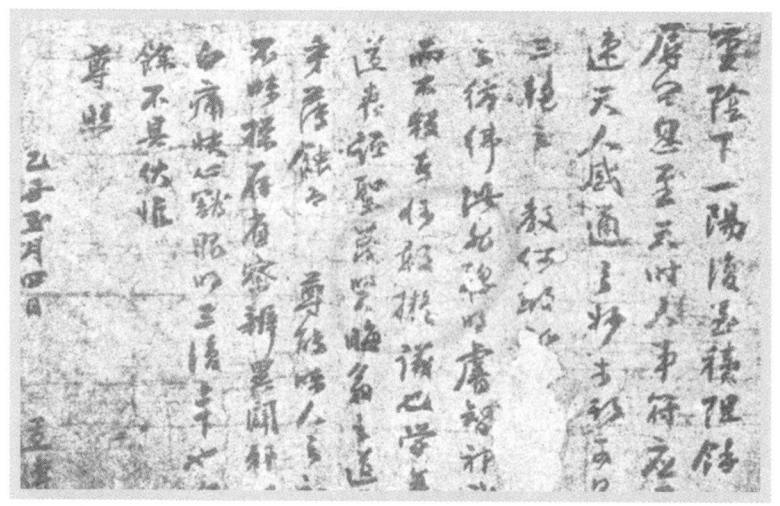

정도전의 필적
조선 왕조의 개국공신으로 1398년 8월 26일 밤에 태종에게 죽었다.

집에 불을 지른 다음 뛰쳐나오는 자들을 모두 죽여 버립시다."
라고 대답하였다.

그들은 정도전의 첩의 집을 에워쌌다. 이때 집의 종들은 모두 자고 있었으며 정도전과 남은은 등불을 켜놓고 이야기를 나누고 있었다.

이숙번이 불화살을 날려 집에 불이 붙자 삽시간에 집은 불길에 휩싸였다. 이때 정도전·남은은 도망쳤고 심효생 등은 잡혀 죽었다.

정도전은 이웃해 있는 민부의 집에 도망쳤다. 정안군은 군사들에게 샅샅이 뒤져 그를 찾게 했다.

마침내 군사들에 의해 정도전은 붙잡혔다. 그는 이때 손에 작은 칼을 들고 있었으며 제대로 걷지도 못하였다. 그는 방원 앞에 끌려나와

"공이 나를 살려 주시오."

그러자 정안군은 그에게
"무엇이 부족해서 우리 형제들을 죽이려 했느냐?"
고 말하고 그를 목을 베어 죽이라고 명령하였다.

정도전에게는 아들 넷이 있었는데 정유와 정영은 군사들에 죽임을 당했고 정담은 자살했다. 그리고 남은을 비롯한 정도전의 일당을 찾아내어 죽였다.

그리고 세자 방석을 잡아 멀리 귀양보내는 척하고는 도중에 죽였고, 그의 형인 방번도 죽였다.

이 소식을 전해 들은 태조 이성계는 몹시 화가 나서 어찌 할 바를 몰랐다. 조선왕조를 세우는 데 공신이었던 정도전·남은 등이 죽었고, 자신의 사랑하는 아들 둘을 모두 잃었으니 그의 슬픔은 하늘에 닿았다.

강비가 병으로 세상을 떠나자 태조는 두 아들들에 의지해 살아갔다. 태조의 강비에 대한 사랑은 지극하였다. 강비가 세상을 떠나자 도성 안에 능을 쓰지 않는 법을 어기고 서대문 안에

조선왕조를 건국한 태조가 잠든 건원릉.

능을 조성했는데 그것이 바로 정릉이다.
  태조는 정안군을 불러
  "너는 천륜도 모르는 놈이다. 어찌 혈육을 무참히 죽였단 말이냐. 내가 살아 있는 한 너에게 왕위를 물려줄 수 없다."
  태조는 며칠 동안 식음을 폐하면서 곰곰이 생각하였다. 그는 마침내 둘째 아들에게 왕위를 물려주고 한양을 떠났다.
  정종은 왕위에 올라 태조를 상왕으로 받들었다.
  조선왕조가 강력하게 추진한 정책 중의 하나는 토지제도의 개혁이었다.

태조의 업적

  1389년 7월 조준에 의한 전제개혁은 백성들에게 큰 호응을 얻었으며 1391년 5월 과전법이 공포되었다.
  고려 때 관리들에게 주는 토지제도가 무너져 권세 있는 가문들이 불법으로 빼앗아 큰 농장을 가지고 있었으며 그들은 나라에 조세를 바치지 않고 자신의 마음대로 백성들의 노동력을 착취했다. 이러한 이유로 국가의 재정은 바닥이 나서 심지어 관리들의 녹봉도 제대로 주지 못했고, 군사들의 군량미가 부족했다.
  토지제도의 개혁은 공민왕 때 전민병정도감을 설치하여 실시하였다. 그러나 권문세가들의 반발에 밀려 실패했다.
  조준을 비롯한 신진 사대부들은 나라 재정의 어려움이 권문세가들이 가진 사전에서 비롯되었다고 간파하고 이를 개혁하기를 강력하게 주장했다.

과전법
고려 말 조선 초에 실시된 토지제도로 권문세가의 토지를 혁파하기 위해 제정한 것으로 이 제도는 조선 세조 12년까지 시행되었다.

이성계는 위화도 회군으로 조정의 실권을 잡자 권문세가들의 반발을 누르고 과전법을 공포하였고, 1392년 조선왕조가 창업되면서 토지제도의 근간을 이루었다.

과전법은 나라의 땅을 국가가 조세를 받는 것으로 목표를 두었다. 권문세가들이 차지한 사전 중에서 원래 지주가 사용한 땅을 제외한 나머지는 국가가 환수해야 했고, 환수된 땅에서 농사짓는 농민은 농장주에게 내는 세금을 국가에 내게 되었고, 농장주도 국가에 세금을 내도록 하였다. 과전법은 농민에게 땅을 돌려주고 조세의 부담을 줄여 주었으며, 국가는 세금을 받아 재정이 튼튼하게 되었다.

이성계의 조상과 형제들

환조 이자춘(1315~1360년)

태조 이성계의 본관은 전주이며, 전주 이씨의 시조는 이한이다. 이한은 신라 때 사공 벼슬을 지냈는데, 그의 아내 김씨는 태종무열왕의 10세손인 김은의의 딸이며 그와 김씨 사이에 태어난 아들 이자연은 시중 벼슬을 지냈고, 손자 천상은 좌복야 벼슬을 지냈다.

그 뒤 천상은 아간 벼슬을 지낸 광희를 낳았고, 광희는 사도 삼중대광 입전을 낳았고, 입전 뒤로 긍휴·염순·승삭·충경·경영·충민·화·진유·궁진·용부를 거쳐 고려의 내시 집주를 지낸 이인에 이르렀다.

이인은 대장군 이양무를 낳았고, 이양무가 상장군 이강제의 딸에게 장가들어 이안사를 낳았는데, 그가 태조의 고조부인 이안사이다. 그는 원나라에 귀순하여 천호 벼슬을 하였으며, 그 뒤 행리·춘·자춘으로 이어지며 후손들이 벼슬을 대물림했다.

이자춘은 1315년에 이춘과 부인 박씨의 둘째 아들로 태어났으며, 몽골식 이름은 오로사불화이다. 형 탑사불화가 일찍 죽자, 그는 어린 조카 교주가 성장한 뒤에 벼슬을 돌려주기로 약속하고 아버지의 지위를 이어받았다.

이자춘이 천호 벼슬을 잇게 되자, 자신의 외손자에게 천호 자리를 잇게 하려던 쌍성의 조 총관은 이자춘을 없애려고 하였다.

그 무렵, 원나라는 황위 계승권으로 나라 안이 몹시 불안한 상태였다. 그리고 홍건적이 일어나 원나라의 몰락을 부채질하고 있었다. 마침내 원나라가 무너지자 고려 왕이 된 공민왕은 원나라를 배척하는 정책을 펼쳐 자주권을 되찾고자 했다. 그리고 잃었던 북방의 영토를 회복하고자 했는데, 이를 위해 이때 고려 땅을 다스리고 있던 원나라의 쌍성총관부를 무너뜨리려는 계획을 세웠다.

공민왕은 이자춘에게도 큰 자극이 되었다. 쌍성총관부와 사이가 좋지 않아 위협을 느끼고 있던 이자춘도 고려와 내통하여 쌍성총관부를 무너뜨리려는 마음을 품고 1355년 개성을 찾아와 공민왕을 만난 뒤, 고려 조정에 귀부하겠다는 뜻을 전했다.

그때 고려의 권력은 원나라 기 황후의 일가인 기씨 일족이 잡고 있었는데, 공민왕은 그들을 죽이고, 이어 유인우에게 쌍성총관부를 공격토록 했지만 그는 쌍성에서 2백 리 떨어진 안변에 진영을 정하고 쉽게 진군하지 못했다. 그는 이자춘의 내응이 있기를 기다린 것이다.

공민왕은 이자춘에게 소부윤 벼슬을 내리고 고려군의 공격에 내응해 줄 것을 요청했다. 이자춘이 군대를 이끌고 유인우의 군대와 합세하여 쌍성을 공격하여 마침내 무너뜨렸다. 그 뒤 그 주변 지역을 모두 장악하여 함경남도 일원이 거의 고려 수중에 떨어졌다. 이 지역은 고종 때 원나라에 강제로 점령되어 무려 99년 동안 원나라 지배를 받다가 이때 회복되었다.

이자춘은 쌍성 회복의 공으로 대중대부 사복경에 올랐고, 공민왕이 내린 개성의 집으로 이사했다. 그는 그 뒤, 군기감 판사, 천우위상장군 등을 지내다가 1360년 영록대부 장작감 판사의 벼슬로 삭방도 만호 겸 병마사가 되었다. 그 해 4월에 병으로 세상을 떠났는데 이때 그의 나이 46세였다.

이자춘의 무덤은 함흥 동쪽 귀주동에 있으며, 신도비의 비문은 이색이 썼다가 환조로 추존된 뒤에 정총이 다시 지었다. 능호는 정릉이다.

이자춘은 3명의 부인을 두었는데 첫째는 영흥(화주)의 천호였던 최한기의 딸 최씨이며, 그녀의 소생으로는 태조와 정화공주가 있고 태조가 왕위에 오른 뒤 의혜왕후에 추증되었으며, 능호는 화릉이다.

두 부인은 이자춘의 여종으로 아내가 된 사람들이다. 그 중 하나는 이씨로 이름은 내은장이며, 소생은 서장자 원계이다. 그리고 김씨가 있는데, 이름은 고음가이며, 소생은 의안대군 화이다. 김씨는 조선왕조가 창건되자 정안옹주에 봉해졌고, 다시 정빈으로 추증되었다.

정화공주(생몰년 미상)

정화공주는 태조와 남매간으로 조인벽에게 시집갔다. 조인벽은 함주를 원나라에 바쳐 쌍성총관을 지낸 조휘의 증손자이며, 판도판서를 지낸 조돈의 아들이다.

1356년 쌍성을 회복할 때에 동북면병마사 유인우를 도운 공으로 호군 벼슬에 올랐다. 1363년에는 김용의 토벌에 공을 세웠고, 그 뒤 왜구 토벌에 참전하였으며, 1388년 위화도 회군에 가담하여 삼사좌사 벼슬에 올랐다. 그는 조선왕조가 개국되자 용원부원군에 봉해졌다.

이원계(1330년~?)

이원계는 환조 이자춘이 노비였던 내은장과 낳은 아들이다. 그는 이성계보다 다섯 살 위였다. 그러나 이성계는 그를 형으로 깍듯이 대접하였다.

이원계는 공민왕 때에 동생 이성계의 밑에 있으면서 홍건적을 무찌른 공로로 2등공신에 책록되었으며, 개경을 수복하는 데에도 큰 공을 세웠다. 1376년 원나라 황제가 고려 국왕으로 임명한 심양왕 탈탈부화가 군대를 이끌고 고려에 들어올 때에 그는 서북방어군의 조전원수가 되어 그들을 막기도 했다.

1377년에는 강화도에서 왜구를 무찌르고, 1380년 왜구가 또 다시 침입하자, 전라도 일대를 방어하는 임무를 맡았으며 황산 싸움에서는 이성계를 도와 공을 세웠다. 1388년 요동 정벌 때엔 조전원수로 출전하였고, 위화도 회군에도 참여하여 1390년에 회군공신에 책록되었다.

이성계와 함께 수많은 전장을 누빈 까닭에 그들의 우애는 돈독했고, 이성계는 그의 어머니 이씨의 노비문서를 불태워 없앴다. 이성계는 또 조선 건국 후에 그에게 완산군의 봉작을 내렸다.

이화(1340~1408년)

이화는 이자춘이 1340년에 노비 고음가와 낳은 아들이며, 이성계보다 다섯 살 어린 배가 다른 동생이다.

그는 1388년에 이성계를 따라 요동 정벌에 나섰다가 위화도 회군에 참여하여 그 공으로 회군공신에 봉해졌다. 1392년 이성계를 왕으로 옹립하는 데 공을 세워 개국공신 1등에 책록되었다. 1398년에는 이방원을 도와 제1차 왕자의 난을 평정하고 정사1등공신에 책록되었다. 1400년 제2차 왕자의 난 때도 이방원을 도왔고, 그 공으로 다시 좌명공신 2등에 올랐다.

그는 네 차례에 걸쳐 공신 목록에 오른 덕분에 공신들 중에서 가장 많은 토지를 하사받았다.

1407년에는 민무구·민무질 형제를 탄핵하는 데 앞장서서, 태종의 신임을 받기도 했다. 그는 이듬해인 1408년 10월 6일에 61세에 세상을 떠났다. 시호는 양소공이며, 의안대군에 봉해졌다.

이성계의 가계

태조 이성계는 2명의 정비와 4명의 후궁에게서 아들 8명, 딸 3명, 서녀 2명을 얻었다. 첫째 부인 신의왕후 한씨에게서 큰아들 방우를 비롯한 여섯 명의 아들과 두 딸을, 신덕왕후 강씨에게서 방번·방석 형제와 딸 하나를 두었다.

2명의 왕비 이외에 성비 원씨, 정경궁주 유씨, 화의옹주 김씨와 이름이 전해지지 않는 후궁 1명을 합해 4명의 후궁이 있었으며, 이들에게서 2명의 딸을 두었다.

신의왕후 한씨(1337~1391년)

태조의 첫째 부인이자 정비인 신의왕후 한씨의 본관은 안변으로 밀부사 증영문하부사 한경과 신씨에게서 태어났다. 그녀는 이성계가 아직 벼슬하지 못하던 때에 결혼하여 이성계가 조선왕조를 창건하고 왕으로 등극하기 1년 전인 1391년 55세에 세상을 떠났다. 한씨 소생으로는 방우·방과(정종)·방의·방간·방원(태종)·방연 등의 여섯 명의 아들과 딸 경신·경선이 있었다.

조선이 개국된 뒤 한씨의 시호는 절비로, 능호는 제릉으로 추존되었고, 1398년 정종이 즉위한 뒤에는 신의왕후로 추존되었다.

신의왕후가 묻힌 제릉은 개성시 판문군 상도리에 있다.

신덕왕후 강씨(?~1396년)

태조의 계비인 신덕왕후 강씨의 본관은 곡산 또는 신천이며 판삼사사 강윤성의 딸이다. 강윤성은 찬성사 벼슬을 지냈다.

그녀는 신의왕후 한씨와는 달리 명문 집안에서 태어났고 태조를 도와 조선 개국 이후에도 영향력을 크게 발휘하여 태조는 그녀가 낳은 방석을 세자로 삼았다. 강씨 소생으로는 방원에게 죽은 방번·방석 형제와 경순공주가 있다.

이성계가 조선왕조를 창건하자 강씨는 현비로 책봉되었으며, 1396년 병으로 세상을 떠났는데 시호는 신덕왕후, 능호는 정릉이라 하였다. 하지만 이성계가 죽은 뒤에 태종은 몇 차례에 걸쳐 이장했으며, 그녀에 대한 왕비의 제례를 폐하고 서모에게 행하는 기신제를 올리도록 하였다.

그러나 2백 년 뒤인 현종 때 송시열의 주장에 의해 강씨는 다시 종묘에 배향되었고 왕비의 기신제도 복구되었다.

신덕왕후 강씨가 묻혀 있는 정릉은 현재 서울 성북구 정릉 2동에 있다. 처음 능지를 정한 곳은 안암동이었으나 묘역을 조성할 때 물이 솟아나와 지금의 정릉으로 정해지게 되었다. 그 뒤 정릉은 여러 번 이장되었다. 정릉은 현종 때 복구될 때까지 2백여 년 동안 주인 없는 무덤으로 버려졌었다.

진안대군 방우(1354~1393년)

그는 1354년 태조와 신의왕후 한씨의 큰아들로 태어났으며, 찬성사 지윤의 딸과 결혼했다. 일찍이 예의판서를 역임하였고, 1388년에는 밀직부사로 밀직사 강회백과 함께 명나라에 가서 창왕의 등극을 전했으나 뜻을 이루지 못하고 돌아왔다.

그는 조선이 개국되자 1392년 8월에 진안군으로 책봉되고 함경도 고원의 전답을 녹전으로 받았다. 그러나 병으로 이듬해 40세에 세상을 떠났다.

익안대군 방의(?~1404년)

그는 태조와 신의왕후 한씨의 셋째 아들로 태어났다. 조선이 개국되자 익안군에 봉해졌으며, 1398년 '제1차 왕자의 난'에 동생 방원을 도운 공로로 정사공신 1등에 책록되었다.

정종이 즉위한 뒤 그는 경기도와 충청도를 맡게 되었다. 그리고 1400년, 아우 방간이 '제2차 왕자의 난'을 일으키자 관직을 사퇴하고 방원을 도왔다. 그는 태종이 즉위하자 1400년에 익안대군으로 진봉되었으며, 1404년 병으로 세상을 떠났다.

회안대군 방간(1364~1421년)

그는 태조와 신의왕후 한씨의 넷째 아들로 태어나 판서찬성사 민선의 딸과 결혼하였고 그 뒤 2명의 아내를 더 두었다.

그는 조선이 개국되자 회안군에 봉해졌으며, '제1차 왕자의 난' 때 정도전 일파를 제거한 공으로 회안공이 되었다. 또한 정종이 즉위하자 풍해도 서북면의 병사들을 관장했으며, 1400년 1월 박포와 함께 '제2차 왕자의 난'을 일으켜 방원과 맞섰으나 방원의 군대에 패배한 뒤로 죽을 때까지 유배지를 전전했다.

그는 야심이 대단했고, 성격도 괄괄했다. 그는 박포로부터 방원이 자신을 죽이려 한다는 말을 듣자 곧장 군사를 일으켜 개경으로 쳐들어갔으나 실패하여 홍주로 귀양을 갔고, 1421년 58세에 유배지에서 세상을 떠났다.

무안대군 방번(1381~1398년)

그는 신덕왕후 강씨 소생으로 태조의 일곱째 아들로 태어났으며, 귀의군 왕우의 딸과 결혼했다.

그는 어린 나이에 고려왕조로부터 고공좌랑의 벼슬을 제수받았으며, 조선 개국 후에는 무안군에 책봉되어 의흥친군위절제사에 임명되었다. 1393년 13세로 좌군절제사로 제수되었으며, 한때 세자로 내정되기도 했으나 조준·정도전 등이 반대해서 방석에게 세자 자리를 빼앗겼다.

1398년 방원이 일으킨 '제1차 왕자의 난' 때 방석과 함께 죽임을 당하였는데, 이때 18세였다.

의안대군 방석(1382~1398년)

그는 방번의 아우로 태조의 여덟째 아들이다. 현빈 유씨와 결혼했으나 그녀가 폐출되자 춘추관 대제학 심효생의 딸과 재혼했다.

조선 개국 원년에 배극렴 등이 정안군 방원을 세자로 삼을 것을 주장했으나, 이때 그의 어머니 한씨는 이미 세상을 떠났기에 계비 강씨의 뜻에 따라 태조는 무안군 방번을 세자로 세우려고 하였다. 이때 배극렴·조준·정도전 등의 반대로 방번의 세자 책봉은 무산되었고, 방석이 세자로 책봉되었다.

어린 나이에 왕세자로 책봉된 방석은 어머니 강씨의 보살핌과 정도전·남은 등에 의해 세자로서의 수업을 익히고 있었다. 그러나 어머니 강씨가 죽고 태조가 병석에 눕게 되자 이 틈을 타 한씨 소생의 다섯째 아들 방원이 난을 일으켰고, 이 난의 성공으로 세력을 잡은 방원은 방석을 유배보냈다가 죽였고, 방번도 죽임을 당했다. 이때 그의 나이는 17세였다.

제1대 태조 (성계, 1335~1408)
· 재위기간 : 1392. 7~1398. 9. (6년 2개월)
· 부인 : 6명
· 자녀 : 8남 5녀

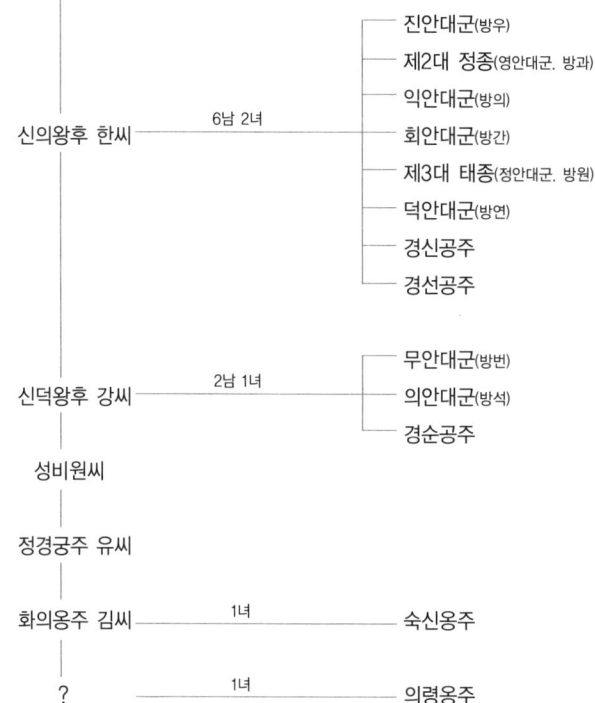

정종실록 定宗實錄

『정종실록』 편찬 경위

『정종실록』은 조선왕조 제2대 왕 정종(1357~1419) 원년(1398) 정월부터 정종 2년 11월까지 2년간의 역사를 편년체로 기록한 사서이다. 원래의 이름은 『공정왕실록』이고, 모두 6권 1책으로 구성되었다. 세종 6년(1424) 3월부터 편찬하기 시작하여 세종 8년(1426) 8월에 완성하였다.

『정종실록』은 본래의 이름은 『공정왕실록』이었다. 정종은 세상을 떠난 뒤 묘호를 올리지 아니하였고 명나라 황제로부터 받은 시호 공정을 칭호로 하였기 때문에, 실록도 『공정왕실록』이라 하였다. 숙종 7년(1681)에 그에게 정종이란 묘호를 추존하면서 실록도 『정종실록』이라 하고 표제만 바꾸었다.

『정종실록』은 세종 8년 8월에 변계량·윤회·신장 등이 중심이 되어 편찬하였으나 세종 20년(1438) 9월 25일(병오) 『태조실록』 중의 제1차 왕자의 난인 소위 방석의 난과 『정종실록』 중의 제2차 왕자의 난인 박포의 난에 대하여 사실과 다르게 기록하였다는 말이 있어 『태조실록』과 『정종실록』을 개편하자는 의견이 있었다. 그리하여 세종 24년(1442) 9월 4일(신유)에 춘추관 감관사 신개와 지관사 권제, 동지관사 안지 등이 태조·정종·태종 실록을 개수할 것을 건의하였다.

정종은 2년 11월 11일에 왕위를 동생인 방원에게 양위하고, 상왕이 되었다. 그 뒤 그는 20년 동안 한가롭게 지내다가 세종 원년(1419) 9월에 63세에 세상을 떠났다. 그의 시호는 공정이었고, 존호는 처음에 온인순효였고, 숙종 때 정종이라는 묘호를 받았다. 능호는 후릉으로 경기도 개성시 판문군 영정리에 있다.

『정종실록』의 내용

정종의 초명은 방과, 자는 광원이었으나, 즉위한 뒤 이름을 경으로 고쳤다. 태조의 둘째 아들이며, 어머니는 신의 왕후 한씨이다. 태조 7년(1398) 8월에 제1차 왕자의 난이 일어나 세자 방석이 죽자 대신 세자로 책봉되었고, 동년 9월 5일 태조의 선양을 받아 제2대 왕으로 즉위하였다.

정종은 일찍부터 관직에 나아가 여러 차례 왜구를 토벌하였고, 1390년 1월에는 공양왕을 옹립한 공으로 추충여절익위공신에 책록되고, 밀직부사에 올랐다.

조선왕조가 개국되자 1392년(태조 1) 영안군(永安君)에 봉해졌고 의흥삼군부중군절제사로 병권을 잡기도 하였다.

1398년 8월 정안군 방원이 주도한 제1차 왕자의 난이 성공한 뒤 태종의 추천으로 세자가 되었다가, 9월에 태조의 선양을 받아 즉위하였다. 정종은 원년인 1399년 3월에 조정을 다시 개경으로 옮겼다. 같은 해 8월에는 분경금지법을 제정하여 권세가들의 세력을 약화시켰다. 1399년 3월에는 집현전을 설치하였고, 5월에는 태조 때 완성된 『향약제생집성방』을 간행하였다. 11월에는 조례상정도감을 설치하였다.

1400년 1월에 제2차 왕자의 난이 일어나 정안군[태종]이 조정의 주도권을 잡자 그를 세제로 책봉하였다. 그 해 4월에는 분란이 많았던 사병을 혁파하고 국가의 병권을 의흥삼군부에 집중시켰다. 이어 도평의사사를 의정부로 고치고 중추원을 삼군부(三軍府)로 고쳐, 군권을 가진 자들이 의정부에 합세하지 못하게 하였다. 이로써, 의정부는 정무를 담당하고, 삼군부는 군정을 담당하게 되었다.

이러한 개혁은 모두 태종의 영향 아래 이루어졌다. 6월에는 노비변정도감을 설치하였다. 정종은 2년 11월 11일 왕위를 동생 방원에게 양위하고, 상왕이 되었다. 그 뒤 그는 20년 동안 한가롭게 지내다가, 세종 원년(1419) 9월 63세에 세상을 떠났다.

제2대 정종

(1357~1419년, 재위기간 1398년 9월~1400년 11월)

제2차 왕자의 난

정종의 이름은 방과이며 태조의 둘째 아들로 어머니는 신의왕후 한씨이다. 그는 천성이 어질고 공순하며 용맹과 지략이 뛰어났다.

고려 때 벼슬하여 점차 문무의 높은 자리에 이르렀고 아버지 태조를 따라다니면서 싸움터에 나가 공을 세웠다.

1398년 8월 동생인 정안군이 주동이 된 '제1차 왕자의 난'이 성공하고 세자 책봉 문제가 일어나자 그는

"정안군이 나라를 세우는 데 제일 공로가 많았고, 오늘에 이르기까지 어느 것 하나 그의 공이 미치지 않은 곳이 없는데 어찌 내가 세자가 될 수 있는가."

라며 완강히 거절했다.

그러나 그는 정안군이 세자를 양보하자 세자가 되었고 한 달 뒤 부왕 태조의 양위를 받아 왕위에 올랐으며, 1399년 3월 한성에서 개경으로 수도를 옮겼다.

1400년 1월 '제2차 왕자의 난'을 계기로 동생인 정안군을 세제로 책봉했고, 1399년 3월 집현전을 설치하여, 장서와 경전의 강론을 맡게 하였다.

　　그리고 『향약제생집성방』을 편찬하였고, 조례상정도감을 설치하여 노비변정을 기도하였고, 세제인 정안대군에게 왕위를 물려주고 20년을 한가롭게 살다가 63세에 세상을 떠났다.

　　제1차 왕자의 난이 일어난 뒤 지중추원사 박포는 자신이 공을 많이 세웠는데도 다른 사람보다 아래에 있다고 불평을 늘어놓았다.

　　마침내 이 말이 이방원의 귀에 들어가자 그는 정종에게 말해 그를 죽주로 귀양보냈다가 얼마 안 되어 조정에 다시 불렀다. 그러나 그는 계속 원한을 품고 불만을 터뜨렸다.

　　그는 정안군의 형 회안군 방간을 찾아가서

"공을 쳐다보는 정안군의 눈초리를 살펴보니 머지않아 반드시 그는 공을 해칠 것이오. 그러니 공이 선수를 쳐야 합니다."

라고 부추겼다. 그러자 회안군 방간은

"그러면 내가 어찌 해야 하겠는가?"

라고 묻자 그는

"하늘에 붉은 기운이 나타났으니 이는 불길한 징조입니다. 부디 조심해서 처신해야 합니다."

"그럼 어떻게 처신해야 좋겠는가?"

라고 묻자 박포는

"공께서는 군사들을 맡지 말고 출입을 삼가며 행동을 신중히 하셔야 합니다."

　　방간이 박포에게 그 다음의 계책을 묻자

"태백이나 중옹처럼 미개한 나라로 도망가는 것이 될 것입니다."

"그런 다음의 계략은?"

"정안군의 군사는 용맹하고 숫자도 많은 반면에 공이 거느린 군사는 아침이슬처럼 약하고 숫자도 적으니 먼저 공격해서 없애는 것이 제일입니다."

라고 말하였다.

방간은 처조카인 교서관 판사 이래를 불러 말하기를

"정안군이 나를 해치려고 하는데 앉아서 죽기를 바라겠는가."

라고 말하자 이래는 깜짝 놀라

"나쁜 무리들의 중상을 듣고 형제를 해치려고 하니 차마 들을 수가 없습니다. 그리고 정안군은 나라를 세우는 데 큰 공을 세웠고, 지난번 변란을 평정한 사람입니다. 공께서 지금 누리고 계시는 부귀도 모두 그의 덕입니다."

방간은 그의 말을 듣고 화를 벌컥 내면서

"그대는 나를 도와 줄 사람이 아니구나."

라고 말하였다.

정종과 정안왕후가 묻힌 후릉.

이래는 정안군을 찾아가서 회안군이 반란을 일으킬 것이라고 말하자, 정안군은 회안군의 집으로 몰래 사람을 보내 염탐케 했다.
　이때 회안군 방간은 군사들을 집에 모아놓고 갑옷차림으로 무장하였고, 많은 사람들이 웅성거리고 있었다.
　염탐꾼으로부터 보고를 받은 정안군은 회안군이 반란을 일으킬 것을 알았다.
　회안군 방간이 반란을 일으키자 의안군 화, 이천우 등 10여 명이 정안군의 집에 모여 반란군을 맞아 싸울 것을 요청하자 정안군은 눈물을 흘리면서
　"형제끼리 서로 싸우는 것은 도리가 아니다. 내가 무슨 낯으로 사람들을 대하겠는가."
하자 의안군 화와 이천우 등이 나서서 눈물을 흘리며 나가 싸울 것을 건의하자 정안군은 회안군에게 사람을 보내 만나기를 요구하였다. 그러나 회안군은 벌컥 성을 내면서
　"내 마음은 이미 정해졌다. 이제 다시 돌이킬 수는 없다."
라고 말하였다.
　정안군은 할수없이 군사들에게 갑옷을 입히고 자신도 안으로 들어가 갑옷을 입고 의안군 화, 이천우 등에 둘러싸여 말에 올랐다.
　이때 정안군은 예조 전서 신극례를 왕에게 보내
　"대궐 문을 굳게 지켜 만일의 사태에 대비하셔야 합니다."
라고 말했다. 그러나 임금인 정종은 믿지 않았다.
　방간은 부하 오용권을 시켜 임금에 고하기를
　"정안군이 저를 해치려고 하기 때문에 할수없이 군사를 일으켰으니 놀라지 마시옵소서."

라고 전하자 임금은 화를 내면서

"소인배의 말을 듣고 동생을 죽이려고 한다니 참으로 한심하구나. 네가 무기를 버리고 대궐에 들어오면 살려 주겠다."
라고 말하였다.

회안군 방간은 갑옷을 입고 부하와 아들 맹종을 비롯하여 수백 명의 군사들을 거느리고 나섰다.

그는 부왕인 태상왕이 있는 궁궐을 지나다가 사람을 보내 고하기를

"정안군이 저를 해치려고 하기 때문에 저는 할수없이 군사를 일으켰습니다."
라고 전하자 태상왕은 몹시 화를 내면서

"너와 정안군이 부모가 다르냐? 이 소 같은 놈아, 어쩌자고 변란을 일으켰단 말이냐."
라고 말하였다.

방간이 군사들을 거느리고 동대문으로 향하고 있을 때 임금이 보낸 사자가 찾아왔다. 그는 말에서 내려 사자로부터 임금의 말을 전해 들었으나 그냥 다시 말에 올라 행군하였다.

마침내 양편의 군사들은 맞붙어 싸웠다. 싸움은 몹시 치열하였다.

한편 임금은 방간이 자신의 명령을 거절하였다는 말을 듣고 화가 나면서도 동생인 회안군이 죽지 않을까 걱정되어

"방간이 비록 소인배의 말을 듣고 반란을 일으켰으나 그의 본마음은 아닐 것이다. 형제 간에 피비린내 나는 싸움을 벌이다니. 이렇게 될 줄은 몰랐구나."
라고 말하였다.

정안군의 심복인 이숙번이 앞장서서 방간이 거느린 군사들을 무찔렀다. 이때 정안군은 자신의 군사들에게
"우리 형님을 해치는 자는 목을 벨 것이다."
라고 말하였다.
이숙번이 활을 쏘아 방간의 중요한 장수 이성기를 죽였다. 이때 방간의 아들 맹종은 본디 활을 잘 쏘았는데 이 날은 왠지 힘이 없어 활을 쏘지 못했다.
싸움은 방간군에게 불리하게 벌어지고 있었다. 마침내 방간은 형세가 위급하자 달아났다. 그는 성균관 골짜기로 들어가 갑옷을 버리고 활과 화살을 버렸다.
방간은 뒤쫓아온 방원이 거느린 군사들에 의해 잡혔다.
이숙번이 붙잡혀 온 방간에게 반란의 이유를 묻자 그는
"지난해 동짓날 박포가 집에 찾아와서 정안군이 나를 해치려고 하니 선수를 써야 한다고 부추기에 군사를 일으킨 것이다."
라고 말하였다.
반란이 진압된 뒤 방간은 토산으로 귀양보냈고 그곳에서 일생을 마쳤으며, 아들 맹종은 세종 때 대간들이 들고 일어나 그를 죽이라고 간하자 죽였다.
정안군은 조정의 대신들이 방간을 죽이라고 여러 번 요청했으나 끝내 그는 형을 죽이지 않았으며 박포는 귀양보냈다가 목을 베어 죽였다.

정종의 가계

정종은 한 명의 정비와 아홉 명의 후궁을 두었으며, 정비에게서는 자식을 얻지 못하고 후궁들에게서 아들 17명, 딸 8명을 두었다.

『선원록』에 기록된 정종의 후궁은 성빈 지씨·숙의 지씨·숙의 기씨·숙의 문씨·숙의 윤씨·숙의 이씨 등 6명이지만, 그 밖에도 가의궁주 유씨, 시비 기매, 이름이 전하지 않는 후궁 등 3명이 있어 모두 아홉 명이다.

정안왕후 김씨(1355~1412년)

정안왕후 김씨는 경주 김씨 천서의 딸로 1398년 제1차 왕자의 난이 일어나 영안대군(정종)이 세자에 오르자, 덕빈에 책봉되었고, 그 해 9월에 정종이 왕위에 오르면서 덕비에 책봉되었다. 1400년 정종이 태종에게 왕위를 물려주고 상왕으로 물러나면서 순덕왕대비의 존호를 받았고, 1412년에 58세에 세상을 떠났으며 소생은 없었다.

전해 오는 야사에는 태종에게 왕위를 내주라고 권고한 사람은 정안왕후 김씨라고 한다. 그녀는 정종이 왕위에 더 있다가는 방원에게 죽임을 당할 수도 있다는 생각에 정종에게 물러날 것을 적극적으로 권고했고, 정종 역시 그녀의 생각과 같았기에 왕위에서 물러났다고 한다. 그만큼 정종과 정안왕후는 동생 방원을 몹시 두려워했는데, 이는 실권이 없는 왕의 처지가 얼마나 비참했는지를 단적으로 보여 주는 일이었다.

능은 정종과 같은 곳에 마련되었으며, 능호는 후릉이다.

제2대 정종 가계도

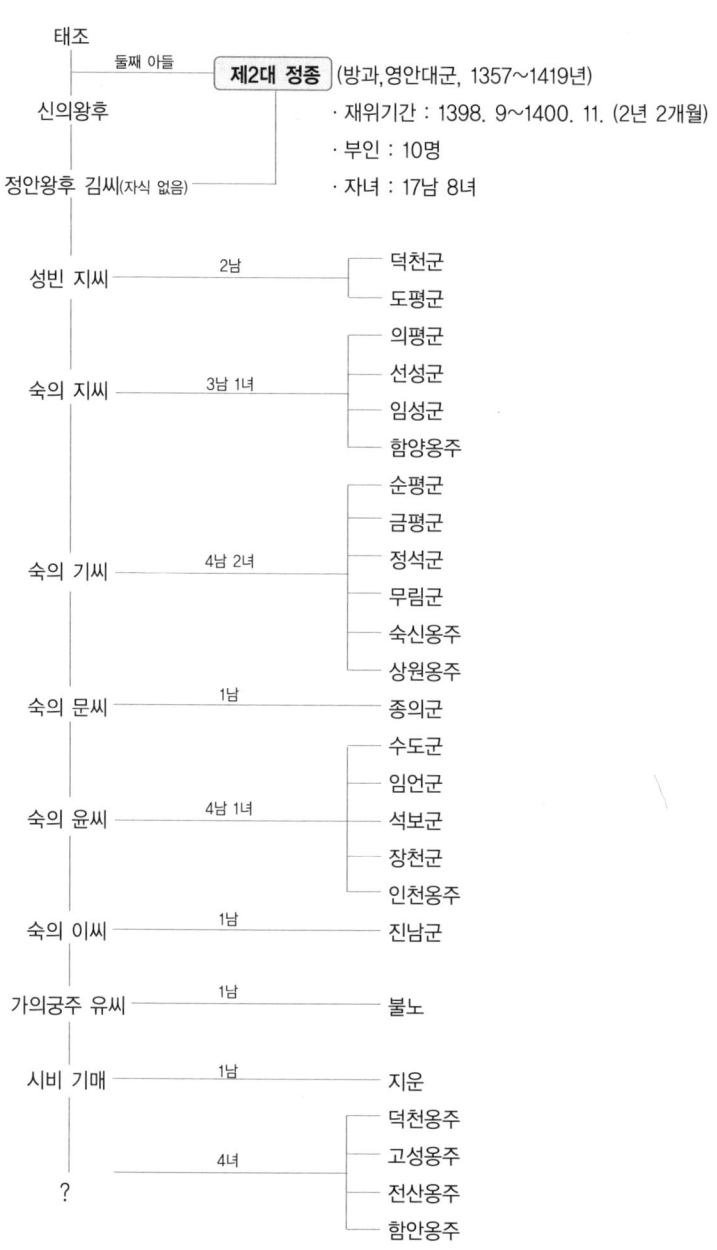

태종실록 太宗實錄

『태종실록』 편찬 경위

　『태종실록』은 조선왕조 제3대 왕 태종의 원년(1400) 11월부터 18년(1418) 8월 10일까지의 역사를 편년체로 기록한 사서이다. 정식 이름은 『태종공정대왕실록』이며 모두 36권 16책으로 구성되어 있다. 세종 8년(1426) 8월부터 편찬하기 시작하여 세종 13년(1431) 3월에 완성하였다.

　『태종실록』은 편찬 직후 세종 13년(1431) 4월 25일 『태조실록』·『정종실록』과 함께 고려 시대의 실록을 보관하였던 충주 사고에 봉안하였다. 그때까지 실록은 이 한 벌뿐이었고, 충주 사고는 민가가 밀집한 시내에 위치하여 화재가 염려되었다. 그리하여 세종 21년(1439) 6월 사헌부의 건의로 새로 전주와 성주에 사고를 설치하고, 세종 27년(1445) 11월 19일까지 세 벌을 더 베껴 모두 네 벌을 만들어 춘추관·충주·전주·성주 사고에 각기 한 벌씩 봉안하였다.

　『태종실록』 편찬에 관계한 춘추관 당상은 감관사 맹사성, 지관사 윤회, 동지관사 신장이며, 당하관, 즉 낭청은 기주관 안지·윤형·조서강·이옹, 기사관 안수기·이선제·박시생·오신지·권자홍·장아·어효첨·김문기·강맹경·이종검 등이다.

　태종은 세종 4년(1422) 5월 56세에 세상을 떠났고, 시호는 공경이며 서울 서초구 내곡동 헌릉에 묻혔다.

『태종실록』의 내용

태종은 왕권을 강화하고 중앙집권을 확립하기 위해 공신과 외척들을 조정에서 대부분 제거하였다. 1404년에는 3년 전의 이거이 난언 사건을 들춰내 이거이와 이저를 귀향시켰다. 1407년에는 불충을 들어 처남으로서 권세를 부리던 민무구·민무질 형제를 사사하였다. 1415년에는 나머지 처남인 민무휼·민무회 형제를 서인으로 폐하고, 이듬해 사사하였다.

같은 해 이숙번을 축출하고, 1414년에는 잔여 공신들도 부원군으로 봉해 정치 일선에서 은퇴시켰다. 1401년에 문하부를 혁파하고 의정부 구성원으로만 최고 국정을 합의하게 하여 의정부제를 정립하였다.

1405년에는 의정부 기능을 축소하고 육조 기능을 강화해 육조직계제를 강화하고자 하였다. 그래서 육조 장관을 정3품 전서에서 정2품 판서로 높이고, 좌·우 정승이 장악했던 문무관의 인사권을 이조·병조로 이관하였다. 1414년에는 육조직계제를 시행하여 육조가 국정을 나눠 맡게 함으로써 왕권과 중앙집권을 크게 강화하였다. 1413년에 지방제도를 개편하였다. 1401년에는 신문고를 설치해 백성들이 억울한 일을 자유롭게 청원하거나 상소할 수 있게 하였다.

1410년에는 호포세를, 1415년에는 포백세를 폐지하였고, 서얼차대법을 만들었다. 태종은 유학을 크게 장려하여 1407년과 1411년에는 권학사목과 국학사의를 정하고, 4부학당을 건축하였으며, 1415년 거북선을 개발했다.

이 밖에도 태종은 수도를 개성에서 한양으로 옮기고, 창덕궁·덕수궁·경회루·행랑·청계천을 조성하였다. 백관의 녹과를 정비하고, 호구법을 제정하였으며, 호패법을 실시해 호구와 인구를 파악하였다.

태종대에는 편찬사업을 크게 일으켰다. 권근과 하륜 등에게 명해 『동국사략』을 편찬하게 하고, 1409년에는 『태조실록』을 편찬하였다. 1403년에 주자소를 설치해 계미자(癸未字) 수십만 자를 주조하였다. 1412년부터 1416년까지 『십칠사』·『대학연의』·『원육전』·『속육전』·『승선직지록』·『동국약운』·『경제육전원집상절』·『속집상절』 등을 편찬하였다.

제3대 태종
(1367~1422년, 재위기간 1400년 11월~1418년 8월)

왕권의 강화와 중앙집권의 확립

　태종의 이름은 방원이고, 태조의 다섯째 아들이며 어머니는 신의왕후 한씨이다.
　그는 고려 공민왕 16년(1367) 5월 16일 함흥부 귀주에서 태어났다.
　어느 날 어머니 신의왕후가 점쟁이를 불러 아들의 장래를 묻자
　"이 아이의 운명은 매우 좋습니다. 감히 저 같은 사람이 입에 올려서는 안 될 것입니다."
라고 말하였다.
　태종은 태어나면서부터 여느 아이와 달랐고 영특했으며 글 읽기를 좋아하여 학문이 날로 늘어갔다. 그는 고려왕조에서 실시한 진사 시험에 합격했고, 이어서 과거시험에 병과의 일곱 번째로 합격하였다.
　그는 고려 말의 어지러운 세상의 형편을 지켜보면서 자신을 낮추며 선비들과 사귀었고 그들을 존경했으며 성균관에서 공

부했고, 길재와 같은 마을에 살면서 학문을 닦았으며 한때는 원천석에게 학문을 배우기도 했다.

태종은 아버지 태조의 모습을 많이 닮았다.

태종이 민제의 사위가 되자 어느 날 하륜은 그를 찾아가서

"내가 많은 사람들의 관상을 보았지만 귀공의 둘째 사위만큼 빼어난 사람은 아직까지 못 보았소."

라고 칭찬하였다. 그 뒤 장인 민제의 소개로 하륜을 만났고, 하륜은 그를 정성껏 받들었다.

어머니 신의왕후가 세상을 떠나자 그는 무덤 곁에 초막을 짓고 살았으며 아버지 태조를 만나려고 개경에 올 적마다 어머니 생각에 슬피 울었다. 태조는 이러한 그를 효자라 칭찬했다.

그는 공양왕 4년(1392) 3월 조영규 등으로 하여금 정몽주를 선지교(선죽교)에서 죽이도록 명령하였고, 정도전 등과 더불어 공양왕을 폐위시키고 공민왕비 안씨를 강압하여 아버지 이성계를 왕으로 즉위시켰다.

조선왕조가 개국되자 명나라의 황제가 태조의 아들을 명나라에 보내라고 하자 태조는 많은 아들 가운데 그를 보내면서

"네가 아니고는 명나라 황제의 물음에 대답할 사람이 없으니 잘 처리하고 돌아오너라."

라고 말하였다.

그는 명나라에 가서 황제의 물음에 잘 답변하여 정중한 대접을 받고 무사히 돌아왔다.

어느 날 태종이 왕자로 집에 있을 때 먼동이 트면서 서까래만한 큰 용이 그의 방 앞에 나타났다.

용의 비늘에서 빛이 찬란했으며 꼬리를 꿈틀거리고 머리는 태종이 있는 방을 향하였다.

면류관
조선시대 임금이 왕위에
오를 때 또는 종묘제례 때
구장복과 같이 쓰는 관.

이때 그의 시중을 드는 여종 김씨가 처마 밑에 있다가 이를 목격하였다. 그녀는 깜짝 놀라 부엌에서 밥을 짓던 사람에게 달려가서 이 사실을 알리자 그녀들도 나와서 지켜보았다. 이윽고 구름과 안개가 자욱하더니 용은 순식간에 사라져 버렸다.

제2차 왕자의 난을 진입한 뒤 형인 정종으로부터 양위를 받아 왕으로 등극한 태종은 왕권을 강화하고 중앙집권을 확립하기 위해 조정의 공신들과 외척들을 제거하였다.

1401년 이거이와 그 아들을 귀향시켰고, 1407년 자신의 처남인 민무구·민무질을 불충스럽다는 죄를 씌워 유배를 보냈다가 스스로 죽도록 했고, 나머지 처남인 민무휼·민무회 형제를 서인으로 폐하고 이듬해 사약을 내려 죽였다. 그리고 자신을 도운 공신 이숙번을 조정에서 쫓아내고 나머지 공신들도 모두 정치 일선에서 물러가게 함으로써 왕권을 튼튼히 하였다.

1401년 문하부를 없애고 의정부제를 정립하였다. 이때 간쟁을 맡은 문하부 낭사를 사간원으로 독립시켰고, 삼사와 삼군부를 사평부와 승추부로 개정하였다.

1405년 의정부의 기능을 줄이고 육조의 기능을 강화시켰다.

이때 육조의 장관을 정3품에서 정2품의 판서로 높이고 좌정승과 우정승이 갖고 있던 문무관의 인사권을 이조·병조로 옮겼고, 의정부·사헌부·한성부·승정원·사간원 등을 제외한 관아를 이조에 속하게 하였다.

그리고 1413년 지방제도를 개편하여 10월에 완산을 전주, 계림을 경주, 서북면을 평일도, 동북면을 영길도로 고쳤으며 유도부·6부·5대 도호부·20목·74도호부·73군·154현으로 지방 행정구역을 정비하였다.

태종은 즉위하던 해 양반의 아들들 중에서 무예가 뛰어난 자를 뽑아 별시위로 편성하고 1401년 삼군부를 승추부로 고쳐 왕명의 출납과 군기를 장악하도록 했다. 1403년 삼군부를 삼군도총부로 부활하고 승추부는 군기를, 도총제부는 군령을 맡게 했다. 그리고 조세제도를 정비하여 국가의 재정을 안정시키고 노비제도를 정비하였으며 1401년 신문고를 설치하여 억울한 일을 당한 백성들이 자유롭게 상소할 수 있게 했다.

1410년 호포세와 포백세를 없앴고 유학을 장려하여 4부학당을 설치하고 불타 버린 문묘를 1407년부터 1409년까지 중건하여 문묘제도를 정비하였다. 그리고 불교의 사찰을 13종파 232사만 남기고 5,6만 결의 토지와 8만여 명의 노비를 관아에 배속시키고 도첩제를 강화하여 각종 부역에 승려들을 동원하는 불교 배척을 강행했다.

1403년 주자조를 설치해 계미자 수만 자를 주조하여『대학연의』·『속육전』등을 편찬하였으며 수도를 개경에서 다시 한양으로 옮겼다.

태종은 호패법을 실시하여 전국의 호구와 인구를 파악하였으며 경회루·청계천을 조성하였다.

태종의 여러 가지 정책은 뒤에 아들인 세종이 마음놓고 나라를 다스릴 수 있는 기반이 되었다.

함흥차사

태조는 제2차 왕자의 난을 다스려 태종이 왕위에 오르자 자신의 고향인 함경도의 별궁으로 옮겨 갔다. 그러나 태종은 태상왕에게 자주 사신을 보내 문안을 드리고 빨리 한양으로 돌아오기를 간절히 바랐다.

전해 내려오는 이야기는 태종이 태상왕에게 사신을 보낼 적마다 살아서 돌아오지 않았다 한다. 그래서 한 번 가면 돌아올 줄 모르는 사신들을 일컬어 '함흥차사'라 사람들은 일컬었다.

태조는 사랑했던 강비가 세상을 떠났고, 태종에 의해 강비가 낳은 방번·방석이 죽임을 당했으며 경순공주도 남편인 흥안군 이제가 죽자 공주는 절에 들어가 비구니가 되었다.

태조는 지난일들을 생각할 적마다 울분이 치밀어 한양을 떠나 고향인 함흥로 갔다. 그는 그곳에서 의형제를 맺은 이지란과 바둑을 두면서 울적한 마음을 달래었다.

태종은 그동안 여러 사람들을 함흥에 보내 태상왕이 한양으로 돌아오기를 간절히 바랐으나 가는 사람마다 살아 돌아오지 않았다.

태종은 태상왕과 친분이 두터운 성석린을 사자로 보냈다. 그는 관복을 벗고 평상복 차림으로 한양을 떠나 태조가 있는 함흥의 별궁 근처에 다다랐다.

마침 그때 태조가 누각에 올라 내려다보니 웬 낯익은 사람이 지나가는 것을 목격하고 시종을 불러 그를 데려오게 했다.

이윽고 시종을 따라 들어온 사람은 성석린이었다. 태조는 그를 보자 반갑게 맞이하였다.

"오, 그대는 성석린이 아닌가? 이곳에 어쩐 일인가?"

"태상왕 전하, 오랜만에 뵈옵니다. 그간 강녕하시온지요?"

성석린은 태상왕에게 엎드려 절을 하고 그와 마주앉아 온갖 회포를 풀었다.

두 사람은 시간이 가는 줄도 모르고 정담을 나누었다. 한창 이야기가 무르익을 무렵 성석린은 자리에서 일어나 무릎을 꿇고

"태상왕 전하, 부자지간의 도리는 도저히 끊을 수 없습니다. 지금 상감께서는 태상왕의 일로 침식을 잃고 걱정하고 계시니 이제 그만 한양으로 돌아가시옵소서."

그러자 태조는 태도를 바꾸어 몹시 화를 내면서

"네 이놈, 방원의 사신으로 나를 찾아왔구나. 이곳을 찾아온 사람마다 살아 돌아가지 못한다는 것을 잘 알렷다."

라고 말하면서 옆에 세워두었던 칼을 꺼내 들고

"바른대로 말하라. 너는 분명 방원이가 시켜 나를 찾아왔지?"

"태상왕 전하, 아니옵니다. 소신은 태상왕 전하가 그리워 사사로이 찾아왔습니다. 만약 제가 상감의 심부름으로 왔다면 맹세코 신의 자손들이 눈이 멀게 될 것입니다. 제발 노여움을 푸시고 소신의 말을 믿어 주십시오."

"그래 내 옛정을 생각하여 너를 용서하니 다시는 그런 말을 입 밖에 내지 마라."

태조와 성석린의 아버지 성여완은 각별한 친구 사이였다.

태조는 칼을 거두고 성석린을 용서했다. 그러나 순간적으로

죽음을 모면하기 위해 거짓말을 한 성석린의 아들과 손자들이 모두 눈이 멀어 버렸다 한다.

　성석린이 빈 손으로 돌아오자 태종은 실망하여 자리에 눕고 말았다. 그러자 판중추부사 박순이 자원하여 나섰다. 그는 태조와 친분이 두터운 사이어서 자신이 가서 애원하면 태조가 들어 주리라 마음먹었다.

　이때 그는 한 방법으로 아직 젖을 떼지 않은 송아지와 어미소를 끌고 함흥으로 떠났다.

　그는 함흥 별궁에 도착하여 소를 매어두고 태조를 만나 옛이야기를 나누면서 술을 마시고 있었다. 그때 웬 송아지의 울음소리가 연거푸 나자 이어서 어미소의 울음소리가 들려 왔다.

　태조는 이상하게 여겨 시종을 시켜 알아보도록 일렀다. 이윽고 밖에 나간 시종이 돌아와서

　"태상왕 전하, 박 대감께서 끌고 온 어미소와 송아지가 우는 소리입니다."

라고 말하자 태조는 자리에서 벌떡 일어나 박순을 향해

　"네 이놈 나를 속여 한양으로 돌아가게 하려고 방원의 심부름으로 나를 찾아왔구나."

라고 말하면서 벌컥 화를 냈다. 이때 천정에서 새끼벌레가 갑자기 방바닥에 떨어지자 뒤따라 어미벌레가 떨어져 새끼벌레를 물고 가려고 하였다.

　이때 박순은 태조 앞에 무릎을 꿇고

　"태상왕 전하, 소와 벌레는 보잘것없는 미물인데도 저렇게 새끼를 위하는 정성이 지극하옵니다. 하물며 사람이 저 미물보다 못해서야 되겠사옵니까. 부디 통촉하시옵소서."

　박순은 꿇어 엎드려 태조에게 간절히 애원했다. 한참 동안 창

밖을 바라보던 태조는 이윽고 무슨 생각을 하였는지 박순에게
"천륜이란 그 누구도 막지 못하는 것이구나."
하면서 한양으로 돌아갈 뜻을 보이자 박순은 눈물을 흘리면서 절을 올렸다.

박순은 여러 날 태조를 모시다가 한양을 향해 떠났다. 그러자 태조의 곁에 있던 사람들이 그를 뒤쫓아가서 죽이자고 건의했다.

태조는 그를 죽이고 싶지 않아 그가 흥룡강을 건넜을 때쯤 사자에 칼을 주면서
"박순이 흥룡강을 건넜거든 쫓지 말고 만약 건너지 않았다면 목을 베어라."
라고 말하였다.

그러나 한양으로 돌아가던 박순은 도중에 병이 나서 수일 동안 지체하다가 다시 출발하여 막 흥룡강을 건너려고 배에 오르는 순간 태조가 보낸 사자에 의해 죽임을 당했다.

사자가 돌아와서 태조에게 이 사실을 보고하자 태조는
"이런 충직한 사람을 죽이다니. 그와 내가 한 약속을 어찌 저버리랴."
하면서 슬피 울었다.

태종은 박순의 죽음을 전해 듣고 사람을 보내 시신을 거두어 후히 장례를 치르게 하고 그의 초상을 그려 벽에 걸어놓고 눈물을 흘렸다고 전한다.

박순이 죽은 뒤에도 태조는 함흥에 머물렀다. 태종은 마지막 수단으로 무학대사를 함흥의 별궁으로 보내 어렵게 태조의 마음을 돌려 한양으로 돌아오게 하였다.

1402년 11월 안변부사 조사의가 동북면의 호족들과 반란을

일으켰다.

그는 왕위를 찬탈한 태종을 내쫓고 태조를 복위시켜야 한다는 기치를 내걸고 반란을 일으키자 동북면의 백성들이 호응했고, 태조도 박만을 보내 그를 지지했다.

태종은 반란군을 진압하기 위해 조영무 등을 보내 그들을 공격했으나 오히려 그들에게 패배하였고, 반란군은 기세를 떨치면서 평안도 쪽으로 진군하였다.

태종은 정예군 4만 명을 동원하여 청천강 부근에서 반란군을 크게 무찔렀다. 이때 조사의와 그의 아들 그리고 주모자 강현 등이 잡혔고, 그들은 한양으로 곧장 압송되어 12월 18일 참형당하였다.

공신들을 제거하다

태종은 '제1차 왕자의 난'과 '제2차 왕자들의 난' 때에 공신들의 힘에 의해 반란군을 진압했고, 그들의 공에 의해 마침내 왕위에 올랐다.

태종은 왕위에 오른 뒤 왕권을 강화하기 위해 공신들과 재상들이 거느린 사병을 없애 군사권을 장악하였다. 그리고 그는 왕권에 도전할 염려가 있는 공신들을 없애려고 마음먹었다.

그 첫 번째 목표는 이거이이었다. 그는 태조 때 평안도병마도절제사·참지문하부사·판한성부사 등을 역임했고 태종 즉위에 공신으로 책록된 사람이다. 그리고 그의 아들은 태조의 큰딸 경신공주와 혼인했고, 다른 아들 이백강은 태종의 큰딸 정

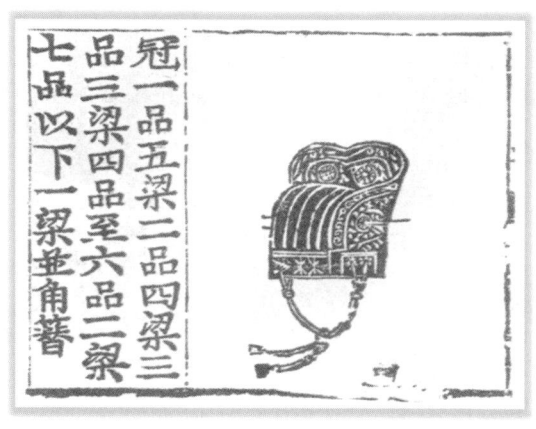

금관
조선왕조 초기 정일품의
신하들이 쓰던 관.

순공주와 혼인한 왕실과 사돈관계이었다.

태종이 세자로 있을 때 사병혁파를 실시할 때 이거이 부자만 이 따르지 않았고 다른 공신들은 모두 협조했다. 이때 이거이 부자는 사병들을 다른 사람보다 많이 거느리고 있어 태종으로 서는 눈엣가시였다.

"이거이 부자가 사병을 내놓기를 아깝게 생각하고 내놓지 않으니 마땅히 처벌해야 합니다."

라고 조정의 대신들이 들고 일어났으나 세제였던 태종은 이거이를 계림부윤으로 그의 아들 이저를 완산부윤으로 좌천시켰다. 그러나 얼마 뒤 그들 부자는 조정에 돌아왔고 태종이 왕위에 오른 뒤 좌명공신에 책록되었다.

태종 4년 그들 부자는 서인으로 신분이 강등되어 유배의 길에 올랐다. 이때 태종은 종친인 작은아버지 이화와 사촌인 이천우 등을 불러

"조영무가 나에게 말하기를 신이 이거이의 집에 찾아가자 이거이가 신에게 말하기를 '우리들의 부귀가 지극하다. 그것을 보존하기는 예부터 어려우니 우리가 일찍이 도모해야 한다. 금상은 아들이 많지만 어찌 그들이 우리들을 돌보겠는가. 금상을

없애고 상왕을 다시 모시는 것이 좋겠다 하였습니다.' 조영무로부터 이 말을 듣고 누설하지 않도록 한 것이 벌써 4년이 지났다."

태종은 이렇게 말하고 나서 이거이와 조영무를 대질시켜 사실 여부를 확인하려고 마음먹었다. 이때 이화 등을 비롯한 조정의 대신들이 이거이의 죄를 밝힐 것을 주장했다.

이리하여 마침내 조영무와 이거이의 대질이 이루어졌으나 이거이는 그 사실을 부인했다. 그러나 그는 자신을 해명하지 못해 이거이 부자는 진주로 내려보냈다가 조정의 대간들의 요청으로 서인으로 강등되어 유배의 길에 올랐다.

이거이 부자가 조정에서 사라지자 다음의 목표는 원경왕후의 동생들인 민무구·민무질이 대상이 되었다.

이때 원경왕후는 태종이 후궁을 많이 거느리자 둘 사이는 멀어지고 있었다.

이 무렵 태종은 왕위에 오른 지 6년 세자에게 왕위를 물려주겠다고 명령했다. 그러자 조정은 몹시 불안했다. 그러자 이화를 비롯한 조정의 대신들이 민무구와 민무질이 외조카인 세자를 끼고 돌면서 태종의 선위를 반겼다는 죄목을 들어 그들을 처벌할 것을 주장했다.

태종은 조정의 중신들이 민무구 형제를 처벌할 것을 계속 주장하자 그들의 공이 많기에 처벌하는 것은 옳지 않다고 말했다.

사실 민무구 형제는 태종이 왕자인 정안군으로 있을 때부터 그의 수족으로 온갖 일들을 거들었고 1,2차 왕자의 난에도 공을 세웠으며, 태종이 왕위에 오르는 데 정성을 쏟았다. 그러나 계속해서 조정의 대신들이 그들의 처벌을 주장하자 태종도 어찌 할 수 없었다.

1409년 마침내 민무구 형제는 유배의 길에 올랐으며 그 뒤 왕으로부터 자진하라는 명령을 받고 죽었다.
　그 뒤 나머지 동생 민무휼과 민무회가 원경왕후가 병석에 있을 때 대궐에 문병하러 왔다가 세자를 만나
　"우리 형님들이 어찌 모반한 일이 있습니까? 억울하옵니다. 세자께서는 어릴 적에 우리 집에서 자라셨으니 세자의 은혜를 입기 바랍니다."
라고 말하였다.
　이렇게 은밀하게 한 말이 소문으로 퍼지자 민무휼과 그의 동생도 유배를 갔다가 나중에 사약을 받고 세상을 떠났다.
　태종은 이렇게 외척인 친처남들을 무참하게 죽였다.

양녕대군과 효령대군

　양녕대군은 태종 이방원의 큰아들로 1394년에 태어났고, 이름은 제, 자는 후백, 부인은 광산 김씨 김한로의 딸이었다.
　양녕대군은 1404년 왕세자에 책봉되었고, 재주꾼으로서 문장과 글씨에 뛰어났다. 부왕 태종이 그가 쓴 경회루의 현판 글씨를 보고 깜짝 놀랐으며, 조정의 대신들에게 자랑을 늘어놓기도 했다.
　이러한 세자가 왜 폐세자가 되었을까?
　그는 원래 자유분방한 성품이어서 틀에 박힌 궁중생활에 적응하지 못했다. 몰래 궁궐을 빠져 나가 사냥과 풍류를 즐겼다.
　마침내 그의 어긋난 행동이 태종에게 알려져 부왕으로부터

몹시 꾸중을 들었으나 그는 이에 아랑곳하지 않고 계속 궁궐을 빠져 나가 풍류를 일삼았다.

그는 상왕 정종의 애첩과 사통하는가 하면 매형의 첩과 통정하기도 했고 세자의 자리가 자신의 것이 아니라고 생각하고 철저하게 방탕에 빠져 버렸다.

어느 날 부왕과 어머니인 원경왕후가 이야기하는 것을 엿듣고부터는 그의 행동은 더욱더 기승을 부렸다.

부왕과 어머니의 대화는 충녕과 양녕이 바뀌어 태어났으면 하는 바람이었다.

양녕의 셋째 동생인 충녕은 학문에 열중했으며 천품이 인자하고 하루도 손에서 책을 떼지 않는 책벌레이었다.

'음, 부왕의 마음을 알았으니 이제 충녕에게 세자 자리를 물려주기 위해서는 내가 미쳐야 한다.'

이렇게 결심한 양녕은 갑자기 미치광이가 되어 버렸다.

어느 날 태종이 군사를 이끌고 평강으로 거둥하였을 때 양녕은 측근 몇 명을 데리고 시흥으로 사냥을 나갔다. 이때 그는 산속에 기생들을 불러 사냥한 고기와 술을 진탕 마시고 놀았다.

그는 궁궐로 돌아올 때는 악공들에게 풍악을 울리게 하고 자신은 춤을 추었다. 그러자 종로 일대는 구경꾼들로 인산인해를 이루었다.

양녕은 지중추부사 곽정의 첩인 어리를 동궁으로 납치하여 그녀와 통정하고 매일같이 어리의 치마폭에 싸여 지냈다.

마침내 이 일이 태종에게 들어가자 태종은 동궁의 별감을 곤장을 쳐서 공주 관노로 내쫓고 어리를 동궁으로 데려오는데 일조한 사람을 찾아내어 모두 귀양을 보냈고, 어리는 동궁에서 내쫓고 세자는 송도로 내쫓았다.

제 ❸ 대 태종

이때 조정의 대신들이 들고 일어나
"전하, 세자를 폐하시옵소서."
하고 매일같이 태종에게 건의했다.

조정의 대신들이 이렇게 주장하자 태종도 마음이 움직이기 시작했다. 처음에 태종은 어떤 일이 있어도 큰아들에게 왕위를 물려주려고 했었다. 지난번 자신이 주동이 된 두 차례의 왕자의 난을 떠올리면서 이렇게 결심했다.

그러나 세자의 방탕은 날이 갈수록 더했고, 이제는 그 한계선에 다다랐다. 그러자 대신들의 상소가 계속 올라오는 바람에 태종도 더 이상 참을 수가 없었다. 이때 이조판서 황희가
"전하, 큰아들을 폐하고 아랫사람을 세우면 재앙을 초래하게 되옵니다. 비록 세자께서 미쳤다고 하나 소신의 생각으로는 세자께서는 성군이 될 인품을 지녔사오니 부디 통촉하시옵소서."
라고 태종에게 세자를 폐하지 말 것을 강력하게 주장하자 태종은 화가 나서 황희를 귀양을 보냈다.

황희는 그 누구보다도 양녕을 꿰뚫어 보았다. 그가 거짓으로 미친 척하는 것과 성군이 될 자질이 있는 것으로 보았고, 그의 마음을 그 누구보다 잘 알고 있었다.

마침내 1418년 6월 태종은 세자를 폐하고 여주로 내쫓았으며 셋째 아들 충녕대군을 세자로 책봉하였다.

양녕대군의 세자 폐위 문제가 거론되자 둘째 동생인 효령대군은
'형님께서 쫓겨나시면 다음은 내가 세자가 되겠구나.'
이렇게 생각한 그는 매일같이 부지런히 학문을 닦았다. 그러던 어느 날 세자가 그를 찾아와서
"효령아, 세자는 충녕이 되어야 한다. 너는 그 자리에 오르지

못해. 마음을 돌려라."
라고 말하자 그는 형의 뜻을 알아듣고 그 길로 양주의 회암사에 들어가 불교를 연구하였다.

태종의 가계

태종은 한 명의 정비와 아홉 명의 후궁을 두었다. 정비는 원경왕후 민씨이며, 후궁은 효빈 김씨 · 신빈 신씨 · 선빈 안씨 · 의빈 권씨 · 소빈 노씨 · 숙의 최씨 · 덕숙옹주 이씨 · 고씨 · 김씨 등이다.

그는 원경왕후에게서 4명의 아들과 4명의 딸을 얻었으며, 후궁들에게서 8남 13녀의 아들과 딸을 두었다.

원경왕후 민씨(1365년~1420년)

원경왕후 민씨의 본관은 여흥이며, 여흥부원군 민제의 딸로서 1365년 여흥에서 태어났다. 그녀는 1382년 방원에게 출가하였으며, 1392년 조선왕조가 창건되자 정녕옹주에 봉해졌다.

1400년 2월 방원이 세제에 책봉되자 세자빈으로 정빈에 봉해졌으며, 이 해 11월 방원이 조선 제3대 왕으로 즉위하자 왕비에 책봉되었다.

태종보다 두 살 위인 민씨는 태종이 왕위에 오르는 데 많은 도움을 준 것으로 전해지고 있다. 1398년 8월, 태조가 병이 위중하여 여러 왕자들과 함께 대궐에서 숙직하고 있던 방원을 종으로 하여금 불러내어 정도전의 급습 가능성이 있다고 주의를 환기시켰다.

이 정보 덕분에 방원은 선수를 쳐서 정도전 일파를 단숨에 제거할 수 있었다.

또한 왕자의 난 10일 전에 정도전 일파가 왕자들이 거느리고 있던 시위군을 혁파하고 그들의 군장비를 모두 불태울 때, 그녀는 몰래 무기를 숨겨두었다가 거사 직전에 방원이 거느린 군사에게 내어주어 싸우도록 했다. 그러나 왕비가 된 후에는 태종과의 후궁 문제로 불화가 그치지 않았다.

태종은 외척의 권력 분산과 왕권 강화를 목적으로 후궁을 늘려나갔고, 민씨는 이에 투기와 불평으로 태종의 비위를 건드렸다. 그것이 곧 그녀의 동생 민무구 형제에게 영향을 미쳐 태종과 틈이 더 벌어지는 결과를 낳았고, 마침내 민무구 형제가 죽게 되자 그녀는 그 일로 태종에게 불손한 행동을 계속해 왕비의 자리에서 쫓겨날 처지에 놓이기도 했다. 하지만 태종은 끝내 그녀를 폐비시키지 않았다. 원경왕후 민씨는 1420년 56세에 세상을 떠났다.

민씨는 4남 4녀를 낳았는데 양녕·효령·충녕·성녕 등의 왕자들과 정순·경정·경안·정선 등의 공주가 그녀의 소생이다.

그녀의 능은 헌릉으로, 태종의 묘와 함께 현재 서울 서초구 내곡동에 있다.

양녕대군(1394~1462년)

1394년(태조 3년)에 태어난 양녕은 태종 이방원의 큰아들로 이름은 제, 자는 후백, 부인은 광산 김씨 한로의 딸이었다.

양녕은 1404년 왕세자에 책봉되었으나 자유분방한 성격 탓으로 궁중을 몰래 빠져 나가는 일이 잦았고, 사냥이나 풍류를 좋아해 자주 태종의 화를 돋우었다.

또한 그는 여자에 빠져 태종과 심각하게 대립하기도 했는데, 정종의 애첩이었던 기생과 사통하는가 하면, 매형의 첩이었던 기생과 통정을 하기도 했다. 특히 애첩 어리 문제는 태종과의 관계를 극단으로 몰고 갔다. 마침내 1418년 그는 세자에서 쫓겨나고 말았다.

그는 1462년 69세에 세상을 떠났다. 시호는 강정이다.

효령대군(1392~1486년)

그는 1396년(태조 5년) 태종 이방원의 둘째 아들로 태어났으며 이름은 보, 자는 선숙이었다. 부인은 정역의 딸 예성부부인으로 그녀와 6남 1녀, 첩에게서 1남 1녀를 두었다.

효령은 양녕이 세자에서 폐위되자 한때 자신이 세자 자리를 물려받을 것으로 생각했으나 동생 충녕이 세자에 책봉되자 스스로 절을 찾아가서 불교에 심취하였다.

그는 1407년(태종 8년)에 효령군에 봉해졌고 1412년에 효령대군으로 진봉되었다. 그는 불교에 전념하여 1435년 세종에게 회암사 중수를 건의하였으며, 원각사 조성도감도제조로 활동하기도 했다. 1465년엔 『반야바라밀다심경』을 국문으로 번역했고, 그 해 원각경을 수교하기도 했다.

효령은 성격이 유순하고 효성과 우애가 대단했던 것으로 전해지고 있으며, 세종·문종·단종·세조·예종·성종 등 여섯 왕들을 거치며 91세까지 살았다.

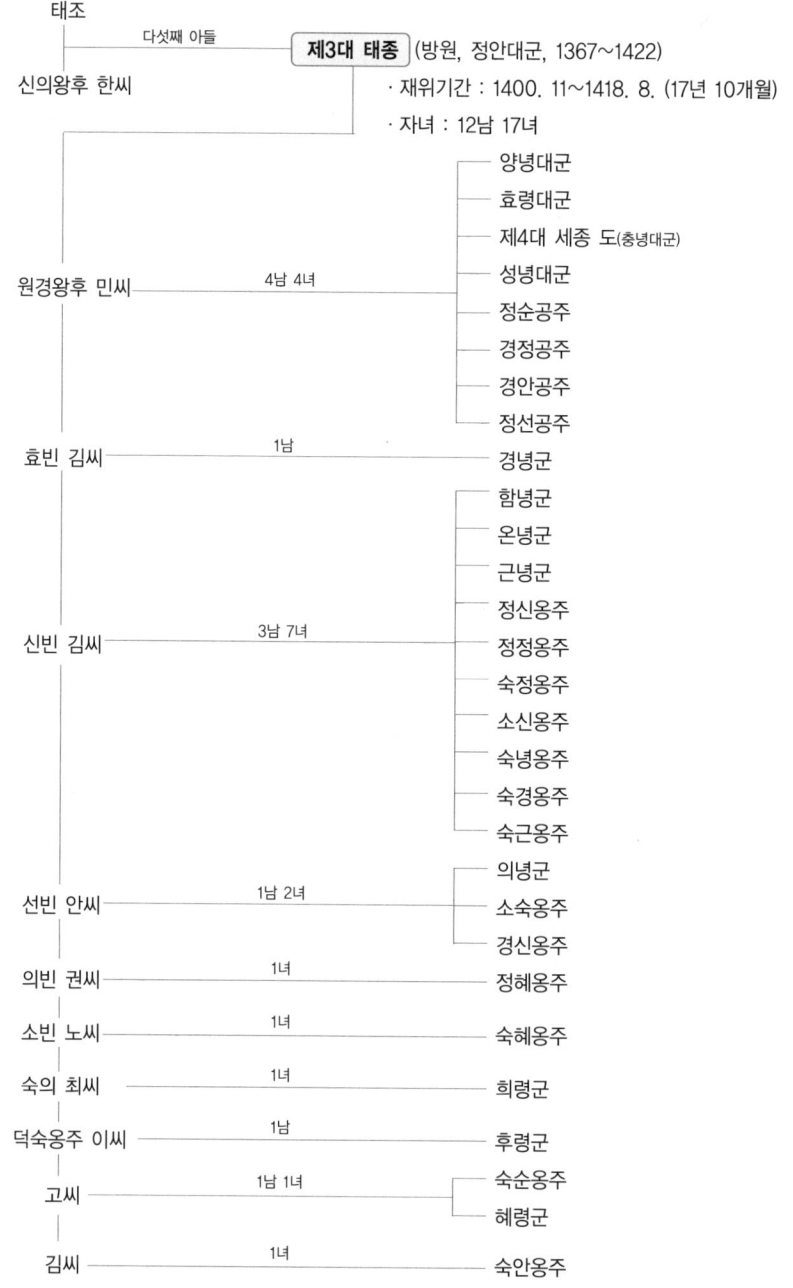

세종실록 世宗實錄

『세종실록』 편찬 경위

『세종실록』은 조선왕조 제4대 왕 세종의 재위기간(1418년 8월~1450년 2월) 31년 7개월간의 역사를 편년체로 기록한 사서이다. 정식 이름은 『세종장헌대왕실록』이며, 모두 163권 154책으로 구성되어 있다.

조선시대 다른 왕들의 실록과 함께 국보 제151호로 지정되었다. 『세종실록』은 그가 세상을 떠난 지 2년 1개월 뒤인 문종 2년(1452) 3월 22일부터 편찬하기 시작하여 단종 2년(1454) 3월에 완성되었는데, 2년 1개월이 걸렸다. 당시 편찬의 총재관은 처음에 황보인·김종서·정인지였으나, 단종 원년(1453)에 일어난 계유정난으로 황보인·김종서가 죽임을 당하자, 최후의 감수는 정인지 혼자 담당하였다.

『세종실록』은 그 분량이 방대하므로 처음에는 한 벌만 등초하여 춘추관에 보관하였다. 세조 12년(1466)에 양성지의 건의로, 이미 편찬된 『문종실록』과 활자로 인쇄하기 시작하여, 성종 3년(1472)에 완료되었다. 실록이 활자로 인쇄된 것은 이것이 처음이었다. 당시 발간한 것은 3부로서 충주·전주·성주의 세 사고에 각 1부씩 봉안하고, 초본은 춘추관에 보관케 하였다. 그 뒤 임진 왜란으로 서울의 춘추관을 비롯하여, 다른 사고에 수장하였던 실록이 모두 없어지고, 오직 전주 사고본만이 남게 되었다. 이를 선조 말년부터 다시 인쇄하여, 재난을 피할 수 있는 태백산·오대산·묘향산, 또는 적상산·마니산 등 에 설치된 여러 사고에 한 벌씩 봉안케 하였다.

세종은 재위 32년간에 걸친 사료가 매우 방대하였으므로 그 실록 편찬에는 육방(六房)으로 나누어 분담 찬수케 하였다. 세종의 시호는 장헌, 존호는 영문예무인성명효대왕, 묘호는 세종이며, 능호는 영릉으로 경기도 여주군 능서면 왕대리에 있다.

『세종실록』의 내용

훈민정음의 창제는 세종 대의 문화유산 가운데 가장 빛나는 업적이다. 훈민정음은 세종이 직접 창제를 지휘하였고, 집현전의 최항·박팽년·신숙주·성삼문·이선로·이개 등 소장 학자들의 도움을 받았다. 세종 14년부터 간의대의 제작이 시작되었다. 그리고 이 간의대에는 혼천의·혼상·규표와 방위 지정표인 정방안 등이 설치되어 세종 20년 3월부터 이 간의대에서 서운관의 관원들이 매일 밤 천문을 관측하였고 해시계와 물시계도 제작되었다.

측우기는 세종 23년 8월에 발명되었고, 이듬해 5월에 개량·완성되었다. 1403년에 주조된 청동활자인 계미자의 결점을 보완하기 위해 세종 2년에 새로운 청동활자로 경자자를 만들었고, 세종 16년에는 더욱 정교한 갑인자를 주조하였다. 세종 18년에는 납활자인 병진자가 주조됨에 따라 조선시대의 금속활자와 인쇄술이 완성되었다.

세종 대는 화포의 개량과 발명이 계속되어 완구·소화포·철제탄환·화포전·화초 등이 발명되었다. 세종 26년에 화포주조소를 짓게 해 뛰어난 성능을 가진 화포를 만들어 냈고, 이에 따라 이듬해는 화포를 전면 개주하였다.

세종 대에는 중국의 농업서적인 『농상집요』·『사시찬요』 등과 우리나라 농서인 『본국경험방』, 정초가 지은 『농사직설』 등의 농업서적을 통해 농업기술을 계몽하고 권장하였다. 의약서로는 『향약채집월령』·『향약집성방』·『의방유취』 등이 편찬되었다. 국토의 개척과 확장도 세종 대의 큰 업적이다. 두만강 방면에는 김종서를 보내 육진을 개척하게 하였고 압록강 방면에는 사군을 설치해 두만강과 압록강 이남을 영토로 편입하였다.

세종 1년에는 이종무 등에게 왜구의 소굴인 대마도를 정벌하게 하는 강경책을 쓰기도 하였다. 반면 세종 8년에는 삼포(부산포·내이포·염포)를 개항하고, 세종 25년에는 계해약조를 맺어 이들을 회유하기도 하였다.

제4대 세종
(1397~1450년, 재위기간 1418년 8월~1450년 2월)

해동의 성군 세종

 세종은 태종의 셋째 아들로 어머니는 원경왕후 민씨이며, 1397년(태조 6) 4월 한양의 준수방에서 태어났다.
 그의 이름은 도이고, 자는 원정이며 성품이 영특하고 너그러웠으며 인자하였고, 효성스러웠다.
 1408년 충녕군에 봉해졌고, 1412년에 충녕대군으로 진봉되었으며 우부대언 심온의 딸을 부인으로 맞이하였다.
 소헌왕후 심씨는 1395년(태조 4)에 태어났으며 충녕군과 1408년 결혼하여 경숙옹주로 봉해졌다.
 그녀의 아버지 심온은 고려 말 조선왕조 건국에 참여하여 개국공신이 되어 영의정에 오른 심덕부의 아들이었고, 작은아버지도 태조의 딸인 경선공주와 결혼하여 부마가 되었다.
 원래 태종의 뒤를 이을 왕자는 큰아들인 제(양녕대군)가 세자가 되었으나 그는 자유분방한 성품으로 엄격한 궁중생활에 적응하지 못했고 몰래 궁궐을 빠져 나가 기생 또는 어리라는 첩과 놀아났고, 사냥과 풍류생활을 일삼아 부왕 태종으로부터 심한 꾸중을 들었다.

그의 이러한 행동은 태종의 화를 돋우었고, 마침내 조정 대신들의 비판의 대상이 되자 태종은 세자를 불러 훈계하고 타일렀으나 아무 소용이 없었다.

이렇게 되자 태종은 그가 자신의 뒤를 이을 재목이 아니라 판단하고 은근히 셋째 아들인 충녕대군에게 마음을 두었다.

마침내 1418년 4월 조정의 대신들이 태종의 마음을 간파하고 이렇게 주장했다.

"전하, 세자를 폐하시고 충녕대군을 세자로 삼으시옵소서."

조정의 신하들이 이렇게 나오자 태종은 1418년 6월 마침내 세자를 폐하고 충녕대군을 세자로 책봉하였고, 심씨 부인을 경빈으로 봉하였다.

"짐이 왕위에 오른 지 18년이 되었다. 밤낮으로 조심하고 두려워하면서 편히 지내지도 못하였다. 그리고 몸에 병이 있어 왕위를 세자에게 물려주려고 한다."

라고 태종이 말하자 이명덕 등을 비롯하여 조정의 대신들이 들고 일어나 적극 만류하였으나 태종은 그들의 건의를 뿌리치고 1418년 8월 세자에게 왕위를 물려주었다.

태종은 조정의 대신들을 불러놓고

"과인은 덕이 없는 사람으로서 왕위에 오른 지 18년이 되지만 혜택이 백성들에게 미치지 못하고 여러 가지 나쁜 일들을 겪었고, 몸에 병이 들어 나랏일을 돌볼 수 없게 되었다. 세자는 영특하고 명철하며 효성스러워 왕위에 오를 만하다. 군사에 관한 일은 과인이 직접 처리할 것이고 그 외의 일들은 새로 등극하는 왕이 처리할 것이니 경들은 새 왕을 도와 나라를 발전시키기 바란다."

세종은 부왕인 태종에게 몇 번이나 양위를 번복할 것을 간청했으나 부왕의 뜻을 꺾지 못하였다.

마침내 1418년 8월 해동의 성군인 세종이 왕위에 올랐다. 세종은 태종을 상왕으로, 장인 심온을 부원군에 봉했다.

세종은 성품이 어질어 부모에게 효성을 게을리 하지 않았고 형제들과도 우애가 깊었다.

어렸을 때부터 독서에 파묻혀 눈이 짓무르기도 하였으며 항상 책을 곁에 두고 읽곤 하였다.

세종은 심지어 『좌전』과 『초사』를 백 번씩이나 읽었다고 한다. 세자 시절 몸에 병이 들었어도 계속 책을 손에서 떼어 놓지 않자 태종은 내시를 시켜 책을 모두 거두어 갔는데 세종은 『구소구간』이라는 책을 병풍 사이에 감추어 두었는데 세종은 이

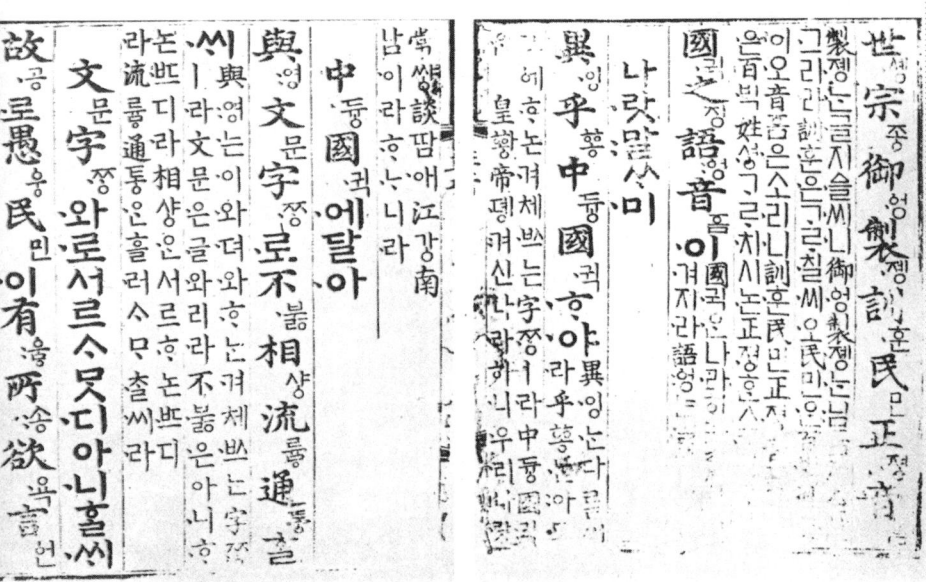

훈민정음 세종 25년(1443) 세종이 성삼문·정인지·신숙주 등 집현전 학사들과 만든 훈민정음의 서문.

책을 천 번 이상 읽었다고 하니 가히 책벌레라 아니할 수 없다.

세종은 부왕 태종과 달리 문치로 나라를 다스렸다. 세종 2년(1420)에 집현전을 설치하였다. 집현전은 처음에는 관리가 12명이었으나 나중에는 30여 명으로 늘어났으며, 관리들은 이곳에서 학문을 연마하여 많은 인재가 배출되었고 유교 정치의 기반이 되는 의례 제도가 정비되었으며, 다양하고 방대한 편찬 사업이 이루어져 문화발전의 산실이 되기도 하였다.

집현전 관리들에 대한 세종의 관심은 남달랐다. 집현전 관리들은 날마다 번갈아 숙직을 하게 되었는데 세종은 그들을 위해 음식을 보내는 등 대접이 융숭하였다.

어느 날 집현전에 밤이 깊었는데도 촛불이 켜져 있는 것을 발견한 세종은 살그머니 찾아가서 방 안을 엿보았다. 이때 그곳에는 신숙주가 밤 늦게까지 책을 보다가 책상에 얼굴을 묻고 잠들어 있었다.

세종은 자신이 입고 있던 담비 갖옷을 벗어 그를 덮어 주고 나왔다.

이튿날 잠에서 깨어난 신숙주는 임금의 옷이 자신에게 걸쳐 있는 것을 보고 깜짝 놀랐다. 이러한 소문은 곧장 퍼져 관리들은 더욱더 학문에 힘쓰게 되었다.

심온의 죽음

세종은 왕위에 오르자 장인인 심온을 영의정으로 삼았다. 그러자 세종의 왕비인 심씨는 마음이 몹시 불안하였다.

태종의 강경한 외척 세력의 견제와 아버지의 권력욕이 걱정되었다. 그녀는 시어머니 원경왕후 민씨의 형제들이 무참하게 죽는 것을 지켜보았기 때문이다.

 심온이 태종의 비위를 거슬린 것은 그가 명나라에 사은사로 가게 되었을 때 장안이 떠들썩할 정도로 위세를 부리고 떠난 일이었다.

 상왕 태종은 심온을 몹시 못마땅히 여겼는데 그는 자신의 처남들을 없앨 때 품었던 마음을 심씨 가문으로 돌렸다.

 상왕 태종은, 세종이 경복궁을 지키는 금위군의 군사를 나누어 상왕의 거처인 수강궁과 경복궁을 지키게 했는데 이때 심온의 동생 심정이 나라의 군국대사를 상왕인 태종이 처리한다고 불평한 것을 빌미로 심씨 가문을 공격하게 되었고, 심온이 이 사건의 수괴로 지목된 것이다.

 상왕 태종에 의해 사은사로 갔다가 명나라에서 돌아오던 심씨의 아버지 심온은 명나라 국경을 넘어오자마자 압송되어 수원에서 폄출되었고 자진 어명을 받아 사사되었다. 그리고 심온의 동생 심정은 고문을 받다가 죽었고, 심씨의 어머니 안씨는 관노비로 전락했다.

 세종의 왕비 소헌왕후 심씨는 아버지의 죽음에 속수무책이었다. 세종 또한 상왕 태종의 손아귀를 벗어나지 못한 국왕으로 힘을 못 쓰는 판국이었다. 심씨의 아버지 심온이 억울하게 죽었지만 그 자신도 잘못이 컸다. 태종은 자신의 부인 민씨의 친정을 멸문시키면서까지 외척의 발호를 막았다.

 심온의 죽음은 태종의 외척에 대한 강경 대응의 의지를 망각한 대가로서, 심온 자신도 자제할 줄 모르는 권력욕은 자멸임을 깨달았어야 했다.

한편 심온을 제거한 신하들은 심씨를 향해 공세를 폈다. 이들의 두려움은 상왕 태종이 세상을 떠나면 자신들에게 심씨의 복수가 있을 것으로 생각했다. 그들은 심씨의 폐출을 강력히 주장했으나 상왕 태종은 이를 거부했다. 그 이유는 심씨가 많은 자손을 생산했고 세종과도 금실이 좋다는 것이었다.

태종은 그의 왕비 원경왕후 민씨의 동생 네 명을 죽였지만 막상 민씨만은 왕비에서 폐출하지 않았듯이, 세종비 소헌왕후 심씨도 그녀의 아버지와 숙부는 죽였지만 왕비 지위만은 박탈하지 않았던 것이다.

세종의 업적

세종은 32년에 걸쳐 왕위에 있으면서 정치·외교·군사·경제·제도·예악의 정비와 각종 문물을 만들었으며 여러 분야에 걸쳐 위대한 업적을 남겼다.

조선시대의 유교적인 의례제도의 틀은 세종 때 만들어져 유교정치의 기반이 되었고 후대에까지 막대한 영향을 주었다.

세종이 펼친 문화사업은 방대하였으며, 15세기 민족문화의 정수를 이루었다.

세종 때 만들어진 책은 『효행록』·『농사직설』·『삼강행실도』·『팔도지리지』·『향약집성방』·『치평요람』·『용비어천가』·『의방유취』·『동국정운』 등을 비롯하여 수십 가지에 달했으며 이들 중에서 훈민정음의 창제는 가장 빛나는 업적이다.

훈민정음을 만들 때 세종이 직접 지휘하였고, 집현전의 최

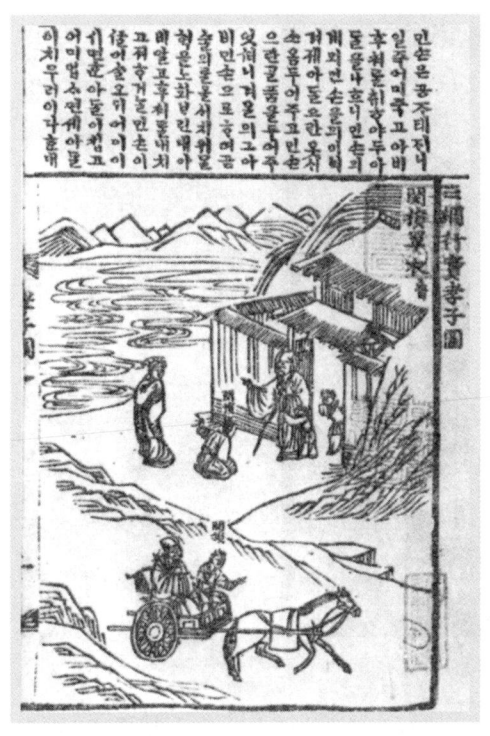

『삼강행실도』
중국과 조선의 서적에서 군신·부자·부부의 삼강에 모범이 될 만한 충신·효자·열녀를 골라 편집한 책으로 1431년 (세종 13)에 간행되었다.

항·박팽년·신숙주·성삼문·이개·이원로 등의 도움을 받았다.

세종은 과학 발전에도 크게 기여하였다. 세종 14년부터 경복궁의 경회루 북쪽에 대규모의 천문의상과 간의대의 제작이 시작되었는데 이것은 높이 약 6.3m, 세로 약 9.1m, 가로 약 6.6m의 규모로 세종 16년에 준공되었다. 그리고 이 간의대에는 혼천의·혼상·규표와 방위 지정표인 정방안 등이 설치되었다. 그리고 세종 20년 3월부터 이 간의대에서 서운관의 관원들이 매일 밤 천문을 관측하였다.

시간을 측정하기 위해 해시계와 물시계도 제작되었다. 앙부일구·현주일구·천평일구·정남일구·자격루와 옥루 등이

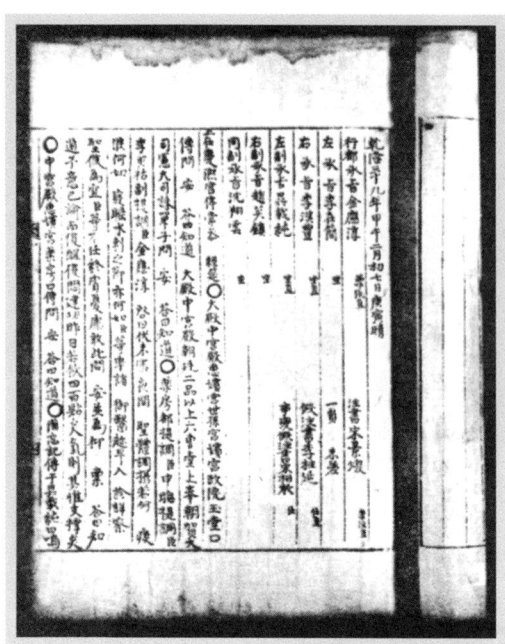

『향약집성방』
1431년(세종 13) 가을 대사성 권채·집현전 직제학 유효통, 전의감정 노중례 등이 재래의 『향약제생집성방』을 토대로 기타 의서학서적을 참고하여 편집하였다.

다. 세종 15년에는 정인지·정초 등에게 『칠정산내편』을 편찬하게 하여 24년에 완성하였고, 『칠정산외편』도 이순지·김담에 의해 편찬되었다. 세종 27년에는 천문·역법의 총정리 작업이라고 할 수 있는 『제가역상집』이 이순지에 의해 편찬되었다.

측우기는 세종 23년 8월에 발명되었고, 이듬해 5월에 개량·완성되었다. 세종 13년과 28년에는 도량형제도를 확정하여 후에 『경국대전』에 수록하였다. 인쇄술도 큰 발전을 이루었다. 1403년에 주조된 청동활자인 계미자의 결점을 보완하기 위해 세종 2년에 새로운 청동활자로 경자자를 만들었고, 세종 16년에는 더욱 정교한 갑인자를 주조하였으며 세종 18년에는 납활자인 병진자가 주조됨에 따라 조선시대의 금속활자와 인쇄술이 완성되었다.

박연의 아악
세종 때에 박연으로 하여금 악기를 개조케 하는 한편, 주나라 때에 가장 가까운 아악으로 복원케 했다. 박연의 정악은 중국 고래의 오성십이율을 기본으로 하였으나, 실제로는 중국 고전의 재음미에서 출발하여 독창성을 발휘해서 조선 음악의 독자성을 이룩했다. 사진은 편종.

화약과 화기의 제조기술도 크게 발전하였다. 세종 대는 화포의 개량과 발명이 계속되어 완구·소화포·철제탄환·화포전·화초 등이 발명되었다. 그러나 이러한 것들은 아직도 완벽한 것은 아니었다.

세종 26년에 화포주조소를 짓게 해 뛰어난 성능을 가진 화포를 만들어 냈고, 이에 따라 이듬해는 화포를 전면 개주하였다. 세종 30년에 편찬·간행된 『총통등록』은 그 화포들의 주조법과 화약 사용법, 그리고 규격을 그림으로 표시한 책이었다.

세종 대에는 많은 농사서적이 편찬되었는데, 중국의 농서인 『농상집요』·『사시찬요』 등과 우리나라 농서인 『본국경험방』, 정초가 지은 『농사직설』 등의 농업서적을 통해 농업기술을 계몽하고 권장하였다.

의약서로는 『향약채집월령』·『향약집성방』·『의방유취』 등이 편찬되었다. 『향약집성방』과 『의방유취』의 편찬은 15세기까지의 우리나라와 중국 의약학의 발전을 결산한 것으로 우리 과학사에서 빛나는 업적이 된다.

세종은 음악에도 깊은 관심을 기울여 박연으로 하여금 중국의 각종 고전을 참고해 아악기를 만들고, 아악보를 새로 만들게 하였다. 조회아악·회례아악 및 제례아악 등이 이때 만들어졌다.

세종은 즉위 초부터 법전의 정비에 온힘을 기울였다. 세종 4년에는 완벽한 『속육전』의 편찬을 목적으로 육전수찬색을 설치하고 법전의 수찬에 직접 참여하기도 하였다. 수찬색은 세종 8년 12월에 완성된 『속육전』 6책과 『등록』 1책을 세종에게 바쳤다. 그리고 세종 15년에는 『신찬경제속육전』 6권과 『등록』 6권을 완성하였다.

세종은 형정에 신형·흠휼정책을 썼으나 절도범에 관해서는 자자·단근형을 정하였다. 그리고 절도 3범은 교형에 처하는 등 사회기강을 확립하기 위한 형벌을 강화하기도 하였다. 세종은 공법을 제정하여 조선의 전세제도를 확립하였다. 종래의 세법이었던 답험손실법을 폐지하고 18년에 공법상정소를 설치해 연구와 시험을 거듭해 세종 26년에 공법을 확정하였다.

국토의 개척과 확장도 세종 대의 큰 업적이다. 두만강 방면에는 김종서를 보내 육진을 개척하게 하였고 압록강 방면에는 사

황희
세종 대의 명재상으로 호는 방촌이다. 1431년 영의정에 올라 18년간 재임하면서 농사의 개량, 예법의 개정, 천첩 소생의 천역 면제 등 훌륭한 업적을 남겼으며 청렴한 명재상으로 추앙받고 있다.

군을 설치해 두만강과 압록강 이남을 영토로 편입하였다.

세종 1년에는 이종무 등에게 왜구의 소굴인 대마도를 정벌하게 하는 강경책을 쓰기도 하였다. 반면 세종 8년에는 삼포(부산포 · 내이포 · 염포)를 개항하고, 세종 25년에는 계해약조를 맺어 이들을 회유하기도 하였다.

황희 정승

조선왕조 5백 년을 통틀어 명재상인 방촌 황희는 18여 년 동안 영의정으로 세 임금을 섬긴 청빈한 사람이었다.

그는 성품이 온후하고 관대하였으며 경륜이 빼어났으며 사람을 대할 때 너그럽고 덕이 있어 평생 청빈하게 살았다.

그는 태종 때 양녕대군을 세자로부터 폐출하려고 하자 적극적으로 나서서 그의 부당함을 태종에게 건의하다가 남원으로 귀양을 갔었다.

세종이 왕위에 오르자 태종의 건의에 의해 귀양에서 풀려 조정의 대신으로 일하게 되었다.

황희 정승은 세종을 도와 수많은 업적을 남겼으며 오늘날까지 청백리로 칭송을 받고 있다.

황희 정승에 대한 일화는 오늘날까지 여러 가지가 전해 내려오는데 그 중에서 몇 가지를 소개하면 다음과 같다.

황희가 개성의 교외를 지나가다가 어느 밭에서 소 두 마리를 몰고 밭을 가는 늙은 농부를 발견하였다.

"여보시오, 늙은 양반. 이곳에 와서 조금 쉬었다가 일하시지요."

라고 그가 말하자 늙은 농부는 밭 한가운데 소를 세워 놓고 황희가 있는 곳으로 다가왔다.

"지금 밭을 갈고 있는 저 두 마리 소 중에서 어느 놈이 더 낫습니까?"

라고 말하자 늙은 농부는 짐짓 놀라는 표정을 짓더니 황희에게 다가와서 그의 귀에 입을 대고 귓엣말로

"저기 저 누렁소가 검정소보다 낫지요."

라고 말하자 황희는 큰 소리로

"내가 보기에도 누렁소가 낫게 보입니다."

라고 말하자 늙은 농부는 낯빛을 고치면서

"여보시오, 조용히 말하세요. 큰 소리로 말하면 저 소들도 사람의 말을 알아듣는답니다. 아무리 보잘것없는 짐승이라도 말

을 삼가지 않으면 좋아할 리 없지요."
 "그럼 저 소들이 사람의 말을 알아듣는단 말입니까?"
 "알아듣고말고요. 저 소들은 내가 명령하는 대로 움직이지 않소."
 늙은 농부로부터 이 말을 듣고 황희는 느끼는 바가 있어 농부에게 고개를 숙여 자신의 잘못을 몇 번이나 사과했다.
 그 뒤부터 황희는 사람을 대하는 태도가 달라졌다. 그는 누구에게나 겸손했고 너그러운 사람이 되었다고 한다.

 황희의 둘째 아들이 매일같이 기생집을 드나들자 화가 난 그는 아들을 불러 몇 번이나 타일렀으나 아들은 나쁜 버릇을 고치지 않고 이제는 기생집에서 밤을 새우는 일이 많았다.
 어느 날 아침 황희는 집의 문밖에서 아들을 기다리고 있었다. 마침 그때 기생집에 밤을 새우고 돌아오는 아들과 마주쳤다.
 "손님, 저희 집을 찾아 주셔서 감사합니다."
라고 공손히 말하자 그의 아들은 깜짝 놀라
 "아버님, 어찌 저보고 손님이라 하십니까?"
 "너는 아비의 말을 듣지 않으니 우리 집 사람이 아니고 나그네이다. 나그네가 우리 집을 찾아왔으니 공손히 모셔야 하지 않겠느냐."
 황희는 태연스럽게 아들에게 말했다. 그러자 아들은 땅바닥에 무릎을 꿇고
 "아버님, 제가 잘못했습니다."
라고 말하면서 자신의 잘못을 깊이 뉘우쳤다. 그 뒤부터 기생집 출입을 끊고 학문에 전념하여 벼슬길에 나갔다.
 이때 황희의 맏아들은 일찍이 출세하여 벼슬이 참의에 이르

렀는데 그동안 돈을 모아 새로 큰 집을 짓고 손님들을 초대하여 낙성연을 베풀었다.

황희는 그곳에 참석했는데 그는 갑자기 일어나서

"관리가 청빈하여도 백성들이 잘 살수 있을지 의문스러운데 하물며 나라의 녹을 먹고 사는 관리가 이렇게 큰 집을 지어 놓고 잔치를 베풀다니 이것은 네가 뇌물을 받아 집을 지은 게 분명하구나. 나는 이런 호화로운 큰 집에서 잠시도 앉아 있을 수가 없다."

하고 황희는 음식도 들지 않고 자리를 떠나 버렸다. 그러자 그곳에 온 관리들은 부끄러워서 안절부절못했다.

어린 세손을 부탁하다

성군 세종에게도 근심이 있었다. 세자인 향(문종)이 몸이 몹시 약하고 세손(단종)이 태어난 지 이틀 만에 어머니를 여의어 혜빈 양씨에게 맡겨 기르고 있었다.

어린 세손은 무럭무럭 자라 다섯 살 때부터 글을 배웠는데 무척 총명하여 한 번 배운 것은 잊어버리지 않을 뿐만 아니라 그 뜻을 헤아려 할아버지 세종의 사랑을 듬뿍 받았다.

세종은 그때 조정의 대신들 중에서 제일 학문이 뛰어난 정인지로 하여금 세손에게 글을 가르치게 하였다.

세종은 시간이 날 때마다 어린 세손을 찾아 세손의 글공부도 도와 주고 그를 안고 집현전을 찾아가서 성삼문·신숙주 등을 만나

"그대들은 과인의 말을 가슴 속 깊이 간직하여 어린 세손을

잘 살펴 주어야 할 것이오. 부디 과인의 부탁을 잊지 않기를 부탁하오."

세종에게는 여러 명의 아들들이 있었는데 큰아들 세자는 성품이 인자하고 효성이 깊고 슬기로우나 몸이 약했고, 독서를 좋아하여 손에서 책을 놓는 일이 없었으며 부왕 세종을 도와 여러 가지 일을 했다.

둘째 아들 수양대군과 셋째 아들 안평대군을 비롯한 여러 아들들은 세자와는 달리 몸도 건강하고 영특하여 세종의 걱정거리가 되었다.

세종의 생각으로는 몸이 약한 세자가 왕위에 올라도 얼마 살지 못할 것으로 생각되었다.

만약 자신이 세상을 떠나면 세자가 왕위에 올라 일찍 죽으면 어린 세손의 앞날이 걱정되었다.

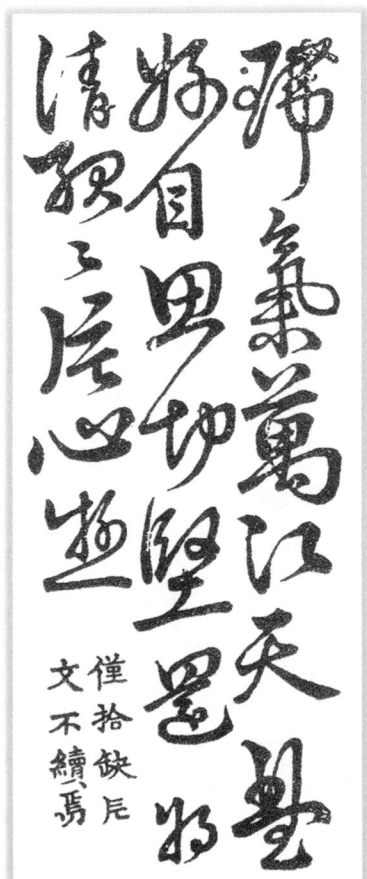

정인지의 글씨
세종의 총애를 받던 집현전 학사로서 훈민정음을 창제하는 데 큰 공을 세웠다. 세조가 단종을 몰아내고 왕위에 오를 때 가담하여 공을 세워 영의정에 이르렀다.

세종의 가계

세종은 6명의 부인에게서 22명의 자녀를 두었다. 이들 중 정비 소헌왕후 심씨가 8남 2녀, 영빈 강씨가 1남, 신빈 김씨가 6남, 혜빈 양씨가 3남, 숙의 이씨가 1녀, 상침 송씨가 1녀를 낳았다.

소헌왕후 심씨(1395~1446년)

세종의 정비 소헌왕후 심씨는 영의정 심온의 딸이다. 1408년 충녕군 도와 가례를 올리고 경숙옹주에 봉해졌다. 1417년 삼한국대부인에 봉해지고 이듬해 6월 충녕대군이 세자에 책봉되자 경빈에 봉해졌으며, 같은 해 8월에 세종이 즉위하자 12월에 왕후로 책봉되어 공비로 불렀다.

심씨의 아버지 심온이 영의정에 올라 사은사로 명나라에서 돌아오던 중, 아우 심정이 군국대사를 상왕인 태종이 혼자 처리한다고 불평했다는 이유로 옥사가 일어났다. 심온은 이 사건의 수괴로 지목되어 수원으로 폄출되어 사사되었다. 이때 심씨를 폐하자는 논의가 있었으나 그녀의 내조의 공이 인정되어 폐비는 면하였다.

심씨는 8남 2녀의 자녀를 두었는데 맏아들 향(문종)을 비롯하여 수양(세조)·안평·임영·광평·금성·평원·영응 등 아들 8형제와 정소·정의 등 두 딸을 두었다.

소헌왕후 심씨는 1446년 52세에 세상을 떠났으며, 그녀의 능은 영릉으로 세종이 승하한 뒤 합장하여 조선 최초의 합장릉이 되었다.

안평대군(1418~1453년)

1418년 세종과 소헌왕후의 셋째 아들로 태어났다. 이름은 용, 호는 비해당·낭간거사·매죽헌 등이다. 1428년 안평대군에 봉해졌으며 이듬해 좌부대언 정연의 딸과 결혼하였고 1430년 성균관에 입학하였다.

김종서가 육진을 신설하자 1438년 왕자들과 함께 야인을 토벌하였으며, 황보인·김종서 등과 긴밀한 관계를 유지하며 수양대군의 세력과 맞서 황표정사를 장악하는 등 점차 조정의 실력자로 떠올랐다.

1452년 단종이 즉위하자, 수양대군은 사은사로 명나라를 다녀오고 난 뒤 황표정사를 폐지하였다. 안평대군은 이에 반발하여 황표정사의 회복에 주력했으나 이듬해 계유정난으로 황보인·김종서 등이 수양대군에 의해 죽임을 당한 뒤 자신도 강화도로 귀양을 갔다가 교동으로 옮긴 뒤 36세에 사사되었다.

안평대군은 어려서부터 학문을 좋아하고 시·서·화에 모두 빼어나 삼절이라 불리었고 당대 제일의 서예가로 명성을 떨쳤다. 현존하는 그의 작품으로 안견의 「몽유도원도」 발문이 대표적이며, 법첩과 각첩으로 전하는 작품들이 다수 있다.

임영대군(1419~1469년)

세종과 소헌왕후의 넷째 아들로 이름은 구이며, 자는 헌지이다. 1428년 대광보국 임영대군에 봉해졌으며, 1430년 안평대군과 함께 성균관에 입학하였다.

임영대군은 1442년 원윤이 되었으며, 1445년에는 세종의 명을 받아 총통 제작을 감독하였고, 1451년(문종 1년) 문종의 명을 받아 화차를 제작하였으며, 세조가 조정의 정권을 잡자 그를 도와 신임을 받았다.

광평대군(1425~1444년)

세종과 소헌왕후의 다섯째 아들로 이름은 여, 자는 환지이다. 1432년 광평대군으로 봉해지고 1436년에 신자수의 딸과 결혼했으며, 그 해에 성균관에 입학하였다.

광평은 『효경』·『소학』·『사서삼경』·『좌전』 등에 능통하였고 이백·두보·구양수·소식 등의 문집을 읽었고 국어·음률·산수에도 밝았다.

1437년 태조의 아들이자 신덕왕후 강씨의 첫 번째 아들인 방번의 봉사손으로 입양되었다. 이듬해에 새로 개척한 육진의 국방 강화 및 풍속교화를 위하여 한양에 경재소를 두고 종친으로 하여금 주관하도록 할 때 종성을 맡았다. 그는 20세에 일찍 세상을 떠났다.

금성대군(1426~1457년)

세종과 소헌왕후의 여섯째 아들로 이름은 유이다. 1433년 금성대군에 봉해졌고 1437년 참찬 최사강의 딸과 혼인했으며, 그 해 태조의 여덟째 아들이자 신덕왕후 강씨의 두 번째 아들인 방석의 봉사손으로 입양되었다.

1452년 단종이 즉위하자 수양대군과 함께 사정전으로 불려가 왕을 보필할 것을 약속하였다. 그리고 수양대군이 단종으로부터 왕위를 빼앗자 이에 반발하다 삭녕에 유배당했다. 그 뒤 유배지를 떠돌다가 단종이 노산군으로 강봉되어 강원도 영월로 유배되자 자신의 유배지였던 순흥에서 부사 이보흠과 모의하여 단종의 복위계획을 세웠으나 관노의 고발로 실패로 돌아가 반역죄로 처형당했다.

평원대군(1427~1445년)

세종과 소헌왕후의 일곱째 아들로 이름은 임, 자는 진지이다. 1434년 8세에 평원대군으로 책봉되고 1437년 종학에 입학, 호군 홍이용의 딸과 결혼했다. 그 뒤 학문에 힘쓰다가 1445년 1월 두창으로 세상을 떠났다.

영응대군(1434~1467년)

세종의 여덟째 아들이며 이름은 염이다. 1443년 역양대군, 1447년 영응대군으로 개봉되었다. 세종의 총애가 매우 깊었다. 1450년 세종은 영응대군의 집인 동별궁에서 세상을 떠났다. 1463년 『명황계감』의 가사를 한글로 번역하였고 글씨와 그림에 뛰어났으며, 음악에도 조예가 몹시 깊었다.

제4대 세종 가계도

문종실록 文宗實錄

『문종실록』 편찬 경위

『문종실록』은 문종 즉위년(1450) 2월 22일부터 문종 2년(1452) 5월 14일까지 약 2년 4개월간의 역사적 사실을 편년체로 수록한 사서이다.

정식 이름은 『문종공순대왕실록』이며, 모두 13권 6책이었으나 1권(제11권)은 결본이다. 조선시대 다른 왕들의 실록과 함께 국보 제151호로 지정되었다.

『문종실록』은 단종 원년(1453) 정월 6일에 황보인 등이 편찬을 청하여 시작하게 되었다. 곧 춘추관에 명하여 문종 대의 공사 기록과 사초를 수납케 하고 편찬을 시작하여 세조 원년(1455) 11월에 편찬을 마쳤다.

다음달 12월 19일에 『문종실록』을 실록각에 봉안하고 수찬관들을 의정부에 불러 연회를 베풀었다.

『문종실록』은 편찬한 뒤 실록각에 봉안되어 오다가 성종 4년(1473) 6월 8일 『세종실록』·『세조실록』·『예종실록』과 함께 금속활자로 인쇄하여 춘추관과 충주·전주·성주의 사대 사고에 봉안하였다.

그 뒤 선조 25년(1592) 임진 왜란 때에 전주 사고본을 제외한 다른 사고본들은 모두 불타 버렸다. 선조 36년(1603) 전주 사고본을 대본으로 하여 정본 3건과 초본(교정본) 1건을 목활자로 다시 인쇄하였다.

그의 능은 현릉으로 경기도 구리시 인창동 동구릉에 있으며, 현덕왕후도 이곳에 함께 묻혔다.

『문종실록』의 내용

문종(1414~1452)의 이름은 향, 자는 휘지로 세종과 소헌왕후 심씨의 큰아들이다. 1421년(세종 3)에 왕세자에 책봉되었고, 1450년 2월 세종의 뒤를 이어 37세로 왕위에 올랐다. 문종은 왕위에 있은 지 겨우 2년 4개월 만에 세상을 떠났다.

이 짧은 기간에 그는 방대한 『세종실록』 총 163권을 편찬시키고, 황보인·김종서·정인지 등에게 총재 감수토록 하였다.

『세종실록』은 그의 재위기간에 완결되지 못하였으나 거의 완성 단계에 있었다. 그 외에도 『동국병감』과 세종이 제작한 『연향아악보』 등을 간행하였으며, 김종서 등이 편찬한 『고려사』 139권과 편년체인 『고려사절요』 35권을 간행하여 중외에 반포하고 각 사고에 나누어 보관하게 하였다.

문종은 서울의 도성을 비롯하여 경기도·충청도·황해도·강원도·평안도·함경도·전라도·경상도 등 각도의 주요한 읍성들을 모두 수축하거나 혹은 개수하였으며, 변경인 의주·용천·삭주 등의 읍성들과 온성·종성 등지의 성을 새로 수축하거나 보수하여, 국경과 국내의 주요 읍성들을 모두 개축하였다.

『문종실록』은 편집 도중에 계유정난이 일어나 황보인·김종서 등 집권 대신들이 죽임을 당하였으므로 편찬의 실권은 수양대군의 일파에게 넘어가게 되었다. 따라서 『문종실록』의 기사 중에는 신빙성이 낮은 것이 많다. 『문종실록』 13권 중에서 현존하는 것은 12권뿐이고, 제11권은 결본으로 되어 있다.

제5대 문종

(1414~1452년, 재위기간 1450년 2월~1452년 5월)

폐출되는 세자빈

문종은 1414년(태종 14)에 세종과 소헌왕후의 큰아들로 태어났으며 이름은 향, 자는 휘지였다. 1421년 8세에 세자로 책봉되었으며 1442년 세종을 대신해서 나라를 다스렸다.

그는 성품이 너그럽고 슬기로우며 입이 무거울 뿐 아니라 효성과 우애가 깊었으며 공순하고 검박하였고 놀이나 여자를 가까이 하지 않고 성리학에 전념하였다. 그리고 역사에 밝았으며 활 쏘기·말타기·서예·예법 등에 이르기까지 모르는 것이 없었다. 그러나 그는 몹시 착하였으나 몸이 약했다.

1450년 2월 세종이 세상을 떠나자 왕위에 오른 그는 몸이 약해 자주 병석에 드러누웠다.

문종은 1427년 14세 때 김오문의 딸 김씨와 가례를 올렸으나 그가 관심을 갖지 않자 3년 만에 국모의 자질이 없다 하여 폐출되었고, 1431년 두 번째로 세자와 동갑인 봉여의 딸 봉씨를 세자빈으로 맞아들였으나 세종 14년 세자 향이 무관심하여

동성연애에 빠지게 되었다.

당시 예조에서 '세자도 후궁을 들여도 된다'고 법제화했는데 이때 이미 열아홉 살의 세자와 밀회 중이었던 열다섯 살의 권씨도 임신을 계기로 승휘가 되어 후궁으로 봉해졌다.

그 무렵 19세였던 순빈 봉씨는 시비 '소쌍'이와 매일 뜨거운 밤을 보내고 있었다. 소쌍이의 능란한 안마 솜씨는 순빈의 몸을 기막히게 주무르는 것이었다.

소쌍이의 손놀림이 속도를 더해 가자 순빈은 호흡이 거칠어졌다. 그러자 소쌍이가 말했다.

"마마, 그렇게도 시원하셔요?"

"응, 더 세게, 그래 더 세게 눌러 다오."

"네, 마마…."

소쌍이는 신이 나서 순빈의 몸을 구석구석 주물렀다. 이윽고 그녀들은 하나가 되어 정사를 벌였는데 이때 소쌍이가 남자 역할을 하였고 순빈 봉씨는 여자 역할을 하였다.

누가 보아도 얌전한 순빈 봉씨였으나 그녀의 주체할 수 없는 욕정을 세자 향은 도저히 감당할 수 없었다.

그러기에 세자는 점점 봉씨의 침소에 드는 것을 부담스럽게 여겼고 따라서 시비 권씨를 더 가까이 하게 되었는데 이때 권씨는 이미 아이를 가졌었다.

세자 향은 이 사실을 어머니 소헌왕후에게 고하였다. 그러자 소헌왕후는 세종과 상의하여 한낱 시비인 권씨를 정4품 승휘로 진봉하였다.

이에 자극을 받은 순빈 봉씨는 더욱 분노하여 세자 향과 살벌한 냉전에 돌입하였고 밤낮을 가리지 않고 시간만 나면 소쌍이와 기괴한 정사에 전념했다.

세종 15년 3월 승휘 권씨가 세종의 첫 손녀를 낳았는데 하루를 넘기지 못하고 죽자 세종과 소헌왕후는 몹시 슬퍼하였다.

세종과 소헌왕후와 세자의 사랑을 받는 승휘 권씨를 생각하면 순빈 봉씨는 신경질을 점점 더 부렸다.

승휘 권씨가 다시 임신했을 때였다.

마침내 세자빈 봉씨는 승휘 권씨에게 생트집을 잡아 회초리로 유혈이 낭자하게 만들었다. 마침내 그 소식을 전해 들은 소헌왕후의 노여움은 몹시 컸다.

"질투는 여자가 하여서는 아니 될 칠거지악 중 하나이니라. 너는 장차 지존인 세자의 정기를 몸에 기르고 있는 승휘에게 감히 매질을…개도 새끼를 배면 때리지 않는 법이어늘…."

"어마마마, 다시는 안 그러겠습니다 용서하시옵소서."

그녀는 용서를 빌고 끝났으나 세자빈 봉씨는 이를 갈았다.

"나야말로 명색만 높은 세자빈이 아닌가. 내가 정4품 승휘를 불러다 종아리를 쳤기로서니…. 참으로 분하구나. 소쌍아, 술상을 차려 오너라."

그녀는 술이 취하자 소쌍이에게 술을 권하고 시비 석가이도 불러 술을 먹이고 노래까지 부르게 하였다.

세종 18년 봄 승휘 권씨의 몸에서 세종의 첫 손녀 경혜옹주가 태어났다.

그 해 가을, 창덕궁에서 세자빈 봉씨의 총애를 차지하려는 소쌍이와 석가이가 심한 언쟁을 벌였는데, 하필 세자의 침전 뒤꼍에서 벌어졌다. 소쌍이가 석가이에게 퍼부어 댔다.

"네가 사람이냐? 사람이면 어떻게 그런 추잡한 일을 저지를 수 있느냐?"

"흥, 네년이 밤마다 세자빈과 놀아나는 것을 내가 모를 줄 아느냐? 어찌 사람으로서 그런 일을 저지른단 말이냐?"

 공교롭게도 두 궁녀의 싸움소리를 엿들은 세자 향은 눈이 휘둥그래졌다.

 세자가 두 궁녀를 불러 다그쳐 묻자 그녀들이 뱉은 말은 사실이었다. 세자는 이 일을 그냥 넘길 수 없었다. 부끄럽고 창피하였지만 어머니 소헌왕후에게 그대로 말하였다. 소헌왕후는 세자빈 봉씨를 불러 조용히 물었다.

 "그래 시비들이 다툰 일이 사실이냐? 세자가 내전을 비운 동안 내내 시비를 데리고 놀아났다면서?"

 이미 각오를 한 듯 담담한 어조로 세자빈 봉씨가 대답했다.

 "그러하옵니다. 하오나 어찌 그 일이 저 혼자만의 일이겠습니까?"

 "아니, 뭐라고?"

 "이는 궁중에서 처음 일이 아니오라 말씀이 난 김에 여쭙지만 궁중의 여인네들도 사람인 것은 마찬가지이니 어찌 사내의 그리운 정을 잊고 살겠습니까?"

 세자빈 봉씨는 자신이 알고 있던 일들을 늘어놓았다.

 "하옵지만 궁중에서는 예부터 그러한 일이…. 추야 장장 긴긴 밤에 필부도 다 제 짝이 있는데 저는 무슨 죄로 밤마다 홀로 밤을 새워야 합니까? 그렇다고 제가 사내를 불러들인 것도 아니었구요."

 "허어!"

 소헌왕후는 억장이 막혔다. 그리고 소헌왕후에게 그 일을 전해 들은 세종은 더욱 경악했다.

 "중전, 지금 뭐라고 말씀하셨소?"

 세종은 몹시 난감했다. 조정 대신들과 의논해야 할 일이 여간

괴로운 일이 아니었다. 세자빈을 폐출하는 일은 조정의 대신들과 의논하여 결정해야 하니 그 창피한 일을 어떻게 처리할까 고심했다. 마침내 세종은 창피를 무릅쓰고 대신들을 불러 의견을 묻자 그들은 모두 아연실색하였다.

모두 그녀를 사형으로 다스리라는 의견들이었다.

세종은 그래도 한때의 며느리에게 극형만은 피하려고 신하들에게 사정하였으나 대신들은 모두 강경한 입장이었다.

이 날 논의된 세자빈 봉씨의 죄는 첫째 궁녀와 동성연애한 죄요, 둘째는 궁녀로 하여금 음탕한 노래를 부르게 한 죄요, 셋째 궁중에서 술을 마신 죄요, 넷째는 중전인 소헌왕후가 내렸던 『효경』·『열녀전』 등을 버려둔 죄요, 다섯째는 시기·질투를 해서 승휘에게 매질을 한 죄였다. 이 사건으로 날벼락을 맞은 것은 궁녀들이었다.

세자빈 봉씨는 극형은 면하였지만 마침내 폐출이 결정되었고 봉씨가 친정집에 도착하자 아버지 봉여가 "다시 태어날 때는 사내가 되어라"하고 자신의 허리띠로 딸의 목을 졸라 죽이고 자신도 자결했다.

문종의 눈물

문종은 오랫동안 세종을 대신해서 나라를 다스렸기 때문에 세종 때와 별로 다른 것이 없었다.

그는 몸이 몹시 약해 자주 병석에 누웠고, 이러한 때에 수양대군과 안평대군의 세력은 점점 비대해졌다.

이렇게 되자 조정의 언관들은 종친들의 탄핵을 상소했고, 언관들과 종친들의 사이는 몹시 나빠졌다.
　조선왕조의 숭유배불정책은 처음에는 강경하였으나 세종 때 왕실에 의해 각종 불교행사가 벌어졌고, 궁궐 안에 내불당을 만드는 등 한때 활발한 움직임을 보이자 유학 중심의 언관들은 왕실의 불교적인 경향을 없애고 유교적인 분위기를 조성하려고 발을 벗고 나섰으며, 이때마다 문종은 그들의 건의를 받아들였다.
　문종은 『동국병감』·『연향아악보』 등을 간행하였으며 서울의 도성을 비롯한 경기·충청·황해·강원·평안도·함경도·전라도·경상도 등의 중요한 읍성들을 수축하거나 개수하였으며 의주·용천·삭주 등지의 읍성과 은성·종성 등지의 성을 새로 쌓거나 또는 보수하였다.
　어느 날 문종은 집현전 학사들을 궁전에 불러 연회를 베풀었다. 주흥이 한창 무르익을 무렵 문종은 집현전 학사들에게
　"경들은 과인의 말을 잘 들으시오. 여기에 모인 경들은 선왕 때부터 신임을 받는 신하요, 과인 또한 경들은 몹시 신임하고 있소. 과인에게 병마가 자주 찾아와 얼마 살지 못할 것 같소. 여기에 있는 어린 동궁을 부디 잘 살펴 주시오."
라고 말하면서 하염없이 눈물을 흘렸다. 이때 어린 동궁도 부왕의 곁에 있었다.
　문종의 말을 들은 집현전 학사들은 황공하여 몸둘 바를 몰랐다. 이때 성삼문이 나서서
　"전하께서 보령이 아직 왕성하신데 어인 말씀이옵니까. 그리고 동궁께서도 총명과 예지를 두루 갖추시어서 신들의 보좌가 필요 없사옵니다. 만약 동궁께 어떤 불행한 일이 일어나면 신들

김종서의 필적
세종 대의 문무를 겸비한 사람으로 호는 절재이다. 1443년 함길도 도관찰사가 되어 야인들의 침입을 물리치고 육진을 설치하여 두만강까지 영토를 넓혔으며, 1449년 『고려사』를 간행했다. 단종이 즉위하자 좌의정으로 그를 보필하다가 1453년 수양대군에 의해 목숨을 잃었다.

은 목숨을 걸고 동궁을 돕겠사오니 성심을 바르게 하시옵소서."

 문종은 성삼문의 말을 듣고 감격하여 옆에 있는 동궁에게

 "여기 계신 여러분들은 이 나라의 기둥이시니 너는 장차 스승으로 받들고 어버이같이 섬기도록 하라."

 문종은 이렇게 말하고 동궁으로 하여금 집현전 학사들에게 일일이 술을 따르도록 하였다. 그러자 학사들은 저마다 황공하여 사양하지 못하고 주는 대로 양껏 마셨다.

 집현전 학사들이 술에 취하자 문종은 세자와 더불어 자리를 떠났다. 얼마 뒤에 술이 깬 그들은 임금의 은혜에 감동하여 임금이 계신 곳을 향해 절을 하고 물러갔다.

 문종은 자신이 살아 있을 때 동궁을 위해 조정의 기틀을 다지기 위해 영의정에 황보인, 좌의정에 김종서와 정분, 이조판서

에 조극관, 예조판서에 권자신 등을 임명하였고 성삼문·신숙주·정인지·최항 등에게 벼슬을 주었다.

　조정의 중요한 인사를 단행한 문종은 병석에서 일어나지 못했다. 그는 자신의 임종이 얼마 남지 않았음을 알고 조정의 대신들과 집현전 학사를 불러 어린 동궁을 다시 한번 부탁했다.

　"경들은 들으오. 이제 과인이 경들을 떠날 날이 얼마 남지 않은 것 같으오. 과인이 선왕의 뒤를 이어 왕위에 올랐으나 그 어느 것 하나 이루지 못하고 오늘에 이르렀소. 그리고 어린 세자가 몹시 걱정이 되오. 경들에게 다시 한번 부탁하니 부디 어린 세자를 잘 도와서 성군이 되게 해주시오."

　문종은 이렇게 말하고 나서 세자에게

　"항상 몸조심하며 정신을 가다듬고 두려움 속에서 매사를 경계하고 여기 계시는 신하들의 말을 잘 들어라."

하였다. 그러자 대신들은

　"전하, 부디 옥체를 보존하시옵소서."

라고 말하고 눈물을 흘렸다.

　그러한 일이 있은 지 며칠 뒤에 문종은 세상을 떠났다. 이때 39세였으며 왕위에 오른 지 2년 4개월이었다.

　문종은 일찍 결혼했는데 첫 번째 빈궁은 김씨였으며, 두 번째 빈궁은 봉씨였으나 두 명 모두 잘못이 있어 폐출되었다.

　순빈 봉씨가 폐출되자 그 당시 양원이었던 권씨가 세자빈이 되었다.

　세자빈 권씨는 충청도 홍주에서 안동 권씨 화산부원군 권전의 딸로 1418년(태종 18)에 태어났다.

　세자빈 권씨는 집안이 몹시 가난하여 열두 살 때 궁궐에 들어와 세자궁의 시비로 문종과 가까이 지냈다.

권씨는 문종과 사이에 딸을 낳았으나 일찍 죽었고, 그 뒤 경혜공주를 낳았으며 세자인 단종을 낳고 산후의 증세가 몹시 위급하였다. 이때 그녀는 스물다섯 살이었고, 정숙하고 총명했으며 여인으로서 그 어느 것 하나 모자람이 없었다.
　세자빈 권씨는 자신의 목숨이 얼마 남지 않음을 알고 세종의 후궁인 혜빈 양씨를 모셔오게 하여 아들을 간곡히 부탁하였으며 며칠 뒤 세상을 떠났다.

꿈에 나타난 현덕왕후

　세조가 단종을 쫓아내고 왕위에 오른 뒤 얼마 뒤에 세조가 꿈을 꾸었는데 죽은 단종의 어머니 현덕왕후가 나타나 세조를 몹시 꾸짖었다.
　"너는 내 아들의 왕위를 빼앗았으니 네 아들의 목숨을 빼앗겠다."
　현덕왕후는 세조의 얼굴에 침을 뱉고 사라졌다. 세조는 깜짝 놀라 잠에서 깨어났는데 이때 내시가 달려와서
　"전하, 동궁께서 매우 위중하시다 하옵니다."
라고 말하자 세조는 급히 동궁으로 달려갔다. 그러나 동궁은 이미 숨을 거둔 뒤여서 어떤 방법을 써볼 겨를이 없었다.
　세조는 몹시 화가 나서 군사들을 보내 현덕왕후의 무덤인 소릉을 파헤치라고 명령하였다.
　세조의 명령을 받은 군사들이 소릉에 달려가자 이때 능 부근에 사는 사람들이 어젯밤에 능에서 여자의 울음소리가 진동하

단종의 어머니 현덕왕후가 묻힌 현릉

였다는 말을 듣고 그들은 한동안 망설이다가 이윽고 괭이로 능을 파헤치자 별안간 관에서 추악한 냄새가 풍겼고, 또 관이 몹시 무겁고 단단해서 움직이지 않았다. 이러한 사실을 보고받은 세조는

"관을 도끼로 찍어 없애라."

라고 명령했다. 군사들이 도끼로 관을 내려찍으려고 하자 관은 스스로 걸어 나왔으며 다시 불살라 버리라는 명령이 내리자 이때 갑자기 천둥이 치면서 비가 쏟아져 불을 놓을 수가 없었다.

이러한 일을 보고받은 세조는 관을 강물에 던지라고 명령하였다. 그리하여 강물에 던져진 관은 가라앉지 않고 둥둥 떠내려가 어느 나루에 닿았다.

이때 어떤 농부가 우연히 나루에서 관을 발견하고 밤중에 몰래 옮겨 강기슭 양지바른 곳에 묻었다.

그 뒤 그 농부는 현덕왕후가 꿈에 나타나 자신의 관을 묻어
준 은혜에 감사하여 농부에게 다가올 장래의 일들을 알려 주어
부자가 되었다.

이때부터 세조는 온몸에 피부병이 생겨 죽을 때까지 고생하
였다는 말이 전해 내려오고 있다.

그 뒤 40여 년이 지난 뒤 중종 때 조광조가 소릉의 회복을 왕
에게 건의하여 허락을 받았으나 현덕왕후의 관을 찾을 수가 없
었다. 이때 관의 수색을 담당한 관리의 꿈에 현덕왕후가 나타
나서

"내 관을 찾기 위해 수고가 많구나. 내일은 내 관이 있는 곳
을 알게 될 것이다."

하고 사라졌다.

그날 밤 자신의 관을 묻어 주었던 농부의 꿈에 나타나서

"내일 관아에 찾아가서 내가 묻혀 있는 곳을 알려 주어라."

하였다. 이때 농부는 관원들이 현덕왕후의 관을 찾아 헤매이는
것을 목격하고 모르는 척했다.

이튿날 농부는 관아에 찾아가서 현덕왕후가 묻힌 곳을 알려
주었다. 농부는 그 대가로 상금을 후히 받았고, 현덕왕후의 시
신은 문종의 능 동쪽에 장사지냈다.

제5대 문종 가계도

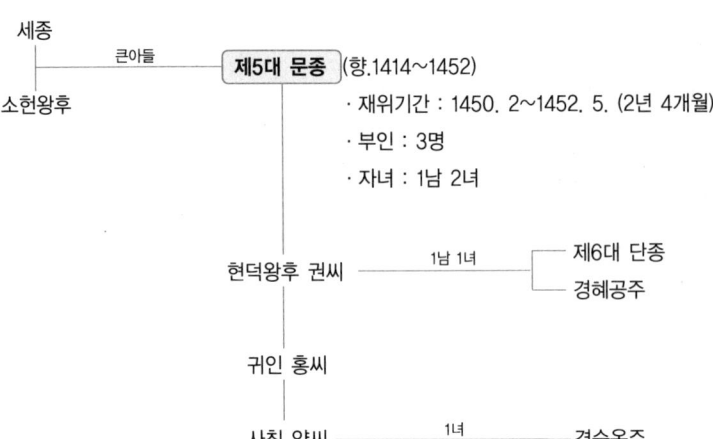

단종실록 端宗實錄

『단종실록』 편찬 경위

『단종실록』은 조선왕조 제6대 왕 단종의 재위기간(1452년 5월~1455년 윤6월) 3년 2개월간의 역사를 편년체로 기록한 사서이다. 원래 이름은 『노산군일기』였으나, 숙종 때 그를 단종으로 추존한 뒤에는 『단종대왕실록』이라 하였다.

세조 때에 편찬된 원편 『노산군일기』 14권과 숙종 때에 편찬된 『단종대왕실록』 부록 1권으로 구성되어 있다. 『노산군일기』는 문종이 세상을 떠난 1452년 5월 14일부터 단종이 양위하기 전날인 1455년 윤6월 10일까지를 수록하였다.

그가 세상을 떠난 지 2백 4년 만인 숙종 24년(1698) 무인 11월 8일에 영의정 유상운 등의 주청으로 노산군에게 '순정안장경순돈효'라는 시호와 '단종'이라는 묘호, '장릉'이라는 능호를 올리고, 종묘에서 복위 고유제를 올림로써 왕위를 복구하게 되었다.

『노산군일기』의 편찬자들도 『정난일기』를 편찬한 신숙주·한명회·최항·노사신 등 정난공신들이 주축되었을 것이다.

단종의 능은 장릉으로 강원도 영월읍 영흥리에 있다.

『단종실록』의 내용

　단종의 휘는 홍위이며, 문종과 현덕왕후 권씨의 외아들이다. 세종 30년(1448)에 8세에 왕세손에 책봉되었고, 문종 즉위년(1450) 8월에 세자로 책봉되었다.

　문종이 1452년 5월 14일에 세상을 떠나자, 5월 18일에 12세에 왕위에 올랐다. 단종이 어린 나이로 왕위를 계승하게 되자, 문종은 유언으로 영의정 황보인·우의정 김종서 등에게 어린 임금을 보필하게 하고 집현전 학사를 지낸 성삼문·박팽년·신숙주 등에게 도울 것을 명하였다. 그러나 단종의 숙부인 수양대군은 한명회 등과 결탁하고, 이듬해(1453) 10월 10일 황보인·김종서 등을 죽이고 안평대군 부자를 강화도로 귀양을 보내고, 다음날 스스로 영의정이 되고 정인지를 좌의정, 한확을 우의정으로 삼는, 이른바 계유정난을 일으켰다.

　정권을 잡게 된 수양대군은 그 달 18일 첫째 동생인 안평대군에게 사약을 내리고, 다음해 윤6월 11일에는 넷째 동생 금성대군 등이 반란을 꾀하였다 하여 삭녕(경기도 연천)으로 귀양보내고, 단종으로부터 대보를 물려받아 근정전에서 왕위에 올랐다. 이에 따라 단종은 상왕이라 불리우고 창덕궁으로 옮기게 되었다.

　이러한 수양대군의 왕의 찬탈 행위를 못마땅하게 여기고 있던, 집현전 학사를 지낸 성삼문·박팽년·이개·유성원·하위지·유응부 등은 세조 2년(1456) 6월 1일에 고명을 가지고 우리나라에 오게 된 명나라 사신 윤봉 등을 위해 창덕궁에서 베풀어진 연회석에서 수양대군 부자를 죽이고 단종을 복위하려고 하였으나 김질의 밀고로 실패하고 모두 극형을 받아 죽었다.

　세조는 동생 금성대군을 경상도 순흥으로 귀양보내고 집현전을 혁파한 다음, 3년(1457) 6월 21일에는 단종을 노산군으로 강봉하여 강원도 영월로 귀양보냈다가 그 달 24일 목을 매어 죽이게 하였다.

　단종은 12세에 즉위하여 3년 2개월간 왕위에 머물렀다가 숙부인 수양대군에게 왕위를 빼앗기고 2년 동안 상왕의 자리에 있다가 노산군으로 강봉되어 4개월 동안 귀양살이를 하던 중 17세에 목숨을 잃었다.

제6대 단종
(1441~1457년, 재위기간 1452년 5월~1455년 윤6월)

'황표정사'

단종은 문종과 현덕왕후 사이에서 1441년 태어났으며 휘는 홍위이며, 세상에 태어난 지 이틀 만에 어머니를 여의고, 열 살에 할아버지 세종이 세상을 떠났고, 열두 살에 문종의 뒤를 이어 1452년 5월 왕위에 올랐다.

그는 어린 나이에 왕위에 올랐으나 매우 의젓하였고, 슬기로웠으며 행동이 침착하고 정중하여 장차 성군으로서 자질을 갖추었고, 조정의 대신들이 그를 잘 보필하여 나라를 다스렸다.

어머니 현덕왕후를 일찍 여읜 탓에 세종의 후궁인 혜빈 양씨에 의해 자랐고 친동기간으로는 누이인 경혜공주가 있었다.

단종은 왕위에 올랐으나 너무 어렸기 때문에 정사를 돌볼 수 없어 모든 일은 의정부와 육조에서 맡아 처리하였고, 왕은 최종 결재하는 식이었다.

이때 인사문제에 있어 황표정사 제도를 썼는데, 이것은 조정의 대신들이 인사 대상자의 이름에 황색으로 점을 찍어 올리면

왕은 그 점 위에 점을 찍는 것이었다.

이렇게 되자 조정의 권력은 부왕 문종의 신임을 받던 황보인·김종서에게 쏠리게 되었다.

어린 단종이 나라를 제대로 다스리지 못하자 조정의 권력이 일부 대신들에게 몰렸고, 이에 맞서 세종의 아들들의 세력이 팽창하였다.

단종에게는 여러 명의 삼촌이 있었는데 그 중에서도 수양·안평·금성대군들은 저마다 군사력을 키웠고 수양대군과 안평대군은 서로 세력 경쟁을 벌였다.

수양대군은 성품이 용맹스럽고 호방하였으며 그는 자신의 세력을 넓히기 위해 장사들과 책략가들을 모았다.

이때 제일 먼저 수양대군을 찾은 사람은 권남이었다. 그는 일찍이 과거에 거듭 낙방하여 수양대군의 식객이 되었으며 그는 친구 한명회를 추천했다.

한명회는 일곱 달 만에 태어났으나 지모가 뛰어났다. 수양대군은 한명회를 만나 그의 말을 듣고 홀딱 반해 버렸다.

"그대야말로 나의 자방이로다."

하였다. 자방은 한나라 고조의 참모였던 장량을 일컫는 말이다.

수양대군의 신임을 받은 한명회는 전국에서 장사들을 모았는데 홍윤성을 비롯하여 수십 명에 달했다.

계유정난

한명회를 비롯하여 여러 모사들과 장정들을 모은 수양대군은 조정의 권신인 황보인·김종서를 없애기 위해 치밀한 계획을 세웠다.

김종서는 세종 때 북방을 개척하고 육진을 쌓아 변방의 여진족을 다스린 문무를 갖춘 인물로 수양대군에게는 최대의 적이었다.

어느 날 수양대군은 친히 양정·유숙을 비롯한 몇 명의 장정들을 거느리고 김종서의 집을 찾았다.

이때 김종서의 아들이 대문 앞에 앉아서 신사면·윤광은과 이야기를 나누고 있었다. 수양대군은 김종서의 아들 승규에게

"아버님은 집에 계시는가? 내가 만날 일이 있으니 들어가서 아버님께 고하시게."

"예, 알겠사옵니다. 잠깐만 여기서 기다리십시오."
하고는 안으로 들어갔다. 한참 뒤에 김종서가 나왔다.

"수양대군께서 밤중에 웬일로 저희 집을 찾아오셨습니까? 어서 안으로 드십시오."

"예, 아닙니다. 날도 저물었는데 성에 미처 들어가지 못할 것 같습니다. 대감께 청이 있어 찾아왔습니다."

김종서가 수양대군에게 안으로 들어오라고 하였으나 수양대군이 굳이 거절하자 김종서는 마지못해 문 앞으로 나왔다.

"대감, 제 사모의 뿔이 하나가 빠져 버렸으니 하나 빌려 주시지요?"

"예."

김종서는 잠시 당황해하면서 자신의 사모뿔을 뽑아서 수양대

군에게 주었다

"감사합니다. 그런데 대감, 종부시에서 영응의 부인을 탄핵하는 일에 대감께서 앞장서신다는데 대감께서 도와 주지 않는다면 누구에게 부탁하겠습니까?"
라고 말하였다. 이때 심복인 임어을운이 나서자 수양대군은 물러가라고 꾸짖었다.

김종서는 한참 동안 하늘을 쳐다보면서 말이 없었고 윤광은과 신사면은 물러가지 않고 그의 옆에 버티고 있었다.

수양대군이 그들에게
"내가 대감과 긴히 상의할 일이 있으니 너희들은 물러가라."
고 말하였으나 그들은 여전히 버티고 있었다.

"내가 대감께 올릴 편지를 가져왔으니 한번 살펴 주십시오."
하고 수양대군은 따라간 심복 양정에게 편지를 가져오라고 하자 양정이 미처 나서지 못하자 수양대군은 옆에 있던 임을어운을 불러

"어서 대감께 편지를 올려라."

김종서는 편지를 받아가지고 달빛에 비추어 보고 있었다. 이때 수양대군이 눈짓으로 지시하자 임어울운이 철퇴로 김종서를 내리쳐서 쓰러뜨렸다. 그러자 놀란 그의 아들 김승규가 아버지를 껴안자 양정이 칼을 뽑아 그를 죽였다.

김종서와 아들을 죽인 수양대군은 거느리고 온 심복들과 더불어 곧장 돈의문을 거쳐 대궐로 들어가려고 했으나 대궐 문이 닫혀 있어 마침 입직 승지인 최항을 불러

"김종서가 안평대군을 왕으로 추대하고 역모를 꾸몄으니 내가 먼저 김종서를 죽였고, 그를 따르는 무리들을 잡으려 하니 상감께 빨리 고하여 대궐 문을 열어라."

안평대군의 글씨
안평대군은 세종의 셋째 아들로 1418년에 태어났으며 이름은 용, 자는 청지, 호는 비해당·낭각거사·매죽헌이다. 그는 학문을 사랑하였고, 시와 문장이 뛰어났으며 특히 글씨를 잘 써 당대의 선비들은 물론 일반 백성들도 무척 그를 따랐다. 계유정난 때 수양대군에게 강화도에서 사약을 받고 죽었다.

 최항은 벌써부터 수양대군의 사람이었다. 그는 임금에게 알리지도 않고 대궐 문을 열었다.
 수양대군은 최항으로 하여금 임금에게 김종서를 죽인 일을 아뢰게 하고 왕을 만나기를 요청했다.
 이때 어린 단종은 깊은 잠에 빠졌다가 깨어나 최항으로부터 김종서의 사건을 전해 들었다.

이윽고 수양대군이 단종 앞에 앉아 사건의 전말을 털어놓았다.

"숙부, 제발 나를 살려 주시오."

"염려 마십시오. 전하, 제가 전하를 지켜드리겠사옵니다."

단종은 자리에서 벌떡 일어나 수양대군의 옷깃을 잡고 눈물을 흘리면서 자신을 간곡히 부탁하였다.

수양대군은 자신의 심복들과 이미 내통한 궁궐에 있는 무사들을 곳곳에 풀어 궁궐의 대문을 지키게 하였다. 그리고 그는 왕명을 빙자하여 영의정을 비롯한 조정의 대신들을 궁궐에 불렀다.

이미 수양대군은 한명회가 작성한 살생부에 의해 대신들을 죽이려고 준비하였다.

왕명을 받은 대신들은 곧장 궁궐에 들어오게 되었는데 둘째 문에서 살부에 오른 대신들은 모두 죽임을 당하였다.

단종의 왕비인 정순왕후가 잠든 사릉.

이때 황보인·이양·조극관 등이 죽었다. 이어서 안평대군과 단종의 매형인 정종을 귀양을 보냈다가 사약을 내려 죽였다.

한편 철퇴를 맞고 쓰러진 김종서는 얼마 뒤에 깨어나 사람을 보내 돈의문의 수문장에게
"내가 지난밤에 어떤 자에 의해 부상을 당해 죽게 되었으니 빨리 의정부에 알리고 약을 가지고 올 것이며, 이러한 사실을 안평대군께 알려라."
라고 말하였다. 그러나 수문장은 김종서의 청을 거절하였다. 그러자 그는 상처를 싸맨 채 여자옷으로 갈아 입고 가마에 올라 돈의문·서소문·숭례문 등을 찾아다니며 문을 열어 줄 것을 애원했으나 모두 거절당하자 아들인 승벽의 처가에 숨었다.
　이튿날 김종서가 아들의 처가에 숨어 있다는 보고를 받은 수양대군은 군사들을 보내 그의 목을 베었다. 이때 아들과 손자들까지 죽임을 당했다.
　조정의 반대파 대신들을 모두 죽인 수양대군은 영의정에 올라 조정의 일을 처리하였고, 그의 심복 부하들은 요직에 앉아 권세를 누렸다.
　단종은 1453년 13세 때 송현수의 딸을 왕비로 맞이하였다.
　단종과 송현수의 딸 정순왕후 사이에는 소생이 없었다. 단종은 1457년 6월 노산군으로 강봉되어 강원도 영월로 유배되었다가 그 달 24일 목을 매어 죽었다. 그는 1681년(숙종 7) 노산대군으로 추봉되고, 1698년에 단종으로 복위되었다. 그의 능은 장릉으로 강원도 영월읍에 있으며, 정순왕후의 능은 사릉으로 경기도 남양주시 진건면 사릉리에 있다.

제6대 단종 가계도

문종 ─ 큰아들 ─ **제6대 단종** (1441~1457)
현덕왕후 권씨 │
　　　　　　　정순왕후 송씨

- 재위기간 : 1452. 5~1455. 윤6, (3년 2개월)
- 부인 : 1명
- 자녀 : 없음

세조실록 世祖實錄

『세조실록』 편찬 경위

『세조실록』은 조선왕조 제7대 왕 세조의 재위기간(1455년 윤6월~1468년 9월) 14년간의 역사를 기록한 사서이다. 정식 이름은 『세조혜장대왕실록』이며, 모두 49권 18책으로 간행되었다. 끝의 2권은 세조 대에 제작한 악보를 수록한 것으로, 『세종실록』의 악보와 함께 아악 연구의 귀중한 자료이다.

조선시대 다른 왕들의 실록과 함께 국보 제151호로 지정되었다.

『세조실록』은 세조가 세상을 떠난 다음해, 즉 예종 원년(1469) 4월 1일(갑인)에 춘추관에 실록청을 설치하고, 신숙주·한명회를 영춘추관사, 최항을 감춘추관사, 강희맹·양성지를 지춘추관사, 이승소·김수령·정난종·이영은·이극돈·예승석을 동지춘추관사에 임명하여 편찬하기 시작하였다.

『세조실록』은 처음에 6방으로 나누어서 편찬하였으나, 그 해 11월 예종이 승하하고 성종이 즉위하자 6방을 3방으로 줄이고 편찬을 계속하여 2년 후인 성종 2년(1471) 12월 15일(임오)에 완성하였다.

세조의 능호는 광릉으로 경기도 남양주시 진전읍 부평리에 있다.

『세조실록』의 내용

세조(1417~1468)의 이름은 유, 자는 수지이며, 세종과 소헌왕후 심씨의 둘째 아들이다. 처음 진평대군으로 봉해졌다가, 1445년(세종 27)에 수양대군으로 개봉되었다. 자질이 영민하여 유교의 경전과 사서에 능통하였고, 무술을 좋아하여 병학·역산·음률·의약·복서에 이르기까지 널리 통하였다.

세조는 즉위 후에 군비를 강화하여 두 번이나 압록강·두만강 건너편의 여진족을 정벌하고, 이징옥의 난(1453)과 이시애의 난(1467)을 진압하였다. 또한 안으로 국가의 모든 제도를 정비하고 『경국대전』과 『국조오례의』를 편찬하여 조선왕조의 통치 기반을 완성하였다. 그러나 그는 12세의 어린 조카 단종이 즉위하자, 한명회·권남·정인지·한확·최항·신숙주 등과 공모하여 단종 원년(1453) 10월에 좌의정 김종서, 안평대군 이용, 영의정 황보인 등을 죽이고 그 일파를 귀양보낸 '계유정난'을 일으켰다.

그는 단종 3년(1455) 윤6월 11일(을묘)에는 선양의 형식으로 단종의 왕위를 찬탈하였다.

이와 같이 세조가 불법으로 왕위를 찬탈하자, 성삼문·박팽년·하위지·유성원·성승·유응부·권자신·허조 등이 그 해 겨울에 단종의 복위를 모의하고, 이듬해 6월 1일 창덕궁에서 명나라 사신을 접대하는 자리를 이용하여 세조와 세자를 죽이고 단종을 복위시키려고 하다가 김질의 밀고로 모두 체포, 처형되었다.

그 뒤 1년을 지나 세조 3년(1457) 6월 21일에 단종을 노산군으로 강봉하여 영월에 안치하였다가, 그 해 10월에 목을 매어 죽게 하였다.

제7조 세조
(1417~1468년 재위기간 1455년 윤6월~1468년 9월)

세조의 왕위 찬탈

세조는 세종과 소헌왕후 심씨 사이에 둘째 아들로 1417년 태어났다. 그의 이름은 유, 자는 수지였다. 그는 어릴 때부터 영특하고 명민하여 학문이 뛰어났고, 무예도 훌륭했으며 성품이 대담하였고 어린 시절에 진양대군에 봉해졌다가 1445년(세종 27)에 수양대군으로 개봉되었다.

수양대군은 부왕인 세종의 명에 의해 궁궐 안에 불당을 만들고 김수온과 더불어 불서를 번역하는 데 참가했으며 향악의 정리에도 관여하였고, 1452년 관습도감도제조에 임명되었다.

세조의 왕비 정희왕후 윤씨는 강원도에서 파평윤씨 판중추부사 윤번의 딸로 1418년(태종 18)에 태어났다.

윤씨는 1428년(세종 10)에 수양대군과 가례를 올려 낙랑부대부인에 봉해졌다가 1455년 수양대군이 단종의 왕위를 찬탈하고 왕위에 오르자 왕비에 책봉되었다. 이때 수양대군은 39세였고 윤씨는 38세였다.

신숙주
세종 대의 학자로 자는 범옹, 호는 보한재이다. 성삼문과 함께 세종을 도와 훈민정음 창제에 공을 세웠고, 1443년 일본의 대마도에 가서 계해약조를 체결했으며 6대 왕을 섬기면서 『국조오례의』・『동국정운』・『국조보감』 등을 찬술했다. 뒤에 수양대군의 편에 서서 왕위 찬탈에 가담하였다.

　『송와잡설』에 의하면 윤씨가 수양대군의 부인이 된 사연은 궁궐의 감찰상궁과 보모상궁이 윤씨 집안에 수양대군에게 알맞은 규수가 있다 하여 찾아갔을 때, 실제 후보자는 윤씨의 언니였다는 것이다. 궁중에서 사람이 나왔다는 말에 윤씨는 어머니 이씨 뒤에 숨어서 어른들의 이야기를 엿듣다가 감찰상궁의 눈에 띄게 되었다. 언니보다 윤씨의 자태가 더 대궐에 알려져서 언니 대신 왕실로 시집가게 되었는데 이때 그녀는 열한 살이었다.

　수양대군이 1453년(단종 1) 10월 10일 계유정난을 일으키려고 했을 때, 사전에 정보가 누설되어 수양대군과 동조자들이 주저하자 이때 윤씨는 수양대군에게 손수 갑옷을 입혀 주면서 그에게 거사를 결행하라고 격려했다고 한다.

　원래 윤씨는 수양대군의 거사 계획을 말리는 처지이었지만 상황이 긴박하게 돌아가자 밀어붙이는 수밖에는 별다른 방법이 없다고 판단하고 거사를 부추기는 결단력을 보였다.

　수양대군이 계유정난으로 영의정에 올라 조정의 일을 자신의 뜻대로 처리하고 마침내 왕위를 넘보기 시작하자 단종은 그의 기세에 의해 두려움에 떨었다.

　어느 날 단종은 좌의정 한확에게 내시를 보내 자신의 뜻을 전하였다.

　"과인이 어린 나이로 왕위에 올라 일을 잘 처리하지 못해 간악한 무리들이 반란을 일으키게 하였고, 그 반란의 뿌리가 아직까지도 완전히 뽑히지 않았소. 그리하여 모든 일을 영의정인 수양대군에게 맡기려고 하오."

　한확은 내시로부터 단종의 뜻을 전해 듣고 몹시 두려워하면서 말하기를

　"지금 영상께서 나라 안팎의 일을 도맡아 처리하고 계신데 또 무슨 책임을 맡기신단 말인가?"
라고 말하였다.

　내시 전균이 궁궐에 돌아와서 단종에게 한확의 말을 전하자 단종은

　"과인의 결심은 이미 정해졌으니 모든 일을 빨리 준비하라."
라고 말하였다. 그리고 관리로 하여금 옥새를 가지고 오라고 하였다. 그러자 조정의 대신들은 어안이 벙벙하여 어쩔 줄을 몰랐다.

　단종이 옥새를 독촉하자 성삼문이 상서사에 가서 옥새를 꺼내 전균을 시켜 경회루 아래에 가져가게 하였다.

단종이 경회루 아래에 나와 수양대군을 부르자 그는 곧장 달려왔고, 그의 뒤를 따라 사관과 승지가 뒤따랐다.

단종이 수양대군에게 직접 옥새를 주자 그는 울면서 굳이 사양하였다. 단종은 엎드려 있는 수양대군을 일어나게 하여 옥새를 주었다.

단종은 조정의 신하들을 불러 이렇게 말하였다.

"과인이 어린 몸으로 왕위에 올랐으나 나라 안팎을 잘 다스리지 못해 흉악한 무리들이 반란을 일으켰으나 숙부인 수양대군께서 나를 도와 흉악한 무리들을 없애고 반란을 수습하였다. 수양 숙부는 나라에 공이 많고 하늘의 뜻과 모든 사람들의 신망을 받고 있어 나라를 잘 다스릴 것이다. 과인은 숙부 수양에게 왕위를 물려주노라."

라고 말하였다.

세조는 왕으로 등극하자 단종을 상왕으로 봉했다.

사육신과 생육신

1455년 6월 세조가 제7대 왕으로 등극하던 날 집현전 학사 성삼문은 예방승지로 그 장면을 목격하고 눈물을 흘렸다.

그는 벌써부터 수양대군의 야심을 잘 알고 있었고 그가 왕위를 찬탈할 것이라 예측하였다. 그런 그는 아무런 힘이 없어 단종을 도울 수가 없었다.

세조의 즉위식 때 성삼문은 예방승지로 대보를 수양대군에게 올릴 때 눈물을 흘리자 세조는 불쾌한 표정으로 그를 노려보면

성삼문의 글씨

서 대보를 가져갔다.

　이때 박팽년도 그 광경을 목격하고 분함을 이기지 못해 경회루의 연못에 빠져 죽으려고 하였다.

　이때 성삼문은 그를 붙잡고 만류하였다.

　"영감, 지금은 때가 아닙니다. 기회를 엿보아 그를 없애 버립시다."

　박팽년은 성삼문의 말을 듣고 자신의 경솔함을 뉘우치고 그와 더불어 동지들을 모았다.

　성삼문과 박팽년은 은밀히 세조를 없애기 위해 동지들을 모으러 다녔다. 그들은 우선 집현전 학사들을 중심으로 동지를

유응부의 글씨

모았다. 하위지·유성원·이개·유응부 등은 성삼문과 뜻을 같이 하기로 하였다. 그들은 밤마다 모여서 의논하였다.

"우리 모두 힘을 모아 반드시 세조를 쫓아냅시다. 그렇게 하기 위해서는 우리들이 벼슬을 버리지 말고 기회를 엿보아 거사를 도모합시다."

그들은 이렇게 결정하고 조정의 일을 보면서 틈틈이 계책을 의논하였고, 더불어 동지들도 늘어나기 시작했다. 이때 김질도 이 거사에 참여하였다.

어느 날 김질은 성삼문을 찾아와서

"지금의 조정은 온갖 아첨꾼들만 모여 있소. 그들을 없애 버리지 않으면 나라는 앞으로 어떻게 될지 모르겠소. 우리 모두 힘을 합해 왕위를 빼앗은 수양대군을 없애고 상왕을 다시 왕으로 모셔야 합니다."
라고 말하면서 성삼문의 손을 굳게 잡았다.
 "고맙소. 반드시 우리들의 소원은 이루어질 것이오."
라고 성삼문 말하였다.
 성삼문이 주축이 된 그들은 거사 계획을 의논하기 위해 밤마다 모임을 갖고 그 대책을 상의했으나 신중을 기하자는 측과 빨리 거사를 일으키자는 측의 의견이 엇갈려 거사 날짜를 정하지 못하였다.
 마침 이때 명나라에서 온 사신이 돌아가게 되었다. 세조는 상왕과 더불어 그들을 전송하는 의식에 나가기로 되어 있어 성삼문 등은 그 날을 거사 날짜로 정했다.
 성삼문은 김질로 하여금 세조에게 말해 별운검을 세우도록 건의하게 하였다. 별운검은 임금의 옆에 큰 칼을 들고 호위하는 관리로 성삼문의 아버지 성승과 유응부가 서도록 하였다.
 그들은 이 틈을 이용하여 세조를 비롯한 한명회·정인지·권남 등을 없애기로 계획을 세웠다.
 마침 별운검을 세우도록 세조의 명이 내려졌다. 그러나 그 날 세조는 갑자기 마음을 바꿔 별운검을 세우는 일을 취소해 버렸다.
 이 일은 한명회가 세조에게 건의했기 때문이다. 이렇게 되자 성삼문 등이 세운 계획은 수포로 돌아가고 말았다.
 중국에서 온 사신이 돌아간 다음날 세조가 사정전에서 일을 보고 있는데 갑자기 의정부 우찬성 정창손과 그의 사위 김질이 급한 보고가 있다면서 찾아왔다. 그들은 세조에게
 "전하, 성삼문 등이 역모를 꾸몄습니다. 그들은 황공하옵게도

전하를 시해하고, 상왕을 추대하여 왕으로 삼으려고 벌써부터 이 일을 계획하고 한명회·신숙주 등을 없애기로 하였습니다."

세조는 그들로부터 이런 말을 듣고 깜짝 놀라는 한편 의심쩍어서

"그럼 성삼문과 역모를 꾸민 사람들이 누구인가?"

라고 묻자 김질은

"예, 전하. 성삼문을 비롯하여 이개·하위지·유응부 등이옵니다."

"알았다."

세조는 즉시 승지에게 명령을 내려 군사들을 보내 성삼문을 잡아들이게 했다.

이윽고 성삼문이 군사들에 의해 잡혀오자 세조는 친히 그를 국문했다.

"너는 어찌하여 과인을 배반하고 역적모의를 했느냐?"

라고 묻자 성삼문은

"상왕을 왕위에 복귀시키는 일이 어찌 역적모의라 할 수 있소. 이 일은 신하로서 마땅히 할 일이라 생각되어 일을 꾸몄소."

"과인은 너의 재주가 아까워서 대우도 그 누구보다 잘해 주었다. 어찌 은혜를 역적모의로 갚는단 말이냐?"

"나리께서 준 녹은 한 톨도 먹지 않았소. 만일 미심쩍으면 내 집을 샅샅이 뒤져 보시오."

"그럼 너와 공모한 역적들은 누구이냐?"

"박팽년·유응부·이개·하위지요."

"여봐라, 그 놈들을 빨리 잡아 이 국문장에 대령하라."

세조는 화가 나서 펄쩍 뛰면서 소리쳤다.

"나리, 나리께서는 기회가 있을 때마다 주공을 떠올리면서

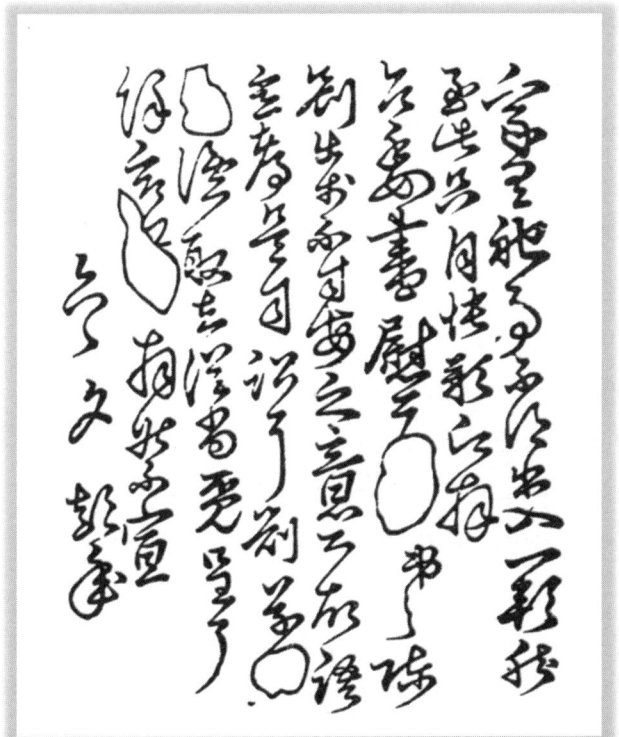

박팽년의 글씨

그런 사람이 되겠다고 하셨소. 그러나 이 말은 모두 거짓이오. 주공 같은 사람이 어찌 나이 어린 조카를 왕위에서 내쫓을 수 있단 말이오. 나라에는 두 임금이 없는 법, 내쫓긴 상왕이 이 나라의 진정한 임금이오."

"이 놈이 죽으려고 눈이 뒤집혔구나."

세조는 무사들에게 명령하여 성삼문을 혹독하게 고문하였으나 그는 태연스럽게

"나리, 어서 죽여 주시오. 구차하게 살고 싶지 않으니 어서 죽여 주시오."

라고 말하면서 세조의 옆에 서 있는 신숙주를 쏘아보면서

"네 이놈, 신숙주. 내 너와 함께 집현전에 있을 때 세종께서 어린 세손을 당부하셨던 일을 기억하느냐. 나는 네가 선왕의 뜻을 잊으리라고는 생각지 못했다. 네 장차 죽어서 무슨 낯으로 선왕들을 뵈올 것이냐. 이 놈, 하늘이 두렵지 않으냐!"
라고 말하자 신숙주는 얼굴이 하얗게 변해 안절부절하자 세조는 그에게 자리를 피하게 하였다.

성삼문을 비롯한 이개·유응부·하위지·박팽년 등은 모진 고문으로 몸이 한 군데도 성한 곳이 없었다.

성삼문과 아버지 성승을 비롯하여 다섯 명의 아들과 동생 사촌까지 죽임을 당했고 부인은 관노가 되었으며 그가 죽은 뒤 집을 뒤져 보니 세조로부터 받은 녹미가 고스란히 쌓여 있었다고 한다.

성삼문은 본디 홍주군 적동리에서 태어났는데 그가 세상에 태어날 때 공중에서 세 번씩이나 낳았느냐고 물었기에 이름을 삼문이라 지었다.

그는 성품이 무겁고 재주가 뛰어나 세종이 그를 몹시 사랑하여 훈민정음을 만들 때 열세 번씩이나 요동에 귀양 와 있는 황찬이라는 중국 어학자에게 음운에 관한 지식을 밝혀 오게 하였고, 한때 암행어사로 지방에 내려가 백성들을 살폈다.

박팽년은 문장과 재주가 뛰어났고, 세조가 어린 조카 단종으로부터 왕위를 물려받을 때 분해서 경회루의 연못에 투신 자살하려다 성삼문의 권유로 그만두고 일을 도모하기 위해 충청감사·형조참의에 있었다.

박팽년도 성삼문처럼 아들들이 모두 죽임을 당했으며 부인은 관노가 되었다. 그의 둘째 아들인 박순의 아내가 이때 옥에 갇히게 되었는데 아들을 낳자 그의 여자종이 자신의 딸과 바꿔 길렀으므로 박팽년의 혈통은 이어졌다.

성종 때에 이러한 사실이 드러나 사면을 받고 이름을 하사받았는데 그의 손자 박계창이 참봉벼슬을 했는데 그가 박팽년의 제사를 지낼 때 갑자기 신주에 여섯 분이 모여 오므로 그 뒤부터 사육신을 함께 모셔 제사지냈다 한다.

세조는 박팽년을 몹시 아껴 그를 달래려고 여러 가지 방법을 썼으나 그는 뜻을 굽히지 않고 자신의 마음을 이렇게 읊었다.

까마귀 눈 비 맞아 희는 듯 검 노래라
야광명월이야 밤인들 어두우랴.
임 향한 일편단심 변한 줄이 있으랴.

라고 읊었다.

그리고 성삼문은

이 몸이 죽어 가서 무엇이 될고 하니
봉래산 제일봉에 낙락장송 되었다가
백설이 만건곤할 제 독야청청하리라.

라고 읊었다.

세조는 그들이 읊은 시를 듣고 이렇게 말했다.

"그들은 비록 지금은 역적이지만 후세에는 충신으로 이름을 크게 떨칠 것이다."

하위지는 성품이 과묵하고 일하는 데 있어 바르게 하였기 때문에 문종이 그를 몹시 사랑하였다. 세조가 왕위에 오른 뒤 그를 예조참판에 임명했으며 그도 성삼문처럼 세조로부터 받은 녹미를 한 톨도 먹지 않고 쌓아두었다 한다.
 그는 세조로부터 혹독한 고문을 받았으나 뜻을 굽히지 않았다.
 그에게는 두 아들이 있었는데 큰아들은 열여섯 살이고 둘째 아들은 열네 살이었다. 이때 두 아들들도 죽임을 당했는데 그들은 어머니와 헤어질 때
 "아버님께서 극형을 당하시는데 어찌 자식이 살기를 바라겠습니다. 이제 어머님을 작별하오니 어머님, 부디 슬픔을 억누르시고 출가하지 못한 누이와 함께 관노가 될 터이니 의롭게 살아 주시기 바랍니다."
하고 어머니에게 절을 하고 금부도사를 따라 형장의 이슬로 사라졌다.

 유성원은 강박에 못 이겨 세조를 주공에 비유하는 글을 짓고는 통곡했다. 그는 역모가 밝혀지자 성균관에 있다가 급히 집으로 돌아와 사당에서 칼로 자결하였다. 나중에 금부에서 그의 시체를 가져와 형을 집행하였다.

 이개는 목은 이색의 증손으로 세상에 태어난 지 두 달 만에 글을 읽어 신동이라 일컬었다. 그는 자라서 학문을 닦아 집현전 학사가 되었으며 몸이 몹시 약했다. 그도 혹독한 국문을 당할 때 얼굴빛이 변하지 않았다.

 유응부는 장수였으므로 성품이 용맹하고 활과 칼을 잘 다루었다.
 "너는 무엇이 부족하여 역모를 꾸몄느냐?"
라고 묻자 그는

"나는 내 임금을 위해 간신들을 없애려다 간사한 놈의 밀고로 이렇게 되었으니 어서 빨리 죽여라."
라고 말하자

세조는 형리에게 그의 살갗을 벗기는 고문을 가하면서 공모자를 추궁하자

"썩은 선비들과 큰 일을 도모한 내가 어리석었구나. 내 말을 따르지 않아 오늘 이러한 치욕을 당하니 물어 볼 말이 있으면 저 썩은 선비들에게 물어 보시오."

그는 이렇게 말하고 입을 다물었다. 그러자 형리들이 온갖 혹독한 고문으로 그를 다그쳤으나 끝내 입을 열지 않았고, 마침내 그 자리에서 숨을 거두었다.

그는 효자이었다. 자신은 죽을 먹으면서도 어머니에게는 아침저녁으로 쌀밥과 여러 가지 반찬을 올렸다.

이렇게 성삼문을 비롯한 다섯 명은 혹독한 국문을 당해 죽었거나 살아 있어도 거의 죽은 사람과 마찬가지였다. 마침내 그들은 한강가 새남터 형장으로 끌려나가 몸을 여섯 갈래로 찢기는 참혹한 죽임을 당했다. 그 외 김문기를 비롯하여 많은 사람들이 죽었다.

단종의 복위를 위해 참혹하게 죽은 사육신처럼 단종을 위한 한마음, 죽을 때까지 절개를 지킨 사람들을 생육신이라 하는데 그들은 김시습·남효온·이맹전·성담수·원호·조려 등이다.

김시습은 호가 매월당으로 세상에 태어난 지 이레 만에 글과 그 뜻을 깨우쳐 신동이라 하였다.

그가 다섯 살 때 세종이 불러 글을 지으라고 하자 그는 곧장 시 한 수를 지었다.

김시습
호는 매월당으로 생육신의 한 사람이다. 5세 때 『중용』・『대학』을 읽어 신동이라 하였다.
단종이 세상을 떠났다는 소식을 듣고 3일 동안 통곡하였다 한다.
『금오신화』는 그의 대표작이다.

　　　삼각산 높은 봉우리가 하늘을 뚫었구나
　　　내 올라가 북두칠성을 따 보리라
　　　뫼뿌리에 일어남이 구름과 안개뿐이구나
　　　왕도를 능히 만세토록 편안케 하리

　세종이 그가 지은 시를 읽고 깜짝 놀라 상으로 비단 오십 필을 주어 그를 시험하려고 하였다.
　"과인이 비단 오십 필을 줄 터이니 가져갈 수 있겠느냐?"
라고 말하자, 그는 조금도 망설임이 없이 비단을 풀어 끝과 끝을 매어서 끌고 나갔다. 그러자 그곳에 있던 사람들은 벌린 입을 다물지 못했다.
　김시습이 스물한 살 때 삼각산의 어느 절에 들어가 공부하다가 단종이 세상을 떠났다는 소식을 듣고 읽던 책을 모두 불사르고 사흘 동안 통곡하다가 중이 되었다.

사육신이 새남터 형장에서 온몸이 찢기는 죽임을 당하자 그 누구도 그들의 시체를 수습하려는 사람이 없었는데 김시습이 사람들을 여러 명 데리고 와서 시체들을 주워 모아 강 건너 언덕에 묻었다. 지금의 노량진에 있는 사육신의 묘는 그에 의해 생긴 것이라 한다.

그 뒤 김시습은 울분을 달래려고 전국의 절들을 떠돌아다니다가 홍산의 무량사에서 세상을 떠났는데 그가 죽은 지 3년 만에 관을 열어 보니 살아 있을 때 얼굴과 똑같았다고 한다.

그는 문장과 글씨가 뛰어났으며 천문·지리·의약에 이르기까지 매우 밝았다고 한다.

단종, 영월로 내쫓기다

사육신의 옥사가 끝나자 조정의 대신들은 세조를 부추겨 단종을 노산군으로 강봉하여 영월로 내쫓았다. 단종의 유배지는 영월읍에서 수십 리를 더 들어가야 하는 깊은 산골로 그는 그곳에서 조그마한 오두막에서 살았다.

이때 그를 따르는 사람은 내시와 궁녀 두서넛뿐이었다.

단종은 이곳 두메에서 한동안 살았는데 큰 장마로 인해 단종이 살던 집이 물에 휩쓸려 갈 뻔한 사실을 영월부사가 조정에 보고하자 단종을 영월읍에 옮기도록 하였다.

새로 옮긴 영월읍도 고적하기는 마찬가지였다. 단종은 이따

끔 관사 앞에 있는 죽루에 올라 먼 산을 바라보며 헤어진 송비를 그리워하곤 했다.

단종은 가끔 시를 읊었다. 이때 그가 지은 시로는 〈자규사〉가 전해져 내려오고 있으며 간혹 그가 살고 있는 초라한 집에 농부들이 음식을 가지고 찾아오기도 했다.

단종의 이러한 생활은 오래가지는 못하였다. 단종의 여섯째 숙부인 금성대군이 귀양간 곳에서 단종이 영월로 유배되었다는 소식을 듣고 순흥부사 이보흠과 단종의 복위를 모의하다가 탄로되어 금성대군은 안동부에 갇히고 이보흠은 유배되었다.

세조는 동생인 금성대군을 군사를 보내 교수형에 처했고, 이보흠은 박천에서 죽임을 당했으며 그들과 더불어 역모를 꾀한 사람들을 모두 죽였다.

세조는 한명회 등과 더불어 단종을 없애기 위해 금부도사 왕방연에게 사약을 가지고 영월부로 내려가도록 명령했다.

영월부에 있는 단종은 주위에 있는 궁녀들에게
"며칠 전부터 꿈자리가 어지럽더니 어젯밤에는 돌아가신 부

청령포 강원도 영월에 있는 단종이 유배된 곳이다.

왕과 어머니께서 나를 끌어안고 슬피 우시는 꿈을 꾸었는데 아무래도 불길한 일이 일어날 것 같구나."
라고 말하자 주위에 있는 내시와 궁녀들은 슬피 울었다. 그러자 단종은 그들을 달래고 먼 산을 바라보며 한숨을 지었다.
 그때 금부도사 일행이 집으로 들어서서
 "노산군은 어명을 받으시오."
하고 큰 소리로 말하자 궁녀들과 내시는 통곡하였으나 단종은 태연스런 표정으로
 "나는 이 나라의 임금이다. 신하된 자가 무엄하게도 임금에게 약사발을 올리느냐."
하고 호되게 꾸짖었다.
 금부도사는 약사발을 든 채 한동안 움직이지 않다가 초초해진 그는 내시와 궁녀들을 내쫓고 단종에게 약사발을 올렸다. 그러나 단종은 약사발을 들지 않았다.
 마침내 단종은 어떤 결심을 하였는지 방으로 들어가 옷을 찢어 올가미를 만들어 문틈으로 밖으로 내밀면서
 "이 올가미를 힘껏 잡아당겨라."
하고 말하자 마침 그곳에 있던 영월부의 통인이 올가미를 세게 잡아당겼다.
 단종은 이렇게 세상을 떠났다. 그때 열일곱 살이었다. 열두 살에 왕위에 올라 3년 동안 임금으로 있다가 노산군으로 강봉되어 영월부로 유배되어 죽었다.
 단종이 죽자 그를 따라왔던 내시와 궁녀들은 모두 강물에 몸을 던져 죽었다.
 단종의 왕비였던 송씨는 단종이 영월로 쫓겨나자 궁녀 두서너 명을 데리고 동대문 밖 정업원에 머물렀다. 송씨는 단종이

세상을 떠났다는 소식을 듣고 밤낮으로 슬퍼하였다. 매일 앞산에 올라 영월 쪽을 바라보며 눈물을 흘렸다. 사람들은 뒤에 그 산을 망원봉이라 불렀다. 송씨의 아버지 송현수도 세조에 의해 죽임을 당했다.

열여덟 살에 과부가 된 송씨는 초막집에서 함께 사는 시녀들과 구걸 동냥으로 끼니를 이었는데 이 소문을 들은 세조가 식량을 내렸으나 그녀는 이를 끝내 거절했고 후일 자줏물을 들이는 염색업으로 여생을 살았다 하여 사람들은 그 골짜기를 '자줏골'이라 불렀다.

어린 나이에 비참하게 죽은 단종을 그리며 한 많은 인생을 살았던 송씨는 1521년(중종 16) 5월 82세로 경혜공주의 아들인 정미수의 집에서 세상을 떠났다.

송씨는 대군부인의 예우로 양주 군장리(현 경기도 남양주시 진건면 사릉리)에 모셔졌다.

단종이 비참하게 죽던 날 저녁 그 지역만 폭우와 천둥이 극심했는데 빗속에 단종의 시신은 동강변에 버려졌었다. 후환이 두려워 아무도 손을 대는 사람이 없었지만 충성심이 강했던 영월부의 호장 엄홍도가 단종의 시신을 거두어 동을지산 기슭에 몰래 묻었다.

그 뒤 59년이 지난 1516년(중종 11)에 노산군의 묘를 찾으라는 왕명이 내렸으나 엄홍도 일가족은 자취를 감춘 뒤라 묘를 찾기가 막연했다. 이때 군수 박충원의 현몽과 호장인 엄주·신귀손·엄속·양인 지무작·관노 이말산 등의 증언에 따라 묘를 찾아 봉분을 갖추게 되었는데 이때가 중종 11년 12월이었다.

그 뒤 1580년(선조 13)에 강원감사 정철의 장계로 묘역을 수축하고, 1681년(숙종 7) 7월에 노산대군으로 추봉, 다시 1698

년(숙종 24)에 추복하여 묘호를 '단종'이라 하여 종묘에 부묘하고 능호를 '장릉'이라 했다.

한편 1521년에 세상을 떠난 송비는 177년이 지난 1698년(숙종 24) 단종의 복위와 더불어 대군부인에서 정순왕후로 추복되어, 신위가 모셔졌고 능호를 '사릉'이라 했다.

기구한 운명으로 한을 머금고 살다가 죽은 정순왕후의 비극은, 계유정난을 일으킨 수양대군과 주변 무리들의 왕권 탐욕이 저지른 광기의 소산이었다.

세종의 후궁인 혜빈 양씨는 단종이 왕위를 세조에게 물려주자 세조에 의해 연금되었고, 혜빈은 단종을 만나려고 몇 번이나 빠져 나가려다 지키는 군사들에 의해 붙잡혔다.

세조는 혜빈 양씨를 청풍으로 유배를 보냈고 그곳에서 병으로 단종이 세상을 떠나기 전에 죽었으며 그의 세 아들 한남군·영풍군·화의군도 유배된 곳에서 세상을 떠났다.

단종의 누이 경혜공주의 남편 정종도 공주와 함께 광주에 유배되었다. 정종은 그곳에서 참형에 처해졌고 공주는 살해되었다. 공주가 죽기 전에 아들을 낳았는데 그 아들이 뒤에 찬성벼슬에 오른 정미수였다.

이시애의 반란

1467년(세조 13) 회령부사 이시애가 야망을 품고 반란을 일으켰다. 그는 함경도 길주 출신으로 그 지방의 토호였다.

그는 아버지의 장례 때 모인 집안 사람들을 모아놓고
"조정에서는 우리 북쪽에 사는 사람들을 호패법으로 꽁꽁 묶어 놓았소. 이제 우리들은 마음대로 옮겨 가서 살 수가 없게 되었으니 우리 모두 일어나 조정과 싸웁시다."
라고 말했다. 그러자 그곳에 모인 사람들은 모두 그의 뜻에 동조했다. 흥분한 이시애는 매일같이 백성들을 선동하였다. 그러자 그의 밑에 많은 사람들이 모여들었다.

이시애는 길주 영문을 찾아가서 절도사 강효문에게 술을 마시자고 꾀어 그와 술을 마시면서 갑자기 일어나 가지고 갔던 철퇴로 머리를 내리쳐서 죽이고 한양의 조정에

"강효문이 한양의 한명회·신숙주와 내통하여 역모를 꾸몄으므로 내가 그를 죽였다."
고 말하고 나서 한양으로 사람을 보내었다.

그 뒤 이시애는 군사들을 움직여 단청·북청·홍원 등을 차지했고 계속 남쪽으로 내려오자 세조는 구성군 준을 지휘관으로 삼아 어유소·강순 등을 거느리고 그들을 토벌하게 하였다.

한때 기세등등하였던 이시애의 반란군은 관군이 계속 공격하자 기세가 꺾이어 경성으로 물러갔다.

어느 날 밤 이시애의 참모 몇 명이 머리를 맞대고 그를 없애기 위해 모의했다.

"우리들이 살기 위해서는 이시애를 죽일 수밖에 없소."

그들은 이렇게 모의하고 깊은 잠에 떨어진 이시애 형제를 붙잡아 관군에 넘겨 주었다. 마침내 이시애 형제는 참수되었고, 반란은 평정되었다.

세조의 가계

세조는 후궁을 많이 거느리지 않아서 소생도 많지 않았다. 그는 정희왕후 윤씨와 근빈 박씨에게서 각각 2남 1녀, 2남을 얻어 모두 4남 1녀를 두었다. 이들 중 정희왕후 윤씨 소생으로 의경세자(덕종), 해양대군(예종), 의숙공주 등이 있으며, 근빈 박씨 소생으로 덕원군·창원군이 있다.

정희왕후 윤씨(1418~1483년)

정희왕후는 1418년 판중추부사 윤번의 딸로 홍주군에서 태어나 1428년 수양대군과 가례를 올렸으며, 처음에는 낙랑대부인에 봉해졌다가 수양대군이 왕위에 오르자 왕비에 책봉되었다.

그녀는 계유정난 때 수양대군이 거사를 망설이자 손수 갑옷을 입혀 주며 그에게 군사를 일으킬 것을 권유한 결단력이 강한 여장부였다. 또 1468년 예종이 19세에 왕위에 오르자 조선왕조 최초로 수렴청정을 하였으며, 예종이 1년 2개월 만에 죽자 요절한 맏아들(의경세자)의 둘째 아들 자을산군(성종)을 그날로 즉위시켜 섭정하기도 했다.

예종이 세상을 떠났을 때 그의 아들 제안대군이 있었으나 나이가 너무 어리다는 이유로 그녀는 왕위를 넘겨 주지 않았으며, 덕종에게도 큰아들 월산대군이 있었으나 자을산군을 왕으로 즉위시킨 것은 정희왕후의 결단에 의한 것이었다. 그녀는 7년 동안 수렴청정하는 동안에 과감하고 결단력 있는 성품을 마음껏 발휘하여 왕권을 안정시켰으며, 성종이 성년이 되자 1476년 수렴청정을 거두었다.

그녀는 1483년 3월 66세에 세상을 떠났다. 그녀의 소생으로는 덕종(의경세자), 예종 등 두 왕과 의숙공주가 있고, 능은 경기도 남양주시에 있는 광릉으로 세조의 능 동편 언덕에 있다.

의경세자(1438~1457년)

세조의 맏아들로 성종의 아버지인 의경세자의 이름은 장, 자는 원명이다. 1445년 도원군에 봉해졌으며, 1455년 수양대군이 왕위에 오르자 세자에 책봉되었다. 그리고 한확의 딸 한씨(소혜왕후)를 아내로 맞아 1454년 월산대군을 낳았고, 1457년 성종을 낳았다.

그는 어려서부터 몸이 약해 잔병치레가 잦았으며, 그 때문에 20세에 일찍 세상을 떠났다.

그의 둘째 아들 성종이 왕위에 오르자 1471년 덕종으로 추존되었다. 능은 경릉으로 현재 경기도 고양시 덕양구 용두동 서오릉에 있다.

제7대 세조 가계도

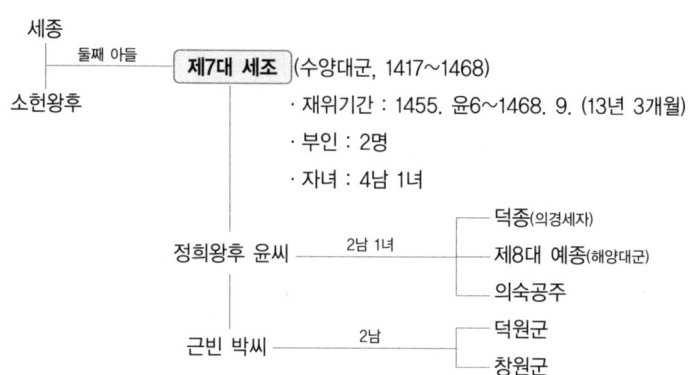

예종실록 睿宗實錄

『예종실록』 편찬 경위

『예종실록』은 조선왕조 제8대 왕 예종의 재위기간(1468년 9월~1469년 11월) 약 1년 3개월간의 역사를 기술한 사서이다. 정식 이름은 『예종양도대왕실록』이며, 모두 8권 3책으로 간행되었다.

조선시대 다른 왕들의 실록과 함께 국보 제151호로 지정되었다.

『예종실록』의 말미에는 "성화 6년 경인 2월에 명령을 받아 사초를 출고하여 7년 12월에 이르러 『세조실록』의 편찬을 끝내고, 편찬하기 시작하여 8년 임진 5월에 끝마쳤다."고 기록되어 있다.

『예종실록』은 예종이 세상을 떠난 다음해인 성화 6년, 즉 성종 원년(1470) 2월에 춘추관에서 편찬하라는 왕명을 받아 성종 2년(1471) 12월 『세조실록』의 편찬을 마친 뒤에 편찬을 시작하여, 성종 3년(1472) 5월에 완성하였다.

시호는 양도, 존호는 흠문성무의인소효, 묘호는 예종이며, 능호는 창릉으로 경기도 고양시 덕양구 용두동에 있다.

『예종실록』의 내용

예종(1450~1469)의 이름은 황, 자는 명조, 초자는 평보이며, 세조와 정희왕후 윤씨의 둘째 아들이다. 세조가 즉위한 뒤 해양대군에 책봉되었다가, 세조 3년(1457) 9월에 그의 형 의경세자(덕종)가 세상을 떠난 뒤 세자로 책봉되었다.

그는 세조 14년(1468) 9월 7일 세조가 세상을 떠나기 하루 전날 선양을 받아 즉위하였다. 예종은 세자로 있을 때인 1466년부터 승명대리로 정치 경험이 있었고, 세조의 정치행태를 답습하였다. 그도 세조처럼 언관들에게 강경하여, 실록에 언관에 대한 좌천·파직 등의 기사가 많다.

예종은 재위기간이 약 14개월에 불과하여 많은 업적이 없었고, 세조 대의 훈신들이 정권을 장악하였으므로 세조 대 정치의 연장과 같은 성격을 띠고 있다. 예종은 즉위 초 세조의 유명을 받들어 한명회·신숙주·구치관 등을 원상으로 삼아, 이들이 서무를 의결하게 하였다. 또한 세조 비 정희왕후 윤씨가 수렴청정하였다.

그 해 직전수조법을 제정하였고, 남이·강순 등이 반역을 도모하였다 하여 처형하였다.

1469년 3월에는 삼포에서 왜와의 사무역을 금지하였고, 같은 해 6월에는 각 도, 각 읍에 있는 둔전을 일반 농민이 경작하는 것을 허락하였다. 이해 6월에 〈천하도〉를 완성하였고, 7월에는 『무정보감』을 편찬하였다. 9월에는 상정소제조 최항 등이 세조 대에 시작한 『경국대전』을 찬진하였으나 미진한 것을 보완하느라고 반포를 보지 못한 채 세상을 떠났다.

제8대 예종
(1450~1469년 재위기간 1468년 9월~1469년 11월)

최초의 수렴청정

예종의 이름은 황, 자는 명조이며 세조와 정희왕후 윤씨의 둘째 아들로 1450년에 태어났다.

그는 세조가 왕위에 오르자 해양대군에 책봉되었다가 1457년(세조 3) 9월 그의 형인 의경세자가 갑자기 세상을 떠나자 세자로 책봉되었다.

세조에게는 두 아들이 있었는데 큰아들 의경세자는 어느 날 잠을 자다가 갑자기 죽었고, 둘째 아들인 해양대군(예종)은 몸이 몹시 약했다.

예종은 1460년 세자 시절 한명회의 딸과 가례를 올렸다.

한씨는 한명회와 그 부인 민씨(閔氏)의 큰딸로 1445년(세종 27) 1월에 태어났다.

그녀는 아름답고 정숙하여 1460년(세조 6) 4월 세자빈으로 책봉되었는데 그 책문을 살펴보면,

"아! 그대 한씨는 훌륭한 집안에서 태어나 온유하고 아름답

예종의 왕비 장순왕후가 묻힌 공릉.

고 정숙하여 종묘의 제사를 도울 만하므로 이제 효령대군 보와 우의정 잉령치사(나이 많아 벼슬을 사양함)한 이인손 등을 보내 그대에게 책보를 주어서 왕세자빈으로 삼는다. 그대는 지아비를 경계하고 서로 도와서 궁중의 법도를 어기지 말고 더욱 큰 왕업을 융성하게 하라."

세자빈으로 책봉된 지 1년 7개월, 1461년(세조 7) 11월 30일 원손(인성대군)을 낳고 5일 만에 산후병으로 세상을 떠났는데 이때 열일곱 살이었다.

이듬해 1462년 2월 세조는 왕세자빈 한씨에게 장순이라는 시호를 내렸는데, 온순하고 너그러우며 아름답다고 장, 어질며 자애롭다고 순이라 명명한 것이다.

한씨의 묘는 파주의 보시동(현 경기도 파주시 조리읍 봉일천리) 이고, 1470년(성종 1) 능호를 공릉이라 했고, 예종이 죽은 뒤 3년 만인 1472년에 장순왕후로 추존되었다.

장순왕후 한씨는 예종의 조카인 성종의 비 공혜왕후의 친언니로 이들 자매는 '시숙모와 조카며느리'라는 기묘한 관계인데, 두 왕후의 배경에는 이들의 아버지 한명회가 도사리고 있었다.

예종은 1468년 9월 세조로부터 왕위를 이어받아 수강궁에서 조선왕조 제8대 왕으로 즉위했는데 이때 19살이었다.

예종은 왕위에 올랐으나 몸이 약했고, 세조의 유언에 의한 원상제도에 의지해 나라를 다스렸다. 그리고 어머니 정희왕후의 수렴청정을 받았다.

원상제도란 세조가 세상을 떠나기 전에 예종이 나라를 잘 다스리기 위해 마련한 것으로 왕이 지명한 한명회·신숙주·구치관 등이 중심 세력이 되어 왕을 도와 나라의 모든 일들을 처리하는 제도이었다.

예종의 어머니 정희왕후는 비록 여자지만 대범한 성품이었고, 결단력이 강해 세조가 계유정난을 일으킬 때 세조가 망설이자 그를 부추겨 반란군을 진압시키는 데 공을 세웠다.

남이 장군의 죽음

남이 장군은 1441년 태종의 외손자로 세상에 태어나면서부터 기골이 장대하고 웅장한 기상을 지녔으며 17세 때 무과에 급제하여 나라의 훌륭한 장수가 되었고 1467년 이시애의 난을 평정한 공으로 적개공신 1등에 책록되었으며 건주위의 야인을 토벌한 공으로 세조의 총애를 받아 공조판서가 되었고, 이듬해 오위도총부 도총관 그리고 병조판서를 겸임하였다.

1468년 세조가 세상을 떠나자 그의 신임을 받던 남이는 한명회·신숙주 등의 사주로 강희맹 등이 그가 병조판서로서 부적당하다고 비판하자 예종은 남이를 병조판서에서 해임하고 겸사복장직에 임명하였다.

일찍이 남이가 스물다섯 살 때 북방의 건주위의 야인을 토벌하기 위해 싸움터에 나갔는데 그때 아래와 같은 시를 지었다.

> 백두산의 돌은 칼 갈아 다하고
> 두만강 물 말 먹여 없애리
> 남아 스물에 나라를 평정하지 못하면
> 후세에 그 누가 대장부라 하리오.

이 시는 남이의 성품이 잘 드러나 있다. 남이가 겸사복장에 있을 때 하늘에서 어느 날 혜성이 나타났는데 그는 이 광경을 바라보면서

"이 일은 묵은 것을 몰아내고 새로운 것이 나타날 징조이다."

라고 말하였는데 이때 병조참지인 유자광이 남이를 없애기 위해 음모를 꾸몄다. 그는 예종에게 달려가서 남이가 역모를 꾸미고 있다고 무고했다.

유자광으로부터 보고를 받은 예종은 남이를 잡아들여 국문하였다.

"너는 어찌하여 역모를 일으켰느냐?"

라고 예종이 묻자 남이는 그런 일은 절대로 없다고 말했다. 그러자 예종은 형리들에게 그를 혹독하게 고문하라고 명령을 내렸다.

이때 남이는 혹독한 고문으로 정강이뼈가 부러지고 온몸이

예종이 묻힌 창릉.

피투성이가 되었다. 그래도 예종은 남이를 계속 고문하라고 다그쳤다.

남이는 자신이 살 수 없음을 알고 거짓으로 역모를 꾸몄다고 자백했다. 그러자 예종은

"너와 공모한 자들을 말하여라."

라고 말하자 남이는 예종의 옆에 서 있는 영의정 강순을 바라보면서

"저기 있는 영상과 더불어 역모를 꾸몄습니다."

라고 말하였다. 강순은 몸을 부들부들 떨면서 말했다.

"전하, 저 남이의 말은 거짓이옵니다. 헤아려 주시옵소서."

그러자 예종은 형리들로 하여금 강순을 끌어내어 형틀에 앉히고 고문하라고 명령하였다. 이때 강순은 나이가 80세인 늙은이어서 고문을 이기지 못하고 남이와 역모를 꾸몄다고 자백하였다.

마침내 남이와 강순을 참형에 처하라는 어명이 있자 그들은 형장으로 끌려가게 되었다. 이때 강순은 남이에게

"네가 죽으려거든 혼자 죽지 죄없는 나까지 끌어들일 게 뭐냐? 참으로 원통하구나."
라고 말하자 남이가
"영상께서는 내가 아무런 죄도 없는 것을 잘 아시면서 한 마디도 저를 위해 성상께 말씀을 올리지 않았소. 일국의 영상으로서 어찌 그런 비정한 일을 일삼는단 말이오. 젊은 나도 죽는데 영상께서는 80년을 살았소."
라고 말하고 나서 남이는 쓴웃음을 지었다.

조정의 권신인 한명회는 남이의 장인 권남과 절친한 친구 사이였고 그의 추천으로 수양대군의 책사가 되어 그를 왕으로 세우는 데 큰 공로를 세웠다. 그러나 불행하게도 이때 권남은 병으로 세상을 떠나고 없었다.

권남은 죽기 며칠 전 한명회를 불러 자신의 사위 남이를 간곡하게 부탁하고 세상을 떠났다. 그러나 한명회는 남이를 도와주기는커녕 오히려 그를 없애기 위해 혈안이 되었던 것이다.

남이는 억울하게 역모를 꾸몄다는 죄목으로 형장의 이슬로 사라졌다. 이때 스물여덟 살이었다.

1469년 3월에는 삼포에서 왜와의 사무역을 금지하였고, 같은 해 6월에는 각 도, 각 읍에 있는 둔전을 일반 농민이 경작하는 것을 허락하였다. 이 해 6월에 〈천하도〉를 완성하였고, 7월에는 『무정보감』을 편찬하였다. 9월에는 상정소제조 최항 등이 세조 대에 시작한 『경국대전』을 찬진하였으나 부족한 것을 보완하느라고 반포를 보지 못한 채 세상을 떠났다.

시호는 양도, 존호는 흠문성무의인소효, 묘호는 예종이며, 능호는 창릉으로 경기도 고양시 덕양구 용두동 서오릉 묘역에 있다.

예종의 가계

예종은 정비 장순왕후와 계비 안순왕후 등 2명의 부인이 있었는데 이들에게서 2남 1녀를 두었다. 세자빈 시절에 죽은 정비 장순왕후 한씨 소생으로는 인성대군이 있었으나 어려서 죽었고, 계비 안순왕후 한씨 소생으로 제안대군과 현숙공주가 있었다.

장순왕후 한씨(1445~1461년)

예종의 정비 장순왕후 한씨는 영의정 한명회와 부인 민씨의 큰딸이다. 그녀는 성종의 비 즉 공혜왕후의 시숙모가 되는 셈이다.

그녀는 1460년 당시 세자로 책봉된 예종과 가례를 올려 세자빈에 책봉되었으나, 이듬해 원손 인성대군을 낳고 건강이 악화되어 17세에 일찍 죽었다. 그 뒤 1472년(성종 3년)에 장순왕후에 추존되었다. 능은 공릉으로 경기도 파주시 조리읍에 있다.

안순왕후 한씨(?~1498년)

안순왕후 한씨는 청주부원군 한백륜의 딸로서 1460년 한명회의 딸이 세상을 떠나자 1462년 예종과 가례를 올려 세자빈에 책봉되었다. 그리고 1468년 예종이 즉위하자 왕비에 책봉되었으나, 이듬해 예종이 세상을 떠나자 1471년 인혜대비에 봉해졌고 1497년(연산군 3년)에 다시 명의대비로 개봉되었으며 그 이듬해에 세상을 떠났다. 그녀의 소생으로는 제안대군과 현숙공주가 있으며, 능호는 창릉으로 예종과 함께 경기도 고양시 덕양구 용두동 서오릉 묘역에 합장되었다.

제안대군(1466~1525년)

제안대군은 예종의 둘째 아들이며 안순왕후 한씨 소생이다. 4세 때 부왕인 예종이 죽자 세조의 정비 정희왕후의 반대로 세자에 책봉되지 못했다.

그 뒤 1470년 5세에 제안대군에 봉해졌으며, 세종의 일곱째 아들인 평안대군의 양자로 입양되었다. 그리고 12세에 사도시정 김수말의 딸과 혼인하였으나 어머니 안순왕후가 그녀를 내쫓았기 때문에 14세에 다시 박중선의 딸과 혼인하였다. 그는 끝내 쫓겨난 김씨를 잊지 못해 1485년 20세 때 성종의 배려로 그녀와 다시 합쳐졌다.

1498년 안순왕후가 세상을 떠난 뒤에 혼자 살았으며, 평생 여자를 가까이 하지 않았다. 그는 노래를 즐기고 사죽관현 연주에 뛰어났다.

그는 1525년 60세로 세상을 떠났다.

제8대 예종 가계도

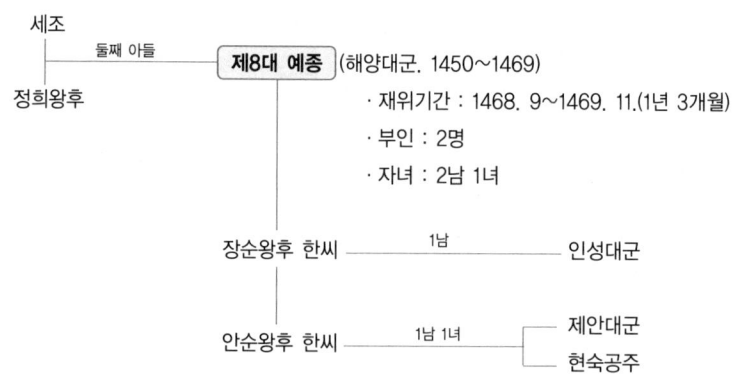

성종실록 成宗實錄

『성종실록』 편찬 경위

『성종실록』은 조선왕조 제9대 왕 성종의 재위기간(1469년 11월~1494년 12월)인 25년 2개월간의 역사를 편년체로 기록한 사서이다. 정식 이름은 『성종강정대왕실록』이며, 모두 297권 150책으로 활판으로 인쇄되었다.

『성종실록』은 제14권 성종 3년 정월부터 기사의 다소에 상관없이 반드시 1개월을 1권으로 편철하였기 때문에 권수가 많아지게 되었다. 조선시대 다른 왕들의 실록과 함께 국보 제151호로 지정되었다.

『성종실록』은 성종이 세상을 떠난 지 4개월 뒤인 1495년(연산군 1) 4월에 영의정 노사신 등의 건의로 춘추관 안에 실록청을 설치하고 편찬을 시작하였다. 편찬 도중인 1498년(연산군 4)에 김일손이 실록청에 제출한 사초 가운데 그의 스승 김종직이 쓴 〈조의제문〉과 〈화술주시〉가 포함되어 있는 것이 문제가 되어 무오사화가 일어났다.

이로 인해 신진 사림들이 큰 화를 당하기도 했으나 실록 편찬 작업은 계속 진행되어 이듬해인 1499년 3월에 인쇄가 완료되었고 4대 사고에 봉안되었다.

실록 편찬에는 영의정 신승선과 우의정 성준이 총재관으로, 지관사 이극돈 이하 동지관사 안침 등 15인이 실록청 당상으로, 편수관 표연말 이하 74인은 모두 실록청 낭청으로 참여하였다.

성종의 시호는 강정, 존호는 인문헌무흠성공효이고, 묘호는 성종이며, 능호는 선릉으로 현재 서울 강남구 삼성동에 있다.

『성종실록』의 내용

성종의 이름은 혈이며, 세조의 손자로 의경세자(추존 덕종)와 소혜왕후 한씨의 둘째 아들이다. 처음에 자산군에 봉해졌다가 뒤에 자을산군으로 고쳤다.

1469년 11월 예종이 왕위에 오른 지 1년 3개월 만에 세상을 떠나자 할머니 정희왕후가 그를 지명하여 왕위를 계승토록 하였다. 예종에게는 아들 제안대군이 있었으나 어렸고, 또 성종의 형 월산군도 있었으나 병약하였기 때문에 성종이 지명받은 것으로 알려지고 있다.

성종의 즉위 초기에는 정희왕후가 수렴청정하고 원로 대신 신숙주·한명회·구치관·최항 등이 원상이 되어 국정을 보필하였다.

성종은 총명하고 학문을 좋아하여 집현전의 후신이라고 할 수 있는 홍문관을 창설하고 어진 선비를 이에 임명하여 날마다 경연을 열어 고금의 치란과 시정의 득실을 연구하였다.

그는 세조 대부터 편찬하기 시작한 『경국대전』과 『국조오례의』를 완성하여 조선왕조 5백 년간의 통치 체제를 확립하였다. 그리고 삼국시대 이래로 숭상해 오던 불교를 억압하고 유학을 숭상하여 유교국가의 토대를 확고히 하였다.

이 때문에 성종 대에는 유교적 정치이념이 정치에 본격적으로 도입되어 사림정치가 시작되던 시기였으므로 이를 표방하는 삼사의 언론활동이 두드러지게 많이 나타나게 되었다.

성종 대에는 민족문화에 관한 서적인 『동국통감』·『동국여지승람』·『동문선』 등을 편찬하였다.

성종은 크게 문화를 일으키고, 국방과 외교에도 힘을 기울였다. 우리나라의 평안도와 함경도를 자주 침입하는 야인을 정벌하고, 남쪽의 왜인에 대해서는 삼포를 중심으로 한 무역을 증진하여 내치 외교에 큰 업적을 세워 조선왕조의 전성기를 이루었다.

제9대 성종
(1457~1494년 재위기간 1469년 11월~1494년 12월)

사림파의 등장

1469년 11월 27일 조선왕조 제8대 임금인 예종이 갑자기 세상을 떠나자 조정은 매우 어수선했다. 그것은 다름아닌 예종의 뒤를 누가 이어받을 것인가 하는 문제였다. 세상을 떠난 예종에게는 제안대군이 있었으나 그는 그때 네 살밖에 되지 않아 세자로 책봉되지 못했다.

세상을 떠난 예종의 형인 의경세자에게는 두 아들이 있었는데 큰아들은 월산군, 둘째 아들은 자을산군이었다. 이 형제들은 아버지가 일찍 세상을 떠나자 세조의 도움으로 궁궐에서 자랐다.

예종의 뒤를 이을 왕을 세우는 데 결정권을 가지고 있는 사람은 왕실의 제일 어른인 세조의 왕비 정희왕후였다.

신숙주는 정희왕후의 사위인 정현조에게 빨리 예종의 후계자를 세우도록 대왕대비에게 건의하도록 하자, 그는 곧장 대비에게 달려가서 신숙주의 뜻을 전했다.

대왕대비 윤씨는 사위 정현조로부터 이 말을 전해 듣고 조정의 대신들에게 누가 예종의 후계자로 적임자인지 물어 보라고 명령했다.

대왕대비의 명령을 받은 정현조는 신숙주를 찾아가서 대비의 뜻을 전하자 그는

"나라의 중대한 일을 어찌 신하들이 말할 수 있겠는가. 이 문제는 오직 대왕대비께서 결정하셔야 하네."

라고 말하였다.

정희왕후는 경복궁에서 도승지로 하여금 조정의 중신들을 불렀다. 그러자 신숙주·한명회·구치관 등을 비롯하여 조정의 중신들이 차례로 궁궐에 들어왔다.

마침내 대신들이 모두 모이자 정희왕후는

"누가 승하하신 임금의 뒤를 이으면 좋겠소?"

라고 묻자 그곳에 있던 대신들은 한결같이

"이 일은 신 등이 의론할 일이 아니오니 원컨대 대왕대비께서 전교를 내리시옵소서."

라고 말하자 대신들은 감히 입을 열지 못했다. 한동안 침묵이 흐른 뒤에 대왕대비 윤씨가 말했다.

"여러 중신들께서 말씀이 없으시니 내가 말하겠소. 지금의 원자(제안대군)는 어리고 월산군은 병약하니 자을산군으로 대통을 잇게 하시오."

라고 말하자 대신들은 모두 찬성하였다.

이리하여 대왕대비 윤씨의 명령으로 세상을 떠난 의경세자의 둘째 아들인 자을산군이 조선왕조 제9대 임금으로 즉위하게 되었다. 이때 자을산군은 13살이었고, 그의 형 월산군은 18살이었다.

대왕대비는 왜 형인 월산군이 있는데도 그의 동생을 왕으로 지목했을까? 대비는 그가 태조의 도량을 닮았다고 했는데 과연 그 도량이란 어떤 것일까?

세조는 의경세자가 갑자기 세상을 떠나자 그의 두 아들들을 궁궐에서 키웠다.

어느 날 그들 형제가 궁궐의 행랑채에서 글을 읽고 있을 때 갑자기 우레소리와 함께 벼락이 치면서 이때 곁에 있던 어린 내시가 벼락을 맞아 죽은 일이 있었다.

이때 그곳에 있던 사람들은 모두 정신을 잃었으나 자을산군은 조금도 두려워하는 표정이 없었고 말과 행동이 태연했으므로 사람들은 모두 신기해했다.

세조는 이러한 일을 전해 듣고
"그 아이는 태조대왕의 도량을 닮았구나."
라고 말하였다.

그 뒤 세조는 부인인 정희왕후에게
"후일에 나랏일은 저 아이에게 맡길 것이오."
라고 말하였다.

자을산군이 왕위에 오르게 된 이유 중의 하나는 그가 상당군 한명회의 사위였기 때문이다. 한명회로 말하자면 이때 조정의 모든 권력을 차지하였으며 세상을 떠난 예종의 비도 그의 큰딸이었다.

정희왕후는 예종이 몸이 약해 오래 살지 못할 것을 알고 앞으로 있을 왕위 계승 문제를 걱정했다.

지금의 조정 중신들은 남편 세조와 더불어 어린 단종을 내쫓고 세조를 왕위에 오르게 한 사람들이었다.

한명회·신숙주를 비롯한 조정의 원로 대신들은 아마도 한명회의 사위인 자을산군을 적극적으로 대왕대비에게 추천했을 것으로 보인다.

정희왕후와 조정의 원로 대신들은 종실의 반발을 억누르기 위해 왕실의 중심 세력인 구성군 준을 곧장 유배보냈다.

구성군 준은 세종의 넷째 아들인 임영대군의 아들이며 문무를 겸비한 인물로 세조의 총애를 받았으며 이시애의 반란을 평정하고 돌아와서 오위도총부총관에 임명되었고 이듬해 영의정에 올랐는데 이때 28살이었다.

예종이 죽고 성종이 즉위하자 대간들은 구성군을 탄핵하였다. 그러자 정희왕후는 그를 유배케 했으며, 그는 10년 뒤 유배지에서 세상을 떠났다.

성종은 1457년 세조의 큰아들 의경세자와 세자빈 한씨의 둘째 아들로 태어났으며, 이름은 혈이다. 그는 세상에 태어난 지 두 달도 못 되어 아버지 의경세자가 갑자기 죽자 세조는 그들을 궁궐에서 자라게 했는데 성종은 성품이 뛰어났고 도량이 넓었으며 사예에 뛰어나 세조의 총애를 받았다.

성종은 스무 살까지 7년 동안 할머니 정희왕후의 섭정을 받았다. 정희왕후는 성종이 왕위에 오르자 성종의 형인 월산군을 월산대군으로, 예종의 아들을 제안대군으로 봉했다.

성종은 왕위에 올랐으나 직접 나랏일을 돌볼 수 없었다. 할머니 정희왕후의 수렴청정과 조정의 원로 대신들이 나라의 정치를 주관하였다.

이때의 원로 대신들은 한명회·신숙주·구치관 등이 중심세력을 이루었는데 그들은 모두 세조 때부터 공신들로 나라의 중요한 위치를 차지하고 몇 차례씩이나 공신에 오른 사람들로 막강한 권력과 부를 차지하고 있었다. 심지어 한명회는 두 딸을 예종과 성종의 비로 삼았다. 사람들은 그들을 일컫어 '훈구세력'이라고 했다.

1476년 정희왕후가 7년 동안 수렴청정을 끝내고 성종이 친히 나라를 다스렸다. 성종은 원상제도를 폐지하고, 김종직 등 젊은 사림파 문신들을 등용하여 훈구세력을 견제하였다. 그리고 임사홍과 유자광을 유배 보냈다.

사림파의 거두인 김종직은 밀양 출신으로 영남 성리학파의 거두였다. 그는 성종이 조정의 실권을 잡을 때 선산부사로 있었고, 성종은 그의 학문과 문하생들의 학풍을 일찍이 흠모하여 정희왕후가 수렴청정을 거두자 그를 조정으로 불러 올렸다.

김종직의 글씨
점필재 김종직은 고려 야은 길재의 학통을 이어받아 많은 학자를 길러냈으며 영남학파의 대표였다.

조정에 등용된 사림파들은 삼사를 중심으로 새로운 새력을 만들고 자신들이 주자학의 정통적 계승자임을 자처하면서 요순의 정치를 이상으로 삼고 훈구세력을 멸시하고 배척하였다.

김종직의 문하에는 김일손·김굉필·정여창 등을 비롯한 당대의 석학들이 모여 있었다.

사림파의 배척대상은 유자광·이극돈 등의 훈구세력으로 그들은 권력을 남용하여 몹시 부패하였기에 그들의 탄핵대상이 되었다.

김굉필의 필적
한훤당 김굉필은 무오사화 때 김종직 일파로 몰려 갑자사화 때 화를 당하였다.

사림파는 세조 말엽에 혁파된 유향소제도를 부활시켜 조정의 부패한 관료들에게 새로운 바람을 일으켰다.

1483년 김종직은 우부승지에 오른 뒤 조정의 요직을 두루 거쳤다.

그는 단종을 폐위하고 죽인 세조를 비판했고 세조에게 동조한 한명회·신숙주 등을 멸시하였다.

김종직은 세조가 단종을 폐위한 것에 대한 반발로 〈조의제문〉을 남겼다. 〈조의제문〉이란 중국 진나라 때 항우가 초나라의 의제를 폐한 것을 세조가 단종을 폐한 것에 비유하여 단종을 위로한 글이다.

김종직은 유자광을 몹시 미워하였는데 그가 함양군수로 부임할 때 동헌에 유자광의 시가 걸려 있는 현판을 철거하여 불태워 버렸다. 이 때문에 유자광은 김종직에게 원한을 품게 되었다.

김종직은 1492년 62세에 세상을 떠났는데 무오사화 때 〈조의제문〉으로 부관참시를 당했다. 그는 『점필재집』·『당후일기』 등의 저서를 남겼다.

성종은 세조 때부터 시작된 법전 『경국대전』을 완성하여 반포하였고, 노사신 등에게 명하여 『동국여지승람』·『동국통감』·『사기』·『좌전』·『사전춘추』·『통감』 등을 펴냈다.

『경국대전』

『경국대전』은 고려 말부터 조선 성종 초까지 약 100년간에 반포된 제법령·교지·조례·관례 등을 망라한 법전이다. 세조에 의해 편찬하기 시작하여 세조 6년(1460)에 호전을 찬정하고, 다음해에 형전을 완성 반포하였다. 세조는 이를 친히 가필하여 『경국대전』이라 이름하였는데, 나머지는 예종 1년(1469)에 이르러서 완성되었다. 그 뒤 성종 5년(1474)과 15년(1484) 두 차례의 증수, 개정을 거쳤으나 시행은 성종 16년 1월 1일부터 이루어졌다.

성종은 학문에 뜻이 깊어 하루도 게을리 하지 않았으며 젊은 인재들을 조정에 등용하여 조정을 쇄신하려고 노력했다.

연산군의 어머니 윤씨의 폐위

성종의 계비로서 폐비가 된 제헌왕후 윤씨는 판봉상시사 윤기견과 그의 둘째 부인 신씨의 딸로 1455년(세조 1)에 태어났다.

그녀의 아버지 윤기견은 경서와 문학에 밝아 집현전에 출입하였고 판봉상시사 벼슬까지 이르렀으나 일찍 세상을 떠났다.

윤씨는 1473년(성종 4) 성종의 후궁으로 간택되어 숙의에 봉해졌고, 세조의 후비인 대왕대비와 성종의 총애를 받다가 1474년(성종 5) 공혜왕후 한씨가 세상을 떠나자 1476년(성종 7) 8월에 왕비로 책봉되었다.

이때만 해도 윤씨에게 다가올 엄청난 비극은 그 누구도 예상하지 못했으나, 많은 후궁들 속에 빠진 성종의 호색 기질은 이미 윤씨의 비극을 예견하고 있었다.

성종의 첫째 부인 공혜왕후 한씨의 죽음도 성종의 바람기가 원인을 제공했던 것이다. 공혜왕후 한씨는 한명회의 둘째 딸로 1467년(세조 13) 열두 살 때 성종과 가례를 올렸고 성종의 숙부인 예종의 부인 장순왕후와 자매지간이었으므로 왕실에서는 시숙모와 조카며느리 관계였다. 언니 장순왕후는 세자빈 시절 원손을 낳다가 1461년(세조 7) 17세에 세상을 떠났다.

성종보다 두 살 많은 공혜왕후 한씨는 성종이 후궁을 들일 때 후궁들에게 줄 옷을 손수 장만하여 하사하기도 했는데, 그녀는 내명부의 어른으로서 질투심을 누르며 자신의 도리를 다했다.

그러나 후궁 윤씨가 성종의 총애를 독차지하였고, 한씨는 1474년(성종 5) 4월 19세에 세상을 떠나고 말았다. 한씨가 죽은 뒤 1476년(성종 7) 8월에 제헌왕후 윤씨가 왕비에 올랐고 3개월 뒤 아들 연산군이 태어났다.

윤씨가 왕비가 되고 보니 성종은 윤씨의 처소에 발길이 뜸해지면서 소용 정씨와 엄씨의 처소 출입이 잦았다. 그녀들은 성종의 총애를 차지하기 위해 제헌왕후 윤씨를 별로 탐탁치 않게 여기고 있던 성종의 어머니인 인수대비에게 접근했다.

인수대비까지 합세하여 홀대함으로써 제헌왕후 윤씨의 입지는 점차 좁아지기만 했다. 칠거지악(아내를 내쫓는 일곱 가지 이유) 중 '질투하는 죄'를 범하지 않기는 여간 힘들지 않았겠으나 그래도 끝까지 참았으면 원자인 연산군이 있었기에 장래를 보장받을 수 있었을 터인데 역시 그녀도 여자이었기 때문에 사랑받고 싶은 본능을 억누르기는 힘들었던 모양이다. 윤씨는 성종의 총애를 되찾기로 마음먹었다.

우선 후궁들을 없애기 위해 어머니 신씨가 일러준 민간비방을 동원하기로 했다. 그 방법은 '소장방자'라는 처방으로 성종이 자주 출입하는 후궁의 처소 길목에 시신의 뼈를 묻어두면 그 길을 밟고 다니는 후궁들이 죽는다는 것이었다. 그러나 그런 처방은 아무런 효과가 없었다.

이어서 윤씨는 소용 정씨와 엄씨가 내통하여 자신과 원자를 죽이려 한다는 내용의 투서를 만들어 감찰상궁 명의로 숙의 권씨에게 보내어 공개되자 궁궐은 발칵 뒤집혔다.

성종은 중종을 낳은 숙의 윤씨(정현왕후)를 비롯하여 내명부로 봉한 10여 명의 후궁들을 중전 뜨락에 모아놓고 문초를 했다. 그러나 아무리 문초하여도 범인은 오리무중이었다.

이 사건이 있은 며칠 뒤 성종이 윤씨의 처소에서 투서와 같은 종류의 종이를 발견함과 아울러 비상과 방양비첩(푸닥거리 비방책)까지 나와 윤씨는 궁지에 몰리게 되었다. 그렇잖아도 성종은 윤씨의 폐위 문제를 여러 차례 거론했으나, 매번 원자의 생모라는 이유로 조정의 대신들이 반대했다.

성종은 사건의 결론을 얻지 못하자 윤씨에게 비상을 바친 시녀 삼월이를 처형하고 그녀의 어머니 신씨의 직첩(조정에서 외명부에 내린 벼슬)을 회수하여 궁궐 출입을 금지시키는 것으로 끝났다.

성종은 많은 후궁 속에 묻혀 살았는데, 특히 요염하고 미색을 갖춘 정 소용의 처소 출입이 잦은 데 반발한 윤씨가 성종의 용안(얼굴)에 손톱 자국을 냄으로써 사태는 돌이킬 수 없게 확대되었다.

인수대비 한씨는 성종에게 윤씨를 폐비시키라고 강력하게 요구했고, 성종도 그렇게 하기로 결심했다. 이때 조정의 원로 대신들과 승지들의 찬반론이 엇갈렸으나 소용없는 일이었다.

1479년(성종 10) 6월 마침내 성종은 윤씨를 폐서인하여 윤씨의 어머니 신씨가 사는 사가로 쫓아냈고 친정으로 쫓겨난 윤씨는 바깥 세상과 접촉이 금지되었을 뿐만 아니라 어머니 신씨와 빈곤하기 짝이 없는 생활을 이어나갔다.

폐비 윤씨를 쫓아낸 시어머니 인수대비는 중전의 빈 자리를 메울 새며느리를 자신이 직접 고르고 싶어했다. 그러나 간택의 결정 권한은 시어머니인 대왕대비가 쥐고 있었다. 인수대비는 자신이 마음에 둔 정 소용을 먼저 적고 후궁 몇 사람을 적은 간택 단자를 들고 대왕대비전에 들어갔다. 그러나 일은 인수대비의 뜻대로는 되지 않았다. 정작 왕비로 승격된 후궁은 19세의 숙의 윤씨였다.

대왕대비 정희왕후는 결정을 내렸다. 폐비 윤씨를 몰아내는 데 일조했던 후궁을 왕비로 삼을 경우 윤씨의 폐비에 반대했던 신하들이 들고 일어날 것을 예상하고 말썽이 없었던 숙의 윤씨를 선택했던 것이다.

1480년(성종 11) 11월, 성종이 25세, 새로 왕비가 된 윤씨는 19세였다.

친정으로 쫓겨난 연산군의 생모 폐비 윤씨가 비참히 살아가고 있을 무렵, 1482년(성종 11) 정월 연산군이 일곱 살 때 세자 책봉

논의와 함께 폐비 윤씨의 동정론이 있었으나, 윤씨의 폐비에 앞장섰던 소용 엄씨·정씨와 인수대비 한씨 등의 거센 반발로 무산되었고 이때 소용 정씨와 엄씨는 성종에게 윤씨가 궁궐에서 10년 먹을 재물을 가지고 나갔다고 거짓을 고하기까지 했다.

그 해 8월 성종은 은밀히 내시 안중경을 시켜 폐비 윤씨의 동정을 살피게 하였다. 3년 동안 회한의 눈물로 지내며 근신해 온 폐비 윤씨와 어머니 신씨는 오랜만에 찾아온 내시 안중경을 반갑게 맞으며 감사의 눈물을 흘렸다.

"상감께 성은이 망극하다고 전하오. 부디 만수무강하시랍시고 폐서인은 늘 상감마마의 만수무강을 기원할 뿐이오."

그러나 폐비 윤씨를 찾아간 안중경에게 엉뚱한 일이 벌어지고 말았다. 성종이 폐비 윤씨에게 내시를 보냈다는 정보를 입수한 인수대비는 시퍼렇게 설쳤다.

"내 눈에 흙이 들어가기 전에는 어림없는 일이로다. 폐비를 복위시키는 일은 없을 것이다."

인수대비는 안중경을 대비전에 은밀히 불러들여 성종에게 허위 보고를 하도록 강압했다.

"폐비는 아직도 뉘우치는 빛은 조금도 없이 곱게 단장하고, 온갖 교만을 부리면서 발악하더라고 상주하라."

안중경은 인수대비가 시킨 대로 성종에게 허위 보고하게 되었다.

"폐비 윤씨는 아직도 뉘우치는 빛이 없사오며 곱게 꾸미고 교만을 부리면서…. 원자 아기가 장성하면 궁중에 호된 바람이 불 것이라며 반드시 복수하겠다고 말했습니다."

안중경의 충격적인 보고를 듣고, 성종은 1482년(성종 13) 8월 조정 대신들과 상의하여 폐비 윤씨에게 사약을 내리기로 결정하였다. 8월 16일 폐비의 사저에 내관과 좌승지 이세좌·이극균이 사약을 들고 찾아왔다.

폐비 윤씨와 어머니 신씨는 이제야 궁궐로 돌아가게 되었다고 그들을 반갑게 맞이하였다. 그러나 뜻밖에도 이세좌가 떨리는 목소리로 교지를 읽자 폐비의 눈에서 눈물이 흘러내렸다.

어머니 신씨는 물론 사약을 들고 온 승지와 내관들도 울었다. 잠시 후 윤씨는 약사발을 들었다. 시뻘건 피가 금삼 소매에 뿌려졌다. 그녀는 아직 의식이 있었다.

"어머니, …이 피 묻은 소매 … 간수하셨다가 원, 원자에게… 원통한 내 사연과 함께 전해 주십시오."

폐비 윤씨는 동대문 밖에 묻혔다.

성종은 폐비 윤씨의 묘에 묘비도 세우지 않았다. 하지만 세자의 앞날을 생각해서 '윤씨지묘'라는 묘비명을 7년 만에 내렸다.

1494년(성종 25) 12월 성종은 자신이 죽은 뒤 100년까지는 폐비 윤씨 문제에 관해 거론하지 말라는 유언을 남기고 세상을 떠났다.

성종의 가계

성종은 정비 공혜왕후를 비롯해서 모두 12명의 부인을 두었으며 이들에게서 16남 12녀를 두었다. 이 부인들 중 정비 공혜왕후 한씨는 17세로 소생 없이 세상을 떠났고, 폐비 윤씨가 연산군, 정현왕후 윤씨가 진성대군(중종)을 비롯하여 1남 1녀, 명빈 김씨가 1남, 귀인 정씨가 2남 1녀, 귀인 권씨가 1남, 귀인 엄씨가 1녀, 숙의 하씨가 1남, 숙의 홍씨가 7남 3녀, 숙의 김씨가 3녀, 숙용 심씨가 2남 2녀, 숙용 권씨가 1녀를 낳았다.

소혜왕후 한씨(1437~1504년)

세조의 큰아들 의경세자(덕종)의 비 소혜왕후는 서원부원군 한확의 딸로서 좌리공신 한치인의 누이동생이다. 그녀는 의경세자가 사가에 있을 때 시집을 왔으며, 1455년 세자빈에 책봉되었으나 의경세자가 스무 살에 갑자기 세상을 떠나자 왕비가 되지 못하고 사가로 물러났다.

1469년 11월 둘째 아들 자을산군이 왕으로 즉위하여 남편 의경세자가 덕종으로 추존되자 왕후에 책봉되었으며, 이어서 인수대비에 책봉되었다. 소생으로는 월산대군과 성종이 있으며, 성품이 곧고 학식이 깊어 성종의 정치에도 많은 자문을 한 것으로 전해지고 있다. 또한 부녀자의 도리를 기록한 『내훈』을 저술하기도 했다.

그녀는 68세에 세상을 떠났다. 능호는 경릉으로 경기도 고양시 덕양구 용두동 서오릉에 있다.

공혜왕후 한씨(1456~1474년)

성종의 첫째 왕비인 공혜왕후 한씨는 한명회의 둘째 딸이다. 한명회는 첫째 딸을 예종에게 시집보내고 둘째 딸을 자을산군에게 시집보냈는데, 그래서 이 두 딸은 자매지간이자 시숙모와 조카며느리가 되는 기묘한 관계이었다.

1467년 12세로 한 살 어린 자을산군과 가례를 올렸으며, 그가 왕위에 오르자 왕비에 책봉되었다. 하지만 1474년 19세로 소생 없이 죽자 공혜왕후에 추증되었다. 능호는 순릉이며 경기도 파주시 조리읍 봉일천리에 있다.

폐비 윤씨(?~1482년)

판봉상시사 윤기견의 딸이며 연산군의 어머니이다. 1473년 성종의 후궁으로 간택되어 숙의에 봉해졌고, 성종의 총애를 받다가 1474년 공혜왕후 한씨가 죽자 왕비로 책봉되었다.

왕비로 책봉되던 해에 세자 융(연산군)을 낳았는데, 그녀는 투기가 심해 성종을 몹시 난처하게 만들었다.

1479년에는 왕이 후궁 출입이 잦고 자신을 멀리한다 하여 왕의 얼굴에 손톱 자국을 내게 되었다. 이 일로 시어머니 인수대비의 격분을 유발하여 마침내 폐비되었다.

세자의 친어머니라는 이유로 대신들이 폐비를 반대하였으나 인수대비와 성종은 단호했다. 그래서 윤씨는 친정으로 쫓겨난 뒤 바깥 세상과 접촉이 금지되었다. 하지만 그녀는 자신의 지난날의 잘못을 뉘우치고 근신하며 지냈다.

성종은 세자가 성장함에 따라 폐비 윤씨에 대한 동정심을 갖고 내시를 시켜 그녀의 동정을 살펴 오라 하였다. 폐비 윤씨를 찾아간 내시는 인수대비의 명에 따라 왕에게 폐비 윤씨가 전혀 반성의 빛을 보이지 않는다고 허위 보고하였다.

성종은 이 말을 듣고 폐비 윤씨에게 사약을 내려 죽였다.

사사한 이후 폐비 윤씨의 묘에는 묘비도 세우지 않았다. 하지만 성종은 세자의 앞날을 고려해 '윤씨지묘'라는 묘비명을 내렸다.

성종은 자신이 죽은 뒤 백 년까지는 폐비 문제에 관해 논하지 말라는 유언을 남겼다.

윤씨의 묘는 회묘로서 원래 서울 동대문구 회기동 경희의료원 자리에 있다가 서삼릉으로 이장되었다.

정현왕후 윤씨(1462~1530년)

성종의 세 번째 부인이며 중종의 친어머니이다. 우의정 윤호의 딸로 1473년 성종의 후궁으로 들어가 숙의에 봉해졌으며, 1479년 연산군의 어머니인 윤씨가 폐출되자 이듬해 11월 왕비에 책봉되었다. 그 뒤 1497년 자순대비에 봉해졌으며, 1530년 68세에 세상을 떠났다.

그녀의 소생으로는 중종과 신숙공주가 있으며 능호는 선릉으로 성종의 능과 함께 서울 강남구 삼성동에 있다.

연산군일기 燕山君日記

『연산군일기』 편찬 경위

『연산군일기』는 조선왕조 제10대 왕 연산군의 재위기간(1494년 12월~1506년 9월)인 11년 9개월간의 역사를 편년체로 기록한 실록이다. 모두 63권 46책이며, 활자로 간행되었다. 조선시대 다른 왕들의 실록과 함께 국보 제151호로 지정되었다.

연산군은 반정으로 폐위되었으므로 묘호가 없고, 그 실록도 노산군(단종)·광해군의 예와 같이 일기라고 칭하였으나, 체제나 내용 면에서 다른 실록과 별로 다름이 없다.

『연산군일기』의 편찬은 연산군이 세상을 떠나자 1506년(중종 1) 11월에 시작되었다. 폐위된 왕의 실록 편찬이므로 일기수찬이라는 이름으로 일기청이 설치되고, 대제학 김감이 감춘추관사에 임명되었다.

그러나 다음해 1월에 김감이 대신 암살 사건에 연루되어 유배되었으므로 편찬 작업이 일시 중단되었으나 후임 대제학 신용개가 감춘추관사가 되어 편찬이 재개되었다. 그러나 3개월 뒤 연산군 때 은총을 받은 인물을 교체해야 한다는 의정부의 건의로 편찬관이 교체되었다.

이에 따라 편찬 책임자로서 총재관 성희안 이하 도청 당상 2명, 각방 당상 4명, 색승지 1명이 다시 임명되어 본격적인 편찬이 이루어지게 되었다.

연산군과 부인 신씨의 묘는 서울 도봉구 방학동에 있다.

『연산군일기』의 내용

연산군(1476~1506)의 이름은 융이며, 성종과 폐비 윤씨 사이에 태어난 맏아들이다.

1483년(성종 14) 세자에 책봉되었고, 1494년 12월 성종의 뒤를 이어 왕위에 올랐다.

『연산군일기』는 무오사화로 인한 후유증 및 연산군의 사관에 대한 탄압으로 대다수의 자료가 유실되었으므로 그 내용이 매우 간단한 면이 많다. 그러나 성종 대로부터 이어내려오는 기성세력과 신진세력과의 갈등, 또 궁중세력과 부중세력과의 충돌, 무오·갑자의 양대 사화, 그리고 연산군의 호화 방탕한 생활기록들이 많이 수록되어 있다.

『연산군일기』에는 다른 실록과 달리 사론이 극히 적어 25개 정도만이 수록되어 있다. 이들은 주로 왕 및 왕에게 총애를 받은 사람들의 비행에 대한 것이다.

내용에 있어서는 무오사화가 일어난 왕 4년 이전까지는 왕도정치·도승 및 사원전·내수사장리 문제 등에 대한 대간들의 상소가 많은 부분을 차지하고 있다. 4년 이후 갑자사화가 일어난 왕 10년까지는 대간의 상소와 왕의 전교가 반반을 차지하고, 그 뒤 폐위까지는 무오사화·갑자사화에 연관된 인물들의 치죄와 연락에 관한 왕의 전교가 대부분을 차지하고 있다.

대외관계에 있어서 대명관계는 극히 소략하나 야인의 회유·정토 문제와 왜인의 토산물 진봉은 상세히 기록되어 있다. 또 왕의 시문 및 그에 화답한 관료들의 시가 많이 실려 있는 것이 특징이다.

사림파적인 성향을 지닌 인물에 대해서는 간략한 사실만 기록하였다. 이에 비해 총신에 대해서는 구체적으로 서술하는 동시에 사론의 형태를 취해 많은 비판을 첨가하고 있다.

제10대 연산군

(1476~1506년, 재위기간 1494년 12월~1506년 9월)

불길한 징조

연산군은 1476년 성종과 폐비 윤씨 사이에서 태어났다. 이름은 융이며, 같은 해 윤씨가 왕비로 책봉되자 연산군에 책봉되었다. 1479년 윤씨가 중전에서 폐출된 5년 뒤 1483년 8세의 어린 나이에 세자에 책봉되었다. 그리고 1494년 성종이 세상을 떠나자 19세에 조선왕조 제10대 왕으로 즉위했다.

연산군의 왕비 신씨는 거창부원군 신승선의 딸로 1472년(성종 3)에 태어났으며 연산군보다 네 살 위였고, 원래 성품이 온순하고 착하며 어질고 얌전한 여인이었으나 연산군의 폭정과 엽색·패륜 등으로 말미암아 비참한 생애를 살았는데 자신이 낳은 아들과 딸은 물론 친정집까지 환난을 겪었다.

세자 융은 친어머니가 폐출되어 사약을 받고 죽은 줄도 모르고 자랐다. 그는 자신을 낳은 어머니가 폐출될 때 4살이었고, 성종이 폐비 윤씨에 대한 일을 극비에 부쳤기 때문에 정현왕후 윤씨가 친어머니인 줄 알고 자랐다.

할머니 인수대비는 세자 융에게 너그럽지 못했다. 자신의 손으로 세자의 어머니 윤씨를 폐출해서인지 몹시 엄하게 대했다.

세자 융은 어릴 적부터 성품이 괴팍하고 변덕스러웠으며, 학문을 싫어했고 고집이 세고 자신의 마음속을 드러내지 않았다.

성종은 세자의 여러 가지 행동으로 미루어 보아 별로 달갑지 않았으나 그를 세자로 책봉했다. 이때 어머니 인수대비가 반대했다. 그러나 성종의 아들은 오직 세자밖에 없었기 때문에 그를 세자로 세울 수밖에 없었다.

성종이 어느 날 세자 융을 불러 그에게 어떤 가르침을 주려고 할 때 난데없이 어린 사슴이 뛰쳐나와 그의 옷과 손을 핥자 깜짝 놀란 융은 부왕이 보는 앞에서 사슴을 발길로 걷어찼다. 그 사슴은 성종이 기르는 어린 사슴이었다. 화가 난 성종은 세자를 몹시 꾸짖었다.

세자 융에게는 허침과 조지서라는 두 명의 스승이 있었는데 그들은 모두 학문과 명망이 높아 성종이 직접 뽑아 세자의 스승으로 삼았다.

두 스승의 성품은 각기 달라 조지서는 엄하였고 허침은 너그러웠다. 세자 융이 공부를 게을리 하자 조지서는 부왕에게 일러바치겠다면서 깐깐하게 대했고, 허침은 항상 너그럽게 대했다.

어느 날 세자 융은 벽에다 조지서는 '소인배요, 허침은 성인이다' 라는 글을 써 붙여 놓기도 했다.

세자 융은 왕위에 올라 얼마 뒤에 조지서를 죽여 버렸다. 이러한 그의 성품으로 미루어 보아 어려서부터 순탄하게 자라지 못해 성품이 삐뚤어진 구석이 많았음을 알 수 있다.

연산군이 신승선의 딸과 가례를 치르는 날 몹시 비바람이 불었다고 한다. 이러한 일은 그의 장래를 예견하는 어떤 불길한 일이었으리라.

　연산군은 성종이 세상을 떠나자 장례를 거행하는 주관자로서 선왕의 시신의 엄습을 마치고 술과 음식을 영전 앞에 차리는 일을 하는데 그는 밖으로 나와 버렸다.

　그는 성종의 장례를 불교식으로 치를 것인가 유교식으로 치를 것인가 하는 문제를 두고 자신의 뜻을 정하지 못하였다.

　그는 인수대비에게 이 일을 물었다. 그러자 그녀는

"선왕이 비록 불교를 좋아하지 않았으나 이제까지 줄곧 역대 왕들께서 모두 행하셨으니 이제 와서 폐지할 수 없다."

하여 불교식 장례를 지시하였다. 연산군도 그러한 뜻을 품고 있었기 때문에 할머니의 지시에 따랐다.

　그러자 사헌부에서 불교식 장례가 부당하다고 반대하였다. 연산군이 불교식 장례를 치르겠다는 데에 반대하는 사람들은 신진 사림세력들이었다. 그들은 성리학으로 조선 사회를 유교적 이상적인 사회로 만들려고 하는 세력들이었다. 그러나 연산군은 그들의 반대를 물리치고 자신의 뜻대로 장례를 치르었다.

무오사화

　연산군은 왕위에 올라 초기 4년 동안은 오히려 성종 말기 때부터 시작된 퇴폐풍조와 부패를 척결하였다. 그는 나라 안 각처에 암행어사를 보내 백성들의 고난을 살피고 부패한 관료들의 기강을 바로잡았으며 사가독서 이른바 유능한 학자들에게 휴가를 주어 독서에 전념케 하는 제도를 다시 실시하여 학문의 질을

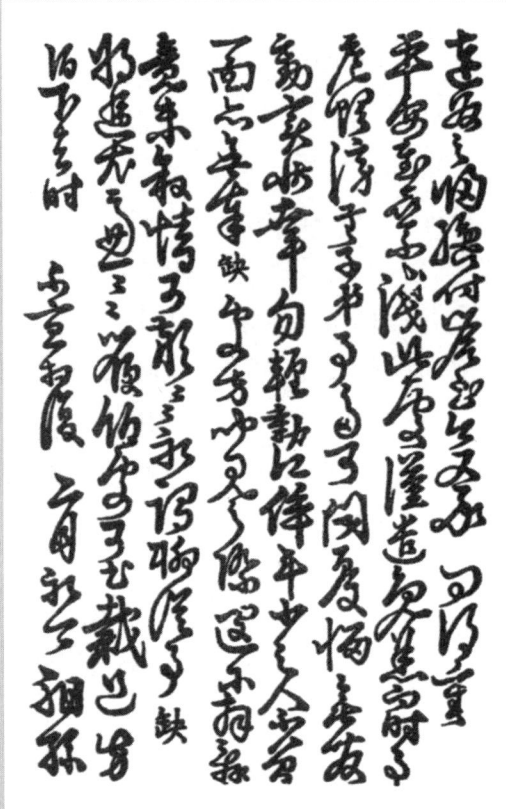

김일손의 필적
김일손은 연산군 때 학자로 부패와 불의를 규탄한 영남학파의 한 사람이었다. 그는 무오사화 때 세조를 능멸했다는 죄목으로 처형되었다.

높이고 조정의 학문 풍토를 크게 쇄신하였으며 『국조보감』을 편찬하여 후대 왕들의 제왕 수업에 귀감이 되도록 하였다.

하지만 연산군은 초기 4년 동안 사림파 관료들과 많은 신경전을 벌이게 되었는데 그들은 명분과 도의를 중시하여 사사건건 왕에게 간언하였으며 연산군으로 하여금 학문에 충실하도록 건의하자 그는 평소 학문을 싫어하였기 때문에 그로써는 사림파 대신들은 눈엣가시였다.

이때 유자광을 중심으로 한 훈구파 세력이 이 점을 이용하여 그들을 조정에서 내쫓으려고 음모를 꾸몄다.

1498년 『성종실록』을 편찬하기 위해 실록청이 만들어지고 이극돈이 실록 편찬의 책임자로 임명되었는데 그는 이때 세상을 떠난 김종직이 쓴 〈조의제문〉과 자신을 비판한 상소문을 발견하였다.

〈조의제문〉이란 진나라의 항우가 초나라의 의제를 폐한 일에 대해 비판한 글이었다. 김종직은 〈조의제문〉에서 의제를 폐한 항우를 비판했는데, 이는 곧 단종을 폐한 세조를 빗댄 것으로 해석되었다. 그리고 이극돈이 정희왕후의 상중에 전라감사로 있으면서 장흥의 기생과 어울렸다는 글을 발견하였다.

이극돈은 이러한 글을 발견하자 몹시 화가 나서 유자광을 찾아가서 사림파들을 없애려고 모의하였다. 유자광 역시 옛날부터 김종직에게 원한을 품고 있었기 때문에 그들은 곧장 의기투합하여 노사신·윤필상 등과 상의하여 연산군에게 상소를 올렸다.

그들이 올린 상소의 내용은 〈조의제문〉은 세조를 비방한 글이므로 김종직을 대역죄로 다스리고 이 글을 사초에 올린 김일손을 처벌하라는 것이었다.

연산군은 왕위에 올라서야 자신을 낳은 어머니가 폐비가 된 일을 알게 되었다. 그는 세상을 떠난 성종의 지문(誌文)을 보다가 윤기견이라는 이름을 발견하고 자순대비의 아버지인 윤호를 잘못 쓴 것이 아니냐고 주위에 있던 승지들에게 다그쳐 묻자 승지들은 폐비의 아버지가 윤기견이라고 말해 버렸다. 그 뒤 연산군은 일체 고기 반찬을 먹지 않았다.

연산군은 예조에 명령하여 세상을 떠난 어머니의 문제를 상의하였다. 조정에서는 이 문제를 두고 찬성과 반대가 엇갈려 한동안 몹시 시끄러웠다.

연산군은 사림의 세력을 매우 못마땅하게 여겼다. 이때 유자광의 상소가 올라오자 그는 유자광에게 국청을 설치하고 그들의 죄를 다스리도록 명령하였다.

유자광은 김일손을 심문하여 김종직이 시켜 사초에 올렸다는 진술을 받아내자 연산군은 사림파들을 없애기 시작했다. 김일손을 비롯한 권오복·권경유·이목·허반 등은 세조를 능멸했다는 죄목으로 능지처참형을 내렸고, 이미 세상을 떠난 김종직은 무덤을 파서 관을 꺼낸 다음 시신을 죽이는 부관참시형에 처해졌다.

그 밖에 표연말·홍한·정여창·정희량 등은 불고지죄로 곤장을 쳐서 귀양을 보냈고, 이극돈·유순·윤호손 등은 문제의 사초를 보고도 보고하지 않은 죄로 파면되었다.

이 사화로 인하여 대부분의 신진 사림파들이 죽거나 유배당했고, 유자광이 연산군의 신임을 받아 조정의 권력을 장악했으며, 그가 중심이 된 후구파 세력들이 득세하였다.

이 사건을 역사에서는 무오사화라 하는데 사초(史草)에서 발단된 일이라 하여 이를 무오사화(戊午史禍)라 부르기도 한다.

장녹수의 등장

장녹수는 예종의 아들인 제안대군의 여종으로 그녀는 집안이 몹시 가난해서 몸을 팔아 생계를 근근이 이어오다가 종이 되었다. 마침내 그녀는 노래와 춤을 배워 기생이 되었는데 노래를 잘 불렀고 미모가 빼어났다.

마침내 연산군은 장녹수를 궁궐에 불러들여 숙원·숙용의 내명부 직첩을 주고 그녀의 요구를 모두 들어 주었다. 장녹수는 임금의 총애를 등에 업고 벼슬을 팔아 일약 거부가 되었다.

장녹수는 연산군과 더불어 매일같이 놀이를 즐겼다. 연산군은 그녀에게 온갖 진귀한 선물을 주었고, 그녀만 보면 화가 났다가도 금세 풀렸다.

장녹수가 집을 크게 지으면서 백성들의 집을 불법으로 철거하려고 하자 백성들의 원망이 들끓었는데 사헌부와 사간원에서 이를 막아야 한다고 건의하자 연산군은 대사헌 이자건, 대사간 박의영 등을 비롯한 간관들을 옥에 가두고 문초하였다.

연산군과 장녹수는 이제까지 보지 못했던 일들을 서슴지 않고 저질렀다. 그들은 자신들의 일을 비난하거나 명령에 불복종하는 사람들을 모두 옥에 가두거나 귀양을 보냈다.

홍귀달과 이세좌, 그리고 승지, 언관들을 의금부에 가두고 자신의 말을 잘 듣는 무리들만 거느리고 마음대로 놀아났다.

연산군은 향락과 패륜 행위를 일삼았는데 어느 날 장녹수와 사냥을 즐기고 돌아오던 길에 봉원사 주지 스님에게 곡차(술)를 대접받고 취기에 창덕궁 금호문 앞에 있는 정업원의 비구니 8명을 겁탈하였다. 밤새 울던 여승들은 모두 목을 매어 자결했다.

연산군을 말릴 사람은 아무도 없었다. 왕비 신씨도 속만 태울 뿐 속수무책이었다. 연산군은 매일같이 궁궐에서 연회를 벌였고, 전국 각지에서 뽑아 올린 수백 명의 기생들이 동원되었는데, 그 중에서도 연산군의 총애를 받던 장녹수에게는 엄청난 하사품이 내려지기도 했다.

판부사 임사홍이 '장녹수와 버금가는 미인'을 추천했는데 그녀는 바로 연산군의 큰아버지 월산대군의 부인 박씨였다. 연산군이 많은 예물을 준비하여 백모의 집으로 향했다는 소식을 들은 왕비 신씨는 하늘이 무너지는 듯한 슬픔에 잠겼다.
왕비가 나서겠다고 서두르자 김 상궁이 가로막았다.
"중전마마, 윤씨처럼 폐출되시면 어찌 하시렵니까?"
"정업원 여승들의 일이 엊그제거늘 내가 가만히 보고만 있을 수 없는 일 …."
그 뒤 연산군은 백모 박씨를 궁으로 불러 주연을 베풀고 기어이 겁탈하고 말았다.
어느덧 연산군의 불륜 소식은 궁중에서 모르는 사람이 없게 되었으며 강원관찰사로 있던 박원종이 누님 박씨의 소식을 전해 듣고 복수심에 불탔다.
마침내 흥분한 후궁들이 중전 신씨에게 몰려갔다.
"백모인 부대부인 박씨까지 …. 부대부인에게 사약을…."
후궁들이 몰려와서 왕비 신씨에게 말했다.
"이럴 수가…."
이러한 사실을 모르고 있던 왕비 신씨는 하늘이 무너지는 것 같았다. 기막힌 꼴을 수 없이 당하고도 이를 깨물며 참아 왔던 왕비의 두 눈에는 이슬이 맺혔다.
마침내 부대부인 박씨는 세상을 더 살고 싶지 않았다. 이미 저 세상으로 떠난 지 15여 년이 넘은 남편 월산대군의 곁으로 가는 길 뿐이었다. 그녀는 아우 박원종에게 유서를 남기고 세상을 떠났다.

이 억울하고 통분한 일을 다만 죽음으로써 청산하니 네가 혹시 기회가 있으면 이 한을 풀어 다오.

유서를 읽은 박원종의 눈에서는 굵은 눈물이 흘러내렸고 굳게 다문 입가에는 복수의 결의가 서려 있었다.

연산군의 방탕은 이것으로 끝난 것이 아니었다. 간악한 임사홍은 연산군을 부추겼다.

"전하의 나라 안에 전하께서 차지하시지 못할 미인이 어디 있겠습니까?"

사대부집 아낙네들뿐만 아니라 벼슬아치의 소실들이며, 노래와 거문고 그리고 춤에 능한 여자들도 불려와 경복궁 대궐 안 넓은 뜰은 이들로 가득 차 천여 명은 되었다.

희색이 만면한 연산군에게 간신 임사홍이

"이제부터는 저 여인들을 하나하나 고르시와 성심에 드시는 여인을 부르시옵서."

연산군의 유흥은 매일같이 풍악을 울리며 날이 갈수록 더해갔다. 채청채홍사를 보내 전국에서 뽑혀 온 운평이라는 미녀들 중 300명은 '흥청'이라 하여 궁중에서 살게 했는데 이때 연산군이 마음껏 놀아났다 하여 '흥청거리다'라는 말이 유래되었다고 전하며, 연산군은 놀이터로 원각사를 기녀 집합소로 만들기도 했다.

연산군의 패륜은 극에 달해 여염집 아낙들까지 궐 안으로 불러들여 농락했고, 사치와 향락이 심해지자 점차 국가재정이 거덜나기 시작했다. 그러나 대신들은 아무도 연산군의 행동을 정면으로 비판하지 못했고 오히려 연산군의 폭정을 기회로 자신들의 이익을 챙기기에 여념이 없었다.

연산군이 국고가 빈 것을 알고 이를 충당하고자 공신들에게 지급했던 공신전의 환납을 요구하면서 노비까지 몰수하려 하자 대신들의 태도는 급변했다.

임금이 향락과 사치에 빠져 자신들의 이해관계와 연루되자 임금의 처사가 부당함을 지적하면서 임금의 지나친 향락을 자제해 주기를 간청하기 시작했다.

그러나 신하들 모두가 연산군에게 반발했던 것은 아니었다. 무오사화 이후 공신전을 소유하고 있던 의정부·육조 중심의 부중파 관료들은 연산군의 공신전 몰수에 반발하였지만 외척 중심의 세력은 왕의 의도에 일단 부합하자는 논리를 폈다.

이런 기회를 최대한 이용한 자가 바로 임사홍이었다. 그는 성종시대에 사림파 간관들에 의해 탄핵을 받아 귀양을 간 적이 있었기에 내심 사림파들을 싫어했던 차에 왕과 대립하는 훈구세력과 잔여 사림세력을 동시에 제거하려는 음모를 꾸미게 되었다.

갑자사화

임사홍은 연산군의 처남인 신수근과 결탁하여 연산군의 생모인 폐비 윤씨의 일을 그에게 알려 조정의 반대세력을 없애기로 하였다.

임사홍은 연산군의 외할머니 신씨를 연산군에게 데리고 갔다. 신씨는 그때 자신의 딸이 사약을 마시고 죽을 때 피를 토한 금삼자락을 가지고 갔다.

폐비 윤씨는 사약을 마시고 죽어 가면서 어머니에게

"내 아들이 왕위에 오르거든 이 일을 꼭 전하고 내 원통함을 풀어 달라고 전해 주시오."

하고 세상을 떠났다.

폐비 윤씨의 어머니는 이 피 묻은 금삼자락을 고이 간직해 두었다. 이때 연산군은 어렸기 때문에 이러한 사실을 까맣게 모르고 있었고 중종의 어머니인 자순대비가 친어머니인 줄 믿고 자랐다.

성종과 인수대비도 이러한 일을 비밀에 부쳤기에 그 누구도 발설하지 않았으며 성종은 세상을 떠나면서 앞으로 100년까지 발설하지 않도록 명령했다.

연산군은 왕위에 올라 친어머니가 폐위된 사실을 알고 묘를 능으로 격상시키는 것으로 만족해야 했다. 그는 어머니가 폐위되어 세상을 떠난 것으로 알고 있었다.

외할머니로부터 친어머니가 사약을 마시고 죽을 때 피 묻은 금삼을 건네받은 연산군은 몹시 화가 나서 길길이 날뛰었다.

연산군은 우선 윤씨 폐출에 직접 간여한 성종의 후궁 엄 귀인과 정 귀인을 직접 참살하고, 정씨가 낳은 안양군·봉안군을 귀양보내 사사시켰으며 윤씨의 폐출을 주도한 할머니 인수대비를 머리로 받아 한 달 뒤 세상을 떠나게 했다. 이 무렵 폐비 윤씨의 묘를 '회릉'으로 고치고, 시호를 '제헌왕후'로 추숭했다.

연산군은 계속하여 윤씨 폐비와 사사에 찬성·가담했던 윤필상·이극균·김굉필·성준·정성근·이세좌 등 10여 명을 사형시켰고, 이미 세상을 떠난 한명회·정창손·정여창·남효온 등 8~9명을 부관참시형에 처했다.

그 외에도 권달수·홍귀달·박한주·조지서·박은·김처선 등 30여 명이 참혹한 화를 당했으며, 이들의 가족 자녀에 이르기까지 연좌죄를 적용시켰다.

1504년(연산 10) 3월부터 벌어진 '갑자사화'는 희생자의 규모나 형벌의 잔인함이 '무오사화'에 비할 바가 아니었다. 무오사화

성균관의 대성전

는 신진 사림과 훈구세력 간의 정치 투쟁이었다면, 갑자사화는 왕을 중심으로 한 세력과 훈구·사림파로 형성된 부중파 세력 간의 힘의 대결이었기에 엄청난 피바람이 일게 되었던 것이다.

날이 갈수록 연산군의 폭정과 비행은 더해 갔는데, 이를 부추기는 장녹수는 연산군을 완전히 사로잡았고 왕의 총애로 재물도 엄청 쌓아 막강한 세력을 행사하였다.

연산군은 2천 명의 흥청과 운평을 거느리고 풍악을 울리며 성대한 잔치를 벌였는데 풍악소리와 노랫소리는 궁궐 5리 밖까지 요란했고 참다못한 경연관 박은이 연산군에게 자제를 진언했다가 그 즉시 목이 잘렸다.

박은뿐만 아니라 평소에도 유생들을 못마땅하게 여겼던 연산군은 마침내 1504년(연산 10) 7월 성균관을 혁파하여 놀이터로 만들고 그곳에서도 방탕을 일삼았다.

왕비 신씨는 반란이 염려되어 옥새(임금의 도장)를 감춘 일이 있었는데 이 일로 연산군은 신씨에게 폭행과 욕질을 해댔다.

1506년(연산 12) 9월 박원종 등이 군사를 일으켜 연산군을 폐하고 성종의 둘째 아들이자 정현왕후 윤씨가 낳은 진성대군(중종)을 왕으로 옹립하니 이것이 '중종반정'이다.

이때 맨처음 혁명군에 의해 죽임을 당한 자들은 임사홍과 신수근·신수영·신수겸 그리고 장녹수 등으로 임사홍과 신수근은 갑자사화의 주동 인물이며, 왕비 신씨의 큰오빠인 좌의정 신수근은 이제 새 왕비가 될 중종비의 아버지이기도 했다.

박원종 등은 '연산군'을 강화도의 교동도로 유배를 보냈는데, 그는 두 달 뒤 1506년 11월 역질에 걸려 31세로 생을 마감했다.

연산군은 왕비 신씨와의 사이에서 2남 1녀를 두었으나, 두 아들 모두 유배지에서 사사되었다.

폐왕비 신씨는 친정오빠들과 자식들을 잃고 후일 죽동궁을 떠나 친정으로 거처를 옮겼는데, 거기에는 중종이 왕위에 오르면서 왕비에서 폐출된 조카딸 신씨도 같이 있었다.

두 폐비는 고모와 조카 사이였다.

연산군이 저지른 범죄는 부지기수였고 학정으로 수탈당한 백성들은 굶주려 죽는 자가 속출하였다.

연산군은 처음에 유배지에 묻혔다가 1512년(중종 7) 12월 연산군 부인 폐비 신씨가 중종에게 건의하여 이장에 필요한 물품을 하사받아 오늘날의 서울 도봉구 방학동으로 이장했다.

이 묘역은 사위의 선영으로서 연산군의 딸과 사위도 묻혔으며, 폐비 신씨도 1537년(중종 32) 66세에 연산군 묘 옆에 묻혔다.

제10대 연산군 가계도

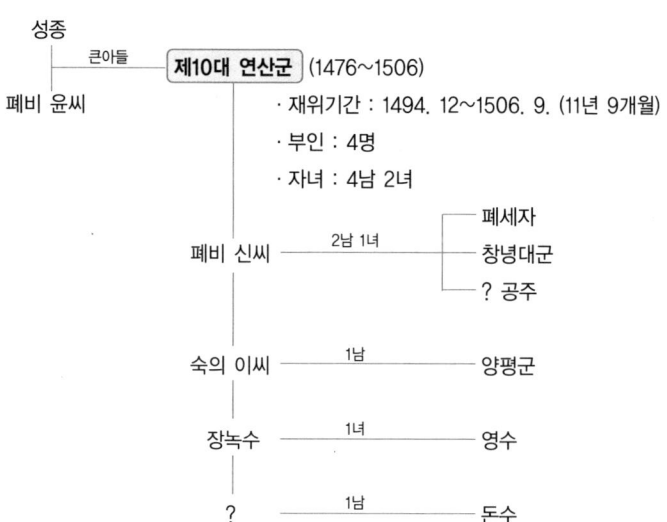

중종실록 中宗實錄

『중종실록』 편찬 경위

『중종실록』은 조선왕조 제11대 왕 중종의 재위기간(1506년 10월~1544년 11월)의 역사를 편년체로 기록한 실록이다. 그러나 제105권에는 인종이 즉위한 1544년 11월 16일부터 12월 말일까지의 기사가 합편되어 있다. 정식 이름은 『중종공희휘문소무흠인성효대왕실록』이며, 모두 105권 102책으로 활판으로 간행되었다.

『중종실록』은 인종 때에 그 편찬이 계획되었으나, 당시 대·소윤 정쟁이 격렬하였고 인종이 재위 9개월 만에 세상을 떠나, 실현되지 못하였다.

명종이 즉위한 뒤에도 을사사화가 일어났기 때문에 바로 착수하지 못하다가, 명종 원년(1546) 가을에 비로소 춘추관에 실록청을 두고, 『인종실록』과 함께 편찬에 착수하였다.

명종 5년(1550) 10월, 시작한 지 5년 만에 재위 39년간의 기록을 실은 총 1백 5권이 완성되어 각 사고에 봉안되었다.

『중종실록』의 기년법은 역대 실록의 원칙인 유년칭원법을 사용하지 아니하고, 세조와 같이 즉위년칭원법을 채용하였는데, 그 이유는 중종도 세조와 같이 폐위된 임금의 뒤를 이어 왕으로 즉위하였기 때문이다.

『중종실록』의 편찬에 참여한 춘추관의 전후 관원은 다음과 같다.

감춘추관사 : 이기·정순붕·심연원, 지춘추관사 : 윤개·상진·신광한·김광준·임권·정사룡·윤사익·김인손·최연·안현·송겸·홍섬 등 12명, 동지춘추관사 : 박수량·송세형·조광원·김명윤 등이다.

중종은 1544년 11월 14일 세자에게 왕위를 물려주고, 다음날 세상을 떠났다. 시호는 공희, 존호는 휘문소무흠인성효, 묘호는 중종이며, 능호는 정릉으로 서울 강남구 삼성동에 있다.

『중종실록』의 내용

중종(1488~1544)의 이름을 역, 자는 낙천이며, 성종의 둘째 아들이다. 어머니는 정현왕후 윤씨이다. 1494년 진성대군으로 봉해졌고, 1506년 9월 2일 반정으로 연산군이 폐위된 뒤 박원종·유순정·성희안 등에 의해 추대되어 즉위하였다.

중종은 연산군대의 각종 폐습을 혁파하고, 옛법도를 복구하기 위해 노력하였다. 중종은 유능한 유학자들을 조정에 등용하여 우대하였다. 이에 조광조 등 사림파의 소장 학자들이 크게 등용되었다.

중종 대는 크고 작은 정변이 끊임없이 계속되었다. 중종이 즉위한 이듬해의 박경의 옥사와 이과의 옥사를 비롯하여, 왕 14년(1519)에는 이른바 기묘사화가 발생했고, 16년(1521)에는 송사련의 고변, 22년(1527)에는 동궁 작서의 변 등이 일어났다. 이 가운데 기묘사화는 연산조의 무오·갑자 양대 사화에 이어 일어난 가장 큰 정치적 사건이었다.

동궁 작서의 변은 중종 22년에 세자로 있던 인종의 생일날 불에 탄 쥐가 동궁에서 발견된 사건이다. 이것은 태어나자마자 어머니를 여읜 세자를 저주한 것으로서 그 혐의는 세자의 서형인 복성군과 그 어머니 경빈 박씨에게로 돌아가 결국 사사되었다.

그 뒤에는 또 세자와 배가 다른 아우인 명종을 둘러싸고 그 외척들이 대립하게 되었다. 이것이 이른바 대윤·소윤의 정쟁이다. 이 대·소윤의 대립은 후일 을사사화를 빚게 되었다.

중종 대에는 많은 문화적 업적이 있었다. 중종 4년(1509)에는 성종 대에 이미 완성 반포되었던 『경국대전』과 새로 편성한 『대전속록』이 출판되었고, 37년(1542)에는 『속록』 이후의 수교와 승전을 정리하고, 이듬해에 『대전후속록』을 완성하였다.

제11대 중종

(1488~1544년 재위기간 1506년 9월~1544년 11월)

중종반정

중종은 1488년 성종과 그의 계비 정현왕후 윤씨 사이에서 태어났으며, 이름은 역, 자는 낙천이다. 1494년 진성대군에 봉해졌으며 1506년 9월 박원종과 성희안 등이 연산군을 쫓아내고 옹립하여 조선왕조 제11대 왕으로 등극했다.

중종반정의 일등공신 박원종은 박중선의 아들로 그의 아버지는 조정의 고관을 역임했고 부자이었다. 박원종은 한때 방탕한 생활을 일삼아 사람들에게 손가락질을 받기도 했다.

그는 학문은 게을리 하였지만 무예가 뛰어나 무과에 합격하여 함경북도 병마절도사를 지냈다. 연산군이 나라를 다스릴 때는 벼슬에서 물러났는데 이때 누이인 월산대군의 부인이 연산군에게 능욕당하고 죽자 그는 복수하기 위해 기회를 노렸다.

박원종과 성희안은 한마을에 살았는데 성희안은 이조참판으로 연산군의 폭정을 지켜보면서 마음속으로 불평을 품었다.

연산군이 어느 날 성희안에게 시를 지으라고 명령하자 그는

'임금은 본디 청류(淸流)를 즐기지 않는다' 라고 짓자 연산군은 이 시를 빌미로 그를 조정에서 내쫓았는데 그는 그때부터 연산군을 쫓아낼 궁리에 힘을 쏟았다.

성희안은 한마을에 사는 군자감 부정인 신윤무와 잘 아는 사이였다. 신윤무는 성희안에게 조정에서 벌어지는 일들을 그에게 전했고, 박원종에게도 들려주며 연산군의 포학을 한탄했다.

어느 날 성희안은 신윤무를 시켜 박원종의 마음을 떠보았다. 그러자 박원종은 흔쾌히 연산군을 쫓아내는 일에 찬성했다.

그들은 사람들을 모으기 위해 그때 이조판서인 유순정을 찾아가서 마음을 터놓고 연산군의 횡포를 늘어놓았다. 유순정으로부터 연산군을 쫓아내는 데 동의를 얻은 성희안은 무사 박영문과 홍경주 등을 끌어들였다.

1506년 그들은 초하룻날 밤에 군사들을 거느리고 훈련원에서 모이기로 약속하고 우의정 김수동과 유자광을 끌어들였다.

마침내 거삿날이 되자 성희안과 약속한 사람들은 무사들을 거느리고 훈련원으로 모여들었고, 이어서 많은 백성들이 몰려왔다. 그들은 곧장 경복궁으로 달려갔다. 이때 경복궁에서는 아무런 대비도 없었고, 신윤무는 군사들을 거느리고 임사홍·신수근·신수영의 집으로 찾아가서 죽였다.

반정군은 경복궁을 포위했고 군사를 진성대군의 집으로 보내 그를 보호하도록 했다.

반정군이 경복궁으로 쳐들어가자 내시와 궁녀들은 밖으로 도망쳤고, 연산군의 침소로 달려갔다.

이때 연산군은 깊은 잠에 빠져 있었다. 반정군은 연산군을 깨워
"포학무도한 연산군은 옥새를 내놓으시오."
라고 말하자 그는

"누가 역모를 꾸몄느냐?"

"성희안·박원종 대감이 진성대군을 새 왕으로 옹립하였으니 어서 옥새를 내놓으시오."

라고 말하자 연산군은 기가 죽어 옥새를 내놓았다.

반정군은 연산군의 총애를 받던 전동·김효손·강응 등을 잡아내어 목을 베었다. 그리고 죄없이 옥에 갇힌 많은 사람들을 모두 풀어 주었다.

이윽고 날이 밝자 성희안과 박원종은 군사들로 하여금 궁궐을 지키게 하고 자순대비를 찾아가서

"신 등은 임금이 포학무도하여 반정을 일으켰습니다. 지금 백성들은 도탄에 빠져 있고 나라의 장래는 매우 위험한 곳에 다다랐사옵니다. 신 등을 비롯한 백성들은 진성대군께 마음이 쏠려 있사오니 대비마마의 처분을 받자옵기를 바라나이다."

라고 말하자 자순대비는

"진성이 어떻게 그러한 중대한 일을 맡을 수 있겠소. 지금 세자가 총명하니 그를 왕으로 세워 잘 보필하시오."

라고 말하였다.

자순대비가 이렇게 말하자 유순정을 비롯한 조정의 대신들이 여러 번 간청하여 겨우 대비의 승낙을 받았다. 반정군의 우두머리 성희안은 곧장 진성대군을 궁궐에 모셔오도록 명령했다.

이윽고 자순대비는 아들인 진성대군을 맞아

"지금 조정은 임금이 포학하여 백성들은 도탄에 빠졌고, 종사가 백척간두에 놓여 있어 대소 신료들과 백성들이 들고 일어나 진성대군을 추대하여 이 나라의 잘못된 기강을 바로잡겠다고 하니 나는 신하들의 뜻을 좇아 진성대군을 새 왕으로 등극케 하고 전 왕은 연산군으로 강봉하니 신하들과 백성들은 나의

뜻을 살피시오."

이리하여 진성대군이 조선왕조 제11대 임금으로 즉위하였는데 이가 곧 중종이다. 이때 그는 19세이었다.

중종은 신씨 부인을 왕비로 책봉하고 백관들의 조하를 받았다.

폐위된 연산군은 강화도 교동으로 유배의 길을 떠났고, 폐왕비 신씨는 건청궁으로 내쫓겼으며 폐세자와 그의 아들들은 모두 귀양을 보냈다.

연산군이 총애하던 장녹수·전비·김 귀비 등은 서소문 옆에 있는 군기시 앞에서 목을 베어 죽였고, 연산군은 그 해 세상을 떠났는데 지금의 도봉구 방학동에 왕자의 예로 장사지냈다.

치마 바위

중종의 왕비 신씨는 반정 때 반정군에 죽임을 당한 신수근의 딸이었다. 신수근은 연산군의 장인 신승선의 아들로 연산군과는 처남 남매 간이었다.

신씨는 1487년(성종 18) 1월 14일 신수근의 딸로 태어났으며 1499년(연산군 5) 진성대군과 가례를 올리고 부부인으로 봉해졌다가 중종 반정으로 진성대군이 왕위에 오르자 왕비가 되었다.

신수근은 반정을 모의하던 성희안 등이 찾아와서 자신의 뜻을 떠보자 아무런 대답을 하지 못했다. 연산군은 매제이고, 진성대군은 사위이었기 때문에 지금의 임금이 횡포해도 세자가 어리니 그에게 기대를 걸고 참여하지 않았다.

반정에 성공하자 공신들은 중종에게 왕비를 폐출할 것을 강력히 건의하였다. 왕비의 아버지를 죽인 자신들에게 언제 화가 다가올지 모르기 때문이었다.

　왕비 신씨에게는 연산군의 부인이 고모가 되었다. 연산군의 왕비 신씨는 대비를 잘 받들었고, 후궁들을 너그럽게 거느렸으며, 남편 연산군에게 그의 잘못을 간했었다. 폭군 연산군도 그녀를 두려워했다 한다.

　반정 공신들은 중종의 어머니 자순대비를 찾아가서

　"대비마마, 신수근은 역적이옵니다. 역적의 딸을 왕비로 두시는 것은 도리에 어긋나는 일이오니 즉시 폐하시옵소서."
라고 강경하게 주장하였다.

　마침내 중종은 신하들의 뜻에 따라 사랑하는 왕비 신씨를 폐하여 사가로 보냈다. 그녀가 왕비가 된 지 7일 만의 일이었다.

　중종은 신하들의 강압에 못 이겨 왕비를 폐출하였으나 왕비가 그리워 밤에 잠을 이룰 수가 없었다. 중종은 왕비 신씨와 금실이 매우 좋았다. 폐비 신씨는 하성위 정현조의 집에 잠깐 머물다가 죽동궁으로 옮겼다.

　중종은 그녀가 그리워 높은 누각에 올라 그녀의 집이 있는 쪽을 바라보며 눈물을 흘렸다.

　마침내 이러한 일이 소문으로 퍼지자 신씨 집에서도 집의 뒷동산의 바위에 붉은 치마를 둘러놓고 왕이 있는 쪽을 바라보며 폐출된 신씨는 왕을 그리워하였다고 전한다.

　그 뒤 폐왕비 신씨는 사람들에게 점차 잊혀져 갔고 신씨는 남편 중종과 생이별한 후 인왕산 치마 바위 전설을 남기고 한 번도 만나지 못한 채 외롭게 한평생을 보내다가 1557년(명종 12) 12월 사저에서 71세에 세상을 떠났다.

　7일간 왕비로 있었던 신씨는 아버지 신수근의 묘 옆에 묻혔

단경왕후가 잠든 온릉.

다. 신씨가 궁궐에서 쫓겨나 폐비가 된 지 232년, 1739년(영조 15)에 비로소 복위되어 단경왕후로 추존되고, 능호를 온릉이라 했으며 현재 경기도 양주군 장흥면 일영리에 있다.

스무 살에 생과부가 되어 그리움과 통한의 일생을 보낸 신씨, 그녀는 정치적으로 희생되었다.

중종 계비 장경왕후

중종은 신씨를 폐출하고 장경왕후 윤씨를 새 왕비로 맞았는데 그녀는 영돈녕부사 윤여필의 딸로 8세 때 어머니를 여의고 외종조모인 월산대군의 부인 박씨에 의해 길러졌다. 1506년(중

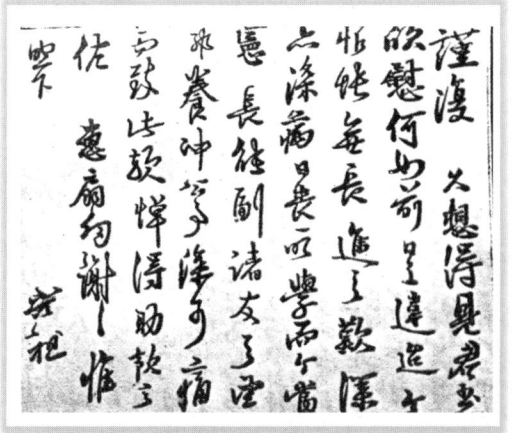

조광조의 필적
조선 중종 때의 학자로 자는 효직, 호는 정암이다. 그는 중종의 신임을 받아 향약의 실시, 소격서 폐지, 현량과를 실시하여 도학정치를 펼치다가 남곤·심정 등의 모함으로 1519년 유배지 능주에서 사사되었다.

종 1) 궁중에 들어와 숙의에 봉해졌으며 신씨가 폐출되자 1507년 왕비로 책봉되었다. 1515년 원자인 인종을 낳고 산후병으로 7일 만에 세상을 떠나자 윤지임의 딸이 새 왕비가 되었는데 그녀가 문정왕후이다.

문정왕후는 성품이 몹시 앙칼스러워 장경왕후가 낳은 인종을 몹시 괴롭혔다.

조광조의 개혁 정치

중종은 조정의 훈구대신들을 억제하고 새로운 정치를 펴겠다는 야심으로 먼저 성균관을 개수하고 연산군 때 화를 입은 사람들의 원한을 풀어 주고 유학을 위해 힘을 기울였다. 이때 중종은 조광조를 조정의 요직에 앉히고 그를 몹시 신임하였다.

조광조는 아버지 조원강이 어천찰방으로 나갈 때 아버지를 따라갔다. 그곳에는 무오사화 때 유배된 김굉필이 살고 있었다. 그는 김굉필에게 성리학을 배웠다. 그리고 과거에 합격하여 조정에 나왔는데 항상 몸가짐이 흐트러짐이 없어 관료들의 모범이 되었다.

조광조는 중종에게 기회가 있을 적마다 왕도 정치를 역설하였고, 중종의 신임을 얻어 개혁정치를 밀고 나갔다. 그는 전국적으로 『소학』 보급 운동을 펼쳤으며 소격서를 없애 버렸다.

중종은 조광조의 건의에 따라 1518년 현량과를 설치해서 서울과 지방의 참신한 선비들을 조정에 불러들였다.

이렇게 되자 조정은 조광조를 중심으로 한 신진사림파들이 가득 찼고 훈구대신들은 그들의 눈치를 살피는 신세로 전락하고 말았다.

조광조는 대사헌이 되어 나라에 정국공신이 많고 함부로 공신이 주어졌다면서 없앨 것을 주장했다. 중종은 조광조의 뜻을 받아들여 유순·김수동·심정 등 20여 명과 54명의 4등공신들을 모두 공신록에서 없애 버렸다.

공신들은 자신들의 자리가 위험에 처했고 중종도 사림파 대신들에게 점점 싫증이 나기 시작했다. 그 이유는 그들이 사사건건 물고 늘어지는 습성이 있었기 때문이었다.

조광조 일파가 소격서를 없애자고 주장했을 때 중종은 그들의 청을 선뜻 들어 주지 않았다. 그러자 그들은 임금의 승낙이 있을 때까지 대궐 문 앞에 꿇어 앉아 새벽까지 농성했다.

마침내 그들은 임금의 승낙을 받고 대궐을 물러나왔다.

조광조 일파는 자신들의 뜻을 용기있게 밀고 나갔으나 너무 과격했다. 중종은 처음에는 그들에게 강론을 받을 때 즐거웠으나 이제는 염증을 느꼈다.

기묘사화

중종의 불쾌한 마음을 헤아린 사람은 심정과 남곤이었다. 그들은 조광조 일파에 의해 공신록에서 삭제당한 사람들로 실권할 처지에 몰렸던 홍경주를 끌어들이는 데 성공했다.

이때 홍경주의 딸은 중종의 희빈으로 있었고 매우 영리하였다. 홍경주는 딸을 시켜 임금에게 사림파들을 헐뜯게 만들었다. 그녀는 중종에게

"전하, 지금 나라의 인심이 모두 조씨에게 쏠려 있사옵니다. 그들이 공신록에서 공신들을 없애라는 것은 공신들을 없애 자신들의 마음대로 조정을 다스리자는 것입니다. 그리고 현량과를 만든 것은 자기네들의 뜻을 반대하는 사람들을 없애기 위함입니다."

라고 말했다.

한편 홍경주는 궁녀들을 시켜 대궐 후원에 있는 나뭇잎에 꿀물로 '走肖爲王(조씨가 왕이 된다)'이라는 네 글자를 써놓게 했다.

며칠이 지나자 벌레들이 나뭇잎에 묻은 꿀물을 갉아먹자 '주초위왕'이라는 글자가 선명하게 드러났다. 그녀가 이 나뭇잎을 중종에게 바치자 조정은 발칵 뒤집혔다. 그리고 그는 "조씨가 나라의 일을 마음대로 하기 때문에 백성들이 기뻐한다"는 소문을 퍼뜨렸다.

1519년 중종은 은밀히 홍경주 등 훈구파 대신들을 불러 조광조 일파를 없앨 음모를 꾸몄다. 회의가 끝나자 홍경주 등은 미리 대기시킨 군사들에게 명령하여 조광조 일파를 잡아들였다. 이때 그들에게 덮어씌운 죄목은 참으로 어처구니없는 일로 다음과 같은 것이었다.

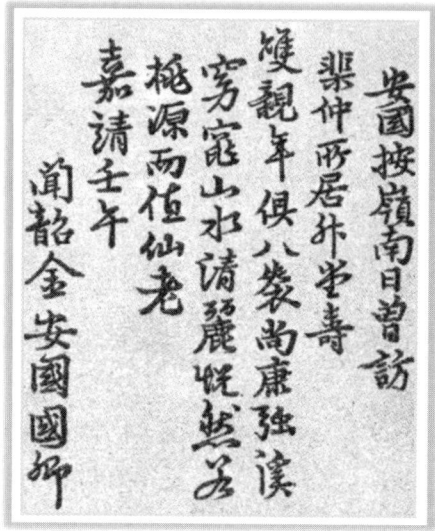

김안국의 필적
자는 국경, 호는 묘재로 1517년 경상도 관찰사로 있으면서 각 향교에 『소학』을 권하고 농사서적과 의서를 간행 보급하였다. 조광조와 함께 기묘사화에 연루되어 파직되었다.

"조광조 일파는 무리를 지어 자기들에게 아첨하는 사람들을 조정에서 일하게 하고 자신들을 배척하는 사람들은 모두 내쫓고 후학들을 꾀어 국론을 무너뜨려 조정의 일을 그르쳤다."
는 것이었다.

이때, 영의정 정괭필이 나서 조광조 일파를 적극 변호하여 유배보내는 선에서 사건을 마무리 하자고 건의했다. 중종도 그들에게 죄가 없다는 것을 잘 알고 있었기 때문에 정괭필의 의견을 좇았다.

조광조는 능주로 유배되었으며 그를 따르는 김식·기준·한충·김정·김안국 등은 변두리로 유배되었다.

그들이 유배지로 떠날 때 백성들이 거리에 몰려나와 유배를 떠나는 그들을 눈물로 전송했다.

조정의 권력을 잡은 훈구파 대신들은 중종에게 조광조를 죽여야 한다고 매일같이 건의했다. 중종은 그들의 뜻을 꺾지 못하고 마침내 조광조에게 사약을 내렸다.

의금부 도사가 조광조에게 사약을 전달하자 그는 금부도사에게 기회를 달라고 부탁하고 시 한 수를 읊었다.

>임금 사랑하길 어버이 사랑하듯
>나라 근심하길 집안 근심하듯
>흰 해가 밝게 이 땅에 내리쬐어
>붉은 충정을 뚜렷하게 비추리.

그는 이렇게 읊고 나서 자신의 시중을 들던 사람에게 장례를 간소하게 치르라고 당부하고 사약을 마시고 세상을 떠났다.
이때 조광조를 비롯하여 70여 명이 사약을 받고 죽었는데 이것이 이른바 기묘사화이며, 이때에 죽은 사람들을 기묘명현(己卯名賢)이라 한다.
중종은 재위 39년 만인 1544년 11월 57세에 세상을 떠났다.

중종의 가계

중종은 신수근의 딸 단경왕후 신씨와 결혼했으나, 반정이 성공하자 공신들의 반대로 신씨를 폐위시켜야 했다. 그 뒤 2명의 왕비와 9명의 후궁을 두었는데 그들에게서 모두 9남 11녀의 자녀를 얻었다.

단경왕후 신씨(1487~1557년)

단경왕후 신씨는 익창부원군 신수근의 딸이며, 연산군의 후비 신씨의 조카딸이다. 그녀는 1487년에 태어나 1499년 진성대군과 가례를 올렸다. 1506년 반정으로 진성대군이 왕으로 추대되자 왕비에 올랐으나 고모가 연산군의 후비이고 아버지가 연산군의 매부라는 이유로 폐출되었다.

반정 세력들은 그녀가 아버지 신수근의 원수를 갚을 것을 염려하여 중종의 간청에도 불구하고 신씨를 폐위시켜야 한다고 주장했다. 결국 중종은 그녀를 폐위시켰다.

그녀는 처음에 하성위 정현조의 집으로 쫓겨났다가 본가로 돌아갔는데, 1515년 장경왕후 윤씨가 세상을 떠나자 한때 그녀를 복위시켜야 한다는 여론이 일기도 했으나 대사간 이행, 대사헌 권민수 등의 반대로 성사되지 못했다.

신씨는 외롭게 한평생을 보내다가 1557년 71세에 세상을 떠났다. 영조 때 복위되어 단경왕후라는 시호를 받았다. 그녀의 능호는 온릉으로 현재 경기도 양주시 장흥면 일영리에 있다.

장경왕후 윤씨(1491~1515년)

장경왕후 윤씨는 영돈녕부사 윤여필의 딸로 1491년 호현방에서 태어나 외종조모인 월산대군의 부인에 의해 길러졌다. 1506년 중종의 후궁이 되어 숙의에 봉해졌고, 1507년 단경왕후 신씨가 폐출되자 왕비에 책봉되었다.

1515년 세자(인종)를 낳았으나 산후병으로 7일 만에 25세에 동궁 별전에서 세상을 떠났다. 소생으로는 인종 이외에 효혜공주가 있다. 능호는 희릉으로 경기도 고양시 덕양구 원당동 서삼릉에 있다.

문정왕후 윤씨(1501~1565년)

문정왕후 윤씨는 영돈녕부사 윤지임의 딸로 1501년에 태어났다. 1517년 17세에 왕비에 책봉되었으며, 1545년 명종이 12세에 왕위에 오르자 8년 동안 수렴청정하며 막강한 권력을 휘둘렀다. 그녀는 동생인 윤원형에게 조정의 정권을 잡게 하고 인종의 외척인 윤임 일파를 없애기 위해 을사사화를 일으켜 윤임을 죽이고 윤원로를 귀양보내기도 했다.

그녀가 수렴청정할 때에는 왕을 허수아비로 만들었으며, 수렴청정에서 손을 뗀 뒤에도 명종을 지나치게 간섭하여 조정을 뒤흔들기도 했다.

그녀는 1550년에 선교 양종을 부활시키고 폐지되었던 과거에 승과를 설치하여 승려들의 도첩제 등을 다시 실시하기도 했다. 그리고 승려 보우를 총애하여 병조판서를 제수하여 대신들의 불만을 사기도 했다.

문정왕후는 1565년 4월 65세에 세상을 떠났다.

제11대 중종 가계도

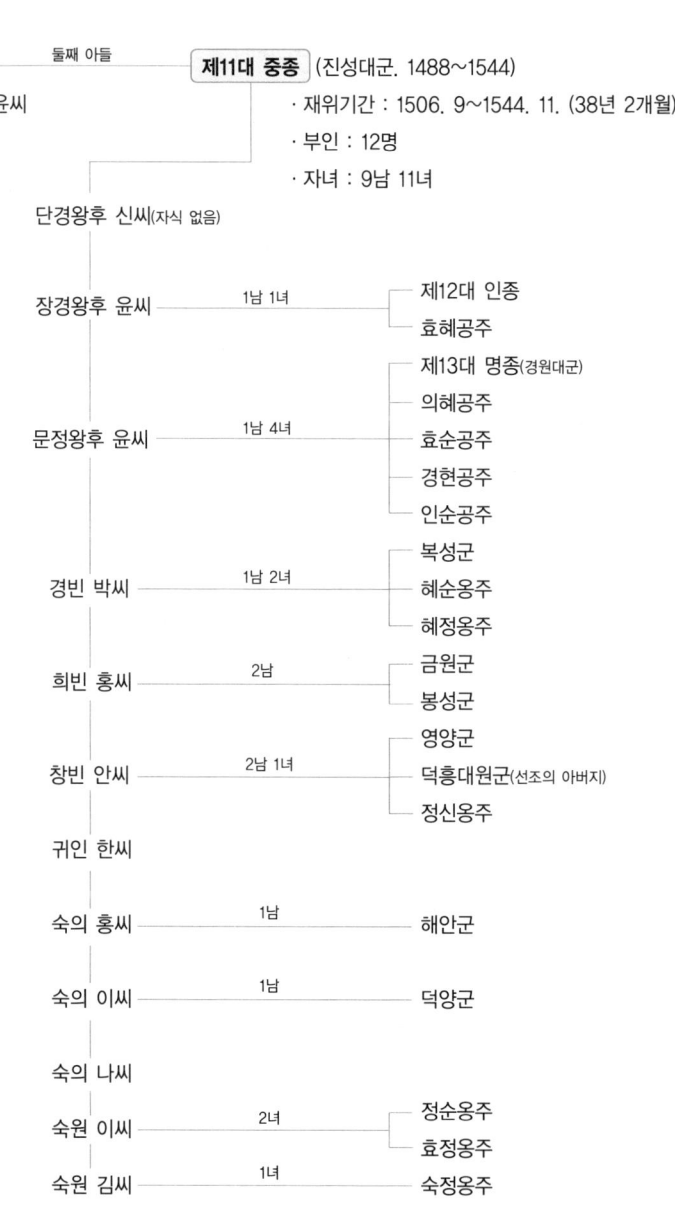

인종실록 仁宗實錄

『인종실록』 편찬 경위

『인종실록』은 조선왕조 제12대 왕이었던 인종의 원년부터 재위기간(1544년 11월~1545년 7월)의 역사를 편년체로 기록한 사서이다. 정식 이름은 『인종영정헌문의무장숙흠효대왕실록』이며, 모두 2권 1책으로 활판으로 간행되었다.

인종의 즉위년(1543년 11월 16일~12월 말일)까지의 기사는 『중종실록』 제105권에 합편되어 있다.

인종은 재위기간이 9개월밖에 되지 않았기 때문에 『중종실록』의 편찬에 착수하지 못하였고, 명종이 즉위한 뒤에도 을사사화가 발생하여 착수하지 못하였다.

명종 원년(1546) 가을에 이르러 비로소 춘추관에 실록청을 설치하고 『중종실록』과 『인종실록』을 동시에 편찬하게 되었다.

이때 우의정 정순붕이 실록청 총재관, 대제학 신광한 등이 실록청 당상관에 임명되어 편찬의 실무를 관장하였다.

명종 2년(1547) 12월에 우의정 정순붕이 총재관을 사직하고 좌의정 이기가 대신 실록청의 총재관에 임명되었다. 그러나 『중종실록』의 편찬을 마치고 『인종실록』을 편찬할 때는 좌의정 심연원이 실무를 주도하였던 것으로 짐작된다.

묘호는 인종, 시호는 영정, 존호는 헌문의무장숙흠효이며, 능호는 효릉으로 경기도 고양시 덕양구 원당동에 있다.

『인종실록』의 내용

인종(1515~1545)의 휘는 호이며, 자는 천윤이다. 중종과 장경왕후 윤씨 사이에 태어난 큰아들이다. 1520년(중종 15) 세자로 책봉되었고, 25년간 세자로 있다가 중종 39년(1544) 11월 15일 중종이 죽자 다음날 즉위하였다. 그리고 이듬해 (1545) 7월 1일에 세상을 떠났으므로 재위기간이 9개월밖에 되지 않았다. 재위기간이 짧아 치적은 기록할 만한 것이 적다.

본 실록에 나타난 행적과 즉위 이후의 치적은 대략 다음과 같다.

인종은 자질이 뛰어나 3세 때에 글을 배웠고, 8세에 성균관에 입학했는데 행동이 바르고 학문에 열중하였다.

원년 3월에 성균관 진사 박근 등의 상소를 필두로 대간·시종신·경연관 등이 여러 번 상소하여 조광조의 복직을 청하였다. 그때마다 인종은 결정을 미루다가 병환이 위중하게 되자 대신들에게 유교하여 그를 복직시키고, 기묘사화에 희생당한 사람들을 복직시켰다.

인종은 중종의 초상 때 6일 동안 식음을 전폐하고 5개월 동안 곡하며 죽만 먹었고 소금과 장을 들지 않았다. 이 때문에 건강이 악화되어 병세가 더하였으나 대신들의 권고를 듣지 않았다.

1545년 6월 29일 대신들에게 아우인 경원대군에게 왕위를 전위하고 잘 보필할 것을 부탁하고 31세에 세상을 떠났다. 인종은 학문을 좋아하고 인자하였으며 효성이 지극하여 인종이란 묘호를 얻었다.

제12대 인종
(1515~1545년 재위기간 1544년 11월~1545년 7월)

'작서지변'

　인종은 1515년 중종과 장경왕후 사이에 맏아들로 태어났으며 이름은 호, 자는 천윤으로 1520년 여섯 살에 세자에 책봉되어 1544년 7월 중종이 세상을 떠나자 왕위에 올랐다.

　인종은 세상에 태어난 지 7일 만에 어머니 장경왕후를 여의었고 계모인 문정왕후 윤씨의 손에 자랐다. 문정왕후는 성품이 표독스러워 인종에게 온갖 수모를 주었으나 그의 성품은 온화하고 효성스러웠으며 형제 간의 우애가 돈독했다.

　인종은 세 살 때부터 글을 읽었고, 매우 총명하여 여덟 살에 성균관에 들어가 글을 읽었다.

　문정왕후는 인종을 매우 괴롭혔다. 1524년(중종 19) 인종이 세자로 책봉되어 금성부원군 박용의 딸과 가례를 치른 것은 열 살 때였다.

　어느 날 밤 갑자기 동궁에서 불길이 치솟더니 삽시간에 동궁이 불바다로 변하였다. 이때 동궁은 깜짝 놀라 세자빈을 깨워

"내가 밤중에 잠을 자다가 불에 타 죽으면 좋아할 사람이 있을 것이오. 어서 빨리 빈궁은 이곳을 빠져 나가시오."
하였으나 빈궁은 동궁을 불길 속에 남겨두고 자신만 빠져 나갈 수가 없었다.

"저하, 저 혼자 살아남아 무엇하겠습니까. 저도 저하와 함께 죽겠습니다."
라고 말하면서 슬피 울었다.

아마도 세자는 누가 동궁에 불을 지른지 알고 있는 듯했다. 동궁은 그동안 몇 번이나 죽을 고비를 넘겼다. 계모인 문정왕후가 자신을 죽이려고 했기 때문에 스스로 죽는 것이 효성이라 생각하고 불에 타 죽으려고 마음먹었던 것이다.

동궁에 불길이 치솟자 놀란 내시와 궁녀들은 동궁에게 빨리 피하라고 권유했으나 그는 꼼짝도 하지 않았다.

내시는 곧장 중종에게 달려가 이러한 사실을 알리자 중종은 동궁으로 달려왔다. 와서 보니 동궁은 온통 불길에 싸여 있었다.

인종과 인성왕후가 묻힌 효릉.

"세자야, 세자야 어디 있느냐? 어서 빨리 나오너라."

중종은 세자를 연거푸 부르면서 당황스러워 안절부절못했다.

화염에 갇혀 있던 동궁은 부왕의 목소리를 듣고 빈궁과 함께 불길을 헤치고 나왔다.

"오, 동궁이 살아 있었구나. 어디 다친 데는 없느냐?"

라고 묻자 그는 땅바닥에 엎드려

"아바마마, 신은 괜찮사옵니다."

라고 말하였다.

이때 일어난 불은 쥐꼬리에 불이 붙은 선을 달아 여러 마리의 쥐를 동궁으로 들여보내 지른 불로 계모인 문정왕후가 동궁을 죽이려고 한 방화사건이었다.

인종은 계모인 문정왕후에게 온갖 학대를 받았다. 그는 동궁에 있는 시녀들이 검소하게 옷을 입도록 했고 여자를 가까이 하지 않았으며 일설에 의하면 계모가 낳은 경원대군이 자신의 뒤를 잇게 하려고 일부러 아이를 낳지 않았다고 한다.

중종이 세상을 떠나고 세자가 왕위에 오르자 문정왕후는

"우리 모자를 언제 죽이시렵니까?"

라고 인종에게 앙칼지게 말했다.

인종은 문정왕후에게 자신의 효성이 모자라서 그런 줄 알고 마음속으로 여간 걱정하지 않았다.

인종은 몸이 약했고 성품은 유약하고 선했다. 그는 계모인 문정왕후의 시기심에서 나오는 온갖 모욕을 견디기가 어려웠다.

마침내 인종은 병이 들어 자리에 누웠다. 그는 자신의 운명이 얼마 남지 않음을 알고 조정의 대신들을 불러

"과인은 얼마 살지 못할 것 같소. 과인에게 뒤를 이을 왕자가 없으니 경원대군을 왕으로 세우고 잘 도와 주시오. 그리고 조

> "伏聞聖體羸毀日甚, 脈度日非, 失今不治, 將有大證。人子之於父母, 生事死葬, 雖有經禮, 衰麻哭踊, 亦有其數, 聖人折衷, 哀不至於滅性, 毀而傷生, 不可爲孝。是以老者病者, 飲酒食肉, 病差卽止。帝王之孝, 莫若大舜‧文王, 至於感格神明, 未聞有毀傷過禮之事。今殿下循性盡孝, 不節以禮, 過毀之極, 必得重病, 以舜‧文

인종실록

광조는 어진 사람이었는데 억울하게 죽었소. 과인이 이 문제를 벌써 처리했어야 했는데 오늘날까지 해결하지 못했소. 경들은 과인의 뜻을 받들어 조광조의 관직을 회복시키고 현량과에 급제한 사람들의 홍패를 돌려주도록 하시오."
라고 말하였다.

며칠 뒤 인종은 자신의 뜻을 펼쳐 보지도 못하고 왕위에 오른 지 9개월 만인 1545년 7월 31세에 세상을 떠났다.

인종은 효성이 지극했을 뿐만 아니라 신하들을 아끼고 백성을 사랑하였다. 그가 죽자 나라 안 백성들은 깊은 슬픔에 잠겼다.

전해 내려오는 야사에 의하면 인종은 문정왕후가 준 떡을 먹고 그 뒤부터 시름시름 앓다가 세상을 떠났다는 것이다.

이러한 야사로 미루어 보면 문정왕후가 얼마나 극악스러운지 짐작이 간다.

인종의 정비인 인성왕후 박씨도 온순한 성품을 지녔고 슬하에 자식이 없었으며, 1577년 11월 64세에 경복궁에서 세상을 떠났다.

인종과 인성왕후 박씨는 경기도 고양시 원당동에 위치한 서삼릉 묘역의 효릉에 쌍분으로 묻혔다.

인종의 가계

인종은 인성왕후 박씨와 숙빈 윤씨, 귀인 정씨 등 3명의 부인을 두었다. 인성왕후 박씨는 금성부원군 박용의 딸로 1514년에 태어났다. 1524년 11세에 세자빈에 책봉되었으며, 1544년 인종이 조선왕조 제12대 왕으로 즉위하자 왕비가 되었다. 슬하에 자녀는 없었으며, 1577년(선조 10) 64세에 세상을 떠났다. 귀인 정씨는 정유침의 딸이며, 선조 때의 대신 정철의 큰누이이다.

제12대 인종 가계도

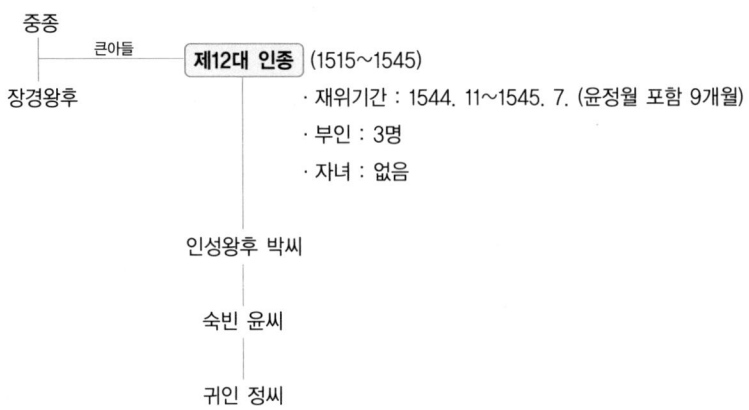

명종실록 明宗實錄

『명종실록』 편찬 경위

『명종실록(明宗實錄)』은 조선 제13대 왕 명종의 재위기간(1545년 7월~1567년 6월)인 21년 11개월간의 역사를 기록한 실록이다. 정식 이름은 『명종대왕』이며, 모두 34권 34책으로 활판으로 간행되었다.

『명종실록』의 편찬은 선조 원년 8월 20일에 영의정 이준경·우의정 홍섬이 춘추관에 나와 실록 편찬 인원을 선정함으로써 시작되었다.

『명종실록』 권말에 부기된 전후 편찬관은 감관사 : 홍섬, 지관사 : 오겸·이황·이탁·송기수·김개·박충원·정종영·임열·송순, 동지관사 : 박순·김귀영·이탁·이문형·이영현·강사상·송찬·윤의중·박응남·백인걸, 편수관 : 이제민·이산해·안자유·민기문·권벽·유감·신담·황정욱·양희·신희남·이담·이기·유희춘 등이다.

명종의 시호는 공헌, 존호는 헌의소문광숙경효, 묘호는 명종이며, 능호는 강릉으로 서울시 노원구 공릉동에 있다.

『명종실록』의 내용

　명종(1534~1567)의 이름은 환, 자는 대양이며, 중종과 계비 문정왕후 사이에서 태어났다. 명종은 인종의 뒤를 이어 12세에 즉위하여 어머니인 문정왕후가 수렴청정하게 되었다.
　문정왕후의 아우인 윤원형 일파[소윤]와 장경왕후의 아우인 윤임 일파[대윤]는 중종 때부터 갈등을 벌였는데, 1545년 명종이 제13대 왕으로 즉위하자 윤원형 일파가 을사사화를 일으켜 대윤을 숙청하고 조정의 정권을 장악하게 되었다.
　명종 2년에는 '여주(女主)가 집권하고 간신 이기가 정권을 농단한다' 는 익명서가 양재역에 붙은 '양재역 벽서사건' 이 일어났고 그 다음해에는 윤임의 사위 이홍윤 형제의 역모 사건인 충주옥사 등이 연이어 일어나 1백여 명의 사류가 참화를 당하였다. 그리고 임꺽정의 도적 떼가 일어나 민심이 흉흉하였다.
　명종 초 9년 동안에 걸친 문정왕후의 섭정 아래 윤원형 일파의 외척정치 폐단이 극에 달하였다.
　명종 6년 6월에 승 보우는 판선종사, 도대선사로서 봉은사 주지가 되고, 승 수진은 판교종사, 도대사로서 봉선사 주지가 되었다. 명종 20년에 문정왕후가 세상을 떠나자 보우는 제주도에 유배되었다가 곤장을 쳐서 죽였고, 윤원형도 고향으로 물러났다가 강음에서 죽었다.
　1555년 왜구가 전라도에 쳐들어와서 백성들을 괴롭히자 이들을 전라도 영암에서 크게 무찔렀다.

제13대 명종
(1534~1567년 재위기간 1545년 7월~1567년 6월)

대윤과 소윤

명종은 중종의 계비인 문정왕후의 아들로 이름은 환, 자는 대양이며 1534년 태어나자마자 경원군에 봉해졌고, 배가 다른 형인 인종이 제12대 왕으로 즉위하자 1544년 경원대군에 봉해졌으며 인종이 세상을 떠나자 제13대 왕으로 즉위하였다.

문정왕후가 명종을 낳았을 때 중종의 첫 번째 왕비인 장경왕후가 낳은 인종은 20세였다. 그러므로 자신이 낳은 경원군이 왕이 될 수 없었다. 그러나 다행스럽게도 인종이 병을 앓았고 재위 9개월 만에 후사가 없이 세상을 떠나자 경원대군이 왕위에 오르게 되었다.

이때 명종은 12세로 학문을 좋아하고 매우 총명하였으나 어머니인 문정왕후의 수렴청정을 받았다. 문정왕후가 수렴청정을 하게 되자 그녀의 동생 윤원형에게 조정의 권력이 돌아갔다.

윤원형은 문정왕후의 친동생으로 그는 중종 때부터 장경왕후의 오빠인 윤임과 권력다툼을 벌였다. 세상에서 이들을 가리켜 윤임 일파를 대윤, 윤원형 일파를 소윤이라 일컬었다.

　인종이 살아 있을 때는 대윤파가 득세하였으며, 명종이 즉위하여 문정왕후가 수렴청정을 하자 소윤파가 득세하였다.

　윤원형은 조정의 실세가 되어 정순붕·이기 등과 모의하여 대윤인 윤임·유관·유인숙을 없애기 위해 음모를 꾸몄다.

　윤원형은 윤임이 중종의 다섯째 아들인 봉성군을 왕으로 옹립하려 했고, 인종이 죽자 성종의 일곱째 아들인 계성군을 왕으로 옹립하려 했다는 혐의를 씌워 윤임·유관·유인숙 등을 사약을 내려 죽였고, 이들의 일가와 사림파들을 유배시켰다.

　1545년에 일어난 이 사건이 을사사화이다.

　을사사화로 조정의 권력을 장악한 윤원형은 자신의 반대세력을 없애기 위해 양재역 벽서사건을 일으켰다.

　양재역 벽서사건이란 경기도 광주 양재역에 붙은 벽서가 사관 안명세의 짓이라 하여 그를 죽였고 아무런 죄도 없는 선비들과 수백 명의 유생들이 떼죽음을 당했다.

　윤원형은 이것도 모자라 중종의 다섯째 아들 봉성군이 역모에 연루되었다고 무고하여 그를 죽였고 그와 연관된 사람들을 죽였다.

　조정의 권력을 독차지한 윤원형은 친형인 윤원로를 유배를 보내 사약을 내려 죽였는데 이때 자신의 애첩 정난정을 시켜 본부인을 독살하고 천박한 노비 출신인 그녀를 정경부인에 올려놓았다.

　윤원형은 정난정과 더불어 엄청난 부를 쌓았다. 그들은 남의 재산과 노예를 빼앗았으며 집 앞에는 매일같이 뇌물을 들고 찾아오는 사람들로 인해 문전성시를 이루었고, 정난정은 문정왕후에게 봉은사의 중 보우를 소개시켰다.

명종의 어머니 문정왕후가 묻힌 태릉.

 윤원형의 세도가 하늘에 닿자 불안한 명종은 그를 제거하기 위해 인순왕후의 외삼촌인 이량을 내세웠다.
 이량은 명종의 신임을 얻고 이감·신사헌 등과 결탁하여 자신들의 세력을 키우기 위해 우의정 이준경을 사직시키고 축재에 열을 올렸다. 이량은 본디 청렴한 사람이 아니었다.
 이량의 세력이 날이 갈수록 불어나고 그들의 탐학이 극에 달하자 명종은 그를 평안도 관찰사로 내쫓기도 했으나 윤원형의 세력이 두려워 그를 조정에 다시 불렀다.
 조정에 돌아온 이량은 전보다 세도를 더 부렸고 그의 부정부패는 극에 달했다. 그러자 사림파들이 그를 탄핵했으나 그는 사림세력인 기대승·윤근수 등을 없애기 위해 음모를 꾸몄다. 하지만 이 음모는 조카인 심의겸에게 발각되어 오히려 그는 삭탈관직되었다.

문정왕후와 보우

 1548년(명종 3) 9월 문정왕후는 강원도 관찰사 정만종을 통해 당대의 신승 보우를 알게 되었는데, 그때 보우는 34세였고 문정왕후는 48세로, 윤비는 묘한 호기심이 발동하여 미약(성욕을 일으키는 약)을 곡차에 타서 대접하였으나 달관의 경지에 이른 보우는 자신을 시험함을 알고 화담 서경덕을 유혹한 황진이의 이야기를 문정왕후에게 들려주었다.
 이때부터 문정왕후는 보우를 깊이 신임하였고, 중종 재위 때에도 불교 신앙을 가졌던 문정왕후의 불교진흥책이 본격적으로 전개되었다.
 연산군 때부터 불교가 유교에 눌려 더욱 위축되었으나, 정치적 갈등으로 늘 불안했던 왕실 여인들로서는 예측할 수 없는 미래 때문에 불교에 관심을 가질 수밖에 없었다.
 유교를 신봉하는 당시로서는 문정왕후의 호불정책은 많은 저항에 부딪쳐 불교계를 관리할 인물이 필요했는데 그가 곧 판선종사도대선사로 불교 선종의 총수가 된 보우였다. 그는 이미 교종과 선종 등 불교 양종의 실질적인 지도자였다.
 윤비로부터 불교진흥책을 받은 보우는 세종 때 세웠던 불교의 교종과 선종을 다시 설립하였는데, 1552년(명종 7) 봉은사를 선종의 본산으로, 봉선사를 교종의 본산으로 정하고 승과를 부활시켰다. 이전에는 누구나 중이나 주지가 되어 사찰을 운영했으나 이후로는 승과에 급제해야만 사찰의 운영에 참가할 수 있도록 하였다.
 승과제도에 따라 전국 각 사찰에서는 불경을 연구하는 사람들이 늘자 조정의 대신들은 불교의 융성에 반대하는 상소를 올려 승과 폐지를 주청하였으나 문정왕후는 대신과 유생들을 억눌렀다.

수렴청정하는 8년 동안 윤원형 등의 외척세력이 국정을 전횡하였고 명종은 허수아비 임금이었는데 1553년(명종 8) 명종이 스무 살이 되자 문정왕후가 수렴청정을 거두고 명종의 친정이 시작되었다.

1555년(명종 10) 왜구가 60여 척의 배를 거느리고 전라도 연안에 침입하여 약탈과 살인을 자행하여 엄청난 피해를 주었다. 조정에서는 호조판서 이준경을 도순찰사, 김경석·남치훈을 방어사로 삼아 왜구를 영암에서 크게 무찔렀다. 이 사건을 '을묘왜변'이라 한다.

이때 조정 대신들은 권력 투쟁과 사리사욕을 채우기 위해 혈안이 되었고, 이러한 때에 민생은 혼란을 거듭했으며 백성의 대부분이 굶주려 죽어갈 무렵 각처에서 도적 떼가 일어났다. 그 가운데 특히 1559년(명종 14)부터 1562년(명종 17)에 의적 임꺽정이 전국을 누볐는데 굶주린 백성들은 오히려 그를 잡으려는 관군을 원흉으로 취급하기도 했다.

이처럼 권신들의 횡포에 시달리고 있던 명종에게 문정왕후는 섭정을 거두었음에도 자신의 뜻이 수용되지 않으면 온갖 떼를 쓰며 명종을 불러 욕을 해댔다.

"주상이 보위에 오른 것은 누구의 덕인 줄 아오? 나와 우리 형제들의 힘인 줄 모르오?"

문정왕후는 심지어 왕의 종아리를 때리거나 뺨을 때리기도 했다. 어머니의 포악에 명종은 눈물만 흘릴 뿐이었다.

문정왕후는 수렴청정을 거둔 뒤에도 대궐 후원에 대신들의 부인을 불러들여 산해진미를 차려놓은 연회석에서 술을 권하고 흥을 돋우며 자주 놀았다.
그녀는 굶어 죽어 가는 백성들은 안중에 없었다. 아들 명종도 개의치 않았다. 어머니의 행동을 못마땅하게 생각한 명종에게는 궁궐 출입이 잦은 보우도 마음에 들지 않았다.
더구나 항간에는 보우가 문정왕후의 기둥서방이라는 소문이 나돌아 명종은 어머니에게 보우의 궁궐 출입을 금해 달라고 요청하자 문정왕후는 아예 불당을 봉은사에 마련하고 보우를 만났다.
그리고 이번에는 아예 서삼릉에 있던 중종의 능에서 물이 나온다는 소문을 내어 봉은사 곁으로 옮겼다. 성종과 계비 정현왕후가 묻힌 선릉(현재 서울 강남구 삼성동) 능역에 천장하고 자신도 그 곁에 묻히고자 했다.
중종의 능을 옮긴 3년 뒤 1565년(명종 20) 4월 문정왕후는 창덕궁 소덕당에서 65세에 세상을 떠났다.
문정왕후는 처음에 자신의 뜻대로 중종 옆에 묻혔으나 어느 날 명종의 꿈에 중종이 나타나 능의 잘못된 곳을 지적하여 능을 살펴보니 문정왕후의 능에서 물이 흘러나오고 있었다. 문정왕후는 현재 노원구의 태릉으로 이장되었다.
문정왕후는 석가 탄신일에 양주 회암사에서 큰 재를 올리는 무차대회에 참석코자 찬물로 목욕하다가 앓아누워 그 길로 세상을 떠났다.
문정왕후가 죽자 보우는 유생들의 배척과 불교 탄압을 주장하는 조정의 탄핵을 받고 제주도에 유배되었다가 제주목사 변협에 의해 죽임을 당했다.
보우는 후일 배불정책시대에 불교를 중흥시킨 순교승으로 평가받았다.

세도를 부리던 윤원형도 그 해 8월 관직을 삭탈당하고 황해도 강음에 은거하다가 10월 금부도사가 자신을 체포하러 오는 것으로 착각하여 음독자살한 난정의 뒤를 따라 11월 그녀의 묘 앞에서 자살했다.
　왕권을 마음대로 쥐고 흔들면서 동생 윤원형의 권력 남용을 후원했던 문정왕후가 사라지자 명종은 인재를 고르게 등용하고 선정을 펴는 데 주력하였다.

대도 임꺽정

　1562년 황해도의 대도 임꺽정으로 인하여 나라는 몹시 혼란스러웠다. 임꺽정은 양주의 백정 출신으로 이른바 의적으로 통하던 인물이었다. 그는 힘이 장사이고 날쌔고 용맹스러워 당시 양반세력에 대한 불만이 많았다.
　이때 조선의 농촌은 계속 흉년이 들었고, 양반들의 가렴주구에 의해 백성들은 몹시 피폐해져 굶어 죽는 사람들이 많았다. 양반들과 관리들에 의한 탐학은 물론 무거운 세금에 시달렸고 군역이나 부역 등에 몹시 시달렸다.
　이러한 사회의 현상은 도적들이 떼를 지어 일어나게끔 부추겼다. 도적들은 수십 명 또는 수백 명씩 떼를 지어 돌아다니면서 토호들과 부자들을 습격하여 재물을 빼앗아 가곤 했는데 그 중에서 제일 규모가 큰 무리가 임꺽정이 거느리는 도적 떼였다.
　임꺽정은 청석골을 근거지로 경기도와 황해도·평안도까지 나타나 고을 수령들의 재물을 빼앗고 나라에 바치는 진상품을 털기도 했다. 그들은 빼앗은 재물을 백성들에게 나누어 주는 의적이 되었다.

　임꺽정의 의적 행위는 백성들에게 큰 호응을 얻었고, 백성들은 임꺽정의 무리와 결탁하여 그들을 숨겨 주거나 그들이 달아나도록 도와 주었다.

　도적 떼가 창궐하자 조정에서는 선전관을 보내 그들을 정탐케 하였으나 오히려 선전관이 그들에게 잡혀 죽임을 당했다.

　선전관이 임꺽정의 무리에게 죽임을 당하자 조정에서는 본격적으로 그를 토벌하기 위해 나섰다. 이때 임꺽정의 무리는 개성과 한양에도 나타났다.

　1560년 8월 임꺽정을 쫓던 군사들은 마침내 그의 아내를 잡는 데 성공했다. 그리고 그녀를 형조 소속의 종으로 삼았다.

　임꺽정의 무리는 평안도의 성천·양덕 등과 강원도의 이천 등지에 출몰하여 극성을 떨었고, 심지어 한양에 근거지를 마련하고 약탈을 일삼았다.

　조정에서는 임꺽정의 무리를 토벌하기 위해 관군을 동원하였다. 그러나 관군은 번번이 실패하였다. 이때 도포사 남치근은 재령에 진을 치고 그들을 잡기 위해 혈안이 되었다. 임꺽정이 구월산에 들어가 있다는 정보를 입수하고 그들을 에워쌌다.

　이때 임꺽정의 참모인 서림은 관군이 사방을 포위하자 불안함을 이기지 못해 배반을 꿈꾸었다.

　'음, 관군이 사방을 에워쌌으니 이제 우리는 독 안에 든 쥐다. 목숨을 보존하려면 투항하는 것밖에 없다.'

　그는 이렇게 마음먹고 몰래 무리를 빠져 나와 관군에 투항하였다.

　임꺽정의 참모가 투항하자 관군의 사기는 크게 올랐고 서림을 앞세워 임꺽정의 무리들을 사로잡았다.
　이제 남은 것은 두목인 임꺽정을 잡는 일이었다. 관군에 쫓기던 임꺽정은 산 속을 헤매다가 초라한 오두막을 발견하고 그곳에 숨어들었다. 그 집에는 한 노파가 살고 있었는데 임꺽정은 노파를 볼모로 잡고 협박하여 임꺽정이 달아났다고 외치게 했다. 협박에 못 이긴 노파는
"임꺽정이 이곳에서 달아났다."
라고 외쳤다. 그러자 관군은 노파의 말을 믿고 임꺽정을 찾아 분주히 뛰어다녔다. 임꺽정은 이 틈을 이용하여 관군으로 변장하고 도망쳤다.
　임꺽정은 관군의 틈에 끼어 도망갔다. 얼마 뒤에 임꺽정은 관군에게
"내가 몸에 병이 생겼으니 좀 쉬었다 가야겠다."
라고 말하자 관군은 그를 잡기 위해 여러 곳으로 흩어졌다.
　서림을 앞세워 임꺽정을 쫓던 관군은 마침내 그를 발견하였다. 이때 서림이 손가락으로 임꺽정을 가리키면서
"저 놈이 바로 임꺽정이다."
라고 소리치자 관군은 그를 에워싸고 생포했다.
　임꺽정은 자신의 참모인 서림의 배신으로 붙잡혔다.
　임꺽정은 체포된 지 15일 만에 형장의 이슬로 사라졌다. 한때 의적으로 불리던 그는 비참한 최후를 맞이했고 도적 떼들은 그 뒤부터 사라졌다.

순회세자의 죽음

　명종의 후비 인순왕후 심씨는 영돈녕부사 청릉부원군 청송 심씨 심강과 어머니 전주 이씨 사이에서 큰딸로 1532년(중종 27) 5월에 태어났다.
　심씨는 12세 때 두 살 아래 경원대군과 가례를 올려 부부인이 된 2년 뒤 1545년 6월 인종이 세상을 떠나자 경원대군이 왕위에 올라 14세에 왕비로 책봉되었다. 그러나 시어머니 문정왕후의 그늘 아래에서 어렵게 살았다.
　명종과 심씨 사이에는 보위를 이을 후사가 없었다. 심씨는 1551년(명종 6)에 순회세자를 낳았으나 그는 1563년(명종 18) 13세에 세상을 떠났고 그 후 서른이 넘도록 아들이 없자 심씨는 후사 문제를 할아버지 심통겸과 의논하여 명종이 총애하던 중종의 후궁 창빈 안씨가 낳은 덕흥군(중종의 일곱째 아들)의 셋째 아들인 하성군을 양자로 지목하였다.
　명종이 한때 위독했을 때, 심씨는 하성군을 후사로 삼는다는 전교를 작성하기도 했으나 병석에서 일어나게 된 명종은 이 일을 일축해 버렸다.
　명종은 자신의 아들로 후사를 삼고 싶었지만 인순왕후 심씨와 후궁들은 아들을 못 낳자 심지어 무수리 장씨를 가까이 했으나 아들을 낳지 못했고, 1567년(명종 22) 6월 34세에 경복궁 양심당에서 세상을 떠나고 말았다.
　야사에서는 명종이 모후 문정왕후에게 시달림을 받고 무수리 장씨와의 지나친 방사 때문에 갑자기 세상을 떠났다고 전한다.
　인순왕후 심씨의 전교에 따라 1567년 6월 양자로 입적된 하성군이 즉위했으니 이가 곧 16세의 선조였다. 이때부터 적장자 우선의 원칙이 적용되던 조선의 왕위가 방계로 승계되었다.

　심씨가 하성군을 지목한 배경에는 그를 왕으로 천거하여 권력을 잡으려는 친정의 입김이 작용하였는데 즉 심씨 친정 덕분에 서자의 아들이 임금이 될 수 있었던 것이다.
　선조를 즉위시킨 심씨는 자신이 문정왕후의 전횡을 겪었으므로 직접 정사에 나서지 않으려고 했으며, 조정에 친정 식구들이 많이 포진한 것으로 만족했다.
　심씨는 거듭된 영의정의 요구로 수렴청정하였으나 조정대신들의 의사를 따를 뿐 자신의 의견은 거의 드러내지 않았다. 다만 친정의 이익을 어느 정도 대변하였지만 국사보다 우선하지는 않았다.
　선조가 정사 처리에 무리가 없고 친정할 능력도 있었기에 즉위 이듬해 1568년(선조 1) 2월 심씨는 수렴청정을 거두었다. 심씨는 사대부들에게 저주의 표적이 되었던 문정왕후의 전철을 밟지 않게 된 것을 다행으로 여겼다.
　수렴청정을 접은 7년 후 1575년(선조 8) 1월 인순왕후 심씨는 44세에 창경궁에서 세상을 떠났다. 현재 서울 노원구 공릉동 강릉에 명종과 나란히 묻혔다.

조선 최고의 성리학자 이황

이황은 경상도 예안현 온계리에서 1501년 좌찬성을 지낸 이식의 7남 1녀 중 막내아들로 태어났다.

이황은 태어난 지 7개월 만에 아버지를 여의었고 어머니 박씨의 가르침을 받았다. 그는 어렸을 적부터 매우 총명하여 작은아버지 이우에게 『논어』를 배웠고, 침식을 잊을 정도로 독서에 몰두하였다.

27세에 진사 시험에 합격하고 성균관에 들어갔으며 이듬해 과거에 합격하였고 33세에 성균관에 들어가 김인후 등과 사귀었다.

이황은 1534년 문과에 급제하여 승문원 부정자가 되었으며 37세에 어머니가 세상을 떠나자 벼슬을 버리고 고향에 내려가서 3년 동안 복상하였고, 39세에 홍문관 수찬이 되었다가 사가독서에 임명되었다.

그는 중종 말년에 조정이 몹시 어지러워지자 벼슬을 그만두고 고향으로 돌아가 낙동강 상류인 토계의 동암에 양진암을 짓고 학문 연구에 몰입하였다.

그는 조정에서 다시 부르자 지방관으로 단양군수와 풍기군수를 역임하였는데, 풍기군수로 재임할 때 백운동서원의 서적·편액 등을 마련할 것을 조정에 요청하여 허락을 받았다. 그 뒤 52세에 성균관 대사성이 되었고, 홍문관 부제학, 공조참판 등에 임명되었으나 모두 사양하고 고향에 돌아와 도산서당을 짓고 학문의 정진에 힘썼다.

명종은 그의 학덕을 기리어 그에게 몇 번이나 높은 벼슬을 내려 불렀으나 그는 조정에 나아가지 않았다.

퇴계 이황의 필적
퇴계는 주자학을 집대성한 인물로 주자의 이기이원론을 발전시켜 이기상호설의 사상을 주장하였다. 그는 영남학파를 이루었다. 그리고 도산서원을 만들어 후진 양성과 학문 연구에 몰두하였다.

제 ⑬ 대 명종

　명종은 '초현부지난'이라는 제목의 시를 짓고 화공을 몰래 이황이 있는 도산으로 보내 그곳의 풍경을 그리게 하고 그 뒤에 송인으로 하여금 『도산기』 등을 써 넣어 병풍을 만들어 밤낮으로 그 병풍을 쳐다보며 이황을 흠모했다고 한다.
　이황은 명종이 세상을 떠나고 선조가 즉위하자 68세에 홍문관 대제학에 임명되어 선조에게 『무자육조소』를 지어 올렸다. 선조는 이 책을 읽고 평생 잊지 않을 것을 맹약했다고 한다.
　이황은 선조에게 『논어』 등을 강의했고, 『성학십도』를 저술하여 바치고 고향으로 돌아갔다. 그 뒤 그는 학문에 정진하다가 1570년 70세에 세상을 떠났다.
　그는 일찍이 『주자대전』을 섭렵하여 주자학에 눈을 떴다. 53세에 『천명도설』을 개정하고 『연평답문』을 교정하였으며 57세에 『역학계몽전의』를 완성하였고 기대승과 더불어 사단칠정에 관해 응답하였으며, 그 외 성리학에 관한 많은 연구서적들을

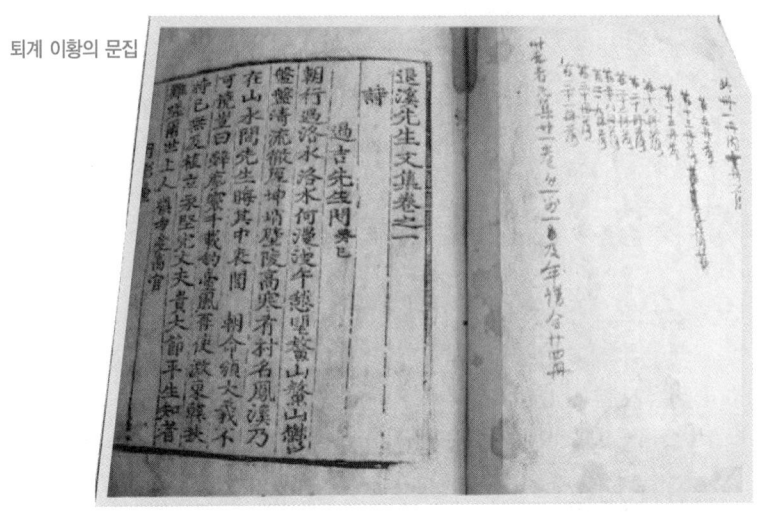

퇴계 이황의 문집

저술했다.

  이황은 한평생 학문을 위해 게으르지 않았고 자신의 가치관을 세워 실천했으며, 노년에는 제자들을 길러 나라에 이바지하게 했다.

  그의 제자로는 유성룡·김성일·이산해 등을 비롯해 260여 명이나 되었다.

명종의 가계

  명종의 정비는 인순왕후이고, 후궁은 순빈 이씨를 포함해 6명이었다. 그러나 소생은 오직 순회세자 한 명뿐이었는데 그도 13세에 세상을 떠났기 때문에 결국 후사를 잇지 못했다.

인순왕후 심씨(1532~1575년)

인순왕후 심씨는 청릉부원군 심강의 딸로 1532년에 태어나 14세 되던 1545년, 왕비로 책봉되었다.

1551년 순회세자를 낳았으나 그는 13세로 일찍 죽었고, 더 이상 왕자를 낳지 못했다. 그 뒤 1567년 명종이 죽자 대비가 되어 선조를 수렴청정을 하였다. 1568년 수렴청정을 거두었으며 1575년 44세에 세상을 떠났다. 죽은 뒤 명종의 능인 강릉에 묻혔다.

순회세자(1551~1563년)

순회세자는 1551년 명종과 인순왕후 심씨 사이에서 태어났으며, 이름은 부, 아명은 곤녕이다. 1557년 일곱 살에 세자에 책봉되었으며, 참봉 황대임의 딸과 혼담이 오갔으나, 그녀가 병약하여 1년이 넘게 가례를 미루자 1559년 호군 윤옥의 딸과 가례를 올렸다.

순회세자는 가례를 올린 지 얼마 되지 않아 후사도 잇지 못하고 1563년 13세에 세상을 떠났다.

제13대 명종 가계도

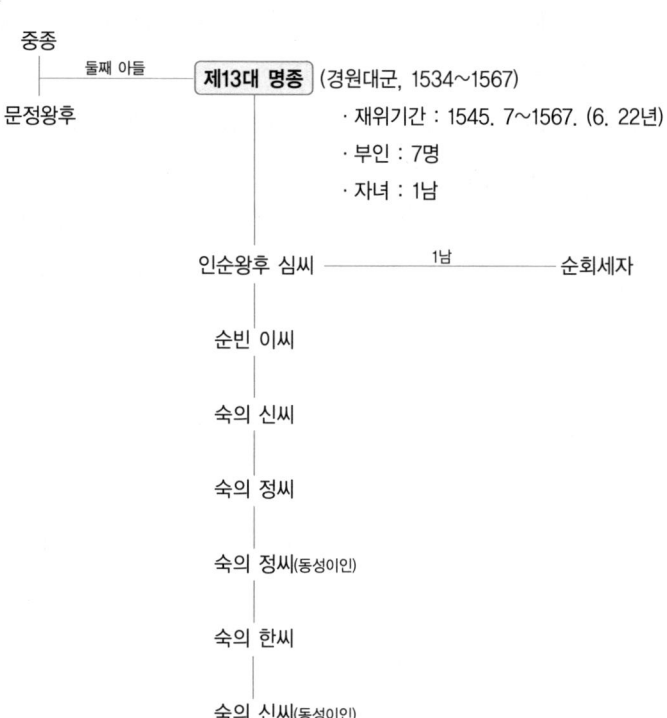

선조실록 宣祖實錄

『선조실록』 편찬 경위

『선조실록』은 선조 재위기간(1567년 7월~1608년 선조 41년 1월)인 41년간의 역사를 편년체로 기록한 사서이다. 정식 이름은 『선조소경대왕실록』이며, 모두 221권 116책으로 활판으로 간행되었다. 선조의 묘호는 처음에 선종으로 정하였기 때문에 『선조실록』의 판심에는 『선조대왕실록』이라 인각되어 있다.

광해군 8년(1616) 8월에 묘호를 선조로 고치면서 실록의 표제도 『선조소경대왕실록』이라 하였다. 『선조실록』은 광해군 원년(1609) 7월 12일부터 편찬하기 시작하여 광해군 8년(1616) 11월에 완성하였다.

『선조실록』은 그 대부분이 선조 25년(1592) 임진 왜란 뒤 16년간의 기사로 되어 있으며, 전체 221권 중 195권에 달한다. 반면 선조 즉위년(1567)부터 임진 왜란 이전까지 약 25년간의 기사는 모두 26권에 지나지 않는다.

그 이유는 임진 왜란 때 〈시정기〉와 『승정원일기』 등의 공공 기록과 사초들의 대부분이 소실되어 실록 편찬의 자료가 부족하였기 때문이다.

또한 『선조실록』이 광해군 때 대북 정권의 주도로 편찬되었기 때문에 서인과 남인들에게 불리한 기사가 많았다. 이 때문에 인조반정 뒤 『선조수정실록』의 편찬이 시작되어 효종 8년에 완성되었다. 『선조실록』의 편찬에 참여한 실록청 관원들은 아래와 같다. 총재관영춘추관사 : 기자헌, 감춘추관사 : 이항복, 도청 당상 지춘추관사 : 이호민 · 유근 · 이이첨 · 이정귀 · 박홍구 · 조정 · 민몽룡 · 정창연 · 이상의 · 윤방 등이다.

묘호는 처음에 선종으로 정하였으나 광해군 8년(1616) 8월에 선조로 개정하였다. 시호는 소경, 존호는 정륜입극성덕홍렬지성대의격천희운현문의무성예달효, 능호는 목릉이며 경기도 구리시 인창동 동구릉 경내에 있다.

『선조실록』의 내용

선조(1552~1608)의 이름은 연, 초명은 균으로 중종의 일곱째 아들인 덕흥대원군과 하동부대부인 정씨의 셋째 아들이다. 처음에는 하성군에 봉해졌다.

명종은 외아들 순회세자가 1563년에 세상을 떠나자 후사가 없었으므로 1567년 7월 3일 임종 때 유명을 내려 하성군을 후계자로 즉위케 하였다.

선조 23년(1590)에는 왜국의 동태를 파악하기 위하여 통신사를 파견하였으나 정사 황윤길과 부사 김성일이 상반된 보고를 함으로써 국방 대책을 제대로 세우지 못하게 되었다.

그리하여 선조 25년(1592) 4월에 임진 왜란이 일어났다. 선조는 개성과 평양을 거쳐 의주로 피난하는 한편, 명나라에 사신을 보내어 원병을 청하였다. 이때 광해군을 세자로 책봉하고, 분조(分朝)를 설치하여 의병과 군량미를 확보하도록 하였다.

전국에 의병이 봉기하여 왜적의 후방을 위협하였고 관군도 곳곳에서 승리를 거두었으며 전라좌수사 이순신의 수군이 한산도 대첩으로 제해권을 장악하여 왜군의 진출을 막는 데 크게 공헌하였다.

명나라의 원병과 관군이 합세하여 평양을 수복하고, 권율의 행주대첩으로 선조 26년(1593) 10월에 서울로 환도하여 질서를 정비하고 전국을 수습하였다. 1575년 (선조 8) 심의겸과 김효원 간의 갈등으로 인하여 동·서인으로 나뉘게 되고, 정여립 모반사건으로 인한 기축옥사의 처리 문제로 1589년(선조 22) 동인은 다시 남·북인으로 분열되었다.

선조는 재위 41년 되던 해(1608) 2월 1일 별궁인 경운궁에서 57세에 세상을 떠났다.

제14대 선조
(1552~1608년 재위기간 1567년 7월~1608년 2월)

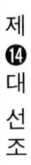

서출로 계승되는 왕위

명종이 후사가 없이 세상을 떠나자 중종의 서손인 하성군이 명종의 유명에 의해 조선왕조 제14대 왕으로 즉위하였다.

선조는 중종의 일곱째 아들인 덕흥군과 하동부대부인 정씨의 셋째 아들로 1552년에 태어났다.

덕흥군은 중종과 창빈 안씨의 아들로 선조가 왕으로 즉위하자 덕흥대원군에 봉해졌다. 이때 선조를 낳은 부모들은 이미 세상을 떠났다.

세상을 떠난 명종에게는 친아들인 순회세자가 있었으나 1563년(명종 18)에 세상을 떠났다. 그러자 명종은 자신의 후사가 없자 왕족의 후손들을 궁궐에 불러놓고 자신이 쓰고 있던 익선관을 왕손들에게 써보라고 시키면서

"너희들이 머리가 얼마나 큰가 알아보려고 한다."

라고 말하였다. 왕손들은 저마다 익선관을 머리에 써보았으나 마지막으로 하성군은 익선관을 쓰지 않고 공손히 두 손으로 받

들어 명종 앞에 갖다 놓으면서

"익선관은 보통 사람들이 쓰는 것이 아니옵니다."

라고 말하자 명종은 입가에 만족한 듯 웃음을 지었다. 그 뒤부터 명종은 하성군을 자신의 뒤를 이을 후계자로 마음을 굳혔다.

1565년 명종이 중병을 앓은 적이 있었는데 이때 이미 순회세자는 세상을 떠난 뒤였고, 세자가 비어 있어 명종의 뒤를 이을 후계자 문제로 조정은 한때 술렁거렸다. 이때 이조판서 민기는 영의정 이준경에게

"지금 전하의 병이 위중하신데 만일 승하하신다면 후사를 어떻게 정해야겠습니까?"

라고 말하자 그는 곧장 병석에서 신음하고 있는 명종을 찾아갔다. 이때 명종은 인사불성이어서 아무 말도 하지 못하자 이준경은 인순왕후를 찾아갔다.

이때 인순왕후는

"전하께서 순회세자를 잃은 뒤에 덕흥군의 셋째 아들인 하성군을 항상 칭찬하셨소."

라고 말했다.

그 뒤 명종이 병석에서 일어나자 후계자 문제는 잠시 수그러들었다. 그러나 1567년 6월 명종은 병이 위급해지자 조정의 대신들을 불러들였다. 이때 명종은 중병을 앓고 있어서 말을 할 수가 없었다. 이준경은 다시 인순왕후를 찾아가서 세자를 정하자고 말했다.

이때 인순왕후는,

"을축년 전하께서 위독하실 때 내가 말한 대로 하는 것이 좋겠소."

라고 말하였다.

이렇게 되어 하성군이 명종의 뒤를 잇게 되었다.

이때 선조는 17살로 거동이 매우 신중하고 태도가 준엄하여 임금으로서 조금도 손색이 없었다. 그러나 그가 아직 나이가 어리다 하여 명종의 왕비인 심씨가 수렴청정하게 되었다.

1568년(선조 원년) 왕위에 오른 지 얼마 안 되는 어느 날 태양의 한 옆에 붉은 기운이 침범하는 이상스러운 일이 발생하였다. 그러자 심 대비는

'음, 이것은 여자가 조정의 일에 간섭하는 까닭이다.'

하고는 수렴청정을 거두었다. 그녀는 청릉부원군 심통의 딸로 소생으로는 순회세자뿐이었고, 부덕이 높은 여인이었다.

동인과 서인

선조는 학문을 몹시 좋아하여 어진 선비들을 조정에 등용하였다. 그는 조정에서 훈구세력을 모두 쫓아내고 사림의 이름 높은 사람들을 대거 등용하였다.

선조는 성리학의 거물인 이황과 이이를 극진히 대우했으며 이황이 세상을 떠나자 삼 일 동안 정사를 폐하고 그의 죽음을 애도했다.

선조는 『유선록』·『근사록』·『심경』·『소학』·『삼강행실』 등을 편찬하여 유학을 장려하는 한편 기묘사화 때 억울하게 죽은 조광조를 영의정에 증직하고 현량과를 다시 실시하였으며 남곤 등의 벼슬을 빼앗고, 을사사화 때 윤임·유인숙을 죽인 윤원형의 공훈을 없애 버렸다.

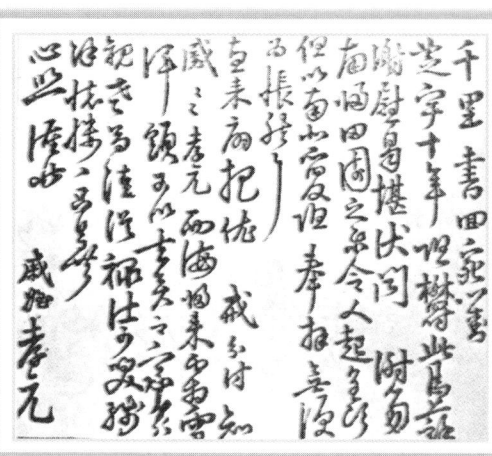

김효원의 필적
김효원의 자는 인백, 호는 성암으로 선조 즉위 후 신진사림파의 대표적 인물이었다. 심의겸과 이조전랑 천거 문제로 반목이 생겨 김효원을 지지하는 신진사림파와 심의겸을 지지하는 기성사림파 사이의 대립으로 동인·서인으로 갈라졌다. 김효원의 집이 동쪽 건천동에 있었다 하여 동인이라 불렀다.

그리하여 조정에는 새롭고 활기찬 기운이 감돌았다. 새롭게 조정에 등용된 사람들은 그간 훈구세력들이 일으킨 여러 가지 폐해를 극복하고 새로운 나라를 만들어갔다. 그러나 이러한 과정에서 사람들 사이에 이견이 발생되어 사림세력이 동인과 서인으로 나누어지게 되었다.

이 붕당의 핵심 인물은 심의겸과 김효원이었다. 심의겸은 왕실의 외척으로서 인순왕후의 동생이었기 때문에 그가 조정의 일에 나서게 되는 것을 거부하였다. 그러나 심의겸이 명종 말 사림파를 비호하여 또다른 사화를 막은 공이 있다 하여 그를 배척하지 않았다.

김효원은 신진사림파로서 신진사림들을 조정에 많이 천거한 연유로 그들로부터 추앙을 받았다.

김효원이 출세하기 전, 권세를 떨치던 윤원형의 사위인 이조민의 집에 머문 일이 있었다. 그때 심의겸이 볼 일이 있어 이조민의 집을 찾아갔는데 그 집의 방에 여러 개의 침구가 놓여 있는 것을 보고 그는

심의겸의 필적
심의겸은 명종의 후비 인순왕후의 동생으로 구세력을 대표하는 위치에서 인망이 높았다. 김효원과 반목하여 그를 중심으로 한 세력을 서인이라 불리게 되었다.

"이것은 누구의 침구인가?"
라고 묻자 이조민은,
"음, 이것은 김효원이 쓰는 침구이네."
라고 말하자 그는
"학문을 닦는 선비로서 어찌 권문세가에서 그의 자제들과 함께 머문다는 것인가?"
라고 비웃었다. 이때 김효원은 과거에 합격하지 않았으나 이미 문장으로 이름을 떨치고 있었다.

그 뒤 김효원은 과거에 장원으로 급제하였다. 이때 이조좌랑 오건이 그를 이조전랑으로 추천하자 이조참의인 심의겸이 앞서 윤원형의 사위 집에서 있던 일을 들어 완강하게 반대하였다. 그러나 그의 반대에도 불구하고 김효원은 전랑이 되었다. 그는 자신을 반대하는 심의겸을 몹시 원망하였다.

그 뒤 심의겸이 아우인 심충겸을 이조좌랑으로 추천하자 김효원은 이를 거부했다. 이러한 이유로 두 사람은 앙숙이 되었다. 심의겸을 지지하는 세력을 서인이라 하고 김효원을 지지하

율곡 이이
1536년 강릉에서 태어났다. 호는 율곡이며 1564년 호조좌랑이 된 뒤 여러 벼슬을 역임했다. 그는 성품이 호탕하고 도량이 넓었고 학문이 깊었다. 그는 이황의 이기이원론에 이의를 제기했고 사단칠정을 배격했다.

는 세력을 동인이라 하였다. 그 이유는 심의겸이 한양 서쪽인 정동에 살았고, 김효원은 한양 동쪽 건천동에 살았기 때문이며, 동인은 주로 젊은 사람들이 참여하였고 서인은 연로한 사람들이었다.

이렇게 동인과 서인으로 나누어진 조정의 세력은 두 사람의 감정 대립에 의해 생겨났고, 이후 조선의 역사에 씻지 못할 오욕을 불러일으켰다.

조정의 신하들이 동인과 서인으로 나뉘어 서로 물고 늘어지는 바람에 하루도 편안할 날이 없었다. 이때 이이 율곡이 그 피해를 막기 위해 나섰다. 그는 우의정 노수신을 찾아가서

"심의겸과 김효원은 모두 학문을 닦는 선비들입니다. 그들의 옳고 그름은 분별하기는 매우 어렵습니다. 이들 두 사람 사이에 떠도는 말이 무성하여 조정이 시끄러우니 이들을 모두 외직

으로 보내는 것이 좋을 듯합니다."
라고 말하자 우의정 노수신도 이이의 말에 수긍이 간 듯 선조를 찾아가서 두 사람을 모두 외직으로 보내자고 건의하였다.
이때 선조는
"두 사람은 무엇 때문에 의견이 다른가?"
하고 묻자 노수신은
"서로들 지난날 자신들의 허물을 말하는 것입니다."
라고 대답했다. 그리하여 선조는 우의정 노수신이 건의한 대로 두 사람 모두 외직으로 내보냈다.

선조는 김효원을 경흥부사에, 심의겸을 개성유수로 임명했다. 그러나 이러한 인사 조치는 김효원에게 불리하였다. 그는 그때 병을 앓고 있어 변방의 경흥부사로는 마땅하지 않아 이이가 다시 선조에게 건의하여 김효원은 삼척부사, 심의겸을 전주부윤에 임명했다.

이이의 중재로 동인과 서인의 대립은 더 이상 확대되지 않았다. 그러나 1584년 그가 세상을 떠나자 동인과 서인은 본격적으로 세력다툼을 벌였다.

이이가 세상을 떠나자 이발·백유양 등이 동인에 가세하여 심의겸을 탄핵하여 파직시키고 동인이 조정을 대부분 장악하였다.

정여립의 역모, 기축옥사

1589년(선조 22) 황해감사 한준으로부터 조정에 장계가 올라왔다. 선조는 급히 조정의 정승들을 대궐에 불러 황해감사로부터 올라온 장계를 그들에게 보여 주었다.

그 내용은 안악군수 이축 등이 역모를 고변한 것으로 주모자는 정여립이었다.

정여립은 전주에서 태어났으며 그 아버지의 태몽에 고려의 장군 정중부가 나타났다고 한다. 그래서인지 그는 어려서부터 성품이 포악하였다.

그가 15,16세 때 아버지 정희중이 현감으로 일한 적이 있었는데 이때 아버지를 따라가서 고을의 일을 자신의 뜻대로 처리했다고 한다.

그 뒤 정여립은 스물다섯 살에 문과에 급제하였으나 관직에 나가지 않고 성혼과 이이를 찾아가 학문을 토론하였고, 금구로 내려가 학문에 정진하여 죽도 선생이라 불리었다.

1584년(선조 17) 우의정 노수신이 정여립을 천거하였다. 노수신은 김효원과 심의겸의 문제가 발생했을 때 김효원의 편을 들었던 일로 동인으로 지목되는 인물이었으며 이때 정여립과 동인인 김우옹을 천거했다.

정여립은 수찬이 된 뒤 당시 집권세력인 동인에 들어가 이이를 배반하고 성혼을 헐뜯었다. 이로 인해 선조에게 미움을 사서 관직에 오래 머무르지 못했다.

그는 전라도로 내려가 그곳에서 학문을 강론한다고 위장하고 사람을 모았다. 그리고 황해도에 가서 변승복·박연령 등의 불만세력을 포섭하였다.

얼마 뒤 그는 충청도의 계룡산을 구경하고 내려오다가 어느 절에 들러 시 한 수를 지어 벽에 붙였다.

남쪽 나라를 두루 돌아다녔더니
계룡산에서 처음 눈이 밝았구나
이는 뛰는 말이 채찍에 놀란 형세요
고개를 돌린 용이 조산을 바라보는 형국이니
모든 아름다운 기운이 모였고
상서로운 구름이 일도다
무기 양년에 좋은 운수가 열릴 것이니
태평세월을 이룩하기 무엇이 어려우리.

그는 당대에 떠돌던 목자(木子)는 망하고 전읍(奠邑)은 흥한다는 『정감록』에 나오는 참언을 옥판에 새겨 중 의연에게 지리산의 석굴 속에 감추어 두게 한 다음 자신이 우연스럽게 이것을 얻은 것처럼 꾸몄다고 한다.

이 참언에서 목자는 곧 조선왕조를 세운 이씨이고 전읍은 정씨를 말함인데 정씨 성을 가진 사람이 나라를 일으킨다는 내용이었다.

정여립은 중 의연에게 각 지방을 떠돌아다니면서 이렇게 떠들어 대게 하였다. 그 내용은

"왕기는 전라도에 있고 전주의 남문 밖에 있다."

였다. 전주의 남문은 정여립이 태어난 곳으로 그는 이때 역모를 꾸몄다.

마침내 정여립은 반란을 결심하고 황해도와 전라도에서 모은 사람들을 선동하여 한양에 쳐들어오려고 하였다. 그러나 이러한 사실은 승려 의암의 밀고와 정여립의 제자인 안악의 조구의 자백으로 백일하에 드러났고, 이러한 사실을 안악군수 이축이 황해감사에게 보고하였다.

정여립의 역모 사건으로 조정은 발칵 뒤집혔다. 정여립을 체

포하기 위해 의금부 도사들이 군사들을 거느리고 금구로 달려갔으나 이미 그는 그곳을 떠나 피신하였다. 그의 심복인 변승복이 역모가 탄로된 것을 알아채고 정여립에게 달려가서 알리자 그는 변승복과 죽도로 달아났던 것이다.

진안현감이 관군들을 이끌고 정여립의 뒤를 쫓았다. 관군의 추격을 받던 그는 변승복과 자신의 아들을 죽이고 스스로 목숨을 끊었다.

이때 조정에서는 조사관으로 서인의 정철이 임명되어 역모사건을 조사하는 과정에서 동인의 사람들이 많이 제거되었고, 혹독한 고문으로 3년여 동안 목숨을 잃은 사람이 천여 명에 달했다.

피해를 입은 동인 측의 사람으로는 이발·이길·정언신·백유양·최영경·정개청 등이며 이를 가리켜 기축옥사라 한다.

기축옥사로 서인이 조정의 권력을 차지했으나 1591년 정철이 세자책봉 문제로 물러가자 다시 동인이 득세하였다.

선조의 후비 의인왕후는 불행하게도 아이를 낳지 못했다. 그렇기 때문에 후궁에서 태어난 왕자들 중에서 세자를 책봉해야 했는데 그때 좌의정인 정철은 이 문제를 왕에게 건의하려 하였다.

그는 영의정인 이산해와 상의하고 최종적으로 결정하기 위해 함께 선조에게 건의하기로 굳게 약속했으나 이산해는 두 번씩이나 약속을 어겼다. 이때 이산해는 이 문제를 교묘하게 이용하여 정철을 없애려고 음모를 꾸몄다.

이산해는 선조의 후궁 인빈 김씨의 오빠인 김공량과 결탁하였다. 그것은 선조가 인빈 김씨가 낳은 신성군을 몹시 총애하였기 때문에 김공량에게 정철이 광해군을 세자로 삼고 인빈 김씨 모자를 죽이려고 한다고 무고하였다.

인빈 김씨가 이러한 사실을 선조에게 알리자 그는 몹시 화가 났었다. 이러한 줄도 모르고 경연장에서 세자의 문제를 정철이 꺼내자 선조는 몹시 화를 냈다. 이때 이산해는 아무런 말도 하지 않았다.

정철은 이 문제로 인하여 선조의 미움을 사서 삭탈관직되고 서인인 이성중 등은 외직으로 강등되어 쫓겨났다.

정철을 사형에 처해야 한다는 이산해와 유배를 보내자는 우성전이 맞서 동인은 갈라서게 되었다.

유성룡·우성전을 중심으로 한 파를 남인, 이산해·이발을 추종하는 세력을 북인이라 했다. 그 이유는 유성룡이 경상도 출신이고, 우성전은 한양의 남산 밑에 살았기 때문이며, 이산해의 집은 한양 북쪽에, 이발이 북악산 밑에 살았기 때문이다.

남인은 이황의 문하인 영남학파가 주류를 이루었고, 북인은 이이·성혼 등과 관계를 가진 사람들이 주류를 이루었다.

남인과 북인으로 갈라진 조정의 세력은 한때 유성룡·김성일 등이 정권을 잡았으나 1602년 유성룡이 임진 왜란 때 화의를 주장했다는 이유로 정인홍이 그를 탄핵하여 다시 북인이 조정의 권력을 잡게 되었다.

임진 왜란

바다 건너 일본에서는 아시카가 막부 정권이 쇠퇴하면서 전국에서 군웅이 할거하는 시대를 맞이하였다. 그 중에서도 오다 노부나가란 장수가 세력을 넓히면서 지방의 군소 세력들을 통

도요토미 히데요시 1536년 농부의 아들로 태어나 일본을 통일한 장수로 1592년 명나라를 침공한다는 이유로 조선을 침입하여 임진 왜란을 일으켰다.

일하다가 부하의 배신으로 세상을 떠나자 그의 부장인 도요토미 히데요시가 일본의 60여 주를 통일하였다.

일본을 통일한 도요토미 히데요시는 스스로 관백이라 일컫고 왕을 위협하고 전국의 제후들을 호령하여 나라의 모든 일은 자기 마음대로 주물렀다.

도요토미 히데요시는 명나라를 치기 위한 구실로 길목인 조선을 차지하려고 몰래 첩자들을 은밀히 조선에 보내 군사 현황 및 전국의 산천과 사회의 현상들을 염탐케 하였다.

그는 조선의 의도를 헤아리기 위해 몇 차례 사신을 보내고 조선에서 일본에 사신을 보내라고 요구하였다.

이때의 조선은 나라가 건국된 지 200년 동안 거의 전쟁을 치른 적이 없었다.

마침내 1590년(선조 23) 조선의 조정에서는 황윤길을 정사로, 김성일을 부사로 삼아 일본에 보냈다. 이듬해 3월 일본에서 돌아온 그들은 선조를 만났다.

"그대들이 일본에 가서 보고 느낀 점을 과인에게 말하라. 먼저 정사인 황윤길부터 말하도록 하라."
라고 말하자, 정사인 황윤길은

"전하, 반드시 일본은 우리나라에 쳐들어올 것입니다. 도요토미의 눈빛은 빛이 나고 담력이 있어 보였습니다."
라고 말하자, 부사인 김성일은

"도요토미는 절대로 군사를 일으키지 않을 것입니다. 그는 생김새도 변변치 못하거니와 담력도 없어 보였습니다."
라고 말하였다.

일본에 다녀온 정사와 부사의 말은 정반대였다. 정사 황윤길은 서인이고, 부사 김성일은 동인이었기 때문에 의견이 정반대였다고 전하지만 국가의 중대사를 놓고 당파가 다르다 하여 서로 상반된 주장을 했다는 것은 참으로 한심하기 그지없는 일이었다.

그때 서장관으로 황윤길을 따라갔던 허성은 동인이었으나 황윤길과 의견을 같이 하였다.

일본에서 돌아온 정사와 부사의 의견이 다르자 조정은 이 문제를 놓고 옥신각신 저마다 자신들의 당파에 속한 사람들을 비호하고 나섰다.

마침내 조정에서는 전쟁설을 퍼뜨려 백성들의 마음을 혼란스럽게 할 필요가 없다는 판단에 의해 김성일의 주장을 받아들였고, 나라 안에 성을 쌓는 일들도 중지해 버렸으며 각도에 명령하여 전쟁에 대비하는 모든 일을 중단시켰다.

그 뒤 선위사 오억령은

"일본이 다음해에 조선의 땅을 거쳐 명나라를 정복하려 한다."
라고 조정에 보고하였으나 그의 주장은 묵살당했고 오히려 파직당하였다.

그 뒤 조선의 왜관에 머무르고 있던 왜인들이 모두 본국으로

부산진성 함락도.

소환되자 그때서야 조정에서는 그들의 침략을 감지하고 대책을 서둘렀다.

그 대책이란 김수를 경상감사로, 이광을 전라감사, 윤선각을 충청감사로 임명하여 무기를 점검하고 성을 구축하기 시작했으며, 신립을 경기도와 황해도에, 이일을 충청도와 전라도로 보내 군사시설을 점검케 하였다.

일본군이 조선에 쳐들어오던 날 궁궐의 샘물에서 갑자기 푸른 무지개가 일어나 선조의 몸에 드리워져 선조는 이 무지개를 피하려고 해도 자꾸 뒤따라왔는데, 문을 닫으니 비로소 사라졌다. 그리고 전라도 운봉의 팔량치에는 피바위가 있었는데 이 바위는 태조 이성계가 왜구의 장수 아지바두를 죽인 바위 위에 피가 아롱지면서 생긴 바위이다. 왜군이 조선에 쳐들어오던 날 이 바위에서 피가 흘렀다고 한다.

1592년 4월 13일 오후 5시 일본의 20여만 명의 대부대는 9개의 부대로 나뉘어 조선에 쳐들어왔다.

부산 앞바다에 새까맣게 몰려오는 왜군을 맞아 부산첨사 정발과 부산진 성의 백성들은 죽음을 무릅쓰고 용감히 싸웠으나 신무기 조총으로 무장한 그들을 물리칠 수가 없었다. 일본군은 삽시간에 부산진 성을 함락하고 동래로 향했다. 이때 동래부사는 송상현이었다.

일본군은 동래성에 도착하여 사자를 송상현에게 보내
"싸우지 않으려면 길을 열어라."
고 전했다. 그러자 부사 송상현은 사자에게
"우리는 죽기를 각오하고 성을 지킬 것이다. 길을 열라니 말도 되지 않는 수작이다."
라고 완강하게 말하였다.

탄금대 선조의 특명을 받은 도순변사 신립 장군이 5천여 명의 군사로 10만 명의 왜군을 맞아 싸우다 이곳에서 전사했다.

일본군은 동래부사 송상현의 굳은 뜻을 알고 총공세를 펼쳤다. 싸움은 점점 조선군을 패전으로 몰고 갔다. 위기감을 느낀 송상현은 조복을 갑옷 위에 걸쳐 입고 그들을 맞아 준엄하게 꾸짖었다.

"우리는 너희에게 아무런 피해를 입히지 않았는데 너희들은 어찌하여 군사를 일으켜 우리나라에 쳐들어왔단 말이냐."

라고 꾸짖었다. 그러자 일본군은 그를 한칼에 베어 버렸다. 동래부사 송상현은 끝까지 일본군을 꾸짖으면서 장렬하게 순국하였다.

동래성을 무너뜨린 일본군은 한양으로 쳐들어갔다. 이때 조정에서는 좌의정 유성룡을 총사령관으로, 신립 장군을 도순변사로 임명하고 순변사 이일을 상주에 내려보내기로 하였다. 그

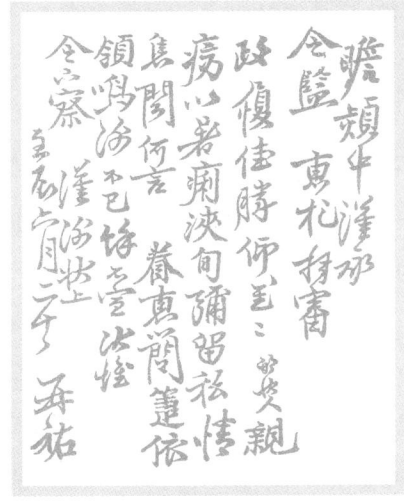

곽재우의 필적
임진 왜란 때 의병장으로 의령에서 의병을 일으켜 홍의장군이라 하고 왜군을 격파하여 전공을 세웠으며, 정유재란 때 경상좌도방어사가 되어 화왕산성을 지켰다.

러나 급히 군사들을 징발하기 위해 군적을 조사해 보니 전혀 군사훈련을 받지 않은 사람들뿐이었다.

순변사 이일은 몹시 급해서 이러한 사람들을 군사로 뽑아 거느리고 상주로 내려갔다. 그는 상주에서 왜군과 싸웠으나 패하고 충주에 있는 신립 장군을 찾아갔다.

이때 도순변사 신립은 충주의 탄금대에 배수진을 쳤다. 그러나 신립도 이 싸움에 패전하였고 결국 전사하고 말았다.

신립 장군이 패배하였다는 소식이 조정에 알려지자 선조는 몰래 한양을 떠나기로 하고 그 준비를 서둘렀다. 그는 광해군을 세자로 세워 백성들의 불만을 무마하는 한편 4월 30일 선조의 일행은 임진강을 거쳐 평양에 도착하였다.

선조가 도성을 몰래 빠져 나가자 한양의 백성들은 장예원과 형조의 관아를 불태우고 창덕궁을 습격하여 귀중품을 약탈하고 경복궁을 불태워 버렸으며, 선조의 첫째 아들인 임해군의 집을 불태웠다.

　한편 평양까지 도망친 선조는 계속해서 조선군이 패하자 이제는 의주로 파천했으며 그곳이 위험하면 중국으로 가기 위해 명나라의 의사를 타진하기도 했다.

　조선은 왜군에 의해 전라도 일부와 평안도 일부를 제외한 나머지 영토를 모두 그들에게 빼앗겼다.

　이 무렵 나라 안 각지에서 일어난 의병들의 활약과 전라좌수사 이순신 장군의 눈부신 활약으로 일본군의 발목을 잡게 되었다.

　이때 일어난 의병장으로는 곽재우・고경명・조헌・김천일・정인홍・김덕령 등으로 주로 후방에서 일본군을 무찌르면서 방어하였다.

　이순신 장군의 활약은 눈부신 것이었다. 일본군은 바다와 육지에서 동시에 싸우는 전략을 세우고 수군은 부산에서 남해를 거쳐 서해로 나가 육군과 북쪽으로 나아가려고 하였다.

　이때 경상우수사 원균은 당황하여 나가 싸우지 못하고 노량으로 달아났다. 그는 비장 이영남을 전라좌수사 이순신 장군에게 보내 구원을 요청하였다.

　이순신 장군은 전라우수사 이억기와 연합하여 거제도 동쪽에 있는 옥포에서 왜군과 맞닥뜨렸다. 이순신 장군은 적의 배가 나타나자 부하 장수들에게

　"이곳은 지형이 좁고 수심이 얕으니 적을 넓은 바다로 유인하는 전략을 써야 한다."

라고 말하고 거짓으로 물러나는 척하자 왜군은 앞다투어 몰려왔다.

　왜군의 함대를 넓은 바다로 끌어낸 이순신 장군은 돌격 명령을 내렸다. 조선의 수군은 용감히 싸웠다. 이때 이순신은 적의

충무공 이순신 장군의 영정
1576년 무과에 급제하였고, 1589년 유성룡에 의해 전라좌수사가 되었다. 임진 왜란이 일어나자 옥포·적진포·사천·당포·율포·한산도·안골포·부산포에서 왜군을 크게 무찔렀다. 정유재란 때 원균의 모함으로 사형을 받게 되었으나 정탁에 의해 구명되어 백의종군하였다. 그 뒤 삼도수군통제사로 명량에서 왜군을 무찔렀고 노량해전에서 적선 100여 척을 무찌르고 순국하였다.

총알이 어깨를 스쳤으나 조금도 굽히지 않고 싸움을 독려하여 일본 수군을 대패시켰다.

이 싸움이 임진 왜란 때 바다에서 벌어진 첫 싸움인 옥포대전으로 이때 적장 기노지마 즈모를 비롯하여 수백 명이 죽었고, 수십 척의 배를 격침시켰으나 우리 수군은 큰 피해를 입지 않았다. 옥포대전에서 가장 공을 세운 것은 거북선이었다.

전라좌수사에 부임한 이순신 장군은 왜군의 침략을 예견하고 군사훈련을 게을리 하지 않는 한편 거북선을 만들기 위해 온힘을 기울였다.

거북선은 외모가 거북 모양이며 배는 두꺼운 철판으로 뒤덮었고, 그 위에 송곳을 총총히 꽂아 적이 배에 올라오지 못하게 하였으며 좌우에 대포를 장착하여 공격을 마음대로 할 수 있는 철갑선이었다.

거북선은 이순신 장군과 더불어 임진 왜란 때 큰 공을 많이 세웠다. 왜군은 거북선을 발견하면 싸우기는커녕 도망가기에 바빴다.

옥포에서 왜군을 대파한 이순신 장군은 사천·당포·당항포 싸움에서 크게 승리하였고, 한산도 앞바다, 부산 해전에서 적선을 대파하는 전공을 세워 적의 간담을 서늘케 했다.

한산도 대첩은 임진 왜란 삼대첩의 하나로 적의 함선 대부분을 격파한 통쾌한 승리였다.

이순신은 이억기와 더불어 본영을 출발하여 노량에서 원균과 만나 당포에 이르러 왜군이 견내량에 정박해 있다는 정보를 듣고 그곳으로 달려가서 적군을 한산도 앞바다로 끌어내어 무찌르기로 하였다.

이때 왜군의 배는 큰 배가 36척, 중간 배가 24척, 그리고 작은 배가 13척이었는데 견내량이 좁고 섬이 많아 우리 수군이 싸우기에는 부적당하여 적을 한산도 앞바다로 끌어내기로 전략을 세웠다.

이순신은 우리 수군으로 하여금 적의 선봉을 공격하여 유인하자 왜군의 여러 척의 배들이 일제히 몰려 나오자 우리 수군의 배는 후퇴하는 척하면서 적을 바다 한가운데로 유인했다.

왜군의 배가 바다 한가운데로 모이자 이순신은 신호를 보내 학익진을 펼치고 적을 공격하는 명령을 내렸다.

조선의 수군은 학익진을 펼쳐 적을 공격하였다. 그러자 적들은 깜짝 놀라 우왕좌왕하였다. 우리 수군은 이때를 이용하여 그들에게 맹공격을 퍼부었다.

이순신은 이 싸움에서 적선 60여 척을 격침시켰고 수천 명의 적군을 무찔렀다.

이순신의 눈부신 활약으로 일본의 수군은 서해로 나아가지 못했고, 전라도와 남해안에 얼씬거리지도 않았다.

1593년 이순신은 이러한 공로로 삼도수군통제사가 되어 우리 수군을 총지휘하였다.

행주대첩

우리나라의 요청에 의해 명나라의 구원군이 도착했다. 1차로 도착한 구원군은 조승훈이 지휘하였는데 그는 평양의 싸움에서 왜군에게 패배하였다. 그러자 명나라에서는 심유경을 일본군 진영에 보내 그들의 의중을 탐색케 하는 한편 강화를 맺고자 하였다.

이 무렵 이여송이 이끄는 제2차 구원군이 도착하였다. 이여송은 조선군과 연합하여 평양성을 공격하여 대승을 거두었다.

평양성에서 왜군을 무찌른 이여송은 남쪽으로 내려가 벽제관에서 왜군과 싸웠다. 이때의 왜군은 평양에서 대패한 고니시 유키나가가 이끄는 병력과 함경도에서 내려온 가토 기요마사가 이끄는 군대가 합세하였는데 그 세력이 만만치 않았다. 이여송은 일본군을 얕보았다가 그들의 기습을 받고 패배하여 개성으로 물러났다.

권율은 1593년(선조 26) 2월 서쪽 한강변의 행주산성에서 왜

권율 장군 영정
행주산성에서 왜군을 크게 무찔렀다.

군을 맞이하여 대승을 거두었다. 그는 임진 왜란이 일어나자 광주목사로서 군사들을 거느리고 진산의 배고개에서 왜군과 싸워 승리하고 전라도 순찰사가 되었다.

그는 군사들을 이끌고 북쪽으로 올라가 수원의 독산성에서 명나라군과 작전을 세워 한양을 회복하려다가 이여송이 벽제관에서 왜군에 패배하였다는 소식을 듣고 한강을 건너 행주산성으로 들어갔다.

행주산성은 강가에 솟아 있는 산으로 한 쪽은 한강에 직면하고 그 외는 평야로 둘러싸여 있으며 동쪽은 험하고 서북쪽은 완만하였다.

　이때 병사(兵使 : 병마절도사의 주말) 선거이가 4천 명의 군사들을 거느리고 시흥에서 응원하고 강화에서 김천일이 올라오고, 충청감사 허욱은 통진에서 권율을 응원하기로 약속되어 있었다.

　권율은 1만 명의 군사로 행주산성에 진을 치고 벽제관에서 명나라군과 싸워 이긴 왜군을 맞이하여 용감히 싸웠다.

　왜군은 3만여 명의 군사로 행주산성을 겹겹이 에워쌌다. 그들은 매일같이 맹공격을 퍼부었으나 성을 함락시키지 못했다.

　성 안에 있는 조선의 군사들과 백성들은 그들의 공격을 번번이 물리쳤는데 이때 부녀자들은 앞치마로 돌을 날랐고, 음식물을 군사들에게 제공하였다.

　이때부터 부녀자들이 앞에 두르는 치마를 행주치마라 부르게 되었다 한다.

　이 싸움에서 조선의 승장 처영은 승병 1천여 명을 이끌고 서쪽 성을 지켰는데 왜군의 공세를 견디지 못하고 안으로 쫓겨들어오자 권율은 손수 앞에 나가 왜군들을 베면서 싸움을 독려하여 크게 이겼다.

　권율 장군은 군사들을 독려하여 왜군을 크게 물리쳤는데 이때 적군의 시체는 들에 가득 쌓였고, 시체를 태우는 냄새가 십리 밖까지 진동하였다 한다.

　왜군은 행주산성 싸움에서 크게 패했고 대장 우키다 히데이에·요시가와 히로이에 등은 큰 부상을 입고 물러갔다.

　이 무렵 명나라 장수 이여송은 한양을 회복하려고 기회를 엿보고 있었고, 권율은 왜군의 보급로를 끊어 그들을 고립시켰으며, 이순신이 거느린 수군은 일본군의 연락을 끊었다. 그리고 명나라의 사대수와 이여매는 용산에 있는 적의 보급기지를 공격하여 10만 석의 군량미를 불태워 버렸다.
　이렇게 되자 왜군은 곤경에 빠지게 되었고, 이때 전염병이 나돌아 수많은 군사들이 죽자 일본군의 사기는 크게 떨어졌다.
　그들은 한양을 버리고 남쪽으로 내려가 바닷가에 진을 쳤다.

정유재란

　1593년(선조 26) 명나라의 심유경은 한양에 있는 왜군의 진영을 찾아가서 화의를 제의하였다. 왜군은 자신들의 처지가 불리하자 심유경의 화의를 받아들이고 남쪽으로 내려갔다.
　일본군이 남쪽으로 내려가자 이여송은 군대를 이끌고 그들을 뒤쫓아 문경에 이르렀고, 유격은 군사를 이끌고 성주에 주둔하고 오유충은 선산에, 조승훈 등은 거창, 왕필적 등은 경주에 주둔하여 왜군을 포위했다. 그러나 더 이상 공격하지 않고 심유경으로 하여금 강화 회담을 계속시켰다.
　왜군은 강화 회담이 진행되는 중에도 진주성을 공격하여 함락시켰다. 이 진주성 싸움에서 의병장 김천일, 경상우병사 최경회 등이 전사하고 수만 명의 백성들이 희생되었다.
　한양이 수복되자 선조와 조정의 대신들은 서울로 돌아왔다. 명나라는 심유경을 통해 꾸준히 화의를 계속하여 왜군은 서서히 물러갔고 명나라군도 요동으로 철수하였다.
　우리 조정에서는 처음부터 화의에 반대하였다. 명나라의 심유경이 화의를 맡아 진행하였는데 그때 도요토미 히데요시는 명나라에 요구조건을 내걸었는데 그 조건이란 명나라의 황녀

진주성
일명 촉석성이며 고려 말기에 완성된 성으로, 임진 왜란 3대첩의 하나로 꼽히는 요충지였다.

를 일본 왕비로 할 것과 조선의 팔도 중 4도를 넘겨 주고 왕자를 볼모로 보내라고 요구하였다.

심유경은 도요토미 히데요시의 요구가 너무나 엄청난 것이어서 명나라 조정에 알리지 않고 적당히 얼버무리려고 봉공안을 추진시켰다.

봉공안이란 명나라에서 도요토미 히데요시를 일본의 국왕으로 삼고 일본의 조공을 허락하는 조건이다. 심유경이 이 안을 명나라 조정에 보고하자 한참 동안 있다가 왕으로 책봉하는 것만 허락하였다.

1596년(선조 29) 명나라는 양방형·심유경을 정사와 부사로 삼아 도요토미를 일본 국왕에 봉한다는 책서와 금인을 가지고 일본에 건너가게 하였다.

이때 조선에서는 명나라의 뜻에 따라 황신·박홍장을 정사와 부사로 임명하여 명나라의 사신을 따라가게 하였다.

도요토미 히데요시는 명나라의 사신을 맞아 우대하였으나 우리나라의 사신은 만나지도 아니하고 냉대하였다. 그는 처음부터 화의를 맺을 뜻도 없었거니와 자신들의 야욕이 실현되지 못하자 사신들을 돌려보내고 다시금 조선의 침략을 꿈꾸었다.

1597년(선조 30) 도요토미 히데요시는 14만 명의 대군으로 조선을 다시 침략했다.

조선에 쳐들어온 가토 기요마시와 고니시 유키나가는 이순신 장군을 없애기 위해 요시라는 첩자를 경상좌병사 김응서에게 보내

"이번 화의가 깨진 것은 가토 기요사마 때문이오. 나는 그가 몹시 증오스럽소. 그가 아무 날 어느 때에 바다를 건너올 터이니 내가 가르쳐 준 해상에서 그를 기다렸다가 공격하면 반드시 그를 잡을 것이오."

라고 말하였다.

경상좌병사 김응서는 그들의 잔꾀에 속아 넘어갈 사람이 아니였다. 그렇다고 상부에 보고하지 않으면 처벌을 받기 때문에 이 일을 권율 도원수에게 보고하였다.

권율이 조정에 보고하자 이순신으로 하여금 요시라가 가르쳐 준 해상에 나아가 그를 붙잡으라 명령하였다. 이러한 명령을 받은 이순신은 왜군의 책략임을 알고 출병하지 않았다.

한편 요시라는 이순신 장군이 자신의 계략에 넘어가지 않자 소문을 퍼뜨렸다.

"내가 말한 날에 나아갔으면 가토를 생포했을 것이다."

조정에서는 이 소문을 믿고 국왕의 명령을 거절했다는 죄목으로 이순신 장군을 탄핵했다. 선조는 남이신을 한산도로 보내 사건의 진상을 조사케 했다. 그는 본디 이순신과 사이가 좋지

않아서 조정에 돌아와서 이순신을 헐뜯었다.

"소신이 조사한 바에 의하면 기토 기요마사가 탄 배가 장문포의 얕은 여울에 걸려 7일 동안 묶여 있었는데 조선의 이순신은 그를 잡지 않았사옵니다."
라고 말하였다.

선조는 그의 말을 듣고 이순신을 한양으로 압송하여 국문에 부쳤다. 이순신은 한때 사형에 처해질 뻔했으나 정탁의 도움으로 겨우 죽음을 면하고 권율 장군 밑에서 백의종군하게 되었다.

이 무렵 일본은 또다시 요시라를 김응서에게 보내
"6, 7월경에 우리의 후속 부대가 조선에 올 터이니 그때 그들을 잡도록 하시오."
라고 말하였다.

이때 명나라의 원군 총병인 양원이 도원수 권율에게 조선의 수군을 출동시켜 왜군의 보급로를 차단시키도록 요구하자 권율은 원균에게 수군을 출전시키도록 명령하였다.

원균은 함대를 이끌고 절영도 앞바다에 나갔으나 일본군의 작전에 패하여 가덕도에 정박했는데 이때 갑자기 대군의 기습을 받아 많은 군사들을 잃었고, 거제도 칠천량에서 적군에게 대패하여 많은 배와 부하들을 잃었으며 원균도 육지로 기어올라가 도망치다가 적군에게 죽임을 당했다.

원균이 대패하자 조정에서는 다시 이순신을 삼도수군통제사로 삼았다. 이때 일본군은 바다와 육지에서 대공세를 퍼부어 남원성을 함락시켰다.

남원성을 함락시킨 왜군은 북쪽으로 올라가면서 갖은 만행을 저질렀다. 그들은 닥치는 대로 사람의 코를 베고 무자비하게 죽였으며 집들을 불태워 버렸다.

우리 조정에서 명나라에 위급함을 알리자 형개를 총독으로 양호를 경리로 삼아 마귀·유정·진린 등의 장수 이하 14만 명의 대군을 보냈다.

양호는 마귀의 군사들을 거느리고 울산으로 쳐들어가 왜군의 성인 거성을 포위하여 적을 곤경에 빠뜨렸으나 부산 등에 적의 대군이 있다는 정보를 입수하고 후퇴하였다.

다시 삼도수군통제사가 된 이순신은 이때 남아 있던 12척의 배를 수습하고 군사들을 모았다. 조정에서는 수군을 폐하고 육군을 양성하려는 계획을 세우자 이순신은 상소하였다.

"전하, 신에게는 12척의 배가 있사옵니다. 신이 죽지 않고 살아 있는 한 적군은 우리를 가벼이 보지 않을 것이옵니다."
라고 말하였다.

이리하여 수군을 없애려는 계획은 무산되었고, 이순신은 명량에서 적의 수군을 대파하였으며, 무기를 만들고 백성들을 군사로 훈련시켰다.

명나라의 제독 유정은 8월 대군을 거느리고 한양을 출발하여 순천에 있는 왜군을 공격하려고 작전을 세웠다. 그는 도원수 권율과 전라병사 이광악 등이 이끄는 1만여 명의 조선의 군사를 포함하여 36,000명의 군사로 순천의 왜군이 주둔하고 있는 성을 공격하기로 하였다.

한편 수군은 1598년 7월 16일 고금도에서 명나라 제독 진린이 이끄는 수군과 이순신이 거느린 수군과 합세하여 절이도 해전에서 적선 6척을 격파하고 100여 명을 죽이는 전과를 올렸다.

선조 31년(1598) 11월 19일 일본군은 전 병력을 동원하여 본국으로 돌아가는 길을 열려고 노량 앞바다에 몰려들었다. 이때 이순신은 진린과 연합함대를 편성하여 그들의 길을 막기 위해 노량으로 총공격해 들어갔다. 이순신은 노량에 몰려 있는 배들을 바라보면서 하늘을 우러러

"저 원수들을 모조리 무찌른다면 죽어도 한이 없겠습니다."

라고 말하였다.

이순신은 공격을 명령하였다. 조선의 수군과 명나라의 수군은 용감히 싸웠다. 그리고 적군의 저항도 만만치 않았다. 탄환이 빗발치고 화살이 날고 배에서 솟아오른 연기로 사방을 어두침침하게 만들었고, 병사들의 고함소리가 하늘에 닿았다.

이제 싸움은 우리 수군의 승리로 끝날 무렵 이순신은 진린의 배가 적의 배에 에워싸여 공격당하는 것을 보자 그를 구하려고 달려가다 적의 총탄을 맞고 쓰러졌다.

적의 유탄은 이순신의 가슴을 꿰뚫었다. 옆에 서 있던 조카 완이 달려들어 부축하자

"지금은 싸움이 한창이니 어서 나 대신 싸움을 독려하여라."

라고 말했다. 이순신은 장막 안으로 옮겨져 54세로 순국하였다. 조카 이완은 이순신 대신 깃발을 흔들어 싸움을 독려하였다. 싸움이 끝날 때까지 그의 죽음을 아는 사람이 없었다.

싸움이 끝나자 진린은 제일 먼저 이순신을 찾았다.

"이 통제사, 당신의 덕택에 내가 살았소."

라고 말하며 곧장 이순신의 배에 올랐다. 그러자 깃발을 든 이순신의 조카 완이 울음을 터뜨렸다.

"장군, 숙부께서는 조금 전에 순국하였습니다."

하고 말하자 진린은 깜짝 놀라면서

"뭐라고! 이 통제사께서 순국하시다니! 나 때문에 그만 통제

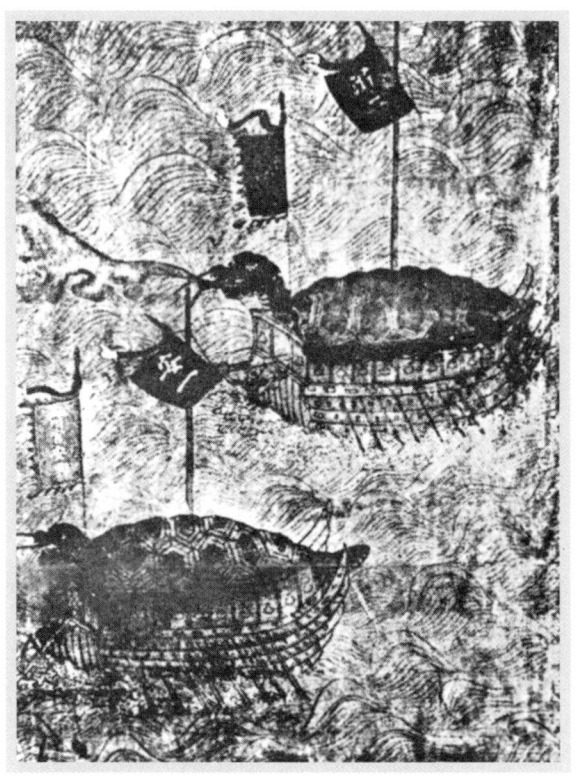

구선도
구선은 조선 초기에도 있었던 것으로 이것을 실용화하여 실전에서 효능을 발휘한 것은 이순신 장군의 거북선이다. 세계 최초의 철갑선이며, 이순신 장군은 이 거북선으로 왜군을 크게 물리쳤다.

사께서…."
하면서 통곡하였다. 이순신 장군의 죽음이 알려지자 조선 수군은 물론 명나라의 수군들까지도 모두 눈물을 흘렸고, 그의 죽음을 몹시 애통해했다.

노량해전의 대승을 마지막으로 임진 왜란은 끝을 맺게 되었다.

이순신은 노량해전에서 적선 4백여 척을 격침시키고 일본 수군 수만 명을 수장시켰으며, 죽음으로써 나라를 구한 우리 민족의 성웅이었다.

살아 있는 관음보살

선조의 후비 의인왕후 박씨는 번성부원군 나주 박씨 박응순과 부인 이씨의 딸로 1555년(명종 10) 4월에 태어났다.

박씨는 1569년(선조 2) 12월 선조가 18세 때 15세에 왕비로 책봉되었다.

당시 선조를 즉위시킨 명종의 후비 인순왕후 심씨는 명종의 복상 기간이었으므로 선조가 혼인할 수 없었을 뿐 아니라 혼인 전에 미리 후궁을 들이면 장래 후사 문제가 복잡해질 것이 염려되어 그가 여성을 가까이 하지 않기를 바랐지만 이미 선조는 소주방(음식을 만드는 곳) 나인과 접촉했으니 이 여인이 훗날 임해군과 광해군의 어머니 공빈 김씨였다.

선조의 후비 박씨는 아버지 박응순의 성품을 닮아 부드럽고 매우 검소했으며 자랄 때도 자신의 이익이나 재물욕에 관심이 전혀 없었고 미모 또한 빼어났는데, 15세의 박씨가 왕비로 간택된 것은 그녀의 집안과 명종의 후비 인순왕후 심씨 집안이 친밀했던 까닭이었다.

선조는 공빈 김씨에게 이미 마음이 쏠려 있었다. 게다가 의인왕후 박씨는 후사를 가질 수 없는 사실이 밝혀지자 대비 심씨는 선조가 후궁을 갖는 것을 묵인했다.

공빈 김씨는 대비 심씨의 승낙을 받아 처음 내명부의 '소용'의 품계를 갖게 되었고 1574년(선조 7) 1월 김씨는 대왕대비 심씨가 바라던 아들 임해군을 낳았다.

마침내 소용 김씨는 정1품 '공빈'이 되었으며 1575년(선조 8) 1월에 대비 심씨가 세상을 떠난 뒤 여름에 둘째 아들 광해군을 낳아 공빈 김씨는 궁궐의 실세가 되어 갈 즈음 1577년(선조 10)

병으로 세상을 떠났다. 그녀는 경기도 남양주시 진건면 송릉리 묘역에 묻혔다.

선조의 후비 박씨는 자신의 소생은 없었으나 후궁들의 아이들을 자신이 낳은 아이처럼 잘 보살피며 후궁들에게도 관대하였고 후궁들 사이에서도 '살아 있는 관음보살' 이라 여겼다.

선조는 세상을 떠난 공빈 김씨 외에도 5명의 후궁을 두었는데 그 중 선조의 총애를 받던 인빈 김씨와 순빈 김씨, 후일 폐비가 되는 인목왕후 김씨 등 2명의 왕비와 6명의 후궁 속에 김씨가 4명이나 되었다. 이 중에서 훗날 후사 문제로 다투게 되는 사람은 공빈 김씨의 아들인 임해군 · 광해군과 인빈 김씨의 아들 신성군이었다.

1553년에 태어난 인빈 김씨는 선조보다 한 살 아래였고 원래 명종의 후비인 인순왕후 심씨가 심부름을 시키던 궁녀로 명종의 후궁이던 숙의 이씨의 알선으로 궁궐에 들어오게 되었는데, 명종이 세상을 떠나자 숙의 이씨는 비구니가 되었고, 인순왕후 심씨의 보살핌을 받은 김씨는 내전에서 심부름하다가 선조의 눈에 띄게 된 것이다. 원래 공빈 김씨보다 선조의 사랑을 받은 것은 인빈 김씨가 먼저였고 내명부의 빈에 봉해진 것도 선배였지만 선조의 승은을 먼저 입은 것은 공빈 김씨였다.

선조의 후비인 의인왕후 박씨가 후사를 낳지 못하자 후궁들 간에는 서로들 자신의 아들을 세자로 내세우기 위해 각축전이 벌어졌다. 이때는 이미 세상을 떠난 공빈 김씨의 두 아들 임해군과 광해군이 있었기에 장자 우선원칙에 따라 임해군이 세자가 되는 것이 마땅했으나 임해군은 성품이 포악한 것으로 알려져 선조의 후비 박씨나 조정 중신들과 왕실에서는 성품이 온화한 광해군에게 관심이 기울고 있었다.

선조가 묻힌 목릉.

그 무렵 선조의 총애를 흠뻑 받은 인빈 김씨가 의안군에 이어 신성군을 낳자 선조의 후계구도가 점차 복잡해졌다. 비록 보잘 것없는 가문에서 태어난 인빈 김씨였으나 자신의 아들을 세자로 세우려는 집념은 대단했다.

어느덧 왕자 네 명과 옹주 다섯 명을 낳은 인빈 김씨는 후궁 중에서도 가장 위세가 당당해져 궁녀들까지도 김씨의 세도를 믿고 마구 놀아나서 이들을 체포하러 온 사헌부 서리들과 대결하는 마찰을 빚기도 했다.

인빈 김씨에게 현혹된 선조는 사헌부 서리들을 모두 하옥시켜 버렸다. 인빈 김씨의 세력은 실로 막강하였다.

세자 책봉을 두고 치열한 경쟁을 벌이는 후궁들은 서로들 자신의 아들을 돋보이게 하려고 애썼으며 왕에게도 온갖 교태를 부리는 때에 외로운 여인은 아이를 낳지 못하는 의인왕후 박씨였다. 의인왕후는 궁궐에서 가장 높은 위치에 있으면서도 후궁들을 꾸짖거나 말 한 마디 못하고 다만 자신의 처지를 한탄할

뿐이었다.

   정유재란 때 선조의 후비 박씨는 세자 광해군과 함께 고된 피난길에 올랐다. 반면 선조와 함께 움직였던 인빈 김씨는 왕비 박씨에 비해 한결 편했다. 백성들은 이 모든 난리가 인빈 김씨 때문에 일어났다 하여 궁궐에 돌을 던지기도 했지만 선조는 아랑곳하지 않고 인빈 김씨를 총애했다.

   임진 왜란이 끝나고 평화는 왔으나 선조의 박대와 마음고생이 심했던 탓으로 선조의 후비 의인왕후 박씨는 병을 얻어 1600년(선조 33) 6월 46세에 소생 없이 한 많은 세상을 떠났다. 의인왕후는 경기도 구리시 인창동 소재 동구릉 묘역의 목릉에 묻혔다.

인목왕후와 영창대군

   선조의 계비 인목왕후 김씨는 연흥부원군 연안 김씨 김제남의 딸로 1584년(선조 17) 11월 세상에 태어났다.

   김씨는 선조의 후비인 의인왕후 박씨가 2년 전에 세상을 떠난 뒤 1602년(선조 35) 7월에 19세의 나이로 51세의 선조와 가례를 올리고 왕비로 책봉되었다. 김씨의 아버지 김제남은 딸이 왕비가 되자 이조좌랑에서 영돈녕부사로 승진되었다.

   인목왕후 김씨는 왕비가 된 이듬해 정명공주를 낳았고, 3년 뒤 1606년(선조 39) 3월 영창대군을 낳자 조정에서 파란이 일기 시작했다.

   당시 공빈 김씨의 둘째 아들인 32세의 광해군이 서출이긴 해도 이미 세자로 지목된 상황에서 왕위를 이을 적자 영창대군이 태어나자 폭풍 전야의 정국일 수밖에 없었다.

선조 자신도 중종의 후궁 창빈 안씨의 아들 덕흥대원군을 아버지로 둔 서출로서 평소 심한 열등의식을 가지고 있던 터에 젊은 왕비 김씨가 영창대군을 낳자 뛸 듯이 기뻐했다. 그러나 단 한 사람 근심스러웠던 이는 김제남의 부인인 정경부인 정씨였다.

"이제 우리 집에 화가 시작되는구나!"

정씨의 말대로 훗날 왕비의 친정아버지 김제남의 집안은 물론이고 영창대군도 비참하게 죽게 되는데, 선조가 늦게 둔 영창대군에게 흠뻑 쏟은 총애가 왕비 김씨의 불행을 자초하리라고는 그 누구도 예상하지 못했다.

선조는 이미 아들을 열세 명이나 두었지만 모두 후궁에게서 태어났으며 그리고 광해군도 마음에 들지 않자 당시 조정의 실세였던 북인파 영의정 유영경은 광해군 대신 영창대군을 세자로 세우려는 선조의 마음을 간파하고 영창대군을 지지하자 마침내 북인파는 분열되어 소북파가 되고 광해군을 지지하는 편은 대북파가 되었다.

영창대군이 태어난 뒤 선조는 광해군이 문안을 드리러 오면,
"명나라의 책봉도 받지 못했는데 어찌 세자 행세를 하는가? 다음부터는 문안인사도 하지 마라."
라고 꾸짖었다. 광해군은 부왕의 푸대접을 삼키며 끓어오르는 반항심을 억눌렀다.

1608년(선조 41) 2월 선조는 경운궁(현 덕수궁)에서 57세에 세상을 떠났다. 선조가 세상을 떠나자 소북파 유영경은 왕비 김씨가 낳은 세 살된 영창대군을 왕으로 즉위시키고 인목왕후

에게 수렴청정을 건의했으나 현실성이 없다고 판단한 김씨는 광해군을 즉위시키는 교지를 내렸다.

　선조가 죽으면서 대신들에게 영창대군을 잘 돌봐 달라는 유교를 남겼는데 이는 오히려 영창대군의 죽음을 재촉하고 김씨에게도 엄청난 시련을 안겨 주는 계기가 되었다.

선조의 가계

　선조는 8명의 부인에게서 14남 11녀의 자녀들을 두었는데, 정비 의인왕후 박씨는 아이를 낳지 못했으며, 계비 인목왕후가 영창대군을 포함해 1남 1녀, 공빈 김씨가 2남, 인빈 김씨가 4남 5녀, 순빈 김씨가 1남, 정빈 민씨가 2남 3녀, 정빈 홍씨가 1남 1녀, 온빈 한씨가 3남 1녀를 낳았다.

덕흥대원군 이초(1530~1559년)

　중종과 창빈 안씨의 둘째 아들로 1530년에 태어났으며 이름은 초, 자는 경패이다. 1538년 덕흥군에 봉해졌고, 1542년 판중추부사 정세호의 딸과 혼인하였다. 하원군·하릉군·하성군 등의 세 아들을 두었으며 1559년 30세에 세상을 떠났다.

　1567년 명종이 후사 없이 죽자 그의 셋째 아들 하성군 균이 조선 14대 왕 선조가 되었고, 1570년 덕흥대원군에 추존되었다. 묘는 경기도 의정부시 수락산에 있다.

의인왕후 박씨(1555~1600년)

번성부원군 박응순의 딸로 1555년에 태어났다. 1569년 왕비에 책봉되었으나 아이를 낳지 못했다. 1600년 46세에 세상을 떠났다. 선조와 함께 목릉에 묻혔다.

인목왕후 김씨(1584~1632년)

연흥부원군 김제남의 딸로 1584년에 태어났다. 1600년 의인왕후가 세상을 떠나자 1602년 19세에 왕비에 책봉되었으며, 1606년에 영창대군을 낳았다.

이때 광해군이 세자로 있었는데, 당시 실권자인 유영경은 영창대군을 세자로 추대하려 했다. 그러나 선조가 죽고 광해군이 즉위하자 유영경 일파는 몰락하고 대북파가 정권을 잡았다.

이들은 선조의 첫째 왕자인 임해군을 없애고 이어서 영창대군을 죽였다. 또한 인목왕후의 아버지 김제남을 사사하고, 인목왕후를 폐비시킨 다음 서궁으로 유폐시켰다.

광해군의 이 같은 패륜 행위로 인조반정이 일어났으며, 반정이 성공하자 광해군은 폐위되고 인목왕후는 복위되어 대왕대비가 되었다.

인목왕후는 1632년 49세에 세상을 떠났다. 그녀의 소생으로 영창대군 외에 정명공주가 있다. 죽은 뒤 선조와 의인왕후가 묻혀 있는 목릉에 묻혔다.

영창대군(1606~1614)

선조의 14명의 아들 중에 유일하게 정비에서 태어난 아들로 인목왕후 김씨의 소생이다. 1606년에 태어났고 이름은 의다.

선조가 늦은 나이에 낳은 까닭에 부왕의 총애를 받았다. 그래서 선조는 이미 세자로 책봉되어 있던 광해군을 폐하고 그를 세자로 책봉할 뜻을 품었으나 선조가 갑자기 세상을 떠나는 바람에 그의 뜻은 이루어지지 못했다.

광해군이 즉위하자 이이첨의 대북파가 정권을 장악하게 되자, 그들은 선조의 유교를 염두에 두고 영창대군을 경계하였다. 그러던 중 1613년 서양갑·박응서 등 7명의 서출들이 역모를 꾸몄다 하여 옥에 갇힌 이른바 '7서의 옥'이 발생했다. 이때 이이첨 등은 그들이 역모를 꾸며 영창대군을 왕으로 옹립하고 김제남이 이를 주도했다는 진술을 유도한 뒤, 영창대군을 서인으로 강등시켜 유배보내고 김제남은 사사했다.

영창대군이 강화도에 유배된 뒤에 1614년 봄 이이첨 등의 명을 받은 강화부사 정항에 의해 영창대군은 살해되었다. 이때 그는 아홉 살이었다.

임해군(1574~1609년)

선조의 서출 장남으로 공빈 김씨 소생으로 1574년에 태어났으며, 이름은 진이다.

선조에게 정비에서 낳은 아들이 없었기에 그가 당연히 세자가 되어야 했지만 성품이 난폭하고 군왕의 기질이 없다 하여 세자로 책봉되지 못했다. 1592년 임진 왜란이 일어나자 근왕병을 모집할 목적으로 함경도에 갔다가 국경인 일당에 의해 억류되었다가 왜장 가토에게 넘겨졌다. 그 뒤 몇 번에 걸쳐 억류 장소가 바뀌다가 겨우 석방되어 한양으로 되돌아왔다.

그는 성품이 포악하고 술을 즐겼다.

1608년 선조가 죽자 세자 책봉에 대한 서열 문제가 명나라에서 다시 거론되어 현장 실사를 위하여 명나라의 사신이 파견되었는데, 이 때문에 임해군이 문제를 발생시킬 소지가 있다 하여 대북파에 의해 유배되었다가 이이첨 일파에 의해 살해되었다. 인조반정으로 광해군이 폐위되자 복작 신원되었다.

신성군(1574~1592년)

선조의 넷째 아들이며 인빈 김씨 소생으로 1574년에 태어났으며 이름은 후이고 한성부 우윤 신립의 딸과 결혼했다.

그는 선조의 총애를 받았으며 한때 세자의 물망에 오르기도 하였다. 하지만 임진왜란 중 병으로 세상을 떠났다.

정원군(1580~1619년)

선조의 다섯째 아들이며 인빈 김씨의 소생으로, 신성군의 동생이다. 1587년 정원군에 봉해졌고 좌찬성 구사맹의 딸과 결혼하여 능양군 · 능원군 · 능창군 등을 두었다.

인조반정으로 아들 능양군이 왕이 되자 한때 대원군에 추존되었으나 논란 끝에 다시 왕으로 추존되어 묘호를 원종이라 하였다. 그리고 이때 그의 부인 구씨는 인헌왕후로 추존되었다. 능은 장릉으로 경기도 김포시 풍무동에 있다.

제14대 선조 가계도

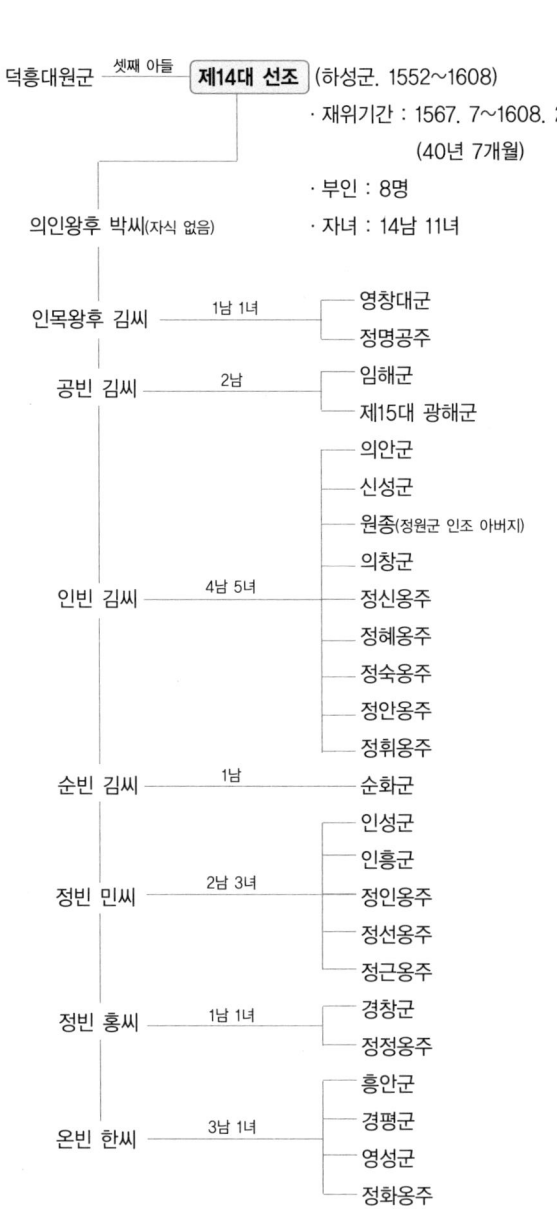

광해군일기 光海君日記

『광해군일기』 중초본의 편찬 경위

『광해군일기』는 조선왕조 제15대 왕이었던 광해군(1575~1641)의 재위 15년 2개월 간의 사실을 기록한 실록이다. 광해군은 선조의 뒤를 이어 15년간 왕으로 재위하였으나 1623년 3월 인조반정으로 임금의 자리에서 쫓겨났다.

『광해군일기』는 모두 187개월간에 걸친 정치·외교·국방·경제·사회·문화 등 각 방면의 역사적 사실을 연월일 순서에 의하여 편년체로 서술되었다. 각 달마다 한 권씩으로 편철하여 재위기간 187개월 분이 총 187권으로 구성되었다.

『광해군일기』는 조선시대 국왕들의 실록 가운데 유일하게 활자로 간행되지 못하고 필사본으로 남아 있다.

『광해군일기』의 편찬에 참여한 전후 찬수청 관원은 다음과 같다.

총재관 : 좌의정 윤방, 도청 당상 : 이정귀·김유, 도청 낭청 : 이식·이명한·이경여·유백증·김시야·정백창·정홍명·김세렴·김육, 일반 당상 : 한준겸·서성·홍서봉·이수광·권진기, 일방 낭청 : 8명, 이방 당상 : 정광적·정엽, 장유·오백령·남이공 등이다.

그는 종묘에 들어가지 못하여 묘호·존호·시호를 받지 못하였고, 왕자 때 받은 봉군 작호인 '광해군'으로 호칭되었다. 묘는 경기도 남양주시 진건면 송릉리에 있다.

『광해군일기』의 내용

『광해군일기』는 인조반정에 의하여 집권한 서인들이 편찬하였기 때문에 그들의 주관적인 비판이 많이 작용하였다. 정초본이 곧 완성본이므로 이것이 곧 본디 의미의 『광해군일기』이다.

광해군(1575~1641)의 이름은 혼이며 선조와 공빈 김씨의 둘째 아들이다. 광해군은 1592년(선조 25) 임진 왜란이 일어나 서울이 함락될 위기에 놓였던 4월 29일 세자에 책봉되었다. 형인 임해군이 있었지만, 그가 총명하고 효경스럽다는 이유로 지명된 것이다. 다음날 선조와 조정은 피난길에 올랐는데, 도중 영변에서 국왕과 세자가 조정을 나누게 되었다.

1606년 선조의 계비 인목왕후에게서 영창대군이 태어나자 그의 세자 지위는 매우 위태로웠으나 정인홍 등 북인의 지원으로 1608년 선조의 뒤를 이어 즉위할 수 있었다. 그가 즉위한 후에도 명나라에서는 한동안 그의 임명을 거부하였다. 이 때문에 임해군을 교동에 유배시키고 유영경을 죽이는 등 파란이 있었다.

1613년에는 인목왕후의 아버지 김제남을 죽이고, 영창대군을 서인으로 삼아 강화에 위리안치했다가 죽였다. 1615년에는 대북파의 무고로 능창군 전을 죽였고, 1618년에는 인목대비를 폐비시켜 서궁에 유폐시켰다.

1619년에는 명나라의 원병 요청에 따라 강홍립에게 1만여 명의 군사를 주어 후금을 치게 하였다. 그러나 사르허 전투에서 패한 뒤에는 명나라와 후금 사이에서 실리적인 외교 균형을 취하였다.

광해군은 1623년 3월 인조반정으로 쫓겨나 강화도와 제주도 등지에서 18년 동안 유배생활을 하다가 1641년 세상을 떠났다.

제15대 광해군
(1575년~1641년 재위기간 1608년 2월~1623년 3월)

임해군의 죽음

광해군은 1575년 선조와 공빈 김씨의 둘째 아들로 태어났다. 어머니 공빈 김씨는 그가 세 살 때 세상을 떠났으며 임해군은 그의 형이다.

광해군의 이름은 혼, 어린 나이에 광해군에 봉해졌다.

선조는 6명의 후궁에서 아들이 13명이나 태어났지만 정비 의인왕후 박씨는 자녀를 낳지 못하였다.

이렇게 되자 후궁에서 태어난 아들 중에서 세자를 세워야 했는데, 선조는 자신이 적통이 아닌 방계 혈통으로 왕위에 올랐기 때문에 후궁의 아들을 세자로 삼는 것이 무척 못마땅하였다.

선조는 인빈 김씨에게서 태어난 신성군이 마음에 들었으나 그도 일찍 세상을 떠났고, 조정은 세자를 세우는 문제로 한동안 시끄러웠으나 이윽고 잠잠해졌다.

세자를 세우는 일은 한동안 조용했다. 그러나 1592년 임진왜란이 일어나자 신하들의 간청으로 서둘러 광해군을 세자로 책봉하였다.
 이때 광해군의 형인 임해군이 있었으나 그는 성품이 포악하여 술을 즐겼고, 광해군은 효성스럽고 총명하여 그를 세자로 책봉하였다.
 세자를 책봉하려면 명나라에 보고하여 명나라 황제의 고명이 내려와야 정식으로 세자가 되는 것이었다. 1594년 선조는 윤근수를 명나라에 보내 광해군을 세자로 책봉해 줄 것을 주청했지만 명나라 조정에서는 큰아들 임해군이 있다는 이유로 거절했다.
 임진 왜란 때 서울이 함락될 위기에 놓이자 선조와 조정은 피난길에 올랐는데 도중에 만약의 사태에 대비해서 국왕과 세자가 조정을 나누게 되었다.
 이때 광해군은 자신이 맡은 책임을 열심히 수행하여 조정과 백성들의 신임을 얻었고 조정의 대신들은 그를 세자로 받들었다.
 임진 왜란이 끝나고 1600년 정비 의인왕후 박씨가 세상을 떠나자 1602년 인목왕후가 선조의 계비가 되면서 그의 입지는 좁아지게 되었고, 1606년 인목왕후가 영창대군을 낳자 최악의 상황에 놓여 있었다.
 영창대군이 태어나자 선조는 적자인 그에게 왕위를 계승시키려는 마음을 품게 되었다.
 이러한 선조의 마음을 헤아린 조정의 대신들은 영창대군을 옹립하여 왕으로 세우려는 세력과, 광해군을 옹호하는 세력으로 나뉘어졌다.
 1608년 선조는 자신의 병이 악화되자 광해군에게 선위 교서를 내렸다. 이때 교서를 받은 영의정 유영경은 교서를 공포하지 않고 감추어 버렸다.
 광해군을 지지하는 대북파의 정인홍과 이이첨은 이 사실을 알고 선조에게 유영경의 죄상을 다스릴 것을 건의했으나 선조는 이때 사경을 헤매다가 세상을 떠났다.

유영경 등은 인목대비에게 영창대군을 왕으로 즉위시키고 수렴청정하도록 건의했으나 인목대비는 광해군을 왕으로 즉위시켰다. 이때 광해군은 34세였다.

광해군은 왕위에 오르자 임진 왜란으로 파탄에 빠진 나라의 재정을 회복하는 데 힘을 기울였고, 남인인 이원익을 영의정에 임명하였으며 불타 버린 궁궐을 수리하고 대동법을 실시하여 백성들을 구제하는 데 노력하였다.

그는 선조 말년에 영창대군을 지지했던 유영경과 그를 따르던 무리들을 죽였다. 그리고 얼마 뒤에 선조의 세상을 떠남과 자신이 왕위에 올랐다는 일을 명나라에 알리기 위해 이호민과 오억령 등을 사신으로 보냈다.

이때 조선은 명나라와 사대관계에 놓여 있어 왕이나 왕비의 죽음 그리고 책봉이 있을 때에는 반드시 사신을 명나라에 보내 알리고 그에 대한 조서를 명나라 조정으로부터 받음으로써 정통성을 인정하는 관계에 놓여 있었다.

명나라에 사신으로 간 오억령으로부터 뜻밖의 보고가 조선의 조정에 들어왔다. 명나라 조정에서는 선조의 큰아들인 임해군이 있는데 둘째 아들인 광해군이 왕위에 오른 것은 잘못된 일이라고 이의를 제기하였다.

명나라의 조정에서 예과도급사중 호흔 등이 이 문제를 제기하자 조선의 사신은

"임해군은 지금 중풍을 앓고 있으며 세상을 떠난 부왕의 여막에 있습니다. 그리고 임해군은 부왕이 살아 있을 때부터 동생에게 왕위를 사양했습니다."

이원익
선조·인조 때의 대신으로 호는 오리이다. 영의정에 올라 임진 왜란으로 국토가 황폐화되자 대동법을 건의하였고, 세금을 단일화하는 데 선구적인 역할을 하였다.

고 말하자 명나라의 조정에서는
 "우리가 생각한 바로는 그렇지 않소. 임해군이 부왕의 여막을 지킨다는 것은 그가 병을 앓고 있는 것이 아닐 것이며, 둘째 아들이 왕위에 올랐다는 사실은 뭔가 석연치 않소."
라고 강하게 반론을 폈다.
 마침내 명나라 조정에서는 요동도사 엄일괴 등을 조선에 보내 사실 여부를 확인하도록 했다. 그러자 조선의 조정은 이 문제를 놓고 대책을 마련하기 위해 고심하였다.
 조선에 도착한 명나라의 요동도사 일행은 객관에 도착하였다. 이때 그들은 조선의 왕이 자신들을 찾아오지 않음을 이유로 조선의 대신들에게 호통을 쳤다.
 "나는 임해군을 만나 보고 사실을 황제께 아뢰어야 하는 책임이 있으니 어서 빨리 임해군에게 안내하라."

하고 윽박질렀다.

　명나라에서 온 사신의 강력한 요구에 조선의 조정은 몹시 난감하였다.

　임해군은 선조의 병이 위급해졌을 때 앙심을 품고 비밀리에 결사대를 조직하고 무기를 마련하여 만일의 사태에 대비하고 있다는 밀고가 있어 이때 교동에 유배되었다.

　명나라 사신의 접대를 맡고 있던 영의정 이원익은
"우리나라의 예법에는 상복을 입은 사람은 사람을 만나지 않는 것으로 되어 있습니다."
라고 말했으나 명나라의 사신은
"임해군을 데려오면 내가 잘 살펴볼 것이니 어서 데려오시오. 그리고 조선의 국왕은 왜 우리들을 찾아오지 않소. 이는 대국의 사신을 우습게 보는 것이 아니오."
라고 말하면서 자신들의 주장을 되풀이 했다.

　명나라 사신의 고집을 꺾을 수 없자 광해군은 그들이 묵고 있는 객관으로 찾아가서 사신을 맞이하는 예를 치렀다. 그리고 교동에 있는 임해군을 배에 태워 서강 나루에서 명나라 사신을 만나게 했다.

　이때 임해군은 일부러 미친 척하였다. 명나라의 사신은 임해군을 만나 그를 자세히 살피고 돌아갔다.

　임해군은 광해군 1년(1609) 이이첨 등의 사주에 의해 교동현감 이직에 의해 세상을 떠난 것으로 알려졌다.

　조정에서는 마음이 놓이지 않아 왕대비가 명령을 내려 조정의 정승들이 문무 대신들을 거느리고 명나라의 사신을 찾아가서 임해군이 왕위를 잇지 못하는 이유를 글로 써서 올리도록 하였고 성균관 유생들과 한양의 백성들도 이러한 글을 바쳤다.

그리고 이때 명나라의 사신들에게 일을 잘 마무리해 달라고 은과 인삼을 뇌물로 주었다.
　1609년 3월 명나라의 황제는 웅화를 사신으로 조선에 보내 광해군을 왕으로 봉하는 조서를 내렸다. 그 뒤 광해군은 세자를 책봉하고, 자신의 어머니인 공빈을 공성왕후로 추존하였으며, 무덤을 성릉이라 하였다.

　광해군이 왕위에 오르자 그를 지지한 대북파가 세력을 떨쳤다. 대북파는 정인홍·이이첨이 중심 세력으로 그들은 자신들의 정적들을 조정에서 쫓아내고 죽였다.
　광해군 2년(1610) 정여창·김굉필·조광조·이언적·이황 등을 문묘에 모시는 일이 결정되었는데 문묘는 유학의 비조인 공자를 제향하는 곳이다.
　정인홍은 문묘에 배향한 사람들에 대해 불만이 높았다. 그는 남명 조식의 수제자로 평생 동안 벼슬하지 않고 처사적인 삶을 살았다.
　정인홍은 성품이 강직하였고, 명종 때 높은 행실로 추천되어 관직에 올랐고 임진 왜란 때 합천에서 의병을 조직하여 활동하였는데 이때 조정에서는 그에게 창의장을 제수하였다. 그는 자신의 스승인 조식이 문묘에 배향되지 못하자 불만을 품었다.
　그는 1611년 이언적과 이황을 배척하는 상소를 올렸다. 정인홍은 그 상소에서 이황과 이언적을 시속에 따르는 부류로 칭하였고, 특히 이황을 몹시 비난하였다.
　정인홍이 상소를 올리자 성균관 유생 500명이 상소를 올려 이언적과 이황을 적극 변명하면서 정인홍의 이름을 유적에서 없애 버렸다. 유적이란 유생의 이름을 적어놓은 일종의 장부이다.

이렇게 되자 정인홍을 지지하는 세력들은 성균관 유생들을 유적에서 삭제하자고 주장하고 나섰다. 그러자 광해군은 정인홍의 손을 들어 주었다. 그러자 성균관 유생들은 오늘날의 동맹휴학인 권당으로 자신들의 뜻을 관철하려고 맞섰다.

사태가 크게 발전하자 조정의 대신들과 전국의 유생들이 잇달아 상소를 올렸다. 이때 광해군은 정인홍을 적극적으로 지지했다.

'강변칠우사건'

임해군을 죽인 대북세력은 시선을 인목대비에게 돌렸다. 그들은 인목대비가 낳은 영창대군이 살아 있으면 그를 왕으로 추대하려는 역모가 계속 일어날 것으로 판단하고 영창대군을 없앨 음모를 꾸몄다.

1613년(광해 5) 4월 이이첨은 박응서·서양갑 등 강변칠우라는 명문가의 서자 7명이 여주의 조령에서 일으킨 은상인 살인사건을 역모로 확대시켜 인목대비의 아버지 김제남을 이 사건에 연루시켰다.

광해군이 친히 국문하자 이때 박응서는 이미 조작된 가짜 격문을 제시하였는데 그 글에는 '참용이 일어나기 전에 가짜 여우가 먼저 운다'라고 쓰여 있었다.

여기서 참용이란 영창대군을 비유한 것이고 가짜 여우란 광해군을 가리키는 말이라고 박응서는 대답했다.

포도대장 한희길의 회유에 넘어간 박응서는 영창대군을 왕으로 옹립하기 위해 인목대비의 아버지 김제남과 밀통하여 거사 자금을 마련했다고 거짓 자백했다.

이이첨의 농간에 의해 날조된 이 역모로 인해 김제남은 역적으로 몰리게 되었고, 그의 부인 정씨는 아들 삼형제 중 막내를 살리기 위해 그가 병으로 급사했다는 소문을 퍼뜨려 장사지낸 뒤 몰래 숨어 살게 하였다.

이 역모 사건으로 인목대비의 아버지 김제남과 그의 형제들은 모두 사형당했으며 어머니 정씨는 제주도 관노비로 전락되었고, 강화도에 유배된 영창대군은 이듬해 2월 밀폐된 뜨거운 방 안에서 9살에 세상을 떠났으며, 많은 사람들이 떼죽음을 당했다.

광해군과 대북파 세력들은 인목대비의 폐모론을 들고 나섰다. 1618년(광해군 10) 정월 영창대군이 죽은 지 4년 뒤 조정에서는 폐모에 관한 찬반 양론이 격화되면서 광해군은 폐모론을 반대한 신하들을 유배시키고 인목대비 김씨에게는 대비의 존호를 폐한 다음 서궁(현재 덕수궁)에 유폐시켜 버렸다.

광해군이 자신보다 아홉 살 아래인 계모 인목대비 김씨를 폐위시켜 서궁에 유폐시킨 것은 불만을 품고 있는 세력들에게는 반정을 일으킬 수 있는 좋은 빌미가 되었다. 그리고 김씨에게도 복수의 날이 다가오고 있었다.

결국 이귀·김자점·신경진·심기원·김유·이괄 등 서인들은 선조의 후궁인 인빈 김씨의 3남 정원군의 큰아들인 능양군(인조)을 옹립하여 인목대비 김씨의 교지를 받아 1623년(광해 15) 3월 13일 반정을 성공시켰다.

능양군도 8년 전 동생 능창군이 강화 교동도에서 억울하게 죽었기에 광해군과 대북파에게 뼈에 사무치는 원한을 품고 있던 터였다. 반정세력이 성공할 수 있었던 것은 광해군과 가까운 김상궁을 포섭한 것이 주효했던 것이다. 뇌물을 먹은 김 상궁이 주색에 빠진 광해군의 유흥을 돋우고 거사 기밀을 차단했던 것이다.

간밤의 난리통에 허겁지겁 도망쳤다가 체포된 광해군은 아직도 취중인 채 폐주로 전락했고, 반정군은 서둘러 서궁에 유폐되어 있던 인목대비 김씨에게 능양군의 전위 교지를 내려 달라고 청했다.

그러나 뼈에 사무친 원한과 복수심에 불타는 대비 김씨가 순순히 반정군의 뜻대로 되지 않았다.

능양군이 직접 대비를 알현하고서야 간신히 윤허를 받아낼 수 있었다. 대비 김씨는 광해군의 목숨을 원했던 것이다. 반정군에 의해 대북파 간신들의 목은 잘렸고 광해군은 강화도로 귀양을 갔다. 이로써 능양군이 왕위에 오르니 이가 곧 인조이다.

인목대비 김씨는 친정을 멸문시키고 아들 영창대군을 죽인 광해군을 끝내 죽이지 못하고 1632년(인조 10) 6월 48세에 한 많은 세상을 떠났다.

그녀는 경기도 구리시 인창동 동구릉 묘역에 묻힌 선조와 의인왕후의 능인 목릉에 묻혔다.

강화로 유배되었던 미치광이 광해군은 그 후 다시 제주도로 옮겨져 인목대비 김씨보다 9년을 더 살았다.

광해군의 대외정책

광해군이 왕위에 올랐을 때 조선을 둘러싼 정세는 매우 어수선했다. 임진 왜란 때 조선에 구원병을 보낸 명나라는 전국에서 지방의 세력들이 발호하고 변방의 야인들은 난을 일으켰다.

그 중에서도 건주위의 여진을 중심으로 세력을 떨쳤고, 명나라는 점점 기울고 여진족은 강성해지고 있었다.

누르하치의 후금이 점차 강성해지면서 1617년 요동의 무순과 청하를 차지하자 명나라는 조선에 구원군을 요청하였다.

임진 왜란 때 많은 도움을 받았던 조선은 그들의 요구를 뿌리칠 수 없었다. 이때 조선의 형편도 여의치 못해 여러 가지 핑계를 대면서 파병을 지연시켰으나 명나라의 사정이 점점 어려워지자 처음보다는 적은 병력을 보내 줄 것을 요청하였다.

광해군은 더 이상 지연시키지 못하고 참판 강홍립을 5도 도원수로 삼고 평안병사 김경서를 부원수로 삼아 군사들을 요동에 보내기로 결정하였다.

이때 광해군은 강홍립에게 은밀한 명령을 내렸다.

"도원수는 과인의 말을 잘 들으시오. 우리는 어쩔 수 없어 명나라에 군사를 보내는 것이니 후금의 동정을 잘 살펴 함부로 그들과 싸우지 말고 때를 살펴 잘 행동하도록 하오."

광해군의 밀지를 받은 강홍립은 군사들을 이끌고 요동으로 나아갔다. 1619년 2월 마침내 전쟁이 시작되자 강홍립은 몰래 김언춘을 후금의 진영에 보내

"우리 조선군은 마지못해 출전했으니 그리 알기 바라오."
라고 전했다.

3월에 심하에서 후금과 싸웠으나 결과는 대패했다. 강홍립은

광해군의 밀지에 의해 후금과 협상하고 항복하였다.
　이때 평양감사가 조정에 장계를 올렸다.
　"전하, 강홍립이 오랑캐에게 항복하였사옵니다. 그래서 소신이 그의 식솔들을 모두 감옥에 가두었습니다."
라고 보고하였다.
　광해군은 강홍립의 가족들을 모두 풀어 주도록 명령하였고 후금에 투항한 강홍립은 몰래 광해군에게 그들의 동정을 살펴 사람을 보내 샅샅이 보고했다.
　후금의 누르하치는 조선의 광해군에게 친서를 보내 우호관계를 맺자고 제의하면서 강홍립을 제외한 전쟁 포로들을 돌려보냈다.

　한편 강홍립 등이 후금과 화의을 맺을 무렵 좌영장 김응하는 명나라군과 후금을 공격하였다. 그는 군사들을 거느리고 용감하게 싸워 적의 장수와 적군 5천여 명을 쓰러뜨렸다.
　그는 계속하여 적군을 맞아 싸웠는데 워낙 강군인 후금의 군사들을 막는 데 역부족이었다. 마침내 거느리던 부하들을 모두 잃고 마지막 그 혼자만 남게 되었다.
　그는 혼자서 적군을 맞아 싸우다가 마침내 어느 버드나무 아래에 쓰러지고 말았다. 후금의 군사들도 그의 용맹함에 감동되어 시체를 거두어 정중히 장사지냈다.
　조정에서는 그에게 영의정을 증직하고 충무공의 시호를 내렸다.

광해군 부인 유씨

　광해군 부인 유씨는 판윤 유자신과 동래 정씨의 딸로 1573년(선조 6)에 태어났다.
　유씨는 1588년(선조 21) 16세 때 두 살 아래인 광해군과 혼인하여 아들 세 명을 두었으나 두 아들은 일찍 죽고 외아들 지만 남았다.
　유씨의 아들이 열 살이 되던 1602년(선조 35) 51세의 시아버지 선조가 19세의 인목왕후 김씨를 왕비로 맞이했다. 이때 30세인 유씨보다 시어머니 김씨는 열한 살이 어렸다.
　이때 광해군과 유씨는 세자와 세자빈으로 책봉된 상황이었는데, 1606년(선조 39) 인목대비 김씨가 영창대군을 낳자 조정의 세력은 광해군을 지지하는 대북세력과 영창대군을 지지하는 소북세력으로 분열되었고, 선조는 광해군보다 인목왕후 김씨가 낳은 영창대군을 더 총애했다.
　이때부터 유씨와 시어머니 간에는 미묘한 갈등이 일기 시작했다. 인목대비 김씨가 적장자 영창대군을 낳고부터 선조는 광해군의 문안 인사조차 거절하자 덩달아 김씨의 궁녀들도 콧대를 높이고 나인들까지 유씨를 업신여겼다.
　유씨와 시어머니 김씨 간에는 긴장 상태가 고조되고 있던 중에 감정의 골이 깊어지는 사건이 벌어졌다.
　유씨는 막내아들이 병이 들어 대전의 약방에서 약을 지어 오게 했는데 대전약방 궁녀가 인목왕후의 세력을 믿고 유씨가 보낸 궁녀에게 동궁 약방의 약을 사용하라며 약을 주지 않았다.
　당시 대전약방과 동궁약방은 수준이 달랐던 것이다. 유씨는 동궁약방의 약을 썼는데 공교롭게도 아들이 죽어 버렸다. 유씨의 생각으로는 아들이 죽은 것은 인목왕후 때문이라고 원망했다.

1608년(선조 41) 2월 인목왕후 김씨의 아들 영창대군이 세 살 되던 해 선조가 갑자기 세상을 떠나자 인목왕후는 광해군을 즉위시킨다는 언문으로 된 교지를 내렸다. 이때 유씨도 왕비에 책봉되었다.

유씨가 왕비에 책봉되자 조정은 온통 유씨 집안의 세도로 가득 찼다. 유씨의 오라버니 세 명은 물론 심지어 조카들까지도 모두 벼슬아치가 되었다.

이렇게 유씨 일가가 득세하자 1612년(광해군 4) 4월 성균관 진사 임숙영이 과거시험 책문시에 당시 유씨 일가족과 조정의 정사를 풍자하여 비난하는 글을 지어 논란이 일어나기도 했다.

당시 임진 왜란 후의 사회상은 혼란기였고 불타 버린 대궐 등을 복구하기 위해 관직의 매매가 성행하였는데 조 도사라는 벼슬행상은 지방으로 돌아다니며 재물을 받고 벼슬을 팔기도 했다.

창덕궁의 무리한 증축에 따른 사역과 재물의 헌납으로 백성들은 가산을 몰수당하여 굶주림에 쓰러지고, 헌납 과정에서 일부 헌납금은 농간을 부리는 관리들이 횡령 착복하여 사재로 비축하기도 했다.

광해군은 충신들을 죽인 것에 대한 환영으로 괴로워서 날마다 술과 여자로 소일을 했다. 김 상궁은 중전 유씨의 비위를 맞추며 광해군에게는 후궁들을 매일같이 안내하면서 그녀들로부터 각종 패물과 뇌물을 챙기는 데 혈안이 되었다.

광해군은 거의 중전 유씨를 찾지 않았다. 유씨는 나름대로 친정어머니 정씨를 모시고 연회를 베풀기도 하면서 자신이 왕비가 되기까지 겪은 고초를 스스로 달랬다.

1623년(광해군 15) 3월 마침내 '인조반정'으로 유씨의 왕비 생활은 끝나고 말았다. 정변이 일어나자 유씨는 한때 궁녀들과 비원 숲 속에 숨어 있다가 반정군에게 자수했다.

체포된 광해군 부부와 폐세자 부부 등 네 사람은 강화도에 위리안치되었다. 반정세력은 이들을 한곳에 두지 않았는데 광해군 부부는 강화도의 동문 쪽에, 폐세자 부부는 서문 쪽에 각각 안치시켰다.

유씨는 강화도로 떠나는 뱃길에서 몇 차례 남편인 광해군에게 목숨을 끊으라고 요구하였으나, 광해군은 언젠가는 다시 기회가 올지 모른다고 목숨을 끊지 않았다.

유씨가 강화도의 교동 땅에서 몇 달을 지냈을 때, 아들 지가 땅굴을 파고 탈출하려다가 발각되어 죽게 되었다. 폐세자가 죽자 폐세자빈 박씨도 남편의 뒤를 따라 바닷물에 투신하고 말았다. 이때 폐세자는 26세, 폐세자빈은 29세였다.

광해군과 그의 부인 문성군부인의 묘.

아들이 죽었다는 소식을 전해 들은 유씨는 이제는 더 이상 살아갈 희망을 잃었고 아들이 묵었던 방에 들어가 스스로 목을 매어 자살했다.

1623년(인조 1) 10월에 죽은 유씨는 경기도 남양주시 진건면 송릉리 광해군 묘에 묻혔다. 광해군 역시 아내 유씨를 그리워하며 18년을 더 살다가 67세인 1641년(인조 19) 7월 제주도에서 세상을 떠났고 아내 옆에 묻혔다.

광해군은 임진 왜란으로 불타 버린 서적 간행에 힘을 쏟았다. 『신증동국여지승람』·『국조보감』을 다시 편찬했으며 실록을 보관하기 위해 적산산성에 사고를 설치하고 임진 왜란 때 불타 버린 네 곳의 사고를 대신했다. 그리고 이때 허준의 『동의보감』이 간행되었다.

제15대 광해군 가계도

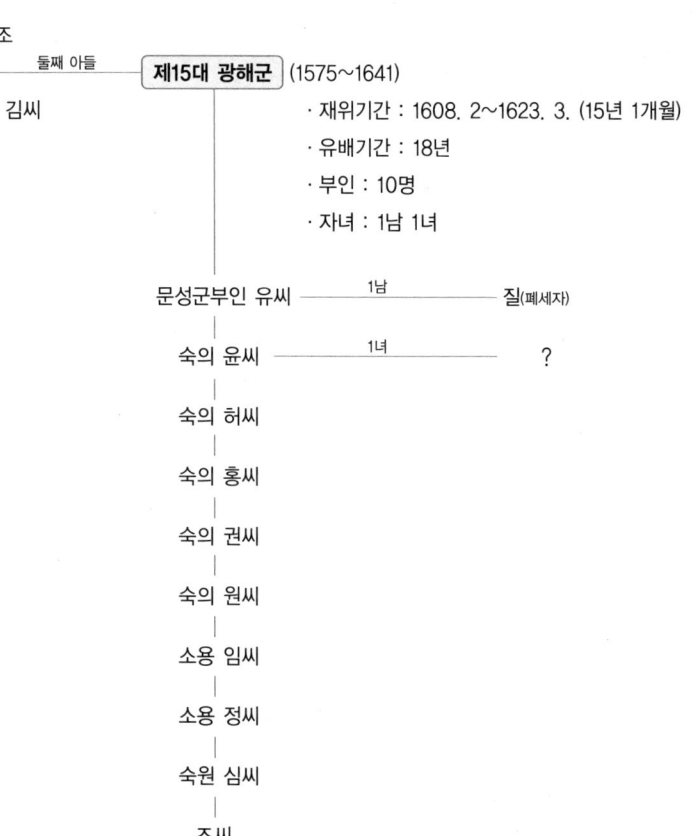

인조실록 仁祖實錄

『인조실록』 편찬 경위

『인조실록』은 조선왕조 제16대 왕인 인조의 재위기간(1623.3.~1649.5.) 26년 2개월간의 역사를 편년체로 기록한 사서이다. 정식 이름은 『인조대왕실록』이며, 모두 50권 50책으로 활판으로 간행되었다.

조선시대 다른 왕들의 실록과 함께 국보 제151호로 지정되었다. 『인조실록』은 인조가 세상을 떠난 다음해인 1650년(효종 1) 8월 1일 춘추관에 실록청을 설치하고 편찬을 시작하였다. 인조는 반정에 의하여 광해군을 폐하고 즉위하였기 때문에 즉위년칭원법을 사용하였다.

『인조실록』은 1653년(효종 3) 6월에 완성되었다. 여기에 관여한 관원들은 아래와 같다.

총재관 영춘추관사 : 이경여 · 김육, 도청 당상 지춘추관사 : 오준 · 이후원, 동지춘추관사 : 윤순지 · 조석윤 · 채유후, 도청 낭청 편수관 : 홍명하 · 조한영 · 이응시 · 김홍욱 · 심세정 · 이천기 · 권우 · 홍처윤 · 심지한 · 조빈 등이다.

인조는 26년간 재위한 뒤 1649년 5월 8일 창덕궁 대조전에서 세상을 떠났다. 묘호는 인조, 존호는 헌문열무명숙순효이며, 능은 장릉으로 경기도 파주군 탄현면 갈현리에 있다.

『인조실록』의 내용

인조(1595~1649)의 휘는 종이며, 자는 화백이다. 아버지는 선조의 다섯째 아들인 정원군 부(뒤에 원종으로 추존)이며, 어머니는 인헌왕후 구씨이다. 1607년(선조 40)에 능양도정에 봉해지고, 능양군에 진봉되었다. 1623년(광해군 15) 3월 13일에 반정으로 광해군을 쫓아내고 경운궁에서 제16대 왕으로 즉위하였다.

이괄을 2등공신으로 녹봉하여 도원수 장만 휘하의 부원수 겸 평안병사로 임명하였다. 이괄은 이에 불만을 품고 1624년(인조 2)에 난을 일으켰다. 이괄의 군대가 한양을 점령하자, 인조는 공주까지 피난하였다. 그러나 이괄의 반군이 도원수 장만이 이끄는 관군에 의하여 격파되어 진압되자 한양으로 돌아왔다.

1627년(인조 5)에 정묘호란이 일어났다. 이때 후금은 군사 3만여 명을 이끌고 의주를 함락시키고, 평산까지 쳐들어왔다. 이에 조정은 강화도로 천도하여 최명길의 강화 주장을 받아들여 양국이 형제의 의를 맺는 강화조약을 맺었다.

1636년 조선이 형제의 관계를 군신의 관계로 바꾸자는 제의를 거절하자 청나라는 12월에 10만여 명의 군사를 이끌고 재차 침입하였다. 이것이 병자호란이다.

조정은 봉림대군 · 인평대군과 비빈을 강도로 보낸 뒤 남한산성에서 항거하였다. 척화파와 주화파 간에 치열한 논쟁이 벌어졌으나, 결국 삼전도에서 항복하여 군신의 예를 맺고, 소현세자와 봉림대군을 청나라에 볼모로 보내게 되었다.

1644년 소현세자가 볼모생활에서 풀려나 돌아왔는데, 곧 의문의 죽음을 맞았다. 인조는 소현세자의 아들을 후계자로 삼지 않고 둘째 아들인 봉림대군을 세자로, 소현세자의 빈이었던 강씨를 죄에 엮어 사사하였다.

1623년 강화도에 대동법을 실시하여 점차 넓혀 나갔고 1633년 상평청을 설치하여 상평통보를 주조하여 민간무역을 공인하였으며, 학문을 장려하여 우수한 학자들이 많이 배출되었다.

제16대 인조
(1595~1649년 재위기간 1623년 3월~1649년 5월)

인조반정

　인조는 선조와 인빈 김씨에서 태어난 정원군의 맏아들로 1595년에 태어났으며, 1607년 능양도정에 봉해지고 이어서 능양군에 봉해졌다.
　인조의 아버지 정원군은 선조의 다섯째 아들로서 인조가 왕위에 오르기 전에 40세에 세상을 떠났는데 인조가 왕위에 오르자 원종으로 추존되었다.
　선조는 인빈 김씨가 낳은 신성군을 세자로 세우려고 했으나 그가 일찍 죽는 바람에 광해군이 세자가 되었다.
　인빈 김씨는 신성군 다음으로 세 아들을 두었는데 셋째 아들 정원군의 둘째 아들인 능창군은 광해군의 눈엣가시였다. 능창군은 신성군의 양자로 입적하였는데 그는 장차 군왕이 될 자질을 갖고 있다는 소문 때문이었다.
　광해군과 대북파의 조정 대신들은 신경희 사건이 일어나자 능창군을 그들과 연루시켜 강화도에 유배를 보냈다가 죽여 버렸다.
　이 사건으로 정원군의 집안은 풍비박산되었고, 그는 화병으로 40세에 세상을 떠났다.
　동생을 억울하게 잃어버린 그의 형 능양군은 이때부터 역모를 품고 은밀히 일을 벌이기 시작했고, 광해군이 인목대비를 유폐시키자 본격적으로 대북파와 대립한 서인들을 포섭하였다.
　대북파에 의해 조정에서 쫓겨난 서인들은 능양군과 자연스럽게 접촉하였고, 마침 그들은 능양군을 새로운 왕으로 옹립하기로 결정하고 역모를 꾸몄다.
　능양군과 역모를 도모한 대표적인 인물은 이귀·김자점·최명길·이괄 등으로 이들은 모두 서인들이었다.
　이 역모에 군사를 동원하기로 한 사람은 이귀·김유·이괄이었는데 이때 이귀는 평산부사였고 이괄은 함경도 병마사로 임명되어 임지로 떠나야 할 처지였으며, 김유는 대간들의 탄핵을 받고 벼슬에서 쫓겨난 상태였다.
　1622년 반정이 일어나기 1년 전 이귀는 평산부사였는데 이때 평산지방에 호랑이가 자주 나타나 백성들이 불안에 떨자 이귀는 조정에 무장한 군사들이 도의 경계에 구애받지 않고 자유롭게 드나들 수 있도록 상소하였다. 이것은 무장한 군사들이 도성으로 올라갈 수 있게 하기 위한 그의 계략이었다. 그러나 이 계략은 사전에 정보가 누설되어 연기되었고, 나라 안에 정변이 일어난다는 소문이 퍼지게 되었다.
　능양군을 비롯한 그의 추종세력들은 1623년 3월 12일 밤부터 홍제원에 모여 치밀한 작전을 세웠다. 그런데 이때 그들의 역모를 눈치 챈 조정에서는 훈련도감 이확에게 역모에 가담한 무리를 잡아들이라는 명령을 내렸다.

이 소식을 들은 이귀는 거사 시간을 앞당겨 출전하기로 하고 군사들을 헤아려 보니 겨우 6,7백 명 정도밖에 되지 않았고, 반란군을 지휘하기로 한 김유가 오지 않자 이괄로 하여금 반란군을 지휘하는 대장으로 삼았다.

 마침내 반란군은 창덕궁을 향해 쳐들어갔다. 이때 김유가 군사들을 거느리고 합류했다. 그는 역모가 탄로났다는 소식을 듣고 망설이다가 뒤늦게 반란군에 합류했다.

 반란군은 곧장 쳐들어가서 창의문을 뚫고 창덕궁에 들어갔다. 창의문 안에서 능양군이 군사들을 거느리고 기다리고 있었다.

 창덕궁에서는 훈련대장 이흥립이 군사를 거느리고 궁궐을 지키다가 반정군이 들어오자 그들과 합류했다.

 훈련대장 이흥립은 영의정 박승종과 사돈 간이었다. 그의 딸이 박승종의 둘째 며느리였다.

 박승종은 역모에 사돈이 연루되었다는 정보를 입수하고 이흥립을 죽여야 한다고 광해군에게 건의했으나 옆에 있던 김 상궁의 말을 듣고 그의 건의를 받아들이지 않자 자신이 나서서 이흥립을 잡아 가두려는 때 이흥립이 스스로 찾아와서 자신은 몹시 억울하다고 변명을 늘어놓았다.

 이흥립의 간절한 변명에도 박승종은 꿈쩍도 하지 않고 그를 체포하려고 마음먹을 때 둘째 아들이 마침 외출했다가 집에 돌아와 이 사실을 알고 아버지에게 장인을 적극적으로 변명하여 겨우 목숨을 건지게 하였다.

 반란군은 궁궐에 들어가서 장작더미에 불을 질러 반정이 성공했다는 신호를 보냈다. 그러자 궁궐 밖에 있던 사람들이 몰려와서 합류하였고, 마침내 반정은 성공하였다.

 반정군은 이제 광해군을 찾기 위해 횃불을 들고 궁궐을 샅샅이 수색했으나 그의 모습은 보이지 않았다.

반정군이 궁궐에 들어오자 광해군은 이때 술에 취하여 막 잠자리에 들려고 할 때 밖에서 들려 오는 고함소리를 듣고 내시에게

"밖이 왜 이렇게 소란스러우냐?"

라고 묻자 이때 한 내시가 헐레벌떡 광해군에게 달려와서

"전하, 지금 반란군이 이곳으로 쳐들어오고 있습니다. 어서 빨리 피하시옵소서."

라고 말하자 광해군은 자리에서 벌떡 일어나더니 대궐 담을 넘어 도망쳐 버렸다.

광해군을 찾지 못한 반정군은 불안했다. 이때 능양군은 서궁에 유폐되어 있는 인목대비를 자기 대신 승지를 보내 모셔오도록 명령했다.

인목대비는 능양군이 찾아오지 않고 대신 승지를 보내자 불쾌하게 생각하고 승지를 돌려보냈다.

이때 이귀가 능양군에게 건의했다.

"인목대비를 맞이하기 위해서는 능양군께서 친히 서궁에 가셔야 합니다."

라고 건의하자 능양군은 자신의 추종세력들을 거느리고 인목대비를 찾아갔다.

이때 능양군은 대보를 받들어 인목대비에게 바쳤다.

"대비마마, 속히 환궁하셔야겠습니다."

라고 말하자 인목대비는 대보를 받아들고 능양군에게 자신의 설움을 장시간에 걸쳐 털어놓았다.

마침내 인목대비는 대보를 받들어 능양군에 전하면서

"능양군은 선왕의 뜻을 받들고 백성들을 편안케 하라."

라고 말하자 그곳에 모여 있던 사람들은 만세를 불렀다.

이렇게 하여 능양군이 왕위에 오르게 되었는데 이가 바로 인조이다.

한편 광해군은 대궐 담을 뛰어넘어 정몽필을 찾아갔다. 그가 말을 주자 광해군은 총애하던 안국신의 집으로 갔다. 안국신은 광해군에게 상제가 입던 옷을 주고 다른 곳으로 옮겨 가도록 건의했다. 이러한 사실을 안 의원인 정남구가 광해군이 있는 곳을 반정군에 알리자 곧장 군사들이 달려와서 그를 데려갔다.
  인목대비는 광해군을 뜰아래 무릎을 꿇게 하고 그를 준엄하게 꾸짖었다. 그러고 나서
  "너는 죽어 마땅하리라."
라고 말했다.
  인조와 반정 공신들이 광해군에게 극형은 너무 과하니 귀양을 보내자고 간곡히 사정하자 인목대비는 광해군의 처리는 인조에게 맡기기로 하였다.
  인조는 광해군을 강화도에 귀양을 보냈다가 다시 제주도로 옮겼다.
  반정군은 정인홍·이이첨·유희분 등을 잡아 죽였고 인목대비의 어머니를 제주에서 모셔왔으며 광해군 때 억울하게 귀양을 간 사람들을 모두 풀어 주었다.

이괄의 반란

인조 2년(1624) 이괄이 조정에 불만을 품고 반란을 일으켰다.

그가 반란을 일으킨 것은 반정이 성공한 뒤에 논공행상을 정하는 데에 불만을 품었다.

이괄은 용맹하여 반정 때에 군사들을 지휘하여 큰 공을 세웠는데 김유와 김자점에 의해 2등공신이 되어 한성부윤으로 임명되었다. 그의 생각으로는 자신이 병조판서가 되어야 했는데 엉뚱하게 한성부윤에 임명되었다.

그가 이러한 불만을 품고 있을 때 북쪽의 오랑캐가 걱정되어 조정에서는 그를 도원수 장만 휘하의 평안병사 겸 부원수로 군사들을 거느리고 영변으로 가게 하였다.

이렇게 되자 그의 불만은 하늘에 닿았다. 영변에 내려간 그는 군사들을 훈련시키는 한편 무기를 보수하기에 바빴다.

한편 조정의 김유를 중심으로 한 세력들은 그가 모반을 준비하고 있다고 인조에게 고변하여 이괄의 아들을 잡아 가두고 그를 체포하기 위해 선전관을 보냈다.

이 소식을 들은 이괄은

"조정의 나쁜 사람들이 나를 모함하고 죽이려 하니 앉아서 죽을 수가 없다. 저들의 칼에 죽느니 일어나서 그들을 죽이고 조정을 바로잡아야겠다."

라며 그는 칼을 빼어 들고 군사를 일으켰다.

이괄은 자신을 체포하기 위해 내려온 선전관을 죽였다. 이때 이괄이 거느린 군사는 1만 5천 명으로 그 세력이 막강했고, 그의 군사들 중에는 임진 왜란 때 우리나라에 항복한 왜군 3백여 명이 있었는데 그들은 모두 조총으로 무장되어 있었다.

이괄이 반란을 일으키자 도원수 장만은 군사들을 거느리고 나아가 그들을 막았으나 잘 훈련된 이괄의 군사들을 당해낼 수가 없어 달아났고, 이괄은 여러 고을들을 함락했다.
 이괄은 샛길로 한양으로 쳐들어갔다. 이때 조정에서는 이귀에게 군사를 주어 임진강을 막게 했으나 이귀의 군사는 이괄의 군사를 당해낼 수 없었다.
 수도인 한양이 위태로워지자 인조는 한강을 건너 공주로 내려갔다. 인조가 한양을 떠난 지 이틀 만에 이괄은 한양에 쳐들어왔다.
 이괄이 군사들을 거느리고 한양으로 내려올 무렵 안주방어사 정충신은 도원수 장만을 찾아와서 이괄의 전략을 말했다.
 "저는 평소 이괄과 형제처럼 지냈으나 그가 모반을 일으켰다는 소식을 듣고 달려왔습니다. 저에게 군사를 맡겨 그를 물리치게 하십시오."
 "이괄에게는 어떤 작전이 있소?"
 "예, 이괄의 작전은 세 가지로 나눌 수 있습니다. 첫 번째 그가 곧장 한강을 건너 임금의 뒤를 추격한다면 전세가 어떻게 될지 모르며, 두 번째는 그가 평안도와 황해도에 걸쳐 명나라 장수 모문룡과 결탁하면 조정에서 그를 쉽게 물리칠 수 없을 것이며, 세 번째는 한양으로 쳐들어가서 빈 성만 차지하고 있으면 아무 소용이 없을 것입니다."
 "그렇다면 이괄은 장차 어떤 작전을 쓸 것 같소?"
 "이괄은 용맹하지만 계략이 없으니 아무래도 세 번째 작전을 쓸 것입니다. 그의 작전대로 되면 관군과 반란군은 한양의 서문 밖에서 결전을 벌이게 되는데 그렇게 되면 북산을 먼저 차지하는 편이 승리하게 될 것입니다. 그러하오니 군사들을 동원하여 북산을 빼앗기지 않게 굳게 지켜야 합니다."
 장만은 정충신의 말을 듣고 그를 부원수로 임명하고 그에게 군사 2천여 명을 주어 적을 무찌르게 하고 자신은 1천여 명의 군사들을 거느리고 그의 뒤를 따랐다.

한양을 점령한 이괄은 정충신이 예견한 대로 인조를 추격하지 않았고, 선조의 열한 번째 아들인 흥안군을 왕으로 세우고 조정의 벼슬아치들을 임명하고 과거령을 내렸다.

이 무렵 정충신은 서대문 밖 안재를 점령하였다. 그러자 이괄은 깜짝 놀랐다.

"정충신은 장만보다 뛰어난 장수이다. 그가 북산에 진을 치면 우리는 낮은 쪽에 있게 되니 전세가 불리할 것이니 우리가 먼저 북산을 점령하자."

라고 말하고 군사들을 동원할 무렵 어떤 부하가 달려와서 관군이 이미 북산에 올랐다는 소식을 전했다.

이괄이 깜짝 놀라 북산을 바라보니 군사들이 몇 명 보였다.

"내가 보니 관군은 얼마 되지 않은 것 같으니 우리가 먼저 쳐들어가서 빼앗자."

라고 말하고 그는 수천 명의 군사들을 지휘하여 북산으로 쳐들어갔다. 이때 동남풍이 불어 이괄의 군에게 유리하였으므로 맹공격을 퍼붓자 관군은 잠시 뒤로 물러났다가 다시 격전을 벌였다.

싸움의 승패는 우열을 가릴 수가 없었다. 오시가 넘자 갑자기 바람이 북풍으로 변하였다. 이때 정충신이 준비한 고춧가루를 군사들에게 뿌리게 하자 반란군은 눈을 뜰 수가 없어 동요하기 시작했다.

정충신은 이때를 놓치지 않고 맹렬하게 반란군을 공격했으나 그들은 좀처럼 물러서지 않았다.

마침내 관군에 의해 반란군은 무너졌다. 그들은 성 안으로 들어가지 못하였고, 이괄은 군사들을 이끌고 한강을 건너 도망갔다. 이때 중군대장 남이흥이 그를 추격하려고 하자 정충신이 말렸다.
"추격하지 마시오. 아마도 곧 누가 그의 목을 가지고 나타날 것이니 우리는 도성으로 들어가서 백성들을 살피십시다."
그들이 도성 안으로 들어가 백성들을 살피고 있을 때 이괄과 함께 도망갔던 기수백 등이 이괄과 한명련의 머리를 가지고 와서 정충신에게 바쳤다. 과연 정충신의 예견은 적중하였다.
공주에 내려갔던 인조는 정충신의 승리의 보고를 듣고 곧장 한양에 돌아왔고 이괄 등의 목을 팔도 각 고을에 돌리게 하였다. 이로써 이괄의 반란은 진압되었다.

정묘 · 병자호란

1627년 후금의 태종은 3만 명의 군사들을 이끌고 조선으로 쳐들어왔다. 그러자 인조를 비롯한 조정의 대신들은 강화도로 피난하였고, 그들의 위세에 눌려 싸움 한 번 하지도 못하고 어쩔 줄을 몰랐다.
후금의 태종은 조선에 서신을 보내어 자신이 조선을 침략한 일곱 가지 이유를 밝혔는데, 그 가운데 중요한 내용은 조선이 차지하고 있는 만주를 청나라에 내놓을 것, 명나라 장수 모문룡을 잡아서 청나라에 보낼 것, 명나라를 치기 위해 조선의 군사 3만 명을 보낼 것 등을 요구하였다.
이때 조정에서는 최명길 등이 강화 회담에 나서 청나라와 형제의 맹약을 맺고 서로 침략하지 않으며 세공 및 몇 가지 조건을 허락하고 그들을 돌려보냈는데 이를 정묘호란이라 한다.

그 뒤 청나라 태종은 명나라를 치기 위해 조선에 여러 가지를 요구하였는데 군사와 병선 그리고 많은 공물을 요구하였으며 형제관계의 약속을 깨뜨리고 군신관계를 강요하였다.

청나라군은 조선의 변경에 자주 쳐들어와서 백성들의 재물을 약탈하고 사람을 죽이고 많은 사람들을 포로로 끌고 갔다.

1636년 청 태종은 황제라 일컫고 정식으로 국호를 청이라 고치고 용골대 등을 사신으로 조선에 보내 명나라와 동등하게 청나라를 대우할 것을 요구했다.

이때 조선의 조정에서는 척화파의 세력이 주화파보다 세었으므로 청나라 사신을 만나지 않았고 그들의 국서도 받지 않았다.

이러한 일들은 청나라가 또다시 조선을 침략하는 빌미를 주었다.

1636년 겨울 압록강이 얼자 청 태종은 10만 명의 군사들을 거느리고 조선에 쳐들어왔다.

조선의 조정에서는 우선 소현세자와 봉림대군을 종묘의 신주

청나라 군사들이 명나라의 요양성을 공략하는 모습.

를 모시고 비빈들과 함께 강화도로 피난시켰다. 그리고 인조는 강화도에 가려다가 청나라군들이 양화진을 막고 있었기 때문에 하는 수 없이 발길을 돌려 남한산성으로 들어갔다.

인조는 남한산성에 들어가 군사들을 여러 부대로 나누어 성을 지키게 하는 한편 각 도에 사람을 보내 응원군을 모집하게 하였다.

청나라군은 한강을 건너 남한산성을 겹겹이 포위하고 공격하는 한편 항복을 권하는 글을 보내는 양면 작전을 펼쳤다. 그러나 조선의 군사들은 청나라군을 당해내지 못했다.

조선군은 나라 안 곳곳에서 청나라군에게 패하였고, 의병들도 남한산성에 오지 못했다.

이리하여 남한산성은 적군에게 겹겹이 에워싸여 사람은 물론 군수물자도 들어가지 못해 성 안에 있던 군사들과 백성들은 점점 고립되었다.

이렇게 되자 임금을 비롯한 신하들은 물론 군사들까지 전전긍긍하게 되었고, 조정은 매일 주화파와 척화파가 맞서 논쟁만 벌일 뿐 아무런 대책이 없었다.

성 안의 군사들과 백성들은 굶주림과 추위에 40일 동안 버티었다.

이때 강화도가 청나라군에 함락되었다는 소식이 들어왔다. 그곳에 피난한 왕자들과 비빈들은 물론 궁녀들까지 모두 포로가 되어 버렸다.

그때 강화도를 지키고 있던 방어사 김경징은 반정공신 김유의 아들로 그는 매일같이 기생들과 술을 마시고 방비를 전혀 하지 않았다.

청나라 장군 용골대가 거느린 수천 명의 군사들이 뗏목을 엮

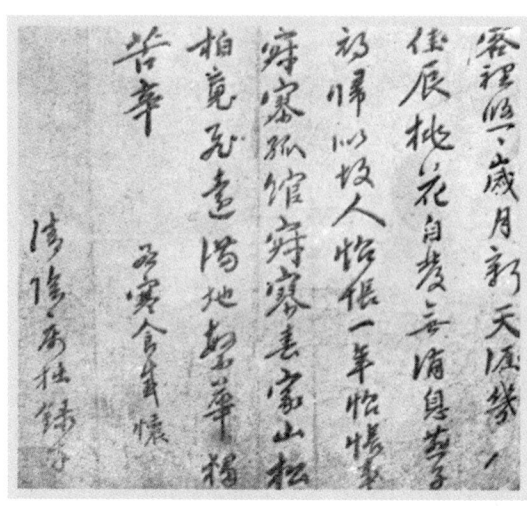

김상헌의 시
병자호란 때 척화론을 주장하다가 인조가 항복하자 심양에 끌려갔다.

어 타고 쳐들어가자 강화성은 한순간에 무너지고 말았다.

성이 함락되자 방어사 김경징은 부사와 함께 도망갔고 왕자와 비빈들은 모두 적의 포로가 되었다.

인조는 몹시 당황하여 주화파 최명길 등의 의견을 좇아 성문을 열고 송파의 삼전도에 나아가 청 태종 앞에 무릎을 꿇었다. 이것이 병자호란이다.

청 태종은 인조에게 명나라와 관계를 끊고 청나라에 사대의 예를 행하도록 했으며 소현세자와 봉림대군을 볼모로 데려갔고, 척화파의 삼학사인 홍익한·윤집·오달제를 끌고 갔다. 그리고 척화파의 김상헌을 심양으로 잡아갔다가 6년 뒤에 돌려보냈다.

심양에 잡혀간 홍익한·윤집·오달제 등은 잔혹한 고문을 당하면서도 끝까지 청 태종을 오랑캐라 준엄하게 꾸짖었고 마침내 형장의 이슬로 사라졌다.

강화도가 청나라군에 함락되던 날 김상용은 화약을 몸에 품고 자폭하였으며, 척화를 주장한 홍방인은 지자강에 투신 자살하였다. 그리고 강화도 방어사 김경징과 그의 부장은 인조가 붙잡아 교수형에 처했다.

소현세자의 죽음

　삼전도에서 청나라에 항복한 조선의 조정은 소현세자와 봉림대군을 비롯하여 많은 사람들이 청나라게 볼모로 끌려갔다.
　청나라의 심양에 끌려간 소현세자는 청나라의 관리들과 활발한 관계를 유지하면서 그들의 문물을 자세히 살폈다.
　소현세자의 일행이 처음 청나라에 끌려갔을 때는 경비가 삼엄하여 외부 사람들과 접촉하기 어려웠으나 시간이 지남에 따라 자유스럽게 활동할 수 있었다.
　1644년 청나라가 명나라를 쓰러뜨리고 북경으로 수도를 옮기자 소현세자도 북경에 들어가서 두어 달 동안 머물렀다. 이 때 소현세자는 아담 샬을 만났는데 그는 소현세자에게 유럽인의 천문대를 소개하고 과학자들을 소개했으며 서양의 역법을 알려 주었다.
　소현세자는 북경에서 심양으로 돌아올 때 아담 샬로부터 받은 『천문역산서』와 지구의 · 천주상 등을 받아가지고 왔다.

　한편 조선 조정의 분위기는 이상하게 돌아가고 있었다. 그 이유는 소문에 의하면 청나라가 소현세자를 조선으로 돌려보내 왕으로 삼고 인조를 심양에 불러들인다는 것이었다.
　인조는 몹시 불쾌했다. 이러한 와중에 1645년 3월 소현세자가 9년 만에 귀국하였으나 인조는 달갑게 생각하지 않았다.

　소현세자는 귀국하면서 많은 서양의 물건들을 가지고 들어왔는데 그때 조선의 사회는 그것을 받아들일 분위기가 아니였다.

　소현세자는 서양의 문물을 받아들여 조선을 개혁하려는 큰 뜻을 품고 있었다. 그러나 그의 뜻은 성사되지 못하였는데 그 원인은 소현세자가 갑자기 병을 앓다가 세상을 떠나 버렸기 때문이다.

　소현세자의 갑작스런 죽음은 의문점이 많았는데 인조의 후궁 조씨는 평소에 소현세자를 못마땅하게 생각하는 사람으로, 세자가 병을 앓자 이형익에게 침을 놓게 했는데 이형익은 소용 조씨의 집안과 가까운 사이였다는 것이다.

　소현세자가 갑자기 세상을 떠나자 다음 세자를 정해야 했는데 이때 소현세자의 아들은 너무 어려서 인조는 둘째 아들 봉림대군을 세자로 책봉하였다.

　1645년 9월 봉림대군이 세자로 책봉되자 소현세자의 부인 강빈에게 비난이 봇물처럼 쏟아졌다.

　"강빈은 상감마마에게 불만을 품고 수라상에 독약을 넣으려다 발각되었다."

　이때 조정의 권력은 김자점이 잡고 있었으며 그는 소용 조씨와 한통속이 되어 강빈을 무고하였다.

　마침내 인조는 강빈의 오라버니인 강문성·강문명 등을 섬으로 귀양을 보냈다가 나중에 곤장을 쳐서 죽였다. 그리고 강빈을 사가로 내쫓았다.

　1646년(인조 24) 강빈은 사약을 받고 세상을 떠났다. 강빈을 죽게 만든 사람은 조 소용이라 세상 사람들은 말했고, 그녀의 죽음을 매우 애석하게 여겼다.

인열왕후의 내조

　인조의 후비 인열왕후 한씨는 영돈녕부사 청주 한씨 한준겸과 그 부인 왕씨의 딸로 강원도 원주에서 1594년(선조 27)에 태어났다.
　한씨는 1610년(광해군 2) 한 살 아래인 능양군(인조)과 혼인하여 청성현부인에 봉해졌다가 1623년 3월 인조가 제16대 왕으로 즉위하자 30세에 왕비로 책봉되었다.
　인조의 후비 한씨의 아버지 한준겸은 대북파의 거두 정인홍을 매우 싫어하여 파직당하기도 했고, 광해군 때 영창대군을 없애는 계축옥사에 연루되어 5년간 귀양살이를 하는 등 고생을 많이 겪었다. 이러한 아버지를 잘 아는 한씨는 매사에 신중하고 조심성이 많았다. 지난날 살벌했던 정쟁 속에서 억울하게 죽은 사람들을 수 없이 목격하였다.
　한씨는 가계가 어려워 검약하게 살 수밖에 없었다. 더욱이 시동생 능창군이 역모에 연루되자 그를 살리려고 혼수 패물까지 뇌물로 바치다 보니 생활은 더욱 빈궁해졌다. 이러한 때에 반정에 의해 왕비가 되었던 것이다.
　인열왕후 한씨는 인조가 왕위에 오르자 배가 엎어져 있는 그림을 보여 주며 인조에게 백성들에게 인심을 잃으면 이렇게 될 수 있다고 조언하는 등 왕권이 빈약한 인조가 반정세력에게 퇴출되지 않도록 최선의 내조를 게을리 하지 않았다. 인조가 후원을 호화롭게 꾸미고자 할 때도 지난날을 되새겨 검소하게 꾸미도록 조언하였다.
　이괄의 난 이후 해마다 흉년까지 겹쳐 민생이 피폐해지자 인열왕후 한씨는 굶주리는 백성들을 돕는 일에 적극 나섰는데, 왕실에서의 구휼은 인조의 민심 회복에 큰 도움이 되기도 했다.

1625년(인조 3) 인조와 후비 한씨는 맏아들 소현세자가 열네 살이 되자 세자빈을 맞기 위한 간택령을 내렸다. 이때 인조와 인열왕후는 남인 윤의립의 딸을 마음에 두었고 소현세자도 윤 규수를 사모하였기에 그녀의 간택은 거의 결정적이었다.

그러나 당시 서인세력들은 정권 유지 일환책으로 왕비는 반드시 서인의 집안에서 뽑겠다는 원칙을 고수하며 남인의 딸이 세자빈으로 간택됨을 거부하였다. 서인들은 윤의립의 조카 윤인발이 이괄의 역모에 가담했다가 죽었으니 역적 집안과는 국혼이 불가한 일이라고 주장했다.

인조는 그들의 의견을 묵살하였으나 반정공신들의 힘을 입어 왕이 되었기 때문에 간단하게 끝날 일이 아니었다. 이 일로 남인세력과 서인 간에 갈등이 전개되어 결국 서인세력이 승리하였다.

이때 소현세자는 깊은 상처를 입었다.

"역적질을 한 것은 윤인발인데 사촌누이동생 윤 규수가 왜 역적인가? 열여섯 살의 윤 규수가 어찌 역적이냔 말이다. 나쁜 놈들! 저희 당파가 아니라서 그러는 게지…. 죽일 놈들…."

열네 살의 세자는 큰 상처를 입었다.

세자에 못지않게 그를 그리워하던 윤 규수도 더 이상 슬픔을 견디지 못하고 목을 매고 말았다. 소현세자도 이 소식에 충격을 받고 한때 방황하다 1627년 정묘호란이 일어났던 해에 자신보다 한 살 많은 17세의 강씨와 가례를 올렸다.

강씨의 아버지 동부승지 강석기는 예학에 정통한 서인세력이었기에 소현세자는 강씨를 멀리했다. 세자는 내심 윤 규수와 헤어지게 된 것이 강씨의 탓이라고 생각했다.

그리고 2년 전에 죽은 윤 규수에 대한 그리움은 해가 갈수록 더 간절했고 아들의 깊은 상처를 잘 알고 있는 인열왕후는 못내 마음이 아팠다. 아버지 인조에게도 반항하고 세자빈 강씨에게도 생트집을 잡아 시비를 거는 통에 인열왕후는 안타까웠다.

그러던 중 소현세자는 나인 귀희에게 정을 주게 되었다. 세자빈 강씨에 대한 반발로 여색에 눈을 돌렸다.

세자의 승은을 입은 귀희는 어느새 종5품 소훈으로 승격되자 세자빈 강씨를 없애기 위해 강씨의 초상화를 땅에 묻고 저주하는 푸닥거리를 벌였다가 발각되어 물볼기를 맞고 그만 죽고 말았다.

서인세력에 의해 귀희가 죽자 세자는 강씨를 더 미워했고 갈수록 비뚤어져만 갔다. 인열왕후는 아들 소현세자가 너무 측은해 보였다.

근심 속에 세월을 보내던 한씨가 1635년(인조 13) 12월 42세에 출산을 하다가 산후병으로 세상을 떠나고 말았다. 그녀는 처음 경기도 파주시 문산읍 운천리에 묻혔으나 영조 때 파주시 탄현면 갈현리의 장릉으로 이장되었다. 14년 뒤에 인조도 인열왕후와 합장으로 묻혔다.

소현세자도 차츰 강씨에게 마음이 기울어져 1636년(인조 14) 3월에는 둘째 석린을 낳았다.

물론 인열왕후가 죽은 지 3년 뒤 1638년 12월 계비 장렬왕후 조씨가 중전으로 들어왔으나 그녀는 겨우 15세로 내명부를 다스리기에는 너무 어렸다.

후궁의 배후에는 항상 세력을 키우려는 정치세력이 있었던 터라 소현세자는 청나라에서 돌아온 지 두 달 뒤인 4월에 갑자기 병을 앓다가 죽었고, 그가 34세로 죽은 이듬해 3월 인조의 수라상에 독을 탔다는 혐의를 뒤집어쓴 세자빈 강씨도 조 소용

김육
충청감사로 있을 때 대동법 실시를 건의하였으며 우의정에 발탁되자 각계 각층의 반대를 무릅쓰고 호서지방에 대동법을 실시하여 좋은 성과를 거두자 반대했던 사람들도 선정이라고 칭찬하였으며 또한 주전통화의 제도를 주창하는 등 선정에 주력하였다.

과 김자점의 무고로 인해 친정에서 사약을 받고 죽었으며, 친정 어머니까지 처형당했고 또 이듬해인 1647년(인조 22) 5월에는 세 아들도 제주도로 귀양을 가 그 중의 두 명은 병으로 죽었다. 인조는 손자들을 죽였다는 세상의 비난을 파하고자 그들을 돌보는 나인을 죽였다.

인조는 이괄의 난 이후 조정과 사회의 혼란을 없애기 위해 병권을 안정시키고 백성들을 구제하기 위해 노력했다. 1624년 총융청·수어청 등 새로운 군영을 설치하여 북방과 해안 방어를 보강하고 군역의 세납화와 군량미의 조달을 위해 납속사목을 발표했다.

1628년 네덜란드인 벨테브레가 표류하여 왔는데 그의 이름을 박연으로 고치고 훈련대장 구인후 밑에서 대포 제작법과 사용법을 가르치게 했다.

광해군 때 경기도에 실시하던 대동법을 1623년 강원도까지 확대 실시하여 백성들의 부담을 줄였고 1634년 삼남 일대에 양전을 실시하여 나라의 조세 수입을 증대시켰고 전세법을 실시하여 농민들의 부담을 줄였다.

1633년 상평청을 설치하여 상평통보를 주조했다. 그리고 『황극경세서』·『동사보편』·『서연비람』 등의 책이 간행되었으며 송시열·송준길·김육·김집 등 우수한 학자들이 나왔다.

인조의 가계

인조는 인열왕후 한씨를 비롯한 5명의 부인에게서 7명의 자녀를 얻었다. 인열왕후 한씨가 소현세자·봉림대군(효종)·인평대군·용성대군 등 4남을 낳았으며, 계비 장렬왕후 조씨는 후사가 없었고, 귀인 조씨가 숭선군·낙선군·효명옹주 등 2남 1녀를 낳았다.

인열왕후 한씨(1594년~1635년)

영돈녕부사 한준겸의 딸로 원주의 우소에서 태어났다. 1610년 능양군과 결혼하여 청성현부인에 봉해지고 반정이 성공하여 1623년 능양군이 왕위에 오르자 왕비에 책봉되었다.

그녀는 소현·봉림·인평·용성대군 등 네 아들을 낳고

1635년 42세에 세상을 떠났다.

장렬왕후 조씨(1624~1688년)

한원부원군 조창원의 딸로 1635년 인열왕후가 죽자 3년 뒤인 1638년 15세에 44세인 인조와 가례를 올렸다.

그녀는 1659년 효종이 세상을 떠나자 대왕대비가 되었는데 이때 그녀가 입어야 할 상복이 문제화되어 서인이 만 1년만 착복하면 된다는 기년설을 주장하여 복상을 치렀다. 하지만 이듬해 남인 허목 등이 대왕대비의 복상은 3년설을 제기하여 서인을 공격했다. 이때 서인의 거두 송시열은 효종이 맏아들이 아니고 둘째 아들이므로 복상은 1년만 하면 된다는 기년설을 다시 주장했고, 남인 윤휴 등은 효종이 왕위를 계승하였으니 3년설을 주장했다.

결국 송시열 등의 주장에 따라 기년설이 받아들여졌다. 그러나 1674년 효종의 후비 인선왕후 장씨가 세상을 떠나자 다시 이 복상문제가 대두되어 남인은 기년설을, 서인은 대공설(9개월)을 주장하였는데, 이때는 남인의 기년설이 채택되어 남인이 정권을 잡는 계기가 되었다.

그녀는 자식을 낳지 못했으며 1688년 65세에 세상을 떠났다. 능은 휘릉으로 현재 경기도 구리시 인창동에 있다.

소현세자(1612~1645년)

인조의 맏아들이며 이름은 왕, 어머니는 인열왕후 한씨이다. 1625년에 세자에 책봉되었으며, 1627년 강석기의 딸과 가례를 올렸다.

1637년 삼전도에서 인조의 항복이 있자 봉림대군 및 척화파 대신들과 함께 심양에 볼모로 잡혀갔다. 그는 9년 동안 심양에 머무르면서 청나라가 조선에 무리한 요구를 하면 나서서 무마했기 때문에 청나라는 조선과의 문제를 그와 해결하려 했고, 이는 결과적으로 조선의 왕권이 둘로 나누어지는 양상을 가져왔다. 소현세자는 서양의 문물에 심취하여 천주교 신부인 아담 샬 등과 친교를 맺었으며, 그를 통하여 서양의 천문학과 수학 등을 접하였다.

　조선의 조정은 소현세자의 이 같은 활동을 친청 행위로 규정하고 그를 비난했다. 당시 조정은 대부분 반청 세력들이 주류를 이루고 있었고 인조 역시 청나라에 대한 감정이 좋지 않아서 소현세자를 미워했으며 마침내 그가 조선의 왕으로 부적격하다는 판단을 하기에 이르렀다. 게다가 인조가 총애하던 후궁 조 소용과 세자빈의 사이가 좋지 않아 부자 간의 관계를 더욱 악화시켰다.

　조선에 돌아온 두 달 뒤인 4월 23일 소현세자는 갑자기 병으로 드러누웠고 3일 만에 세상을 떠났다. 이때 그의 온몸은 새까맣게 변했고, 온몸 곳곳에서 피가 쏟아졌다 한다. 이듬해 세자빈 강씨도 인조로부터 사약을 받고 죽었으며, 세 아들도 제주도로 귀양을 가 두 명은 병에 걸려 죽었다.

　소현세자는 죽은 뒤 경기도 고양시에 묻혔는데, 처음에는 이 무덤을 소현묘라고 하였으며, 고종 때에 이르러 소경원으로 격상되었다.

인평대군(1622~1658년)

　인조의 셋째 아들로 이름은 요, 자는 용함, 호는 송계이다.

1630년 인평대군에 봉해졌으며, 1637년 심양에 볼모로 잡혀갔다가 이듬해 돌아왔다.

1650년부터 네 차례에 걸쳐 사은사로 심양을 다녀왔다. 시·서·화에 모두 능했고 『제자백가』에도 정통하였다. 1645년 소현세자를 따라 조선에 왔다가 3년 뒤에 청나라로 돌아간 중국인 화가 맹영광과도 친분이 두터웠다. 현존하는 그의 작품으로는 〈산수도〉·〈노승하관도〉·〈고백도〉 등이 있고 그 밖에 『송계집』·『연행록』·『산행록』 등의 저서가 있다.

제16대 인조 가계도

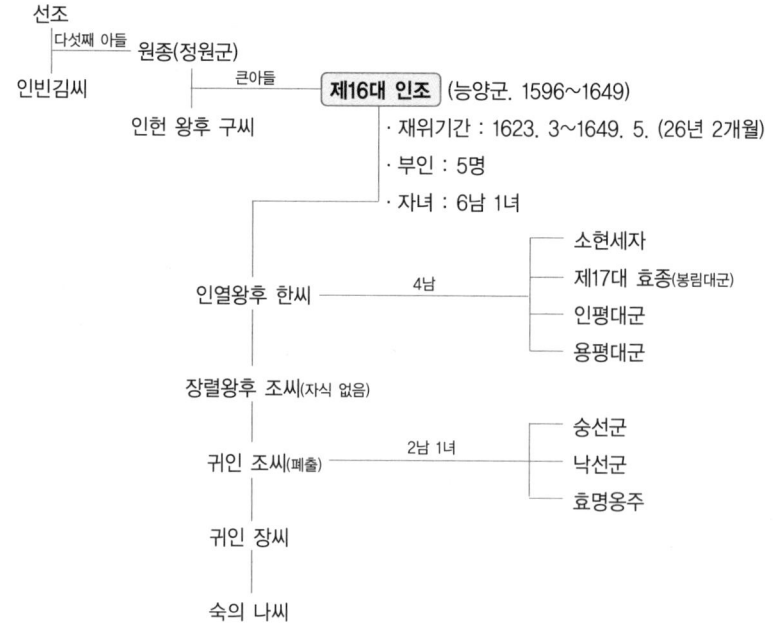

효종실록 孝宗實錄

『효종실록』 편찬 경위

『효종실록』은 조선왕조 제17대 왕인 효종(1619~1659)의 재위기간(1649. 5~1659. 5) 10년간의 사실을 편년체로 기록한 실록으로, 정식 명칭은 『효종대왕실록』이다.

『효종실록』은 본문 21권 21책과 효종의 행장·지문·시책문·애책문 등이 수록된 부록을 합쳐 총 22책으로 구성되었다. 활자로 간행되었으며, 조선왕조 다른 실록들과 합쳐 국보 제151호로 지정되었다.

『효종실록』은 효종이 세상을 떠난 다음해인 1660년(현종 1) 5월에 시작하여 익년 2월에 완성하였다.

편찬에 참여한 실록청 관원은 아래와 같다.

총재관 : 영춘추관사 이경석, 도청 당상 : 지춘추관사 홍명하·채유후, 동지춘추관사 : 이일상, 도창 낭청 : 목겸선·조귀석·심세정·김수흥, 지춘추관사 : 허적, 동지춘추관사 : 김수항 등이다.

묘호는 효종, 존호는 선문장무신성현인이며, 능호는 영릉으로 처음 구리시 인창동 동구릉 경내에 있었으나, 1673년(현종 14)에 경기 여주군 능서면 왕대리 세종의 영릉 뒤편으로 옮겼다.

『효종실록』의 내용

효종(1619~1659) 휘는 호, 자는 정연이고, 인조와 인열왕후 한씨의 둘째 아들이다. 1619년 5월 22일 한성부 경행방에서 태어났고, 1626년(인조 4) 봉림대군에 봉해졌다. 1636년 병자호란이 일어나자 인조의 명으로 아우 인평대군과 함께, 왕족들과 강화도에 피난하였으나, 이듬해 강화도가 함락되고 인조가 항복하자 형 소현세자 및 삼학사 등과 함께 청나라에 볼모로 잡혀갔다.

1645년 4월에 소현세자가 갑자기 죽자, 그는 청나라에서 돌아와 9월 27일 세자로 책봉되었다. 1649년 인조가 세상을 떠나자 왕으로 즉위하였다. 효종은 즉위 후 사림정치의 이상을 내세우고 북벌계획을 추진하기 위하여 충청도 지역의 재야 학자들을 조정에 대거 등용하였다.

1659년 6월 김집을 선두로 송시열·송준길 등이 조정에 들어왔다. 그들은 정계에 진출하자 김자점 및 원두표 중심의 훈구세력을 탄핵하고, 1651년(효종 2년) 조 귀인 옥사를 계기로 친청파 김자점을 비롯한 낙당계 관료들을 조정에서 제거하였다. 원당계에서도 이행진과 이시해 등 중진들이 파직되었다.

효종 10년(1659) 3월에 이조판서 송시열과 효종에 의해 북벌계획이 논의되었다. 이때 효종은 양병에 치중한 북벌정책을 내세웠고, 송시열은 원칙론만 내세웠다.

효종이 주도한 군비 증강 계획은 중앙군의 강화와 수도 방위에 역점을 두었다. 효종은 군비 강화를 내세우면서 대동법의 확대 등을 통하여 국가재정의 확보책에 주력하였는데, 이러한 정책은 왕권강화와 직결된 문제였다. 1659년 5월 효종은 얼굴의 종기가 악화되어 갑자기 41세로 세상을 떠났다.

제17대 효종

(1619~1659년 재위기간 1649년 5월~1659년 5월)

'조 귀인의 옥사'

효종은 1619년 인조와 인열왕후 한씨의 둘째 아들로 태어났는데 이름은 호, 자는 정연이다. 12살에 장유의 딸 장씨와 결혼하였다.

1636년 병자호란 때 아우인 인평대군과 왕실의 비빈, 종친 등과 강화도에 피난하였다가 인조가 삼전도에서 청나라에 항복하자 형 소현세자 등과 청나라의 심양으로 끌려갔다.

심양에서 볼모로 있는 동안 소현세자를 도와 많은 일을 하였다. 그는 청나라가 산해관을 공격할 때 소현세자가 같이 가기를 주장하자 이를 적극적으로 말려 그들의 고집을 꺾었다.

9년여 동안 청나라에 볼모로 있으면서 그는 형 소현세자와는 달리 청나라에 대한 반감을 불태웠다.

1645년 갑자기 소현세자가 죽자 9월 세자에 책봉되었고, 1649년 인조가 세상을 떠나자 조선왕조 제17대 왕으로 31세에 왕위에 올랐다.

효종이 왕위에 올랐을 때 조정은 김자점을 중심으로 한 친청 세력들이 실권을 잡고 있었기 때문에 효종은 북벌을 계획하려면 먼저 그들을 조정에서 내쫓아야 했다.

효종은 그들을 견제하기 위해 새로운 세력을 조정에 불러들어야 했다.

인조 말 무렵 서인들은 몇 개의 파당으로 나누어져 있었는데 원당·낙당·산당·한당 등이었다.

이러한 파당 가운데 원당과 낙당은 인조반정의 공신들로서 원당은 원평부원군 원두표가 중심세력이고, 낙당은 김자점이 중심세력으로 그들은 친청 성향이었고, 산당세력은 김집을 영수로 대부분 처사적인 사람들로 고향에 살면서 성리학에 철저한 사람들이었고 한당은 김육이 중심세력이었다.

마침내 효종은 송시열을 중심으로 한 산당세력을 조정에 등용하였다. 조정에 들어온 그들은 저마다 대의명분을 내세워 청나라에게 받은 치욕을 씻을 방법을 제시했다.

조정의 분위기가 산당세력 중심으로 개편되자 김자점은 자신의 입지가 불안해지자 산당세력을 모함하다가 유배를 갔다.

그는 유배된 뒤 역관 이형장을 시켜 새로 왕위에 오른 왕이 중신들을 조정에서 쫓아내고 청나라를 공격하려 한다고 청나라에 고발하였는데 이때 그 증거로 조선이 청나라의 연호를 쓰지 않는다는 문서를 보냈다.

이형장의 고발로 청나라는 압록강 부근에 군사들을 보내고 사건의 진상을 조사하기 위해 조선에 사신을 보냈다.

그러자 조선의 조정에서는 원두표·이시백 등을 보내 이 사건을 무마시켰고, 감자점은 광양으로 다시 유배되었다.

1651년 유배된 김자점은 조 귀인과 짜고 또다시 역모를 꾸몄는데 그는 아들 김이익으로 하여금 수어청 군사와 수원의 군대를 동원하여 원두표·김집·송시열 등을 없애고 숭선군을 왕으로 추대하려고 획책했다. 그러나 이 역모는 폭로되어 그는 아들과 함께 죽었고, 조 귀인도 사약을 받고 죽었다.

효종은 김자점 등을 비롯한 친청세력을 조정에서 쫓아내고 북벌을 위해 준비에 들어갔다. 이 계획에 참여한 사람으로는 이완·원두표 등을 비롯하여 장수들이 주축을 이루었다.

1652년 효종은 어영청을 대폭적으로 개편하여 강화하였고, 금군을 기병화하고 남한산성을 근거지로 하는 수어청을 강화하여 한성 외곽의 경비를 보강하는 한편 지방군의 핵심인 속오군의 훈련을 강화시켜 군사력과 수도의 안전을 도모하였다.

청나라의 러시아 정벌

1654년 청나라에서 한거원을 사자로 조선에 보내 뜻밖의 요구를 하였다.

"조선에서 조총을 잘 쏘는 사람 1백 명을 뽑아 회령부를 경유하여 청나라 양방장의 지휘 아래 러시아를 정벌하되 반드시 3월 10일까지 영고탑에 도착하라."

는 내용이었다.

이때 러시아는 점차 시베리아로 진출하면서 흑룡강 부근까지 내려오고 있었는데 흑룡강 부근은 청나라의 조상들이 일어난 곳이라 하여 매우 신성시된 곳이었기 때문에 청나라는 러시아의 진출을 묵과할 수 없었다.

청나라의 사신 한거원으로부터 러시아를 알게 된 효종은 청나라의 요구를 안 들어 줄 수도 없었고, 그렇다고 그들의 요구를 들어 주자니 여러 가지 문제가 걱정되었다. 군사들은 물론 그들을 지원하는 군량미와 보급품 그리고 누구를 장수로 삼아 군사들을 보낼 것인가를 생각하여야 했다.

효종은 조정의 대신들을 불러 이 문제를 의논하였다. 이때 영의정 정태화가

"우리 조선의 군사가 흑룡강을 건넌 뒤에 저들이 군량미를 우리 군에게 보급하지 않으면 큰 걱정거리가 되오니 군량미와 함께 군사들을 보내는 것이 마땅하옵니다."

라고 건의하자 효종은 그의 뜻에 따라 청나라에 파병하기로 결정하고 군사를 거느리고 갈 장수로 북우후 변급을 임명하였다.

효종은 이때 그간 북벌을 위해 군사들을 훈련시킨 결과를 이번 싸움에서 시험해 보기로 마음먹었다.

변급이 거느린 조선군은 3월에 두만강을 건너 청나라군과 연합하여 4월 러시아군과 싸웠다. 이 싸움에서 러시아군은 많은 사상자가 발생하였으나 조선군은 아무런 피해도 입지 않고 모두 무사히 귀국했다.

1658년 청나라에서는 러시아를 정벌하기 위해 2차로 조선에 파병을 요구했다. 이때 청나라는 조총수 200명과 군량미를 요구했다. 청나라는 사신 이일선을 조선에 보내

"청나라는 군량미가 부족하니 조선에서 군사들의 5달 분의 군량미를 군사들과 함께 보내 주시오."

라고 요구했다.

효종은 신유로 하여금 200여 명의 군사들을 거느리고 출정케 했다. 그들은 영고탑을 지나 흑룡강 일대에서 러시아군을

맞아 싸웠다. 이때 장군 신유의 작전이 성공하여 조선군은 러시아군을 물리쳤다.

북벌계획

 효종은 조선군이 두 번씩이나 러시아군을 물리치자 한껏 고무되어 조선의 산성을 정비하고 북벌에 박차를 가했는데 인조 때 표류해 온 네덜란드인 하멜을 훈련도감에 보내 조총을 비롯한 신무기를 개발하고 화약 생산에 종사케 했다. 그러나 무리한 북벌계획으로 재정적인 어려움에 부딪혀 백성들은 살기 힘들어졌다.

 한편 청나라는 날이 갈수록 세력이 확장되었고 북벌의 기회는 좀처럼 얻기 힘들었다. 그리고 무리한 군비증강과 소현세자의 부인인 강빈의 신원을 주장하다가 죽은 김홍욱 사건으로 백성들 사이에서는 비난의 여론이 들끓었다.
 1655년 북벌계획에 의한 노비추쇄사업은 비판이 몹시 거세었다. 이 사업은 군수품을 확보하기 위해 시작된 사업으로 매우 엄하였다.
 백성들의 불만이 커지자 북벌계획에 찬성했던 대신들도 효종에게 추쇄사업을 낮추도록 건의했으나 거절당하자 그들도 등을 돌리게 되었고 조야의 여론은 물 끓듯 했다.
 1658년 한당의 영수인 김집이 병으로 관직을 사임하자 송시열 등이 다시 조정에 들어왔다.

송시열

호는 우암으로 김장생의 제자로 봉림대군의 스승이었다. 봉림대군이 왕위에 오르자 그를 도와 북벌을 계획했고, 여러 벼슬을 역임했으며 1689년 왕세자 책봉문제로 미움을 사서 숙종으로부터 모든 관직을 박탈당하였고 유배지에서 한양으로 올라오던 중 정읍에서 사약을 받고 세상을 떠났다.

조정에 들어온 송시열은 효종을 만났다. 이때 효종은

"과인이 경을 만난 것은 북벌에 관한 일인데 과인이 지금 병이 들었으니 앞으로 자주 만나지 못할까 걱정되오."

"전하, 아직 보령이 구만 리 같으시온대 어찌 그런 말씀을 하시옵니까. 먼저 옥체를 잘 보중하소서."

라고 말하자 효종은 송시열에게 자신에게 건의할 말이 있으면 하라고 하였다. 그러자 송시열은

"전하의 학문은 높고 밝지만 아직은 부족한 곳이 있지 않은가 생각되옵니다. 한나라의 백성들을 다스리시는 군왕으로서 모든 일을 경솔하게 처리하지 마시옵소서. 신이 듣자 하오니 매우 작은 일도 모두 살피신다고 들었사옵니다. 전하께서는 이제부터는 작은 일은 신하들에게 맡기시고 큰 일을 처리하시옵소서."

삼전도의 청 태종비
서울 송파구 송파동에 있는 청 태종의 비석으로 대리석으로 되어 있다. 인조가 남한산성에서 항전하다가 항복하여 우리 역사상 국치를 기록한 청 태종의 전승기념비이다.

　송시열은 효종의 건강을 염려해서 이렇게 건의했다. 그 뒤 그는 이조판서로 임명되어 조정의 인사권을 손에 넣고 자신의 세력들을 불러들여 북벌계획을 추진하였다.
　효종은 나라의 경제적인 안정을 위해 충청도와 전라도 근해 지역에 대동법을 실시하여 백성들의 부담을 덜어 주었고, 역법의 발전을 위해 태음력과 태양력을 결합한 시헌력을 사용하게 했으며, 『국조보감』을 다시 편찬하였다.
　삼전도에서 청나라에 항복한 치욕을 씻기 위해 효종은 북벌에 매달렸으나 국제 정세는 날이 갈수록 청나라에 유리하게 전개되었고, 나라 안의 재정은 부족하여 어려움이 많았다.
　마침내 북벌의 웅대한 꿈을 실현하지 못하고 효종은 1659년 5월 41세에 세상을 떠났다.

인선왕후의 내조

효종의 후비 인선왕후 장씨는 신풍부원군 덕수 장씨 장유의 딸로 1618년(광해군 10) 12월에 태어났다.

인선왕후는 친정과 외가 모두가 절개가 곧은 집안으로서 외가 쪽은 특히 척화파 집안이었다. 1631년(인조 9) 열네 살 때 열세 살인 봉림대군과 가례를 올리고 풍안부부인에 봉해졌으며, 1637년(인조 15) 인조가 삼전도에서 청 태종에게 항복한 뒤 소현세자 내외와 남편인 봉림대군을 따라 청나라에 볼모로 잡혀가 9년간 심양에 머물면서 많은 뒷바라지를 했고 현종을 그곳에서 낳았다.

소현세자가 세상을 떠난 지 한 달 뒤 5월 봉림대군 부부가 귀국했다. 그리고 인조는 자신의 병이 깊어지자 봉림대군을 세자로 책봉하려고 했다. 이때 조정의 대신들은 세상을 떠난 소현세자의 아들 석철이 왕위를 계승함이 마땅하다고 건의했으나 인조는 자신의 뜻대로 봉림대군을 세자로 책봉하였다.

인조는 청나라에게 당한 굴욕을 봉림대군이 씻어 줄 것으로 기대했다. 봉림대군이 세자로 책봉되었으나 부인 장씨는 소현세자빈 강씨가 이듬해 1646년 3월에 사사된 뒤에 세자빈으로 책봉되었다.

세자로 책봉된 봉림대군은 1649년(인조 27) 5월 31세에 왕위에 올랐다. 따라서 왕비가 된 장씨는 2년 뒤 정식으로 왕비에 진봉되었다.

인선왕후는 친정의 일가들이 대부분 강경한 척화파였기에 효종 못지않은 북벌론 지지자였다. 그녀는 먼저 궁궐 내명부의 기강 확립에 착수했다. 인조의 총애를 받아 세도를 부려 온 소용 조씨를 상궁 처소로 옮기게 하고 장렬왕후의 권위를 되찾아 주었다.

　인선왕후는 효종과 함께 예를 다해 장렬왕후에게 효도했다. 인선왕후는 북벌 준비에 차질을 유발할 수 있는 궁궐 내부의 암투와 알력을 봉쇄하였던 것이다.

　궁궐에서 기복적인 푸닥거리 굿판이 잦아지자 인선왕후는 이러한 것들을 정비해 나갔다. 또한 군량미를 확보하기 위해 금주령을 내려 종묘에 쓸 제주 이외에는 일체 술을 빚지 못하게 하였다.

　그리고 군사들의 전투복을 만들기 위해 군포를 거두어들이게 되면 백성들의 반발이 우려되어 인선왕후는 효종의 재가를 얻어 궁궐에서 경로잔치를 벌이는 등 민심회복에 전력했다.

　인선왕후는 단색으로만 만들던 이불을 적색과 청색을 섞어 만들도록 했다. 당시의 군복은 두 가지 색깔이었기에 유사시에 군복으로 전용할 수 있도록 대비했다. 이때부터 두 가지 색깔의 이불이 만들어지기 시작했다고 한다.

　인선왕후는 남편 효종의 종기를 치료하기 위해 침을 놓다가 그가 세상을 떠나자 침의들을 귀양보내는 것이 부당하다고 강하게 반발했다. 그러나 현종은 침의들을 귀양보냈다.

　인선왕후는 병을 얻어 1674년(현종 15) 1월 57세에 세상을 떠났다. 그녀는 효종이 묻힌 영릉에 묻혔다.

제17대 효종 가계도

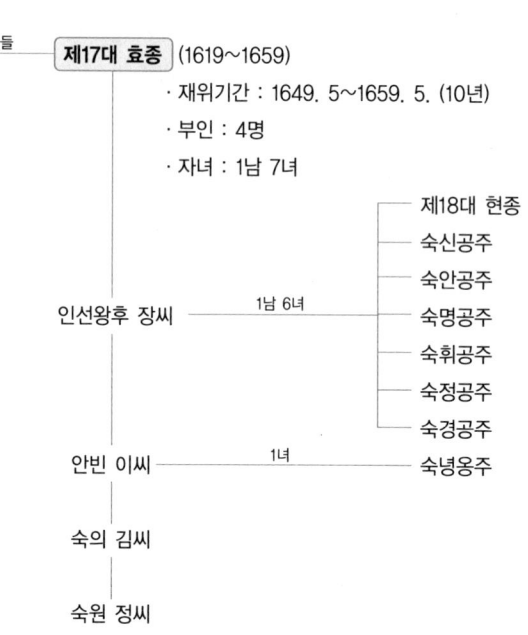

현종실록 顯宗實錄

『현종실록』 편찬 경위

　『현종실록』은 조선왕조 제18대 왕 현종의 재위기간(1659년 5월~1674년 8월)인 15년간의 역사를 기록한 사서이다. 정식 이름은 『현종순문숙무경인창효대왕실록』이다.

　현종실록은 두 종류가 편찬·간행되었는데, 『현종실록』과 『현종개수실록』이 그것이다. 『현종실록』은 남인이 정권을 잡고 있던 숙종 1~3년에 편찬되어 모두 22권으로 간행되었고, 『현종개수실록』은 서인이 정권을 잡은 숙종 6~9년에 28권으로 편찬·간행되었다. 조선시대 다른 왕들의 실록과 함께 국보 제151호로 지정되었다.

　『현종실록』은 현종이 세상을 떠난 익년 숙종 1년(1675) 5월부터 편찬하기 시작하였다. 실록청이 설치되고 영의정 허적이 총재관이 되어 숙종 3년 2월에는 당상과 낭청의 인원을 늘리고 편찬에 박차를 가하여 5월 9일에 찬수를 마쳤다.

　실록의 출간을 앞두고 허적이 신병을 이유로 사임하여 숙종 3년 5월 10일부터 좌의정 권대운이 이를 맡아 5월 23일부터 간행을 시작하고 우의정 민점이 최종적으로 검열하였다.

　실록 편찬에 참가한 찬수관들은 아래와 같다.

　총재관 : 허적·권대운, 도청당상 : 김석주·오시수·민점·홍우원·이관징·이당규, 도청 낭청 : 유명현·강석빈·이항·유하익·권유·육창명·육임유·이담명·오시대 등이다.

　현종은 제2차 예송이 완결된 직후 병으로 1674년 8월 세상을 떠났다. 존호는 소휴순문숙무경인창효대왕, 묘호는 현종, 능호는 숭릉으로 경기도 구리시 인창동 동구릉 경내에 있다.

『현종실록』의 내용

현종(1641~1674)의 이름은 연, 자는 경직이며, 효종과 인선왕후 장씨의 맏아들이다.

그는 효종이 봉림대군으로 청나라의 심양에 볼모로 있을 때 심양에서 태어났다.

1649년(인조 27) 왕세손에 책봉되었고, 효종이 즉위하자 1651년(효종 2)에 왕세자로 책봉되었다. 1659년 5월 효종이 갑자기 세상을 떠나자 왕으로 즉위하였다. 현종은 즉위하자 바로 복제 문제에 부딪혔다. 효종의 상에 입을 자의대비의 복제가 『국조오례의』에 규정되어 있지 않기 때문이다.

송시열 등은 효종이 인조의 둘째 아들이라 하여 기년복을 주장하였고, 윤휴는 효종이 대통을 계승하여 왕위에 올랐다는 이유로 3년복을 주장하였다. 이에 영의정 정태화의 조정으로 큰아들과 둘째 아들을 구별하지 않은 『경국대전』에 따라 기년복으로 정하였다. 그러나 익년 2월에 허목이 『의례』를 근거로 다시 장자 3년설을 주장하여 격심한 논쟁이 일어나게 되었다. 이것이 1차 예송인 기해예송이다.

서인과 남인들 사이에 치열한 논쟁이 전개되었으나 결국 서인들의 주장이 우세하여 기년복으로 귀결되었다. 그러나 1674년 2월에 효종의 비 인선왕후가 죽자 자의대비의 복제문제가 다시 대두되었는데 이것이 2차 예송이다.

1662년(현종 3)에는 호남지방에 대동법을 확대 시행하였고, 1666년에는 난파되어 조선에 들어온 하멜 등이 일본으로 탈출하였고, 1668년에는 동철활자 10여만 자를 주조하였으며, 혼천의를 만들어 천문관측과 역법 연구에 사용하였다.

1669년(현종 10)에는 훈련별대를 설치해 급료를 주는 군사들을 줄여 나라의 재정을 절약하고자 하였다.

제18대 현종
(1641~1674년 재위기간 1659년 5월~1674년 8월)

'제1차 예송'

현종은 1641년 효종과 인선왕후 장씨 사이에서 큰아들로 효종이 심양에 볼모로 있을 때 태어났다.

그는 1649년 왕세손에 책봉되었다가 효종이 왕위에 오르자 세자로 책봉되었으며, 1659년 효종이 세상을 떠나자 조선왕조 제18대 왕으로 등극하였다.

현종은 왕위에 오르자마자 복제문제를 둘러싼 서인과 남인의 예론정쟁에 빠졌다. 효종이 세상을 떠나자 인조의 계비인 자의대비 조씨가 어떤 상복을 입어야 하는 문제를 놓고 조정의 대신들 간에 정쟁이 치열했다. 이것이 이른바 제1차 예송이었.

자의대비 조씨는 효종을 낳은 친어머니가 아닌 계모이었고, 효종은 인조의 둘째 아들로 왕위에 올랐기 때문에 복상문제가 발생하였다.

효종이 세상을 떠나자 예조에서 세자에게 국상에 관한 일을 건의하였다.

허목
선조 28년(1595)에 태어났다. 50여 세가 되도록 세상에 알려지지 않고 『제자백가』의 서적을 연구하다가 다시 경서의 연구에 몰두했는데 특히 예학에 있어서 일가를 이루었다.

"자의대비께서 선왕을 위해 입을 복제가 『오례의』에 기록되어 있는 곳이 없사옵니다. 사람들은 대비께서 3년을 입어야 한다고 하고, 또다른 사람들은 1년을 입어야 한다고 주장하나 그 어디에도 참고할 만한 근거가 없사오니 대신들과 의논함이 옳은 줄로 아뢰옵니다."
라고 건의하자 현종은 송시열과 송준길에게 물어 보라고 명하였다.

이때 송시열 등은 영의정 정태화와 영돈녕부사 이경석이 주장하는 1년복에 동조하였다. 그러나 남인의 허목과 윤휴는 효종이 비록 인조의 둘째 아들이나 왕위를 계승했기 때문에 3년복을 입어야 한다고 주장하였다.

서인과 남인의 복상문제 다툼은 돌이킬 수 없는 정쟁으로 확대되어 이 문제는 지방으로까지 번져 선비들 사이에 논쟁이 그치지 않았다.

마침내 『경국대전』과 『대명률』에 의거하여 1년복이 결정되어 남인의 기세는 꺾였다.

1660년 3월 남인 허목이 상소를 올려 1년복이 부당하다고 이의를 제기하였는데 그 이유는 효종은 인조가 세상을 떠난 뒤 인조의 큰아들이 되었으므로 마땅히 3년복을 입어야 한다면서 이 문제를 다시 논의하여야 한다고 주장하였다.

허목의 상소가 올라오자 서인들은 크게 반발하였는데 이때 송시열은 조 대비가 소현세자를 위해 3년복을 입었는데 효종을 위해 다시 3년복을 입는 것은 부당하다고 반박하였다.

허목의 상소는 받아들여지지 않았고 처음의 결정대로 1년복으로 추진되었다. 그러나 이때 윤선도가 상소를 올려 허목을 두둔하면서 송시열을 거세게 비판하였다.

그 상소의 내용은 효종이 둘째 아들로 왕위를 계승했으면 마땅히 큰아들이 된 것이고, 효종이 세자가 되었을 때는 큰아들이 되었으므로 3년복을 입어야 한다고 강력하게 주장하였다. 그리고 그는

"송시열과 송준길은 슬기롭지 못한 자들이고 평생 스스로 예학을 닦았다고 하는데 국가의 대례에 있어 옳지 못하니 하물며 자신들을 잘 닦았다고 할 수 없습니다. 이러한 사람들이 어떻게 백성들을 잘 다스릴 수 있으며 국가의 대계를 도모할 수 있습니까."

라고 말하였다.

윤선도의 상소로 예송논쟁은 정쟁으로 비화되어 송준길은 곧

장 성 밖으로 나갔고, 서인들은 자신들을 중상모략하였다 하여 윤선도를 몰아세웠다.

삼사에서는 윤선도를 탄핵하는 상소를 올렸고 결국 그의 상소문은 불태워졌으며 그는 삼수로 유배되었다. 이렇게 하여 1차 예송논쟁은 마무리 되었다.

'제2차 예송'

1674년(현종 15) 효종의 후비 인선왕후가 경덕궁의 화상전에서 세상을 떠났다. 이때 인선왕후의 시어머니뻘 되는 조 대비가 살아 있었으므로 앞서 시행하였던 1차 예송문제가 또다시 발생되었다.

인선왕후가 세상을 떠나자 예조에서는 조 대비의 상복을 1년복으로 하였다가 잠시 뒤

"효종의 국상 때 대왕대비께서 이미 1년복을 입으셨으니 이 복제는 대공복(9개월)이 틀림없습니다."

하면서 대공복을 주장했고, 처음 1년복을 정한 자신들의 잘못을 처벌해 달라고 하자 현종은 예조의 정랑을 심문하도록 명령했다.

현종에 의해 대공복으로 국상을 결정하고 장례 절차를 진행하던 중 예학에 밝은 영남 유생 도신징이 상소를 올렸다.

도신징은 상소문에서 제1차 예송 때 조 대비의 복제는 『경국대전』에 의해 1년복으로 했으므로 1년복으로 거행해야 한다고 주장하였다.

1차 예송 때 선왕 효종이 서자라 하여 1년복으로 정한 일에 못내 마음이 편지 않았던 현종은 도신징의 상소문을 읽고 김수흥을 비롯한 조정의 대신을 불러 물었다.

"대왕대비께서 입으실 상복제도에 대해 예조에서는 처음에 기년복을 정하였다가 대공복으로 고친 연유는 무엇이오?"
라고 말하자 김수흥이

"전하, 그 일은 기해년 국상 때 기년복으로 정하였기 때문이옵니다."
하였다. 현종은 또다시 그에게 물었다.

"송시열 등이 기년복을 주장하자 그 뒤 말썽이 일어나자 그는 그때 과인에게 기년복으로 의견을 수렴할 때 영의정 정태화가 '이 일은 반드시 뒷날 말하는 자가 있을 것이다' 라 하였소. 그리고 그때에는 옛날의 예를 사용하지 않고 『국조보감』의 예를 사용하였다는 것인데 그러면 오늘날의 대공복은 국가의 제도인가?"
하고 물었다. 그러자 김수흥은

"『대전』에 기년복이라는 글만 기록되었고 큰아들인지 둘째 아들인지에 대해서 기록이 없었습니다."
라고 말하였다.

현종은 예조판서를 불러 꾸짖고 복제문제를 다시 의논하여 올리라고 명령하였다. 그러나 서인 측은 대공복을 바꾸지 않고 고집하였다.

남인 측은 인선왕후가 자의대비의 둘째 며느리로 중전에 올랐으므로 이른바 큰며느나 다름없다면서 기년복(1년)을 주장하였다.

조정의 대신들이 남인과 서인으로 나뉘어 서로 자기들의 주

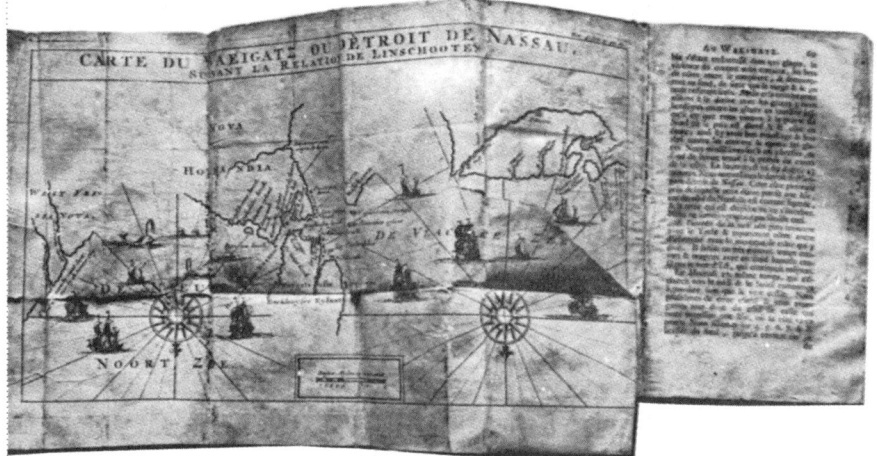

『하멜표류기』
우리나라에 표착한 네덜란드 사람들의 14년간에 걸친 억류 기록으로 일명 『난선 제주도난파기』라고도 한다. 1668년(현종 9) 네덜란드인 하멜이 쓴 것으로 우리나라에 관한 서양인 최초의 저술로 당시 유럽인들의 이목을 끌었다.

장을 고집하여 복상문제가 결정되자 않자 현종은 장인 김우명의 의견에 따라 남인들이 주장하는 기년복으로 결정하였다.

현종과 명성왕후가 묻힌 숭릉.

 복제문제가 결정되자 서인의 김수흥은 상소를 올려 자신의 죄를 청하자 현종은 그를 춘천부로 유배시키고 예조의 관리들을 국문하도록 하는 한편 남인인 이하진·권대운 등을 조정에 불러들였다.
 현종은 효종 때 추진되던 북벌계획이 실효성이 없다고 판단하고 이를 중단하고 나라의 군비 증강을 위해 훈련별대를 창설했고 백성들의 경제를 살리기 위해 대동법을 호남지방에 실시했다. 그리고 인쇄사업을 육성하기 위해 동철활자 10만 자를 주조시키고 천문관측법과 혼천의를 다시 만들게 했다.
 이 무렵 제주도에 표류되어 우리나라에 들어온 네덜란드인 하멜 등 여덟 명이 전라도 좌수영을 탈출하여 본국으로 돌아가서 14년 동안 조선에서 억류되었던 일들을 지은 『하멜표류기』가 발간되어 조선이 유럽에 최초로 알려지기도 했다.
 현종의 후비 명성왕후 김씨(1642~1683년)는 김우명의 딸로 1642년에 태어났다. 1651년 세자빈에 책봉되어 현종과 가례를 올렸다. 그 뒤 1659년 현종이 왕위에 오르자 왕비에 책봉되었으며, 1683년 12월 5일 창경궁에서 42세에 세상을 떠났다.

그녀는 지능이 뛰어나고 성품이 몹시 과격하여 궁중의 일을 처리할 때 감정적이고 거친 면이 있었다고 한다.

숙종이 왕위에 오르자 조정의 일까지 간여하여 서인을 편들다가 남인들의 반발을 사기도 했다. 그리고 장 희빈을 내쫓기도 했다.

제18대 현종 가계도

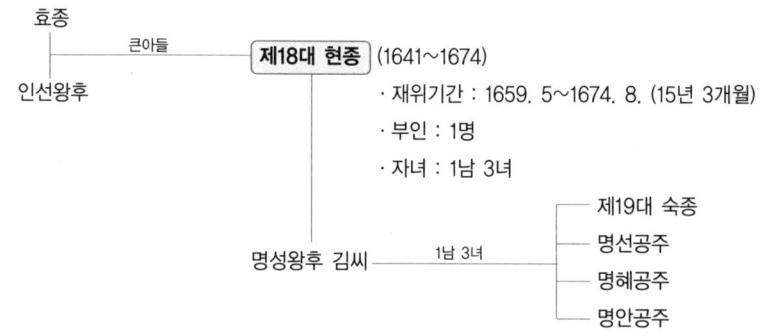

숙종실록 肅宗實錄

『숙종실록』 편찬 경위

　『숙종실록』은 조선왕조 제19대 왕 숙종의 재위기간(1674.8~1720.6)인 46년의 역사를 편년체로 기록한 실록이다. 정식 이름은 『숙종현의광륜예성열렬장문헌무경명원효대왕실록』이며, 모두 65권 73책으로 간행되었다.
　다른 왕들의 실록과 힘께 국보 제151호로 지정되었다.
　『숙종실록』은 숙종이 세상을 떠난 지 반년 뒤인 경종 즉위년(1720) 11월부터 편찬에 착수하여 영조 4년(1728) 3월에 완간하였다.
　실록 편찬에 9년이 소요되었는데, 이는 숙종의 재위기간이 47년이나 되어 기사의 분량이 많았고, 편찬 도중에 노론·소론의 정쟁으로 신임옥사가 생기는 등 정국이 자주 바뀌고 편찬 책임자가 여러 번 바뀌었기 때문이다.
　『숙종실록』을 편찬한 전후의 실록청 관원은 아래와 같다.
　총재관 : 김창집·조태구·최규서·최석항·이광좌·정호·이관명·민진원·이의현, 도청 당상 : 송상기·이관명·이광좌·이재·최석항·이의현·민진원·조태억 등이다.
　숙종은 46년(1720)에 세상을 떠났는데, 묘호는 숙종이고, 존호는 장문헌무경명원효이고, 능은 명릉으로 경기도 고양시 덕양구 용두동 서오릉에 있다.

『숙종실록』의 내용

숙종(1661~1720년)은 현종의 큰아들로서 휘는 순, 자는 명보이다. 숙종은 1674년 8월에 14세에 왕으로 즉위하였는데, 6년에 경신환국, 15년에 기사환국, 20년에 갑술환국이 일어나 그때마다 남인·서인 사이에 정국이 바뀌고 많은 사람이 죽었다.

숙종 6년에 왕비 인경왕후 김씨가 세상을 떠나자, 이듬해 7년에 계비 민씨가 왕비로 책립되었으나 아들을 낳지 못하였는데, 후궁인 숙원 장씨가 숙종의 총애를 받아 14년 10월에 왕자(후일의 경종)를 낳았다. 숙종은 15년 정월에 왕자를 원자로 책봉하고 장씨를 희빈으로 봉하였다.

1689년 인현왕후 민씨는 폐출되었고 장 희빈이 중전이 되었다. 이때 송시열이 인현왕후를 폐하는 것은 왕비가 젊기 때문에 후사를 낳을 가망이 있기 때문에 시기상조라고 주장하자 숙종은 송시열의 관직을 빼앗고 서인 일파를 내쫓았다. 이어 장 희빈을 왕비로 승격시키고 경종을 세자로 책봉하였다. 이에 남인들은 송시열을 제주에 위리안치시켰다가 6월에 정읍으로 옮기는 도중에 사사하였다.

폐비 민씨는 다시 왕비로 복위되고, 왕비 장씨는 다시 희빈으로 강봉되었으며 나중에 숙종은 호서·호남 지방에 시행하던 대동법을 영남에도 시행했으며, 상평통보라는 동전을 주조하여 시행하였다. 그리고 서원의 중첩 설치를 금하고, 서북인의 임용을 장려하였다.

38년(1712)에는 백두산의 분수령(압록강과 두만강이 갈리는 곳)에 정계비를 세웠다.

제19대 숙종
(1661~1720년 재위기간 1674년 8월~1720년 6월)

탁남과 청남의 대립

숙종은 현종과 명성왕후 김씨의 외아들로 1661년 8월 15일 경희궁의 회상전에서 태어났으며, 이름은 순, 자는 명보이고 1667년 7세에 세자로 책봉되었고, 1674년 14살에 제19대 왕으로 즉위하였다.

숙종이 왕위에 올랐을 때는 남인들이 조정의 주도권을 잡았고, 외삼촌 김석주와 장인 김만기 등이 서인이었으나 그 세력은 보잘것없었다.

숙종은 세상을 떠난 현종의 묘지문을 송시열에게 작성하도록 명령했다. 이때 진주의 유생 곽세건이 송시열을 탄핵하는 상소를 올렸다.

"기해년 기년복은 송시열에 의해 만들어진 것입니다. 그때 사악한 논의에 참여한 김수흥이 유배되었는데 송시열이 어찌 형벌에서 빠진단 말입니까? 부디 죄인 송시열을 엄하게 다스리옵소서."

진주의 유생 곽세건의 상소가 올라오자 서인들은 그를 엄히 다스릴 것을 숙종에 건의하였으나 남인인 영의정 허적에 의해 일단 수습되었다. 그러나 송시열에 대한 상소가 계속 올라오자 남인 남천한·이옥 등이 주장한 송시열의 파직을 받아들여 송시열은 덕원으로 유배되었다가 다시 웅천으로 옮겨졌다.

송시열을 조정에서 쫓아낸 남인은 허목과 윤휴를 조정에 불러들였다. 그들이 조정에 나오면서 남인들은 탁남과 청남으로 갈라졌다.

청남은 허목과 윤휴가 영수로, 오정창·오정위·오시수·이무·조사기 등으로 이루어진 강경론자들이었다. 그들은 '삼복(三福)'이라 하여 인조의 셋째 아들인 인평대군의 복창군·복선군·복평군 등을 끼고 장래에 대비하였다.

탁남은 허적·권대운을 영수로, 민희·김휘·민점·목내선 등이 속하였으며, 그들은 온건론자들이었다.

경신환국

조정의 실권을 차지한 남인이 청남과 탁남으로 분리되어 대립하였는데 1679년 6월 영의정 허적이 허목의 상소에 의해 한양의 성 밖으로 나가자 숙종은

"나라가 위태할수록 모든 신하들이 사사로운 감정을 버리고 나라를 위해 일해야 하는데 요즈음은 당파 간에 불화가 심하여 오직 자신들의 파당만 지지하고 다른 당파를 증오하여 조정이 하루도 편할 날이 없다. 지금 이 나라의 영의정이 자리를 지키

지 못하고 성 밖으로 나갔는데 이는 한심하기 그지없는 일이다. 이제부터는 사사로운 의견으로 자신들의 파당을 지지하는 일이 발생하면 모두 중벌로 다스리겠다."
라고 엄중하게 대신들에게 경고하였다.

 1680년 3월 탁남의 영수인 허적이 그의 할아버지 허잠에게 조정에서 시호가 내리자 이를 위해 축하연을 마련하였는데 그때 허적의 집에는 조정의 관리들이 모두 참석하였다. 그러나 서인의 핵심세력인 김석주는 참석하지 않았다.

 허적은 김석주와 숙종의 장인인 김만기를 초청하기 위해 노력하였으나 김석주는 병을 핑계로 참석하지 않았고, 김만기만 참석하였다.

 이때 허적의 서자인 허견이 무사들을 모아 서인들을 없애려고 한다는 소문이 돌았다.

 허적의 집에 간 김만기는 혹시 독살을 우려하여 남의 술잔으로 술을 마셨고 나물만 먹었다. 그 잔칫날 비가 몹시 내려 숙종은 내시에게 궁궐에서 쓰는 장막과 차일을 찾아서 허적의 집에 갖다주도록 명령하자 옆에 있던 내시가

 "허적이 벌써 그러한 물건들을 가져갔습니다."
라고 말하자, 숙종은 내시에게 변장하고 허적의 집에 찾아가서 형편을 살피고 오라고 명령했다.

 허적의 집에서 돌아온 내시는

 "전하, 사실과 다름이 없사옵니다. 그리고 그들은 마치 기세가 하늘을 찌르는 듯했습니다."
라고 보고하자, 숙종은 그들이 괘씸해서 이 기회를 이용하여 그들의 세력을 조정에서 없애기로 마음먹었다.

 숙종은 장인인 김만기를 훈련대장에, 신여철을 총융사로 임

명하고 철원에 귀양을 간 김수항을 조정에 불러들였고, 정재승·조지겸·남구만 등을 요직에 임명하였다. 이것을 이른바 '경신환국'이라 한다.

남인이 조정에서 쫓겨날 때 정원로와 강만철의 고변이 숙종에게 들어왔다. 그 내용은 다음과 같다.

"신의 집에서 허견과 복선군이 만나 허견이 '지금 전하께서는 젊으신데도 자꾸 몸이 불편하시고, 세자도 없으니 만약 불행한 일이 일어나면 복선군께서 대통을 이으셔야 합니다'라고 말하자 복선군은 대답이 없었습니다. 그러자 허견이 '반드시 당론을 타파해야 합니다'라고 말하였습니다. 신이 이 말을 듣고 모골이 송연하여 곧장 달려와서 고변하려고 마음먹었으나 주상께서 영상을 신임하시기 때문에 두려워서 고변하지 못했습니다."

라는 것이었다.

이 고변은 허적의 서자인 허견이 복선군을 끼고 역모를 도모했다는 것으로, 숙종은 도성의 경비를 엄하게 하는 한편 국청을 설치하였다.

허견과 복선군은 국청에서 이러한 사실을 자백했다. 허견은 군기시 앞 길에서, 복선군은 당고개에서 교살형에 처해졌고, 허적은 선왕을 모신 대신이라 하여 벼슬을 빼앗았다.

그 뒤에도 이 사건으로 인해 많은 사람들이 목숨을 잃었.

이러한 고변은 숙종의 외삼촌인 김석주에 의해 만들어진 사건으로 알려져 있다. 이러한 고변서를 제출한 정원로 등은 김석주의 밀정이었다고 한다.

김석주가 조정에서 남인을 내쫓기 위해 짠 계략을 이른바 '삼복의 변'이라 하는데 이 사건으로 남인의 우두머리인 허적을 비롯하여 대부분의 남인들이 조정에서 물러났는데 이른바

이 사건을 '경신대출척' 또는 '경신환국'이라 한다.

노·소론의 분당

1682년(숙종 8) 김환이 자신과 이회·한수만 등과 연명하여 허새·허영·이덕주 등이 복평군을 왕으로 추대하는 역모에 가담했다고 고변했다. 그리고 김중하가 민암·권환·윤유중 등이 김석주를 비롯한 경신환국에 공이 있는 사람들을 없애려고 한다는 고변이 이어졌다. 고변이 계속되자 국청이 설치되어 조사했는데 모두 무고한 고변임이 밝혀졌다.

무고가 무혐의로 판명되자 김환은 옥에 갇혔고, 김익훈을 탄핵하는 상소가 이어졌다. 대간들은

"김익훈이 사람들을 협박하여 남을 무고하였으니 그를 처벌해야 합니다."

라고 들고 일어났다. 그러자 숙종은 서인의 영수인 송시열을 불러 그의 의견을 듣고 이 일을 결정하려 했다.

숙종은 승지를 여주에 있는 송시열에게 보내 그의 뜻을 알아보기로 했다. 이때 송시열은

"참으로 나쁜 짓을 저질렀다. 비록 죽어도 하나도 애석하지 않을 것이다."

하였다.

송시열의 말을 전해 들은 대간들은 자신들의 뜻과 같다고 한층 고무되었다. 그러나 한양에 올라온 송시열은 생각이 바뀌었다.

그는 한양에 올라와 김수항·민정중·김석주 등에게 김익훈

김장생
조선 중기의 학자로 율곡 이이에게 배웠고, 문명이 높았으며 특히 예학에 밝았다. 그의 예학은 송시열에게 전하여 기호학파에서 크게 성행하였다.

에 관한 일들을 물었다. 이때 그들은
"김익훈은 김환에게 경솔하게 무고하게 하였다."
라고 말하였다. 그러자 송시열은
"김익훈이 무고했다는 것은 사실이 아니니 그에게 가벼운 죄를 물어야 할 것이다."
라고 말하였다.

송시열은 숙종을 찾아가서 김익훈은 자신의 스승인 김장생의 손자인데 자신이 잘 이끌어 주지 못하였기 때문에 일어난 일이라 변명했다. 그러나 박세채를 비롯한 언관들은 그를 엄하게 처벌할 것을 주장하였고, 송시열 등은 그의 처벌을 반대했다. 김익훈의 처벌 문제를 둘러싸고 서인은 소론과 노론으로 갈라졌는데, 처벌을 주장한 측은 소론, 처벌을 반대하는 측은 노론이 되었다.

요녀 장씨

　인경왕후 김씨는 광성부원군 광산 김씨 김만기의 딸로 1661년(현종 2) 9월에 태어났다.
　김씨는 1670년(현종 11) 열 살 때 세자빈으로 간택되어 이듬해 3월 왕세자빈으로 책봉되었다가 1674년 숙종이 왕으로 즉위하자 왕비가 되었고, 1676년(숙종 2) 정식으로 왕비에 책봉되었다.
　숙종은 인경왕후가 서인의 학자 집안이라는 데서 서인들의 힘으로 중전이 된 인경왕후를 처음에는 탐탁치 않게 여기다가 김씨가 미인이고 심성이 고우므로 차츰 정이 들게 되었다. 숙종은 동궁 시절, 인조의 계비 장렬왕후 조 대비의 나인(훗날 장희빈)과 눈이 맞아 사랑에 빠져 있었다. 그녀는 숙종보다 두 살 위였다.
　나인 장씨가 궁녀로 들어온 것은 자의대비 장렬왕후의 친정 일가인 신(申) 과부가 종친인 동평군과 친숙했는데, 동평군은 인조의 다섯째 아들 숭선군의 아들이었다. 바로 신씨가 장렬왕후 조 대비에게 장녀가 눈치가 빠르고 싹싹한 아이라고 소개시켜 자의대비 조씨의 처소에 있게 되었다.
　숙종이 왕위에 오르자 장녀는 숙종에게 접근하였다. 숙종은 인경왕후에게는 느낄 수 없는 사랑에 눈이 뜬 것이다. 어느새 숙종과 장녀는 사랑이 깊어졌고 숙종은 수시로 장녀의 숙소를 출입하게 되자, 인경왕후는 장렬왕후에게
　"주상을 보잘것없는 나인의 처소에게 자게 둔다는 것은 왕실에 누가 될 것 같사오니 처소를 따로 정해 주시도록 하시옴이 옳을까 하여 아뢰나이다"

라고 말하였다.

이때부터 장녀의 처소는 '응향각'으로 옮겨져 왕을 맞이하게 되었는데 이렇게 왕비 김씨의 은혜를 원수로 갚은 것은 바로 장녀였다.

요녀 장녀는 숙종의 마음을 사로잡았다.

장녀는 틈만 나면 숙종과 인경왕후 사이를 이간질했고, 인경왕후가 왕을 욕하고 자신도 죽어야 한다고 숙종에게 거짓말을 꾸며댔다.

1679년(숙종 5) 늦가을 장렬왕후가 이 사실을 확인하고 장녀를 집으로 내쫓았다. 집으로 쫓겨온 장녀는 조금도 뉘우침이 없었고 중전 인경왕후를 원망하던 때에 동평군이 찾아와서 조사석이 지금 조 대비의 마음을 돌리게 하려고 힘쓴다며 장녀가 다시 궁궐에 들어가게 될 것이라고 전했다.

조사석은 여러 관직을 거친 서인의 강직한 성품이었고 동평군과 인척 간이기도 했는데 조 대비의 친정아버지 사촌의 아들로 재종동생이기도 했다.

장녀는 동평군과 조사석의 공작으로 자신이 다시 궁궐에 들어간다는 큰 기대를 걸고 있던 이듬해 1680년(숙종 6) 봄에 '경신대출척'이 일어나 삼복 형제와 허적·허견 등 남인들이 대부분 조정에서 제거되자 동평군과 조사석은 근신하며 장녀가 궁궐에 들어오는 운동은 중단되었는데 이 와중에 조사석은 예조판서로 승진되면서 다시 장녀에 대한 운동이 슬그머니 고개를 들려고 했다.

1680년(숙종 6) 10월 인경왕후가 만삭이 된 채 갑자기 세상을 떠났다. 착한 국모의 죽음에 백성들은 몹시 슬퍼했으나 오직 기뻐했던 사람은 장녀였다.

인경왕후는 장녀의 질투와 모함에 시달리다가 일찍 세상을 떠났다. 그녀는 경기도 고양시 덕양구 용두동 서오릉 능역의 익릉에 묻혔다.

　숙종의 계비 인현왕후 민씨는 서인 세력의 영양부원군 여흥 민씨 민유중의 딸로 1667년(현종 8) 4월에 태어났다.
　인현왕후는 인경왕후가 세상을 떠나자 1681년(숙종 7)에 가례를 올리고 숙종의 계비가 되었다.
　민씨가 왕비로 간택된 것은 숙종의 어머니인 대비 명성왕후의 힘이 작용했고, 대비의 뜻대로 간택한 왕비를 맞은 숙종으로서는 새 왕비에 흥미가 없었다.
　숙종은 인경왕후가 세상을 떠나자 한때 몹시 상심하였는데 이 모습을 어머니 명성왕후와 증조할머니 장렬왕후가 걱정을 하다가 문득 쫓겨난 장녀가 생각이 났던 것이다. 그렇잖아도 신임하던 재종동생 조사석이 은근히 장녀가 뉘우치고 있으니 다시 입궁시킬 것을 권유했던 터라 장렬왕후는 다시 장녀를 궁궐에 불러들였다.
　숙종이 지나치게 장녀를 탐닉하자, 왕대비 명성왕후는 크게 노했다.
　"상감이 승하한 중전으로 상심했다는 것도 헛말이로구나. 게다가 장녀는 전일에 현덕한 중전을 모함한 계집이 아닌가? 당장 궁궐에서 쫓아내라!"
　장녀는 다시 쫓겨나고 말았다. 지난번에는 장렬왕후가 쫓아냈고, 이번에는 대비가 장녀를 다시 쫓아냈던 것이다. 이번에는 숙종이 장녀에게 어머니 노여움이 풀리면 언제고 다시 불러들이겠노라고 타일러 이별했다.

또다시 쫓겨난 장녀는 인조의 다섯째 아들인 숭선군의 부인 신씨의 배려로 그 집에서 살게 되었다.

1681년(숙종 7)에 숙종의 계비 인현왕후 민씨가 15세의 어린 나이로 왕비에 간택되었다.

계비 인현왕후는 지나치게 예의가 바른 것이 문제였다. 인현왕후는 첫 날밤부터 부부 사이가 삐걱거리기 시작했다. 그러나 이런 분위기를 알아차린 대비의 배려에 의해 숙종은 인현왕후와 지내다 보니 어느덧 그녀에게서 현숙하고 아름다움을 발견하게 되었다.

한편 장녀는 임금이 새 중전과 첫날밤부터 다투었다는 말을 듣고 쾌재를 불렀다. 그러나 세월이 흘러가면서 임금이 중전에게 차츰 정을 붙인다는 소식이 전해 오자 분하여 견딜 수가 없었다.

숙종은 중전보다는 후궁들의 처소 출입이 잦아졌고 중전과는 정이 없던 중에 1683년(숙종 9) 12월 대비 명성왕후가 세상을 떠나자 이제 궁중에는 사실상 어른이 없게 되었다.

또한 조정은 서인들이 득세했고 여전히 민심은 흉흉했으며 백성들의 불평은 커져만 갔다. 영의정 김수항은 너무 강경하여 임금도 꺾을 수가 없었고, 숙종이 믿었던 대비의 사촌오빠 김석주는 또 당파를 일으켜 다른 계파를 배척하고 부귀와 영달에 여념이 없었다.

숙종은 3년 전 '경신대출척' 때에 영의정 허적을 죽인 것이 후회되었다.

한편 장녀는 궁에 다시 들어가는 일을 포기하고 있었는데, 명성왕후가 세상을 떠났다는 소식을 듣고는 희망을 걸었으나 대 궐로부터는 좀처럼 소식이 오지 않았다. 그러나 장녀가 궁궐에 다시 들어오기를 원했던 숙종은 장렬왕후를 설득하는 공작을 벌여 마침내 장렬왕후의 승낙을 받았다.

 인현왕후가 잉태를 하지 못하는 상황에서 26세의 숙종이 장 씨에게 집착하자 불안을 느낀 서인세력들은 서인 출신 집안에 서 후궁을 뽑아 후사를 잇게 하자는 것이었다. 그것도 중전의 아버지 민유중이 앞장서서 요구하는 바람에 후궁을 간택하기 로 결정되었다.

 1686년(숙종 12) 2월부터 간택령이 내려져 3월에 영의정 김 수항의 종손녀가 간택되었다. 후궁으로 간택된 김씨는 김수항 의 형 김수흥의 아들인 김창국의 딸로 김수항은 남들이 김 규 수가 후궁이 되면 뭐라 하겠느냐며 반대했다.

 숙의에 봉해진 후궁 김씨는 몸이 허약하여 숙종의 관심을 끌 지 못하자 인현왕후와 가깝게 지내게 되었다.

쫓겨난 인현왕후

 숙종은 증조할머니 장렬왕후에게 건의하여 장녀가 궁중에 다 시 들어오는 것을 승낙을 받았다. 그때가 1686년(숙종 12) 5월 장녀의 나이 28세, 쫓겨난 지 5년 만에 다시 입궐하였다.

 입궐한 장 숙원은 인현왕후가 몹시 미웠다. 따지자면 자기는 임금의 둘째 아내인 셈이요, 왕비는 자기보다 궁중에 더 늦게 들어왔으니 셋째 부인이 아닌가. 장 숙의는 내심 자신이 생겨

교활한 미소를 흘렸다.

 숙종은 정사조차도 게을리 하고 장녀에게 빠졌다. 장녀가 입궁한 지 얼마 안 되어 예조판서 조사석이 이조판서가 되었으며, 이 역시 장녀의 힘이 작용하였던 것이고 이듬해 1687년(숙종 13) 그녀의 오빠 장희재는 금군장이라는 벼슬을 하게 되었고 숭선군의 아들 동평군은 혜민서 제조가 되었다. 조사석은 다시 우의정을 거쳐 좌의정으로 승격되었다.

 이미 장녀에게 빠져 이성을 잃은 숙종은 장녀에게 취선당이라는 별당까지 지어 주었다.

 뿐만 아니라 장녀가 재입궐한 지 6개월 뒤 12월에 숙원 장씨는 정2품 소의로 진봉되고 점차 궁중의 안주인 행세를 하였다. 1687년(숙종 13) 3월 인경왕후의 아버지 김만기가 세상을 떠났고, 7월에는 계비 인현왕후의 아버지 민유중이 병으로 세상을 떠났으며, 영의정 김수항은 임금의 무절제한 행동을 간하다 청풍부사로 좌천되었고, 후일 사직하게 되었다.

 숙종은 어릴 적부터 총명하여 현군 측에 드는 군주였건만 요녀 장 소의에게 빠져 수많은 충신들을 조정에서 무단히 내치면서까지 장 소의에게 헤어나지 못하였다.

 1688년(숙종 14) 10월 28일 장 소의가 아들을 낳았는데 후일 제20대 경종이다. 아들을 낳은 장 소의의 콧대는 더욱 높아졌고 그녀의 어미 윤씨의 코도 하늘 높은 줄을 몰랐다. 그래도 인현왕후는 왕자 탄생을 축하하는 예물을 내렸다. 그러나 장 소의는 오히려 냉소를 지었다.

 왕자가 태어난 지 두 이레 무렵, 장 소의의 어머니 윤씨가 옥교를 타고 궁궐로 들어오다 금리 김만석과 박소일에게 제지를 당했다. 당시 국법에 윤씨는 가마를 탄 채 입궐이 허용되지 않앉다. 그러나 윤씨는 자신이 누군지 알고 그러느냐고 호통을 쳤다. 가마를 빼앗긴 윤씨는 일부러 땅바닥에 뒹굴면서 대성통곡했다. 장 소의는 숙종에게 통곡하며 이 일을 일러바쳤다.

"이게 모두 제 잘못입니다. 그 삼이 든 보약을 먹으면 왕자아기에게 해가 될까 봐 중전께서 하사하신 약을 돌려드렸더니 당장 이런 화가 미치는군요. 으흐흐…."

"중전이 앙갚음한 것이란 말인고? …괘씸한지고."

숙종은 진노하여 금리 김만석·박소일을 국문했다.

"그래 중전마마의 밀령을 받고 네 두 놈이 일을 저질렀구나."

결국 초죽음 상태에서 두 사람은 왕이 묻는 대로 허위자백을 하였고 그날 밤 고문 후유증으로 모두 죽었다.

중전에 들르지도 않던 왕이 별안간 나타나 인현왕후에게 날벼락이 떨어졌다.

"중전, 어째서 인삼이 든 약을 취선당에 내렸소? 왕자를 해치고 싶었소?"

"전의청 제조 유영을 직접 불러 상의한 뒤에…. 가미보호탕에 인삼 세 돈쭝을 가미하면 오히려 유도가 원활하여진다고 해서 그리 하였나이다."

"왜 문지기들을 교사하여 장 소의 어미 윤씨를 치고 차게 하였소?"

"예?"

"국모의 몸으로 금리를 매수하다니. 돈과 벼슬을 약속하였소?"

인현왕후로서는 어처구니없는 노릇이었다. 요악한 장 소의에게 사로잡힌 임금이 안타까울 뿐이었다.

임금은 전의청 제조 유영을 고문하면서 중전과 공모한 사실을 실토하라고 회유했다. 인현왕후는 억울하게 고초를 당하는 유영 때문에 애가 탔다. 소문은 곧 조정에도 알려졌고 이때 자신의 목숨을 버리기로 각오한 사람이 있었는데 그는 사헌부의 정오품의 지평 이익수였다.

장녀의 어미 윤씨가 가마를 타고 궁궐문을 통과하려 하자 사헌부 사령들이 윤씨를 걸어 들어가게 하였다. 그러자 장 숙의는 숙종에게 이 일을 일러바쳤다. 예상한 대로 사헌부 지평 이익수는 하옥되어 곤장을 맞고 파직되었으며 하수인들은 심한 고문으로 죽거나 내쫓겼다.

이에 영의정 김수홍이 백관을 대표하여 숙종을 만났다.

"전하, 지평 이익수는 국법에 따른 것이옵니다. 그를 파직하심은 지나치시옵니다."

"장 소의에게 왜 그리도 말들이 많소?"

1689년(숙종 15) 정초, 왕자가 태어난 지 백 일도 되기 전에 장 소의의 성화로 숙종은 태어난 지 3개월에 불과한 아들을 원자로 책봉했다. 그러자 서인들도 반대했다. 민비가 아직 23세로 젊은데 서두를 필요가 있겠느냐는 것이었다. 그러나 숙종은 "내 나이 서른이 되어 겨우 얻은 아들"이라며 강경히 밀어붙여 5일 만에 왕자를 원자로 정하고 그를 낳은 장 소의를 희빈으로 승격시켰다.

이에 노론 측의 영수 송시열이 송나라 철종의 예를 들어 왕자를 원자로 세우는 것은 급한 일이 아니라며 상소를 올렸다.

이로 인해 송시열을 비롯한 노론계 정치인들이 대거 유배되고, 조정에는 남인들이 대거 등용되어 정국의 주도권은 민암·이의징 등이 장악하게 되었다.

이로써 서인이 대출척되고 남인이 정권을 장악한 '기사환국'

으로 수많은 사람들이 귀양을 가거나 파직되고 사사되었으며, 지난해 장 희빈의 일로 귀양을 갔다가 겨우 풀려났던 김만중도 다시 남해로 귀양을 가게 되어 거기서 명작 『구운몽』을 집필하였다. 그 밖에도 진도로 유배를 간 김수항에게도 사약이 내려졌다. 이 '기사환국'으로 남인이 정권을 독점하게 되지만 그 기간은 5년밖에 가지 못하였다.

『구운몽』

『구운몽』은 숙종 때 김만중이 지은 국문소설이다. 그는 대사헌·홍문관 대제학을 지냈다. 이 소설은 그가 남해로 유배되었을 때 그곳에서 그가 쓴 소설이다. 동기는 홀로 계신 노모를 위로하기 위함이라 한다.

이 무렵, 장 희빈은 또다시 음모를 꾸몄다. 입궁한 지 4년이 된 후궁 김 귀인이 장 희빈과 원자를 저주하는 푸닥거리를 한다고 트집을 잡아 작호를 삭탈하고 사가로 추방했다. 인현왕후는 말벗인 김 귀인마저 내쫓기자 다음은 자기의 차례라는 것을 직감했다.

인현왕후의 생일날, 그녀는 임금이 나타나지 않자 착잡한 심정이었다. 숙종은 점심때 영휘당 장 희빈에게 갔다. 다시 간교한 장 희빈은 임금 앞에 엎드려 울면서

"전하, 이대로 있다가는 소빈은 정녕 제 명에 죽지 못하겠습니다."

"왜 그러는 게야. 희빈?"

"마마, 저 뜰밑을 보시옵소서. 저 피를 토하고 죽은 개를!"

"억…?"

「인현왕후전」
고대소설로 본디의 이름은 「인현성후덕행록」으로 영·정조 때에 궁녀의 손으로 집필되었을 것으로 추측된다. 「한중록」과 더불어 궁정사화로 쌍벽을 이룬다. 내용은 숙종의 계비 인현왕후와 장 희빈을 둘러싼 역사적 사실을 소재로 삼고 있다.

숙종은 눈을 부릅떴다. 과연 피를 토하고 죽은 개가 있었다.

"도대체 저 개가 어쨌단 말인고?"

"중전께서 오늘 음식을 많이 보내셨기에 살펴보았습니다. 문득 먹으려다가 왠지 섬뜩한 생각이 들어 개에게 시험을 하였사온대, 보시다시피 저렇게…. 상감마마!"

임금이 펄쩍 뛰자 장 희빈은 매달리면서

"오늘이 중전마마 생신이옵니다. 그렇잖아도 신첩이 모함을 받고 있고, 아침에 중전으로 탄신 인사를 드리러 갔다가 거절당하고 돌아왔습니다. 으흐흐…."

장 희빈에게 놀아나는 숙종은 이미 이성을 잃은 지 오래였다. 왕은 인현왕후를 폐출하기 위해 장 희빈이 들려준 이야기를 자신이 직접 중전에게서 들었던 것이라고 신하들에게 늘어놓았다.

"희빈 장씨를 소의로 봉할 때 중전은 귀인 김씨와 결탁해 질투하기 시작했소. 그때 중전은 나에게 꿈에 선왕을 뵈었다고 하면서 귀인 김씨와 중전은 아들이 많을 것이고, 장 소의는 아들도 없고 복도 없으니 만일 오래 두면 경신년에 원한을 가진 남인들이 일어날 것이니, 궁중에서 장 소의를 몰아내라고 하셨다는 것이오. 선왕의 꿈까지 빙자하여 후궁을 질투하니…. 중전의 투기를 이제까지 참아 왔지만, 소생이 없으리라던 희빈이 원자를 낳으니 중전이 얼마나 요사스러운지를 알겠소."

왕은 이제 거짓말을 꾸며대면서 체통을 잃은 군주가 되어 버렸다. 남인인 조정의 대신들도 왕이 중전을 폐출하려는 의도를 간파하고 승지 이기만이 이 일의 부당함을 간하자 숙종은 그를 파직시키고 중전를 폐위시키기로 마음먹었다.

"…백관들은 그 누구도 이 일에 대해서 말하지 마시오."

중전의 생일 다음날 4월 24일 민비는 폐출되었다. 그러자 서인 측의 오두인과 박태보 등 85명의 연서로 왕비를 폐출하는 것을 비난하는 상소문을 접한 숙종은 그들을 친국했다. 인두를 시뻘겋게 달구어 살을 지지는 낙형을 자행하여 오두인과 박태보는 귀양을 가다가 백 리도 못 가서 각각 고문 후유증으로 죽고 말았다. 그러나 아직 없애야 할 거물이 하나 남았으니 이제 제주도에 귀양을 간 83세의 우암 송시열이었다.

결국 남인세력에 의해 송시열은 그 해 기사년 6월 국문을 받기 위해 한성으로 올라오는 도중 정읍에서 사사되었고 이제 조정에서는 서인세력들이 모두 쫓겨났다. 서인이 완전히 숙청된 '기사환국'의 매듭이었다.

인현왕후는 간교한 장 희빈과 그녀에 빠진 숙종에게서 떠나 안국동 본가에서 지내게 되었다.

인현왕후가 폐출된 '기사환국' 이듬해 1690년(숙종 16) 6월에 장 희빈이 낳은 균은 세 살 때 왕세자에 책봉되었고, 10월에는 장 희빈도 왕비로 책봉되었다.

인현왕후는 안국동 별궁에서 스스로 죄인이라고 자책하면서 근신하며 지냈다. 안마당에는 잡초가 우거져 폐옥이나 다름없었다. 그동안 인현왕후의 동정을 염탐해 온 장비는 인현왕후를 죽이지 않고서는 안심이 안 되었다. 그녀는 호시탐탐 기회를 노리고 있었다.

그때 우연히 인현왕후의 집에 들어온 큰 개 한 마리를 길렀는데 이 개가 새끼 세 마리를 낳아서 네 마리 모두가 송아지만큼씩 자라 사나운 맹견이 되었다. 장 희빈은 인현왕후를 시해하려고 여러 차례 자객을 보냈지만 번번이 개들에게 들켜 실패하곤 하였다.

장비의 오라비 장희재는 대궐 같은 집을 짓고 예쁜 계집을 마구 강간하는 등 횡포가 이루 말할 수 없었다. 하루는 길을 지나다 아이들이 부르는 동요를 듣게 되었다.

> 미나리는 사철(四季)이요
> 장다리는 한철일세
> 철을 잊은 호랑나비
> 오락가락 노닐으니
> 제철 가면 어이 놀까
> 제철 가면 어이 놀까

장희재는 발길을 문득 멈추고 몇 번 듣고 보니 미나리는 민씨, 장다리는 제 누이 장비를 가리키는 것 같았다. 이 뜻을 새겨 보니 민씨는 죽지 않고 장비는 곧 몰락한다는 뜻이었다. 게다가 호랑나비란 임금을 일컫는 것이니, 철을 잊은 임금이 장비에게 빠졌다가 제철이 지나면 어쩔 것이냐는 노래였다.

그 노래는 한 아이가 선창하면 여러 아이들이 따라서 불렀다. 장희재는 그 아이들을 붙잡아 캐묻고 즉시 사령을 시켜 그 아이의 아버지를 잡아들여 문초했다.

"이놈, 너는 왜 이런 해괴한 동요를 만들어서 민심을 흔드는 것이냐?"

배후를 대라고 지독한 형벌을 가하자 그 아이의 아버지는 죽고 말았다.

어느새 이 소문이 장안에 퍼지자 백성들은 분개했고 어떤 사람은 아이들에게 돈까지 주면서 이 동요를 가르치니 한양뿐만 아니라 마침내 궁중의 나인들까지 이 노래를 흥얼거리게 되었다.

이 노래로 장비는 또 왕에게 앙탈을 부렸다.

숙종은 장희재에게 총융사 직책을 내렸다. 그리고 폐비 민씨가 사는 곳에는 누구든 허가 없이 출입을 엄금한다는 방이 나붙었다.

장희재를 총융사로 삼아 동요를 부르는 자들을 속속 잡아들이자 여러 곳의 옥사들은 억울한 사람들로 가득 찼고 이 바람에 총융청의 재정은 엉뚱한 데로 탕진되었다. 잡혀온 사람들을 주리를 틀어 백성의 원성은 하늘에 닿았다.

1693년(숙종 19) 봄 숙종이 중궁전에 들자 장비는 이때 무릎에 재우던 여섯 살 세자를 방바닥에 내던지며 입술에 파란 독기를 품고 앙탈을 부렸다. 인현왕후에게 사약을 내려서 세자로 하여금 저주에서 벗어나게 해달라고 앙탈을 부렸다. 임금도 세자를 내던지는 데에는 화가 치밀었다.

"네 이 못된 것!"

그날 이후 숙종은 차츰 자신의 과거를 뉘우치기도 했고 또한 부끄럽게 생각하였다. 어느 날 밤 백성들이 드나드는 술집으로 미행을 나섰다.

그리고 얼마 후에 임금은 한밤중에 또 궁중을 미행했다. 한곳을 지날 때, 창에 불빛이 훤하고 주문 소리가 도란도란 들려 왔다. 창틈으로 들여다보니 실로 기괴한 일이 벌어지고 있었다.

"폐비 민씨는 이 화살을 맞은 자리마다 악창이 나게 해주십시오."

벽에는 폐비 민씨의 초상화가 붙여져 있고 고깔을 쓴 여러 명의 무당들이 춤추며 활을 쏘고 있었다. 화살은 그림의 눈·목·가슴·아랫배 등에 꽂혔고, 옆에서는 장님이 경문을 읽고 있었다.

숙종은 깜짝 놀랐다.

숙종은 교만방자한 장비의 행동을 완전히 파악했다. 이제 어떻게 처리하느냐는 일만 남아 있었다.

그 뒤 4월 23일 이 날도 임금은 심야에 궁중을 거닐다 한 궁녀의 방에 불이 켜진 것을 이상히 여겨 안을 엿보았다. 젊은 무수리 최씨가 폐비 민씨의 만수무강을 기원하는 축원을 드리다가 들킨 것이었다. 무수리 최씨는 민비가 폐출된 뒤 해마다 민씨의 생일날 방에서 몰래 음식을 차려놓았던 것이다.

얼마 전까지만 해도 이런 일은 중죄에 처했을 임금이었지만 오늘은 무수리를 책망하기는커녕 오히려 회오의 눈물을 글썽이고 있었다. 벽에 걸린 옛 중전의 옷에서 인자한 체취가 느껴졌고 갑자기 인현왕후가 보고 싶었다. 그러나 임금은 겁에 질린 무수리의 방 아랫목에 주저앉았다.

"내가 중전에게 올리는 음식과 술이 먹고 싶구나."

무수리 최씨는 그날 밤 숙종의 승은을 입어 이듬해 1694년(숙종 20) 9월 연잉군 곧 영조를 낳았다.

영조를 낳기 전 최 무수리는 장비로부터 혹독한 고문을 당했었다. 장비의 채찍 고문은 유방이고 아랫배고 가리지 않고 잔인하게 자행되었다.

"어느 놈의 씨앗이냐? 네 뱃속의 아이가 상감의 정기라고? 이실직고하지 못하겠느냐?"

장비는 손수 인두로 최 무수리의 국부를 지지고 온몸을 마구 지져 살이 타는 냄새가 진동하였다. 거의 주검이 된 최 무수리가 장독으로 덮여 있는 것을 나중 알아낸 임금은 다음날 즉시 예조에 명하여 최씨에게 종4품 숙원을 거쳐 다음에 내명부의 정1품인 숙빈으로 봉하였다.

1694년(숙종 20) 갑술년 3월 노론계의 김춘택과 소론계의 한중혁 등이 폐비 민씨 복위운동을 벌이자 이때 조정의 권력을 잡고 있던 남인의 영수 민암·이의징 등은 서인세력을 완전 제거하려고 김춘택을 비롯 폐비 복위운동의 관련자 수십 명을 옥에 가두고 이들에게 온갖 고문을 가한 다음 숙종에게 보고했다.

그러나 당시 숙종은 장비에 대한 감정이 악화되어 있었고, 인현왕후를 폐출시킨 것을 후회하고 있던 터여서 오히려 서인들을 옥사로 다스렸던 민암을 귀양을 보내 사사시켰으며 권대운·목내선·김덕원 등을 유배시키고 소론계의 남구만·박세채·윤지완 등을 등용했다. 또한 이번 무옥으로 고문을 자행한 참국대신들도 모두 처벌되었다. 또 어제까지 천하를 호령하던 장비의 오라비 총융사 장희재도 옥에 가두었다.

마침내 4월 숙종은 안국동의 폐비 민씨를 복위하여 서궁의 경복당에 옮기라 명하였다. 그리고 장비를 희빈으로 강등시켰다. 이렇게 남인의 세력이 축출된 일련의 이 사건을 '갑술옥사'라 한다.

장 희빈은 취선당으로 옮겨 갔다.

이 해 9월 최 숙원이 옥동자를 낳았다. 작년 봄 장 희빈의 가혹한 형벌에 거의 죽었다가 회생한 최 숙원이 후일의 영조임금을 낳으니 내명부 정1품 숙빈이 되었다.

한편 복위된 인현왕후는 원래 허약한데다 5년간의 어려운 생활 탓으로 시름시름 앓고 있었다.

숙종도 조정이 정리되면서 1695년(숙종 21)부터는 현군으로서의 치세에 들어가게 되었다. 그 대표적인 것이 숙종 24년의 일로 지금까지 노산대군으로 불리던 단종임금의 묘호를 단종으로 추존한 것이다.

1696년(숙종 22) 장 희빈이 낳은 세자 균이 아홉 살이 되자, 열한 살이 된 청송 심씨 심호의 딸(후에 단의왕후)을 세자빈으로 맞이하였다. 인현왕후는 임금을 설득시켜 취선당의 장 희빈에게도 배례토록 하였는데 세자 내외가 인사를 드리려 하자 장 희빈은 폐백상을 뒤엎어 버렸다.

"네놈이 나보다 민가를 더 따르고 섬긴다니…. 이 어미한테는 뭣하러 찾아왔느냐?"

1700년(숙종 26) 봄 4월, 인현왕후가 환궁한 지도 6년이 흘렀다. 그동안 늘 잔병을 앓아 온 인현왕후의 병세가 점차 침중하였다. 그럴수록 장 희빈은 악독한 마음을 버리지 못하고 인형왕후가 죽기를 기원하면서 자신이 다시 왕비로 복위할 환상에 빠져 있었다.

이 해가 지날 때까지 왕비는 병상에서 일어나지 못했다. 병구완은 연잉군(후일 영조)의 생모 최 숙빈이 밤낮을 가리지 않고 일심 전력 시중을 들었다.

한편 왕비의 환후가 다음해까지 계속되자 마침내 어약청이 마련되고 거국적인 왕비 병환 치료가 특설되었다. 그 덕분인지 인현왕후의 병환은 약간 회복이 되면서 기동하자 최 숙빈은 구미를 돋우어 준다고 게장을 상에 올렸는데 다행히 중전의 구미를 돋우게 되었고, 중전에서 햇게장을 구한다는 소문이 마침내 취선당에도 알려졌다.

이때 장 희빈의 입가엔 싸늘한 독기가 풍겼다. 신당에서 굿을 하고 화살을 쏘아도 아무런 효과가 없었고 무당이 만들어 준 인형을 바늘로 찔러 묻어도 중전은 죽을 듯하다 살아나자 이제는 좀더 확실한 방책을 써서 죽여 버릴 방법밖에 없었다.

마침내 추석 하루 전 날, 중전은 최 숙빈의 노고를 치하하며 맛있게 게장을 먹고 나자 별안간 정신이 혼미해지더니 쓰러졌다. 인현왕후는 미처 손 쓸 겨를도 없이 임종을 앞두고 있었다. 자신을 낳은 장 희빈보다 인현왕후를 더 따랐던 세자는 눈물을 흘렸고 임금도 황망히 달려왔다.

왕비는 마지막으로 가쁜 숨을 가누며 임금의 손을 잡고 당부하였다.

"전하, 저 세자를 생각해서라도 그의 생모를 너그럽게 용서하시고 더러 그 처소에도 임하시옵소서."

이어 인현왕후는 흐느끼는 열네 살 된 세자의 손을 꼭 붙잡고 겨우 말을 이었다.

"세자야, 울지 마라. 그동안 네가 이 어미를 무척 따라준 점 고마웠느니라. 네 생모 희빈에게 미안한 일이 많았거니와 이제 이승에서 서로 풀지 못하고 가는구나…."

"어마마마!"

인현왕후는 끝내 세상을 떠나고 말았다. 숙종 27년(1701) 8

월 14일 중전은 서른다섯 살에 소생 없이 세상을 떠났다.

인현왕후는 경기도 고양시 덕양구 용두동의 서오릉 능역의 명릉에 묻혔다.

장 희빈의 죽음

인현왕후가 갑자기 운명하자 임금과 측근자들은 의심을 품게 되었고 어약청의 전의들도 심상치 않은 일이라고 주장하게 되었다.

최 숙빈은 언뜻 그 게장밖에 의심나는 게 없어서 조금 맛을 보니 유난히 단맛이 이상스러웠다. 누구의 소행인지 게장 속에 꿀을 섞었던 것이다. 최 숙빈은 아무도 모르게 게장이 들어오게 된 경로를 조사해 보았다. 게장을 수라상에 올린 김 나인을 은밀히 가두고 숙종에게 알렸다. 임금이 친국한 결과 그 배경에는 장 희빈의 밀계에 의해 금기 음식을 이용했음이 드러났다.

임금은 대노하여 장 희빈에게 사약을 내리겠다고 하자 승지 윤지인과 소론의 영의정 최석정 등이 반대하다가 파직, 유배되었다.

조정의 의논은 양분되어 노론의 김춘택, 한중혁 등은 장 희빈의 처형을 주장했고 남구만 등은 가벼운 벌을 주장하는 바람에 노론과 소론의 당파싸움이 첨예화되고 은연중에 소론은 세자와 장 희빈을 옹호하는 제2의 남인같이 되었다.

그러나 숙종은 집권층인 소론의 압력을 물리치고 장 희빈을 처형할 결심이 확고부동했다. 더구나 취선당의 나인들을 국문한 결과 희빈의 배후로 동평군과 제주도에 귀양을 간 장희재 그리고 유명견 형제들도 연루되었음이 밝혀져 이들을 모두 잡아 올리게 하였다.

인현왕후가 세상을 떠난 지 40일이 되는 9월 장희재는 목이 잘렸다. 취선당 장 희빈의 두 나인과 게장에 꿀을 탄 중전의 나인도 교살되었다. 또 인현왕후를 죽도록 저주한 무당도 처형되었다. 세칭 '무고의 옥'이라는 이 사건의 원흉인 장 희빈에게도 임금은 신하들의 반대를 물리치고 마침내 전교를 내렸다.

"희빈 장씨는 질투가 심해서 중전을 모해코자 신당을 차려놓고 저주했을 뿐만 아니라 마침내 나인들을 시켜 중전을 시해케 했다. 이제 모든 사실이 탄로되었다. 이러한 희빈을 그대로 두면 장차 무슨 일이 있을는지 예상할 수 없어 과인은 왕실의 안녕을 위하여 희빈 장씨에게 사약을 내리노라."

장 희빈의 사형 확정이 내리자 영사부 남구만은 벼슬을 사직하고 낙향했다. 이때 열네 살의 세자 균은 부왕이 있는 편전 앞뜰에서 석고대죄하며 생모를 살려 달라고 호소했다. 세자는 악한 어머니를 전혀 닮지 않았으며 순하고 착했다. 세자도 생모의 잘못을 모르는 바 아니지만, 그래도 자신을 낳은 어머니가 죽음을 앞두고 있으니 가만히 있을 수가 없었다. 세자는 편전에 들어오는 대신들을 붙들고 애원했다.

세자의 모습에 대신들도 눈물을 금치 못하며 임금께 명을 거두어 줄 것을 간청하였으나 임금의 마음은 변하지 않았다.

드디어 형방 승지가 사약을 들고 금리들과 함께 취선당에 이르자 장 희빈은 처음에 설마했다가 승지가 강경하게 어명을 받으라고 하자 발악하였다. 위기를 느낀 장 희빈은 순순히 약사발을 받고는 나인을 임금에게 보냈다.

그녀는 전하의 용안을 우러르고 작별 인사를 올릴 기회를 윤허하시든지, 아니면 세자를 잠깐만 만나게 해달라는 것이었다.

부왕의 명을 받고 취선당에 이른 세자는 희빈 앞에 쓰러져 통곡했다. 그러나 희빈은 세자에게 독기를 뿜어 댔다.

"네 이놈! 네놈은 어디 있다가 이제야 오느냐? 너를 낳은 어미는 사약을 받고 있는데 네놈은 어미의 원수 민가년의 빈전에서 우느라고 목까지 쉬어서 이제 나타나느냐?"

장 희빈은 번개같이 달려들어 세자의 하초을 움켜잡고 힘껏 잡아당기는 것이었다. 세자는 비명과 함께 기절하였다. 이때 따라온 늙은 내시가 기겁하여 희빈을 떼어 놓으려 하였으나 역부족이었다. 당황한 금리들이 달려들어 겨우 떼어 놓자 형방 승지 일행은 세자를 안고 황급히 달려나갔다.

장 희빈은 분이 풀리지 않았는지 씩씩거리며

"내가 죽는 마당에 네놈을 남겨두어 이가의 씨를 잇게 할 수 없다. 너 죽고 나 죽으면 그만이다."

승지 일행이 떠난 사이에 발광하여 날뛰던 장 희빈은 마루에 있던 사약을 마당에 던져 버렸다.

이러한 사실을 승지로부터 보고를 받은 숙종은 몹시 화가 나서 시녀들로 하여금 희빈의 입을 벌리고 사약을 붓도록 명령하였다. 그러자 그녀는 잠시 뒤 피를 토하면서 숨이 끊어졌다.

한편 궁중에서는 기절한 세자로 큰 소동이 벌어졌다. 전의들이 동원되어 겨우 소생되었으나 원체 급소를 다쳐 그는 끝내 성 기능을 잃어버리고 만 것이다.

장 희빈의 뜻대로 성불구자가 되어 버린 세자는 자주 병석에 눕게 되자 부왕 숙종도 초조하기 이를 데 없었다.

장 희빈은 43세로 경기도 고양시 덕양구 용두동 서오릉역의 대빈묘에 묻혔다. 이로써 희빈을 지지하던 남구만·최석정·유상운 등의 소론세력은 몰락하고 다시 노론이 득세하게 되었다.

세자와 연잉군

숙종의 제2 계비 인원왕후 김씨는 경은부원군 경주 김씨 김주신의 딸로 1687년(숙종 13)에 태어났다.

인원왕후는 인현왕후가 세상을 떠난 뒤 1702년(숙종 28) 10월 가례를 올리고 숙종의 제2 계비가 되었다.

인원왕후의 아버지 김주신은 친척들이 소론이었으나 그 자신은 특별한 당색 관념이 없었기에 임금은 김주신의 딸을 간택했던 것이다. 김주신은 숙종과 동갑이었고 딸 인원왕후는 16세로 숙종과 26세 차이였다. 김주신은 그의 아버지가 판서였던 덕으로 현령이 되었으며 딸이 왕비가 되자 영돈녕부사 경은부원군이 되었다. 인원왕후는 세자 균(경종)보다 한 살 위였고 세자빈인 며느리보다는 한 살 아래였다.

1705년(숙종 31) 봄, 불과 2년 반 만에 김주신의 집은 장안의 갑부로 둔갑했다. 집 안은 온통 지방 관리들이 보낸 진상 봉물로 가득 찼다.

4년 전 '무고의 옥' 때 인현왕후의 오빠인 민진후는 이때 한성판윤으로 노론이었고 병조판서 유득일은 소론이었으나 전부터 강직한 성품 때문에 화를 당했다.

이 해 6월 이 두 사람이 김주신을 맹렬히 탄핵하자 김주신은 그의 재산을 전부 기민청에 바쳐 굶주린 백성들을 구휼하는 데 쓰게 했다.

1704년(숙종 30) 3월 최 숙빈이 낳은 연잉군 금이 장가를 들었다. 임금은 이 며느리도 파당이 없는 생원 서종제의 딸을 맞아들였는데 이때 부인 서씨는 열세 살이었고 연잉군은 열한 살이었다.

이 서씨가 후일 영조의 후비 정성왕후가 된다. 당시 17세의 세자 균(경종)과 여섯 살 아래 연잉군 금은 이복형제였으나 그들은 우애가 돈독하여 숙종의 마음이 흐뭇하였다.

그런데 세자 균이 18세가 되던 1705년(숙종 31) 10월 숙종은 동궁에게 국정을 대리청정시키고 자신은 태종처럼 뒤에 물러앉겠다고 고집하였으나 신하들의 반대가 너무나 높아 뜻을 이루지 못했다.

이 바람에 지난날 장 희빈을 둘러싸고 두둔하였던 남인 일당이 다시 준동하기 시작했다.

남인들이 동궁의 마음을 사서 서인들을 없애려고 하자 이러한 사실을 눈치 챈 서인도 이에 대비하여 조정은 다시 술렁대기 시작했다.

이에 놀란 임금은 한 달 만에 선위를 번복하고 다시 친정에 들어갔으나 이 바람에 당파의 감정은 더욱 고개를 들게 되었다. 인현왕후가 복위된 갑술옥사 이후 소론이 집권해 오다가 '무고의 옥' 때 장 희빈이 사사된 뒤 조정은 한때 소론파의 남구만 등이 물러났으나 불과 1년도 못 되어 다시 소론파가 복귀하여 정권을 잡았다.

노·소론의 싸움은 여전한 가운데 죄인들이 국문 도중에 죽는 것을 애석히 여긴 임금은 숙종 33년 형장을 일체 금하고 남형과 남살을 엄금케 하였다.

숙종은 차츰 나이가 많아지고 세자 균이 자식을 낳을 수 없는 것이 확실해지자 둘째 왕자 연잉군 금에게 자연 기대를 걸게 되었다. 연잉군은 영특하여 여러 모로 형보다 나았다. 만약 세자가 즉위하게 되면 연잉군은 세제로 책봉될 것이며, 세자가 장수치 못할 때 세제로 대통을 잇게 할 공산이 컸다.

당시 실권을 장악치 못한 노론들은 연잉군을 비호하게 되자 조정은 어느새 제당(弟堂)과 형당(兄堂)으로 양분되었다. 즉 제당은 연잉군에게 기대를 거는 잔여 세력이었다. 그래도 여전히 자신들의 관심이 더 많은 양당 세력은 계속 상대방을 물어뜯기에 여념이 없었고 사소한 문제로 소론의 영수 영의정 최석정이 사직당하고 이여가 영상, 김창집이 좌의정이 되니 점차로 노론이 득세하게 되었다.

제당인 노론과 형당인 소론은 몇 차례 세력싸움을 거듭하다가 1717년(숙종 43) 5월에는 김수항의 아들인 노론의 김창집이 영의정이 되고 이이명이 좌의정, 송시열의 수제자인 권상하가 우의정이 되자 조정은 노론의 천하가 되었다.

이 해 7월 쉰일곱 살이 된 임금은 마침내 세자에게 대리청정을 명하고 물러앉아 병을 요양하게 되었다.

이 명령이 있기까지는 노론의 좌의정 이이명이 임금과 독대하여 권유하였기에 형당인 소론은 감히 임금에게 물러앉으라고 했다 하여 시비를 걸어 싸움이 벌어졌다. 여기에는 노론의 정치적 암수가 숨어 있었다.

제당인 노론의 대신들은 몸이 허약한 세자를 대리청정케 해서 허물이 생기면 이를 트집 잡아 세자를 교체하겠다는 계획이었다. 당시 국법으로는 임금과 신하가 밀담을 나누는 독대가

백두산 정계비
숙종 38년(1712) 백두산의 압록강과 두만강의 분수령인 산정 동남쪽으로 약 4킬로미터 해발 2,200미터 지점에 세운 조선과 청나라 사이의 정계비이다. 이 비는 만주사변 때 일본에 의해 제거되었다.

금지되어 있었기에 이미 은퇴했던 소론의 영수 윤지완이 90세의 노구로 이이명을 탄핵하는 소동을 벌였다.

이때 세자는 서른 살이었으나 생모 장 희빈에게 하초를 심하게 다친 후유증으로 아직 소생이 없는 세자의 약점을 이용하려는 노론 측의 여론을 탐색하는 소론은 증거만 잡히면 대리청정하는 동궁에 대한 대역죄로 노론을 없앨 기회를 노리고 있었다.

이듬해 1718년(숙종 44) 2월 세자빈 심씨가 갑자기 역병인 열병으로 숨졌다.

세자는 대리청정을 하랴, 아내의 초상을 치르랴 더욱 고되게 되었는데 3월에는 숙빈 최씨가 세상을 떠났다.

세자빈 심씨가 죽은 지 반 년 뒤 9월, 새 세자빈을 간택하게 되니 노론의 병조참지 어유구의 딸이 노론세력을 위한 제물이 되었다.

숙종은 1712년 5월 청나라와 협상하여 압록강과 두만강, 두 강의 분수령인 산정에 정계비를 세워 영토의 경계선을 확정했으며 일본에 통신사를 보내 막부정권과 협상을 벌여 울릉도의 출입 금지를 보장받았고, 울릉도 귀속 문제를 확정했다. 그리고 노산군을 복위시켜 묘호를 단종으로 올렸고, 성삼문 등을 비롯한 사육신을 복관시켰으며 1718년 소현세자빈 강씨를 복위시켰다.

숙종 대에는 『선원계보』·『대명례집』·『열조수교』·『북관지』 등이 편찬되었고 『대전속록』·『신증동국여자승람』 등이 간행되었다.

1720년(숙종 46) 6월 숙종은 60세에 세상을 떠났다. 그는 경기고 고양시 덕양구 용두동 서오릉역의 명릉에 먼저 묻힌 인현왕후와 쌍릉으로 묻혔다.

숙종의 가계

숙종은 9명의 부인에게서 6남 2녀의 자녀를 두었다. 인경왕후 김씨가 2녀, 인현왕후 민씨와 인원왕후 김씨는 자식을 낳지 못했으며, 희빈 장씨가 경종을 비롯하여 2남, 숙빈 최씨가 영조를 비롯하여 3남, 명빈 박씨가 1남을 낳았다.

인경왕후 김씨(1661~1680년)

광성부원군 김만기의 딸로 1670년 열 살 때 세자빈으로 간택되었고, 다음해 3월에 왕세자빈으로 책봉되었다. 1674년 숙종이 즉위하자 왕비가 되었고, 1676년 왕비에 책봉되었다. 1680년 10월에 천연두 증세로 8일 만에 20세에 경덕궁에서 세상을 떠났다. 능은 익릉으로 경기도 고양시 덕양구 용두동에 있다.

인현왕후 민씨(1667~1701년)

여양부원군 민유중의 딸로 1681년 가례를 올리고 숙종의 계비가 되었다.

숙종은 1689년 왕자 균을 세자로 책봉하였는데, 노론의 송시열 등이 이에 반대하는 상소를 올려 사사되었다. 이른바 기사환국으로 인현왕후의 친정집안이 서인이라는 이유로 왕의 미움을 받아 폐출되었다. 그 뒤 그녀는 안국동 본가에서 지내게 되었고, 1694년 소론파의 폐비 복위운동으로 복위되었다.

복위한 뒤 병으로 1701년 소생 없이 35세에 세상을 떠났다.

능호는 명릉으로 현재 경기도 고양시 덕양구 용두동에 있다. 뒤에 숙종도 이곳에 함께 묻혔다.

인원왕후 김씨(1687~1757년)

경은부원군 김주신의 딸로 1701년 인현왕후 민씨가 세상을 떠나자 다음해에 왕비로 책봉되었다.

1720년 숙종이 세상을 떠난 뒤 왕대비에 올랐고, 1724년 경종이 세상을 떠난 뒤 대왕대비에 올랐다.

희빈 장씨(1659~1701년)

이름은 옥정으로, 역관 장경의 딸이다.

장옥정은 어릴 때 궁궐에 들어가 궁녀가 되었고, 22세 되던 1680년에 숙종의 승은을 입었다. 그러나 그 해에 경신환국이 일어나 남인이 조정에서 쫓겨났고, 그 여파로 장옥정도 숙종의 어머니 명성왕후에 의해 궁궐에서 쫓겨났다.

그녀는 명성왕후가 죽자, 1686년에 조사석과 동평군의 도움으로 궁궐에 돌아왔다.

다시 궁궐로 돌아온 옥정은 그 해에 숙원의 첩지를 받아 정식으로 후궁에 올랐고, 1688년 정2품 소의로 승격되었다. 이때 왕자 균을 낳았다.

숙종이 왕자 균을 세자로 책봉하려 할 때 서인의 노론·소론 대신들은 인현왕후의 나이가 많지 않다는 이유로 반대 상소를 올려 기다리자고 하였다. 하지만 숙종은 1689년 정월에 균을 세자에 책봉하고, 장 소의를 빈으로 승격시켰다.

기사환국 이후 5월에 숙종은 인현왕후 민씨를 폐위시키고 희빈 장씨를 왕비에 책봉하려 하자 서인 오두인·박태보 등이 이에 반대하는 상소를 올렸으나 그들은 참혹한 형벌을 받고 파직되었다.

1694년 소론의 김춘택·한중혁 등이 임금의 마음을 읽고 폐비 복위운동을 벌였다. 그러자 남인의 영수 민암 등이 이 문제를 기화로 조정에 남아 있던 서인세력을 모두 제거하려고 김춘택을 비롯한 수십 명의 서인을 감옥에 가두는 옥사를 일으켰다.

그러나 남인의 지나친 세력 팽창을 염려하던 숙종은 서인들을 옥사로 다스리던 민암을 파직한 뒤 사사시켰으며, 권대운·목내선·김덕원 등을 유배시키고 소론의 남구만·박세채·윤지완 등을 등용했다. 그리고 중전에 올랐던 장씨를 다시 빈으로 강등시키고 폐위되었던 민씨를 복위시켰다.

1701년 왕비로 복위되었던 민씨가 병으로 죽은 뒤 희빈 장씨가 취선당에 신당을 설치하고 민비가 죽기를 기원한 사실이 숙빈 최씨의 고변에 의해 발각되었다. 숙종은 희빈 장씨와 그녀의 오빠 장희재를 사사하고 궁녀와 무녀 등도 함께 죽였다.

희빈 장씨의 소생으로는 경종과 일찍 죽은 왕자 하나가 있다. 무덤은 경기도 고양시 덕양구 용두동 서오릉에 있다.

제19대 숙종 가계도

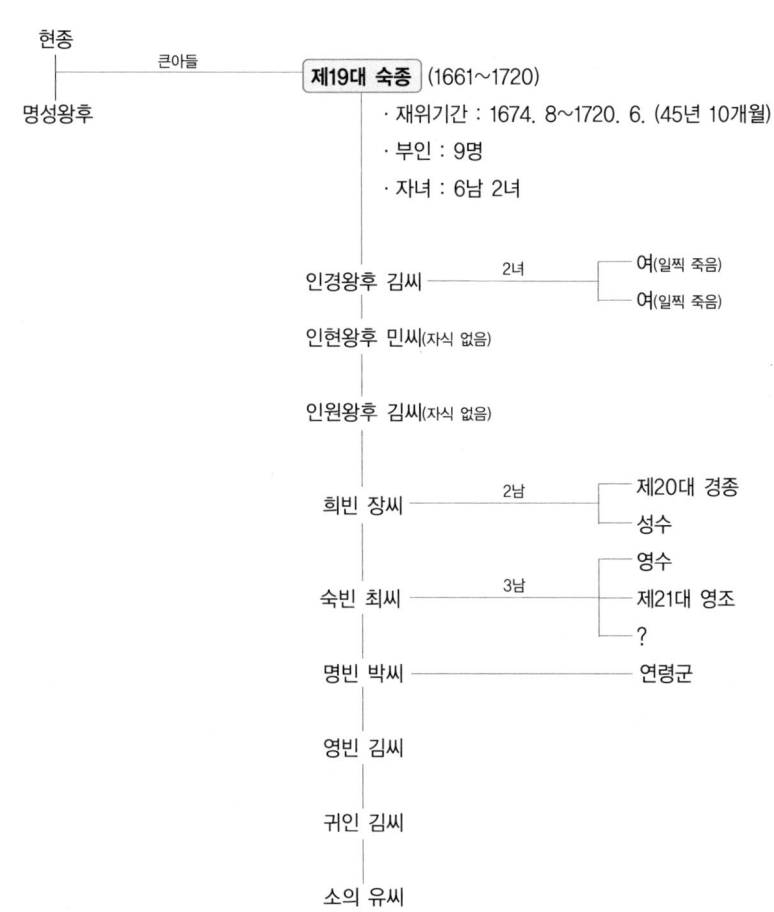

경종실록 景宗實錄

『경종실록』 편찬 경위

『경종실록』은 조선왕조 제20대 왕인 경종의 재위기간(1720~1724)인 4년간의 역사를 기록한 사서이다. 정식 이름은 『경종덕문익무순인선효대왕실록』이며, 모두 15권 7책으로 활판으로 간행되었다. 조선시대 다른 왕들의 실록과 함께 국보 제151호로 지정되었다.

『경종실록』은 영조 2년(1726)부터 편찬하기 시작하여 8년(1732) 2월에 완간하였다.

불과 7책의 작은 실록임에도 6년간의 긴 세월이 걸린 것은 당시 노론·소론 간의 대립이 심하여 1727년(영조 4)의 정미환국 등 몇 차례의 정국 변동이 있었고, 신임옥사의 후유증을 극복하는 데도 어려움이 있었기 때문이다.

『경종실록』은 좌의정 이집, 우의정 조문명이 총재관이 되고, 대제학 이덕수, 부제학 서명균 등이 도청 당상이 되어 편찬을 주관하였다.

『경종수정실록』은 영조 초에 편찬된 『경종실록』을 정조 때 수정하여 편찬한 실록이다. 모두 5권 3책으로 원 실록의 1/3 분량에 해당한다. 1778년(정조 2) 편찬이 시작되어 1781년 7월에 완성 간행되었다. 그 이유는 영조 2년에 시작하여 8년에 완성된 『경종실록』은 소론인 이집·조문명·이덕수·서명균 등이 중심이 되어 편찬하였기 때문에 노론에게 불리한 내용이 많이 수록되어 있었기 때문이다.

경종은 1724년 8월에 세상을 떠났다. 존호는 덕문익무순인선효, 묘호는 경종, 능호는 의릉으로 서울 성북구 석관동에 있다.

『경종실록』의 내용

경종(1720~1724)은 숙종의 큰아들로서 휘는 이균, 자는 휘서이다. 생모는 희빈 장씨이다. 숙종 46년(1720) 6월 13일에 즉위하여 4년여 동안 재위하다가 4년(1724) 8월 25일에 세상을 떠났다.

『경종실록』에 수록된 신임옥사의 개요는 다음과 같다.

경종 즉위년(1720) 7월에 조중우가 상소하여 경종의 생모인 장 희빈의 명호를 높일 것을 건의하였으나 노론에 의해 죽었다.

경종 1년(1721) 8월에 정언 이정소가 상소하여 후계자를 세울 것을 주청하자 노론의 위세에 눌려 아우인 연잉군을 세제로 책봉하였다.

연잉군을 세제로 책정한 지 2개월 뒤인 이 해 10월에 노론은 다시 집의 노성복을 시켜 세제에게 국정을 위임하자는 대리청정을 건의하였다. 좌참찬 최석항이 입궐하여 간절하게 만류하자 경종은 대리청정을 취소했다.

세제의 대리청정이 실패로 돌아가자 노론의 위신은 크게 손상되었다. 이에 소론 일파가 반격을 가하여 마침내 정국에 태풍을 일으키게 되었다.

이때 노론의 힘으로 세제가 되었던 영조의 지위도 매우 위태로웠으나 경종의 보호로 무사하게 되었다.

제20대 경종
(1688~1724년 재위기간 1720년 6월~1724년 8월)

노론과 연잉군

경종은 숙종과 희빈 장씨 사이에서 큰아들로 1668년에 태어났다. 이름은 균, 자는 휘서이며 태어난 지 두 달 만에 원자로 책봉되었다.

그가 원자로 책봉되자 노론의 영수 송시열은 인현왕후가 아직 젊기 때문에 후궁에서 낳은 그를 원자로 삼는 것은 이르다고 주장하다가 마침내 유배되어 정읍에서 사사되었다.

경종은 3세에 세자로 책봉되었고, 이때 그를 낳은 장씨도 희빈으로 승격되었으며 인현왕후가 폐출되자 왕비에 올랐다.

갑술환국으로 폐비 민씨가 복위되자 장씨는 다시 빈으로 강등되어 1701년 사약을 받고 세상을 떠났는데 이때 그는 14살이었다.

이때 그는 어머니 장 희빈에 의해 하초를 다쳐 평생 남자 구실을 하지 못하고 줄곧 병에 시달렸다.

1720년 숙종이 세상을 떠나자 그는 조선왕조 제20대 왕으로

경종이 묻힌 의릉.

등극하였다. 이때 조정은 노론이 정권을 잡고 있었는데 그들은 경종이 병약하므로 연잉군을 세제로 세워야 한다고 건의하였다.

1721년 경종은 소론의 반대에도 불구하고 노론 측의 주장에 따라 연잉군을 세제로 책봉하자 두 달 뒤에 노론 측은 연잉군으로 하여금 대리청정케 해야 한다고 주장했다. 그러자 소론측에서는 이에 맞서 반발하였다. 이때 경종은 병석에 있었기 때문에 대리청정을 받아들였다가 다시 거둬들였다.

1721년 12월 경종을 지지하는 소론의 김일경을 비롯한 7명은 대리청정을 건의한 조성복과 대리청정을 받아들여 명령을 집행한 노론의 4대신 영의정 김창집, 좌의정 이건명, 영중추부사 이이명, 판중추부사 조태채 등을 왕권 교체를 기도한 역모자라 공격하고 상소문을 올렸다.

김일경 등이 상소를 올리자 경종은 조정에서 노론의 세력을 없애고, 김창집은 거제부에, 이이명은 남해현에, 조태채는 진도군에, 이건명은 나로도에 각각 유배를 보냈고, 소론의 조태구를 영의정에, 최규서를 좌의정에 임명하였다.

목호룡의 고변

조정의 권력을 소론이 차지하자 왕세제인 연잉군은 몹시 위태로웠다. 그가 데리고 있던 하인들도 쫓겨났고 그가 국왕에게 날마다 문안하러 가는 길도 막았다.

이렇게 되자 연잉군은 왕대비에게 자신의 신변 보호를 요청하였고, 왕세제의 작호를 거두어 달라고 요청했다. 이러한 것으로 미루어 보아 그때 그의 형편이 몹시 위태로웠음을 짐작할 수 있다.

경종 2년(1723) 3월 목호룡이 경종을 시해하고자 하는 일이 있다면서 고변하였다.

목호룡은 본디 남인 집안의 서자 출신으로 시를 잘 지었기 때문에 사대부 자제들과 폭넓은 교류를 가졌다. 그가 교류하는 사람들로는 왕세제의 매 사냥꾼이었던 백망과 노론의 핵심세력 출신인 이천기·김용택 등이 있었다.

이들은 서로 만나 친하게 지냈는데 그들은 어떤 비밀스런 일을 도모하고 있었다. 이때 왕세제의 문제가 잘 진행되자 김용택 등은 전날 모의했던 비밀이 새어나갈 것을 우려하여 목호룡을 죽이려고 하였다.

이때 소론의 김일경이 목호룡이 위험한 처지에 놓여 있는 것을 알고 재빠르게 그에게 접근하여 김용택 등과 모의했던 일을 고변케 했다.

목호령의 고변 내용은 노론의 고위층의 자제들이 세 가지 수단에 의해 경종을 시해하려고 했다는 것이었다. 그 세 가지 방법은 다음과 같다.

대급수인, '칼로써' 한다는 것은 김용택이 칼을 백망에게 주어 궁궐의 담을 넘어 경종을 시해하는 것이고, 소급수인 '독약으로써' 한다는 것은 이기지·정인중 등이 궁궐의 지 상궁에게 독약을 타서 경종을 시해하는 것이고, '평지수'는 경종을 폐출하기 위해 언문으로 노래가사를 지어 궁중에 퍼뜨려 경종을 헐뜯는 음모였다.

목호룡의 고변이 있자 조정에서는 최석항이 주관이 되어 조사하였는데 이때 이삼 그리고 김일경도 참여하였다.

이 고변에 의하면 음모에 가담한 사람은 정인종·김용택·이기지·이희재·심상길·홍의인·백망·김민택 등으로 이들은 노론 4대신의 아들들이거나 조카들이었고, 그들을 따르는 사람들이었다. 이들은 모두 죽임을 당하였고, 그 외에도 170여 명 이상이 죽거나 유배되었다.

이 사건은 노론에 엄청난 타격을 주었다. 이때 노론 4대신인 김창집·이건명·이이명·조태채 등은 한성으로 압송되어 사사되었다.

조정의 권력을 잡은 소론은 윤선거와 윤증을 복관시키고 목호룡은 동지중추부사가 되었다. 이 옥사가 신축년과 임인년에 연달아 일어났다고 하여 '신임사화'라 한다.

1724년 8월 경종은 37세에 세상을 떠났다. 슬하에 자식이 없었으며, 2명의 부인이 있었는데 정비는 심호의 딸 단의왕후이고, 계비는 어유구의 딸 선의왕후였다. 능은 의릉으로 서울 성북구 석관동에 있다.

경종의 가계

단의왕후 심씨(1688~1718년)

경종의 후비 단의왕후 심씨는 청은부원군 심호의 딸로 1686년(숙종 12) 5월에 태어났다.

단의왕후는 1696년(숙종 22) 5월 11세 때 세자빈에 책봉되었다. 그녀는 어릴 적부터 총명하고 덕을 갖추어 병약한 세자를 섬기는 데 온힘을 기울였다.

그녀가 가례를 치르고 세자와 함께 시어머니인 장 희빈에게 인사드리러 갔다가 봉변을 당한 적이 있었는데 그때 포악한 장 희빈이 폐백상을 뒤엎고는 뭣하러 찾아왔느냐고 꾸짖었다. 이 일은 당시 숙종의 제1 계비 인현왕후를 시기한 포악이었다.

세자 균(경종)은 생모 장 희빈의 폭행으로 하초를 다쳐 성불구자가 되었다.

심씨는 1718년 33세에 세상을 떠났다. 그녀는 1720년 경종이 즉위하자 단의왕후에 추봉되었다.

단의왕후는 경기도 구리시 인창동 동구릉 능역의 혜릉에 묻혔다.

선의왕후 어씨(1705~1730년)

경종의 계비 선의왕후 어씨는 영돈녕부사 함원부원군 어유구의 딸로 1705년(숙종 31) 10월에 태어났다.

어씨는 단의왕후가 죽은 지 반년이 지난 1718년(숙종 44) 9월 당시 병조참지였던 노론의 어유구의 딸로서 세자빈으로 간택되었다.

1720년(숙종 46) 6월 숙종이 세상을 떠나고 경종이 즉위하자 어씨는 왕비로 책봉되었다. 이때 그녀는 16세, 경종은 33세였다.

1724년(경종 4) 8월 경종이 37세로 세상을 떠났는데 이때 계비 선의왕후는 불과 20세로 영조가 즉위한 뒤 왕대비가 되었다. 선의왕후는 성불구자 남편 경종의 병수발로 세월을 보냈으며 온유한 성품을 지닌 어진 왕비였다.

1730년(영조 6) 6월 선의왕후는 어조당에서 26세에 세상을 떠났다. 경종과 선의왕후 어씨는 서울 성북구 석관동의 의릉에 쌍릉으로 나란히 묻혔다.

제20대 경종 가계도

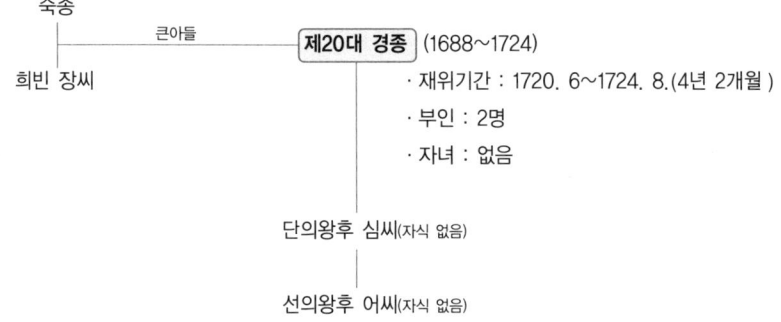

영조실록 英祖實錄

『영조실록』 편찬 경위

『영조실록』은 조선왕조 제21대 왕인 영조의 재위기간(1724~1776)인 52년간의 역사를 편년체로 기록한 사서로서, 모두 1백 27권으로 간행되었다. 고종 26년(1889)에 묘호를 영조로 추존 개정한 뒤에는 『영조실록』으로 부르게 되었다.

조선시대의 다른 실록과 함께 국보 제151호로 지정되었다.

『영조실록』은 영조가 세상을 떠난 2년 뒤인 1778년(정조 2) 2월에 영조실록청이 설치되었고 편찬이 시작되었다. 그 뒤 3년 6개월 만인 1781년 7월에 완성 간행되어, 사고에 봉안되었다.

편찬에 참여한 전후 실록청 총재관과 도청당상은 다음과 같다.

총재관 : 김상철·서명선·이은·이휘지·정존겸, 도청 당상 : 이휘지·서명웅·황경원·이복원·채제공·조준·김종수·유언호·이성원·이명식·이연상·정일상·김익·김노진·김이소·서유령·윤이동 등이다.

영조는 1736년 83세에 세상을 떠났으며 존호는 지행순덕영모의열장의홍륜광인돈희제천건극성공신화대성광운개태기영요명순철건건곤녕익문선무희경현효이고, 처음에 올린 묘호는 영종이었으나, 1889년(고종 26)에 영조로 고쳐 올렸다. 능은 원릉으로 경기도 구리시 인창동 동구릉 경내에 있다.

『영조실록』의 내용

영조의 휘는 금, 자는 광숙으로, 숙종의 둘째 아들이며 생모는 숙빈 최씨이다. 6세에 연잉군으로 책봉되고, 경종 1년(1721)에 왕세제로 책봉되었다가, 4년(1724) 8월 25일 경종이 세상을 떠나자 왕으로 즉위하였다.

영조는 왕위에 오른 직후 소론인 이광좌·조태억을 영의정·좌의정으로 삼고, 세제 책봉을 격렬하게 반대했던 유봉휘를 우의정으로 발탁하였고, 신임옥사 때 자신을 모해한 김일경과 노론 역모설의 고변자인 목호룡을 처형하였다.

1727년 영조는 갑자기 노론을 축출하고 이광좌를 중심으로 하는 노론정권을 구성하였다. 이를 정미환국이라 한다.

영조의 탕평책이 본궤도에 오른 것은 1728년 무신란(이인좌의 난)을 겪고 나서였다. 1757년(영조 33) 2월 정성왕후가 죽고 1759년(영조 35) 정순왕후가 계비로 들어오자 그녀의 아버지 김한구를 중심으로 또 하나의 척신세력이 등장하여 분열이 가속화되었고, 소론과 남인은 이런 틈새를 이용하여 독자세력화를 시도하였다.

1762년(영조 38) 영조가 대리청정하던 사도세자를 뒤주에 가두어 죽게 만든 참변이 일어났다.

영조는 1729년 사형수에 대해 삼복법을 엄격히 시행하였고, 신문고 제도를 부활시켜 백성들이 억울한 일을 왕에게 직접 알리도록 하였다. 1729년에는 오가작통 및 이정법을 엄수하게 하여 탈세방지에 힘썼다.

1760년 개천(오늘날의 청개천)을 준설하고 준천사를 설치하여 이를 지속적으로 관리하게 하였으며 영조 재위기간에 시행된 경제정책 중 가장 중요한 것이 균역법이다.

1729년에 『감란록』을, 이듬해 『숙묘보감』을 편찬하였고, 1732년에는 이황의 『퇴도언행록』 등을 비롯하여 많은 책을 편찬하였다.

제21대 영조

(1694~1776년 재위기간 1724년 8월~1776년 3월)

을사처분과 정미환국·이인좌의 난

영조는 1694년 숙종의 둘째 아들로 무수리 출신인 숙빈 최씨 사이에서 태어났다. 1699년 연잉군에 봉해졌고, 1717년 숙종에 의해 대리청정을 하였으며, 1721년 왕세제에 책봉되었고 1724년 8월 이복형인 경종이 세상을 떠나자 조선왕조 제21대 왕으로 등극하였다.

영조가 왕위에 올랐을 때 조정은 영의정 이광좌를 중심으로 소론들이 정권을 잡고 있었다.

영조는 노론세력에 의해 왕세제로 책봉되었고, 또한 그들의 보호를 받고 성장했다. 영조는 자신을 위해 소론을 내쫓고 노론세력을 조정에 불러들이기 위해 귀양을 간 노론의 민진원을 석방하였다.

11월 노론계의 이의연이 상소를 올려 소론을 탄핵하였다. 그 내용은 소론세력이 흉악한 뜻을 품고 민심을 동요시키고 역모를 꾸민다는 것이었다.

영조
조선왕조 제21대 왕으로 탕평책을 써서 인재를 공평하게 등용하고 당쟁을 조정하였으며 세제를 개혁하여 ·군역법 제도를 확립하였다. 그리고 모진 형벌을 없애고 신문고 제도를 부활시켰으며 인쇄술을 개량하여 많은 서적을 발간하였고 학자들은 양성하는 등 문화·산업을 크게 부흥시켰다.

 이의연의 상소가 올라오자 소론세력은 선왕을 욕되게 하였다는 죄를 들어 그를 엄벌에 처할 것을 강력하게 요청하자 영조는 이의연을 섬으로 귀양을 보냈다.
 영조는 김일경이 신임옥사 때 작성한 토역반고문을 문제삼아 그의 벼슬을 빼앗고 섬으로 귀양을 보냈다.
 노론의 송재후가 김일경이 주동이 되어 일으킨 옥사에 대한 조사 결과를 들어 그들을 처벌할 것을 상소하였다.
 그 문건은 영조가 세제 시절 연잉군(영조)를 모욕한 것이고, 연잉군이 형인 경종을 죽이려고 모의했다는 것으로 소론 내부에서도 김일경을 비난하기도 했다.
 송재후의 상소가 올라오자 전국 각처에서 김일경을 탄핵하는 상소가 올라왔다. 영조는 김일경을 잡아들여 친히 국문하였으나 그는 끝까지 불복하여 사형당하였다. 그리고 목호룡도 끝내 자신의 죄를 불복하고 사형당하였다.

영조는 소론의 영수인 김일경과 남인의 목호룡 등을 없애고 김일경이 노론의 4대신을 역적으로 몰아 상소할 때 동조한 이진유 등을 귀양보냈고, 영의정 이광좌와 우의정 조태구 등 소론의 세력을 조정에서 내쫓고 민진원 등 노론세력을 등용하였는데 이른바 이것이 '을사처분'이다.

노론세력이 조정의 권력을 잡아, 신임옥사 때 죽은 노론의 4대신과 그 밖의 관련자들에 대한 신원문제를 제기하자 4대신은 복관되고 시호를 받았다. 그러나 노론세력은 계속 임인옥사의 보복을 주장하였다.

영조는 세제 시절부터 당파 간에 싸우는 것을 유심히 지켜보았기 때문에 즉위 초부터 송인명 등의 도움을 받아 각 당파를 고르게 조정에 등용하려는 이른바 탕평책을 펴려고 했다.

영조는 노론세력들이 계속 소론세력에 대해 보복하려고 하자 노론의 정호·민진원 등을 파직시키고 이광좌·조태억을 정승으로 삼아 다시 조정에 불러들였다. 이 사건이 '정미환국'이다.

1728년 소론세력의 일부 인사와 남인의 급진세력이 세상을 떠난 경종을 위한 보복을 명분으로 사건을 일으켰다. 이것이 곧 '이인좌'의 난이다.

이 사건은 경종이 죽자 자신들의 기반이 위협을 받자 이인좌·이유익 등 소론의 세력들이 남인을 포섭하여 소현세자의 증손자인 밀풍군 탄을 왕으로 추대하고 영조와 노론세력을 없애기 위한 목적이었다.

1727년 정미환국으로 조정에서 노론세력이 사라지자 동조자가 줄어들었고, 김중만 등의 고변으로 탄로나고 말았다.

이인좌를 비롯한 역모세력들은 역모가 탄로나자 군사를 일으켜 청주성을 함락시키고 격문을 사방에 띄워 군사들을 모집하는 한편 한성으로 쳐들어갔다. 그러나 반란군은 안성·죽산·청주 등에서 관군에 의해 대패하였다.

이인좌의 반란에 영남의 정희량, 호남의 박필몽 등이 가담하였으나 안성 싸움에서 이인좌 등이 관군에 의해 생포되자 반란군은 궤멸되었다.

이인좌의 난에 공을 세운 소론세력은 반란의 주모자들이 소인들이 많았으므로 그들은 조정에서 자신들의 처지가 약화될 수밖에 없었다.

1729년 영조는 노론·소론의 세력들을 조정에 고르게 등용시켰다. 이때 영조는 노론의 홍치중을 영의정으로 삼고 소론의 이태좌를 좌의정으로 임명하여 견제하는 방법으로 그 아래 관리들도 이렇게 임명했으며 인재 중심으로 인사정책을 펼쳤다.

영조의 탕평책은 제도적으로 정착되었고 노론·소론·남인·북인 등을 고르게 조정에 등용하였다.

영조의 열등의식

영조의 후비 정성왕후 서씨는 달성부원군 달성 서씨 서종제와 그 부인 우봉 이씨의 딸로 1692년(숙종 18) 12월에 태어났다.

서씨는 1704년(숙종 30) 3월 13세 때 11세의 연잉군과 가례를 올렸고 1721년(경종 1) 8월 연잉군이 왕세제로 책봉됨에 따라 세제빈이 된 뒤 1724년(경종 4) 8월 경종이 세상을 떠나고 연잉군(영조)이 왕위에 오르자 왕비가 되었다. 이때 영조는 31세였고 정성왕후는 33세였다.

1725년(영조 1) 중전 서씨는 아직도 자식을 낳지 못하였다. 그나마 영조의 슬하에 정빈 이씨가 낳은 경의군 행이 있어 이들에게 위로가 되었다.

일곱 살인 행은 이 해 3월 왕세자로 책봉되었고, 중전은 영조가 후궁들을 가까이 해도 너그럽게 대했다.

오히려 서씨는 후궁들에게서 태어난 경의군과 여러 옹주들을 친자식처럼 돌봐 주었다.

영조에게는 가장 아픈 열등의식이 있었으니 자신이 서자라는 것이었다. 그것도 무수리 최 숙빈의 몸에서 태어났기 때문에 이 일이 영조를 괴롭게 만들었고 이런 영조의 마음을 빤히 들여다보는 중전은 영조를 달래곤 했다.

1728년(영조 4) 11월 세자인 정빈 이씨가 낳은 경의군 행이 10세에 갑자기 세상을 떠났다. 이때 세자빈 풍양 조씨는 14세였다. 1719년(숙종 45) 2월에 태어난 행은 영조 즉위년(1724) 11월에 경의군에 봉해졌다가 다음해 3월 7세 때 왕세자로 책봉되었고, 세상을 떠나자 시호를 효장이라 했다.

영조는 장헌(사도)세자를 폐한 뒤 사도세자와 혜빈 – 혜경궁 홍씨 – 사이의 왕세손(후일 정조)을 효장세자의 양자로 입적시켜 왕통을 잇게 했고, 후일 왕위에 오른 정조는 영조의 유지를 따라 효장세자를 진종으로 추존했다. 진종은 사도세자의 이복형으로 사도세자가 태어나기 7년 전에 세상을 떠났다.

세자빈 조씨는 좌의정 조문명의 딸로 1727년(영조 3) 세자빈에 간택되어 효장세자와 가례를 올렸고, 그가 죽은 7년 뒤 1735년(영조 11) 현빈에 봉해졌으나 1751년(영조 27) 소생 없이 37세에 세상을 떠났다. 정조가 즉위한 뒤 효순소왕후로 추존되었다.

진종과 효순소왕후는 경기도 파주시 조리읍 봉일천리 영릉에 쌍릉으로 묻혔다.

1734년(영조 10) 봄 귀인 이씨의 몸에 태기가 있다는 소식에 중전은 물론 영조의 기쁨은 한량없었다. 이때 귀인 이씨는 영빈으로 봉함을 받았고, 중전도 영빈을 아끼며 뒷바라지를 해 온 결과 마침내 1735년(영조 11) 정월 그믐날 영빈 이씨가 옥동자를 낳았다. 이 왕자가 후일 비극의 왕자 사도세자였다.

1736년(영조 12) 1월 왕자 선은 세자로 책봉되었고, 이때 영조는 42세였다. 세자는 매우 영특하였으며 잔병 한 번 앓지 않고 무럭무럭 잘 자랐다.

사도세자의 방탕생활

1744년(영조 20) 1월 세자가 열 살이 되자 동갑인 홍씨를 세자빈으로 맞이하였다. 홍씨는 홍봉한의 딸로 1735년(영조 11) 6월에 태어났고 이 여인이 후일 혜빈으로 봉해지는 혜경궁 홍씨로서 정조의 어머니다.

세자빈 홍씨의 아버지 홍봉한은 그 해 자신을 위해 특별히 실시된 문과에 급제하여 사관이 되었고, 그 뒤 영의정까지 올라 노론의 거두가 되었다.

1747년(영조 23) 12월 세자가 13세 때 조세를 체납한 백성들을 감옥에 가두는 일이 벌어졌는데 겨울 찬 바람이 몰아치는 감옥에 체납자들을 몰아넣고는 발가벗겨 추위에 시달리게 하는 잔혹한 방법을 썼다.

영조는 형조판서 이종성에게 대신들과 상의하여 다른 방법을 쓰도록 명령을 내렸다. 이때 대신들 앞에서 세자가 겁 없이 엉뚱한 반박 질문을 던졌다.

"…임금의 덕화에 따라 그 나라의 태평성대가 좌우되지 않습니까? 임금이 성현 군자일 것 같으면 어찌 백성들이 나라에 충성하지 않을 수 있으며, 조세도 자진하여 바치지 않겠습니까? 그러면 감옥이 무슨 필요가 있겠습니까?"

말하자면 부왕이 덕이 모자라고 성현 군자가 못 되기 때문에 정사가 이 모양이라는 것이었다. 당돌하기 짝이 없는 세자는 진노한 영조에게 뺨을 맞았다.

그 뒤 영조는 중전의 반대를 무릅쓰고 세자를 경덕궁으로 옮겨 가게 하였다. 부왕에 대해 불만을 품은 세자는 나인들에게 공연한 트집을 잡아 역정을 부리곤 했다. 심지어는 음식 투정을 일삼고 밥상을 발로 걷어차는 행패를 부리기도 했다.

세자가 부왕에게 비뚤어진 마음을 드러내자 궁중은 겉보기에는 아무렇지도 않은 듯했으나 두 패로 갈라지고 있었다. 그 하나는 임금의 측근에서 정적인 소론을 제압하고 있는 노론 일파이고 다른 하나는 소론 일파였다.

소론은 어떻게든 조정에서 노론을 쫓아내야겠다고 벼르던 차에 세자와 임금의 반목을 빌미로 세자에게 접근했다. 더욱이 세자가 신임사화에 연루된 노론을 몹시 싫어하고 있다는 점을 소론 측에서는 잘 알고 있었다.

1748년(영조 24) 봄 세자가 14세 때 금호문에 벽서 사건이 일어났다. 이 벽서의 내용은 세자가 거처하는 경덕궁에서 역적 김일경·이인좌의 잔당인 소론붙이들이 세자를 에워싸고 영조가 죽기를 기다린다는 것이었다.

이는 세자를 모함하는 노론의 짓이었다. 평소 세자가 장차 보위에 오르면 노론의 무리들을 없애리라고 호언하는 바람에 지레 겁을 집어먹고 선수를 치려는 의도에서였던 것이다.

중전은 이 벽서는 노론의 일파에서 임금과 세자를 이간질시키려는 의도일 것이라 생각하고 분노한 임금을 달랬다.

이렇게 되자 당황한 노론의 거두 영의정 김재로와 좌의정 조현명이 자신들의 잘못으로 빚어진 일이라고 사의를 표했으나 영조는 이를 묵살했다.

'나라가 이 모양이 된 것은 과인의 덕이 없는 소치이니 과연 세자 말대로로다. 세자에게 선위함이 어떨까?'

노론의 반대를 무릅쓰고 영조는 세자에게 대리청정을 명하였다. 노론들은 이제 세자에게 숙청을 당해 삭탈관직은 물론 언제 죽게 될는지도 모르는 상황이 되자 전전긍긍하였다.

중전은 어린 세자가 대리청정을 잘 해 나갈지 의문스러워 세자의 대리청정을 거두어 주기를 간청하였으나 영조는 이를 일축해 버렸다.

"태평성대가 못 됨은 나라를 잘 다스리지 못한 임금의 책임이라 했으니, 이제부터 세자가 대리청정케 되었으니 태평성대를 누리지 않겠소?"

"마마, 어린 세자가 철없이 한 말을 섭섭하게 생각하시면…."

"임금 노릇이 얼마나 어려운 자리인가 세자도 곧 깨달을 것이오."

그러나 영조는 한편으로 세자가 총명하여 대리청정을 잘해 주었으면 하는 마음도 없지 않았다.

세자는 마치 바늘 방석에 앉아 있는 기분이었다. 불안하여 짜증만 늘 솟구쳐 그 불만을 가까이 있는 궁녀들에게 터뜨렸다.

세자빈 홍씨는 세자의 비위를 맞추고 위로하는 일이 일과가 되었다. 세자는 세자빈에게 푸념했다.
"빈궁, 이러다가 내가 미쳐 버리고 말겠소."
"저하, 꼭 참고 견디셔야 합니다."
세자빈 홍씨는 영조와 세자 부자 간에 반목하는 사이에서 임금에게는 효성스런 며느리로, 남편 세자에게는 착한 아내가 되어야 했으니 그녀는 몹시 괴로웠다.
그런 세자빈에게 경사가 생겼다. 홍씨의 몸에 태기가 있어 8월에는 마침내 첫 아들을 낳았다. 그것은 실로 오랜만에 있는 왕실의 경사로 16년 전 영빈 이씨가 세자를 낳은 뒤로 최초로 얻은 왕손이었다.
영조는 왕손의 탄생을 경축하여 삼청궁 옥청에 구금된 죄인들에게 사면령을 내렸다.
1752년(영조 28) 3월 영조와 세자 부자 간에 계속 반목하던 중에 세 살 된 세손이 죽었다. 임금은 세자 선은 의중에 두지 않았고 오직 왕세손에게 온갖 기대를 걸었는데 너무나도 빨리 세상을 떠났다.
이 해 9월 세자빈 홍씨가 두 번째 왕손을 낳았으니 뒤에 22대 왕 정조가 되는 세손이었다.
영조와 세자 간에 갈등이 계속되자 영조는 세자의 대리청정을 환수했다. 세자는 멍에를 벗어 버린 듯 홀가분했고 한편 허전하기도 했다. 그때 만난 여인이 16세의 나인 임씨였다.
세자는 임씨에게 욕망을 불태웠다. 세자로서는 세자빈 외에 처음으로 접촉하는 여인이었다.
승휘 임씨는 그 뒤 숙빈으로 봉함을 받았고 뒤에 두 아들을 낳게 되었다. 그녀가 낳은 은언군 인과 은신군 진, 두 왕자 중

은언군은 철종의 조부가 되고 은신군은 고종의 아버지인 흥선대원군의 조부가 된다. 그들은 모두 정조의 이복동생들이다.

세자는 그 뒤부터 점점 방탕한 생활을 일삼았고 영조가 금주령을 내린 것을 알면서도 매일 술을 마시며 나인들을 함부로 다루었다.

세자의 횡포를 전해 들은 영조는 그를 아예 자식으로 생각지 않으려 했다. 이때 정성왕후가 영조에게 여러 차례 간했으나 영조는 세자가 싫었다.

1757년(영조 33) 정월 세자가 함부로 나인들을 죽인다는 소문이 온 궁중에 파다하게 번졌다. 어릴 때부터 옷투정이 심했던 세자는 그 날도 의대 나인들에게 트집을 잡고는 옷을 갈기갈기 찢어 버렸다.

"나는 너희들에게까지 능멸당하고 싶지 않다!"

세자는 호통과 함께 긴 칼을 뽑아 들고 의대 나인 세 명을 무참히 죽였다.

또다시 세자가 의대 나인을 살해했다는 전갈이 영조의 귀에 들려온 것이다. 화가 극도로 오른 영조는 더 이상 묵과할 수 없었다. 무감들에게 세자를 포박하여 끌고 오라고 어명을 내렸다. 이때 마침 이 소식을 들은 중전이 허겁지겁 대전에 들어왔다.

"마마, 내버려 두십시옵소서, 제발…. 신첩의 간절한 소원이옵니다. 제발…."

중전은 그 자리에 쓰러지고 말았다. 일이 이렇게 화급해지자 세자를 잡아들이라는 어명은 사라져 버리고 중전은 정신을 차리지 못하고 사경을 헤매이었다.

1757년(영조 33) 2월 정성왕후 서씨는 소생 없이 66세에 세상을 떠났다. 사도세자의 비극을 예감한 정성왕후는 영조와 세자에게 사이 좋게 지내라는 유언을 남겼으나 영조와 세자는 끝내 견원지간이 되고 말았다.

정성왕후는 경기도 고양시 덕양구 용두동 서오릉 능역의 홍릉에 묻혔다.

영조의 계비 정순왕후 김씨는 경주 김씨 김한구의 딸로 1745년(영조 21) 11월에 태어났다.

김씨는 정성왕후 서씨가 세상을 떠난 뒤 1759년(영조 35) 6월 간택되어 왕비로 책봉되었다. 이때 김씨는 15세였고, 영조는 66세로 영의정 김상로·좌의정 신만, 우의정 이후 등의 끈질긴 주청에 의해 새 중전을 맞아들였다.

세자빈 홍씨는 새 어머니 김씨보다 10세 위인 25세였고 이때 영조와 세자는 여전히 반목하고 있었다. 그런 중에도 세자의 친여동생인 화완옹주는 지난해 남편을 잃고 궁궐에 자주 드나들면서 새 어머니인 중전 김씨와도 가까이 지낼 뿐만 아니라 영조의 총애를 받고 있던 문 숙의와도 친밀했으며 특히 부왕의 사랑을 독차지하였다.

영조와 계비 정순왕후가 묻힌 원릉.

영조는 세자와는 반목하였으나 세손 산(후일 정조)은 끔찍이 사랑하였다. 임금과 사이가 좋지 않은 세자는 소외감으로 자주 대궐 밖으로 미행하였는데 이때마다 세자빈 홍씨는 걱정이 되지 않을 수 없었다. 세자는 몰래 온양 온천을 다녀온 뒤에도 부왕께 문안 인사도 드리지 않아 세자빈에게 걱정을 안겨 주었다.

세자는 날이 갈수록 미행이 잦아졌고 그때마다 옷을 갈아입으려면 으레 한바탕 실랑이를 벌이곤 하였다. 이때에 세자의 총애를 받았던 나인 빙애가 시중을 들다가 맞아 죽었다. 억울하게 죽은 빙애에게는 세자와의 사이에서 태어난 네 살 된 은전군과 딸이 있었는데 이 일로 대궐 안에서는 또 한번 큰 풍파가 일기도 했었다.

1761년(영조 37) 4월 동궁의 시종들과 세자빈의 반대를 무릅쓰고 평안감사 정휘량의 감언에 따라 세자는 평양으로 떠났다. 물론 영조의 윤허도 없이 몰래 떠난 것이었다.

20일 만에 돌아온 세자에게 동궁의 유선 서지수, 대사성 서명응, 장령 윤재겸 등이 부왕을 만나 용서를 빌라고 건의하였으니 세자는 이들에게 폭언을 퍼붓자 세자의 장인인 우의정 홍봉한이 울면서 건의하였다.

세자는 하는 수 없이 부왕을 만났다. 겉으로는 평양을 다녀온 문제는 수습되는 듯했다.

당시 영조는 여러 후궁들을 거느리고 있었는데 그 중에는 젊고 발랄한 문 숙의도 있었지만 새 중전 김씨에게 한동안 빠져 있었다. 그러던 어느 날 영조는 문 숙의의 처소를 찾았다.

이때 숙의 문씨는 영조에게 아양을 떨었다.

"전하, 신첩의 소원은 나라 안의 명승고적을 두루 구경하는 것이옵니다. 마마."

"그 소원은 허락할 수가 없구나. 나라의 법이 궁중에 있는 사람은 함부로 밖에 나가지 못하는 법이니라."

"전하, 세자마마는 괜찮사옵고 신첩은 불가하다 그 말씀이옵니까?"

"……."

"전하, 세자마마는 지난 4월에 몰래 평양을 다녀오시지 않았사옵니까?"

"…? 그게 정말이렷다?"

그 일로 세자빈의 아버지 우의정 홍봉한 외 관련자 10여 명 이상이 파직 또는 귀양을 갔다. 많은 관련자가 삭탈관직된 뒤 다시 홍봉한을 영의정으로 승격시켰다.

평양 미행이 잠잠해질 무렵 세자는 동굴 뒤뜰에 토굴을 파고 커다란 뒤주를 만들어 들여 놓았다. 세자는 뒤주 안에 들어가 낮잠도 자고 혼자서 그 속에서 지내는 것이었다. 토굴은 겨우 방 한 칸과 마루뿐이었지만 세자는 틈만 나면 이 속에 들어앉아 내관에게 술을 가져오라고 했다.

세자가 토굴을 파고 그 속에서 해괴한 행동을 벌인다는 소식에 어느 날 영조는 그곳을 찾아가서 확인했다. 토굴을 낱낱이 살핀 영조는 세자빈 홍씨와 왕세손을 마주했다.

"네 고초를 짐작하겠구나. 어리석은 세자로 인해서 그 얼마나 가슴을 태우는지…."

"황공하옵니다, 아바마마…."

영조의 위로에 세자빈 홍씨는 참았던 눈물을 흘렸다.

이듬해 1762년(영조 38) 2월 세손빈을 맞아들였다. 후에 세손은 정조임금이 되고 세손빈은 효의왕후가 될 청풍 김씨 김시묵의 딸로서 세손보다 한 살 적은 열 살이었다.

세자도 어느새 28세로 슬하에 여러 여인들로부터 5남 3녀를 두었으나 그의 비뚤어진 성품은 고칠 줄을 몰랐다. 오히려 더욱더 거칠어지기만 하니 세자빈 홍씨는 단 하루도 마음이 편할 날이 없었다.

그럴수록 영조와는 더욱 소원해졌고 심지어 자신을 낳은 영빈 이씨까지도 아들인 세자를 좋아하지 않았다.

하루는 세자가 누이동생인 화완옹주를 불러들였다. 마지못해 오기는 하였으나 겁부터 집어먹은 화완옹주에게 여승과 기생들을 소개하고는 춤과 노래와 장구까지 치게 하였다. 게다가 여승에게는 염불까지 외우게 하였다.

1762년(영조 38) 4월 그믐께 영조가 화완옹주에게 세자의 행동에 대해서 묻자 화완옹주는 망설이다가

"아바마마께 아뢰옵기조차 망극하옵니다. 세자께서 여승과 기생들을 끌어들여…"

"뭣이? 여승과 기생 따위를 끌어들여?"

세자의 기행은 중전이나 숙의 문씨 등은 이미 알고 있는 터였다. 영조가 세자에게 불만을 품고 있는 숙의 문씨의 처소에 들자 그녀는 갖은 교태를 부리면서 영조의 가슴에 불을 질렀다.

나경언의 고변

1762년(영조 38) 윤5월 중전 김씨의 아버지 김한구와 그 일파인 홍계희·윤급 등의 사주를 받은 나경언이 세자의 비행을 고발하는 내용 외에도 역적 모의를 꾀한다고 무고했다. 이는 소

론 일파의 재기를 우려한 노론의 발상이었다.
　휘녕전에 엎드린 세자는 끝내 역적 모의를 부인하자 영조는 용천검을 내려 자결하라고 명했다. 임금과 세자 사이에서 중재 역할을 했던 영의정 홍봉한은 파직되고 후임으로 신만이 임명되었다. 신만이 임금에게 자결 명령을 거두어 달라고 애원하자 영조는 살기등등하여 그에게 세자보다 먼저 죽고 싶으냐고 호통쳤다. 마지막으로 임덕재가 죽기를 각오하고 간언했으나 역시 쫓겨나고 말았다.
　덕성합에서 이 살벌한 소식들을 하나도 빠뜨리지 않고 듣고 있던 세자빈 홍씨는 통곡하였고 세손도 울면서 어머니홍씨를 위로하였다.
　"어마마마, 진정하십시오."
　"세손, 아버지께서 목숨이 경각에 처해 계시니 이 일을 어찌해야 좋단 말이오? 으흐흐…"
　세손이 영조를 찾아가서 엎드려 울면서 애소했다.
　"할아버님! 아비를 살려 주십시오."
　세손은 세자와 같이 죽겠다고 애소하였으나 끝내 그 자리에서 끌려나와 어머니 홍씨를 붙잡고 눈물을 쏟았다.
　영조가 세자에게 자결을 독촉하고 있을 때 세자의 장인인 홍봉한 등 동궁의 사부 10여 명이 우르르 몰려들어와 세자를 구원하기 위해 머리를 조아렸다. 이때 영의정 신만도 용기를 내어 다시 한번 간언하였다. 그러나 이들은 모두 휘녕전 대문 밖으로 쫓겨나고 말았다.
　영빈 이씨가 전한 글을 읽은 영조임금은 바로 찢어 버렸는데 내용은 알 수 없으나 무슨 밀고인 것은 분명했다. 임금은 즉시
　"여봐라, 즉시 동궁의 토굴 속에 있는 뒤주를 이곳으로 옮겨

오너라."

뒤주는 세자가 만든 것이었다. 세자가 그 속에서 낮잠을 자기도 하였고 마음이 울적할 때면 그 속에 들어가 마음을 가라앉히기도 하였던 그 뒤주였다.

세자는 끝내 부왕의 명령을 거절할 수 없음을 깨닫자 마지막으로 부왕 영조에게 절하고 뒤주 속으로 곧장 들어갔다. 마침내 뒤주 뚜껑에 큰 못이 박혔다. 그 위에 풀을 덮고 큰 돌까지 눌러놓았다. 세자는 뒤주 속에서 살려 달라고 애원하며 몸부림쳤다.

도승지 이이장이 세자를 위해 간언하다가 참수당했으므로 누구 한 사람 세자를 위해 나서는 사람이 없었다. 한낮이 되자 뒤주 안은 찌는 듯이 더웠다. 세자는 이따금 가냘픈 신음소리를 낼 뿐이었다.

이때 세자빈 홍씨의 아버지 홍봉한과 숙부 홍인한은 세자의 죽음을 지지하는 입장이었다. 또한 영의정 김상로도 세자가 죽음에 이르게 하는 데에 일조하였다. 이제 세자를 구해 줄 사람은 아무도 없었다. 세손과 세자빈 홍씨는 눈물만 쏟았다.

임금도 가슴이 아프긴 마찬가지였다. 눈에서는 굵은 눈물이 주르르 흘러내렸다.

영조는 또 영을 내렸다.

"여봐라, 무감! 세자의 비행 10조를 적어 응징해야 한다고 상소문을 올린 나경언을 끌고 오너라."

나경언은 형조판서 윤급과 판부사 조재호, 응교 이미 등의 사주에 의해서 올린 상소문이라면서 살려 달라고 애걸했으나 곧장 처형되었다.

세자가 뒤주 속에 갇힌 지 8일 만에 뚜껑을 열었다. 숨이 몇어 있는 세자의 앞가슴은 얼마나 쥐어뜯었는지 살갗이 모두 헤어져 유혈이 낭자하였고 이마의 피는 말라서 변색이 되어 있는 모습은 너무나 처참했다. 그때 그는 28세였다.

소식을 전해 들은 세자빈 홍씨는 기절하였다. 후에 세손인 아들 정조가 왕위에 오르자 혜경궁 홍씨로 불리게 되고 1899년 사도세자가 장조로 추존됨에 따라 경의왕후로 추존될 홍씨는 1795년 남편의 애절한 죽음과 자신의 일생을 『한중록』으로 남겼다. 이는 『인현왕후전』과 함께 궁중 문학의 효시가 되었다.

영조는 세자를 죽인 것을 후회하며 그의 죽음을 애도하여 '사도'라는 시호를 내렸다. 후일 세손인 정조가 즉위하자 '장헌'으로 추존되었다가 다시 '장조'로 추존되었다.

그는 처음에 양주 배봉산(현재의 동대문구 휘경동)에 묻혔다가 1789년(정조 13) 현재의 경기도 화성군 태안면 안녕리로 천장되어 현륭원으로 이름이 바뀌었다가 장조로 추존된 뒤에 융릉으로 정해졌다.

세자빈 홍씨는 사도세자가 죽은 뒤 혜빈에 오르고 정조 즉위년에 궁호가 혜경궁으로 올랐다.

영조도 세자를 죽인 것을 후회하면서 세자의 죽음을 부채질한 김상로를 파직시켜, 귀양을 보냈다. 그리고 전 우의정 조재호에게 사약을 내렸다. 영조는 세손에게

"네 아비의 원수는 김상로이니라"라고 말했다. 그러나 사도세자의 죽음에 관련된 홍봉한은 계속 세도를 누렸다.

노론들의 화살은 이제 세손에게 향했다. 세손이 즉위할 경우 자신들에게 보복이 있을 것은 당연했기 때문이다. 그래서 이들은 사도세자의 후궁인 임씨가 낳은 은언군 인을 추대하려 했는데 이때 홍봉한은 은언군을 지지하다 1772년(영조 48) 한때 사

직당하기도 했다.

세손의 폐위에 적극적으로 나선 사람은 홍봉한보다 그의 동생 홍인한이었으나 혜경궁 홍씨는 친정 식구들의 세손 폐위에 반대했다. 자신의 아들인 세손 대신 남편의 후궁인 임씨가 낳은 은언군을 추대하려는 친정의 움직임에 반대했던 것은 당연하다. 남편은 떠났어도 자식은 버릴 수 없었던 것이다.

세손이 외가에 의해 궁지에 몰리게 되자 소론을 앞세워 홍인한을 공격하는 상소가 올라오자 홍인한은 노론을 내세워 반대 상소를 올려 대립했다. 그러나 세손은 항상 불안한 나날이었다. 언제 아버지 사도세자처럼 흉변이 닥칠지 모르는 일이었다. 그러던 중 1775년(영조 51) 5월 목숨을 걸고 직간을 한 춘방 설서 홍국영의 상소로 이 해 12월 영조는 세손에게 대리청정을 명했다.

24세의 왕세손 산이 대리청정한 지 3개월 뒤 1776년(영조 52) 3월 영조는 83세에 세상을 떠났다. 그는 경기도 구리시 인창동 동구릉 능역의 원릉에 묻혔다.

혜경궁 홍씨는 아들 정조가 죽은 뒤 15년을 더 살다가 1815년(순조 15) 12월 81세에 세상을 떠나 경기도 화성군 태안읍 안녕리 소재 융릉에 사도세자(장조)와 합장되었다.

사도세자가 죽은 뒤 영조의 계비 정순왕후 김씨는 불안했다. 홍봉한이 영조의 신임을 얻어 중책을 맡자 김씨의 아버지 김한구의 경주 김씨 집안과 풍산 홍씨 집안이 같은 노론의 입장에서 사도세자 제거작업을 추진했으나 막상 이권 다툼이 발생하자 정적으로 변했던 것이다. 노론 대 소론의 당쟁이 김씨 집안 대 홍씨 집안의 싸움으로 변했다.

중전 김씨와 동생 김귀주는 세손이 즉위하면 김씨 집안이 몰락할 것이 뻔했기에 김씨 집안의 정권을 강화하고 정계에서 홍봉한을 실각시키려 했는데 김귀주는 한유를 사주하여 '홍봉한이 세손을 제거하고 대신 은언군을 추대하려 한다'는 상소를 올리게 했다. 이 일로 홍봉한은 청주로 귀양을 갔고, 그 뒤 세손이 영조에게 이를 모함이라고 아뢰어 귀양에서 풀려나기도 했다.

사도세자가 죽자 조정은 그를 동정하는 시파와 세자의 죽음이 당연하다는 벽파로 분리되어 새로운 국면을 맞이하게 되었을 때 영조의 계비 정순왕후는 벽파를 옹호했었다.

영조의 생모 숙빈 최씨는 서울 종로구 궁정동 소재 칠궁에 신위가 모셔져 있다. 칠궁은 최씨처럼 조선시대 역대 왕이나 왕으로 추존된 이의 생모인 일곱 후궁들로서 왕비에 오르지 못한 여인들의 신주를 모신 궁이다.

영조의 업적

영조는 탕평책을 더욱 다지기 위해 붕당의 근거지인 서원의 사사로운 건립을 금지시켰으며, 또 1772년에는 과거시험으로 탕평과를 실시하였다. 그리고 탕평책을 강화하기 위해 같은 당파에 속한 집안 간의 결혼을 금지시켰다.

영조의 이 같은 탕평정책으로 왕권은 강화되고 정국은 안정되었으며 조선 사회 전반에 걸쳐 여러 분야에서 많은 발전이 있었다. 1725년에 압슬형을 폐지했으며, 죽은 자에게 죄를 추죄하여 죽이는 형벌을 금지하였고, 1729년에는 사형수에 대해서는 초심·재심·삼심을 거치게 하는 삼복법을 엄격히 시행하도록 하였다.

1774년에는 사가에서 형벌을 가하는 것을 금지시켰으며, 판결을 거치지 않고 죽이는 남형과 얼굴에 칼로 문신을 새기는 등의 잔혹한 형벌도 금지시켰다.

영조시대의 주목할 만한 것은 균역법의 시행이었다. 양민들이 국방의 의무를 대신해 나라에 세금을 내던 포목을 2필에서 1필로 줄이는 균역법의 시행으로 양역의 불균형에 따른 백성들의 군역 부담이 크게 감소되었다.

1729년에는 궁궐에 속한 전답과 병영의 둔전에도 정해진 양 이상을 소비했을 경우 세금을 부담시켰다. 한편 오가작통 및 이정의 법을 엄격히 준수하도록 하여 탈세를 방지했다.

이 밖에도 영조는 국가 비축미로 가난한 백성들을 구휼하기 위하여 마련된 환곡의 폐단을 방지하는 데에도 관심을 쏟았다. 1763년에는 통신사로 일본에 갔던 조엄이 고구마를 들여와서 흉년이 들었을 때 고구마는 구황식량 수급에 획기적인 역할을 꾀할 수 있었다.

1730년에는 양인 어머니와 천인 아버지 사이에서 태어나면 양인이 되게 하기도 하였다가 이듬해에는 남자는 아버지의 신분을 따르게 하고, 여자는 어머니의 신분을 따르게 하였으며, 또한 서얼 차별로 인한 사회적 불만 요인을 없애기 위해 서얼 출신도 관리로 등용할 수 있도록 하였다.

1725년 화폐 주조를 중지하고 군사 무기를 만들도록 했으며 1729년 4월 김만기가 만든 화차를 개량하게 하였고, 이듬해에는 수어청에서 조총을 만들게 했다.

1727년 6월에는 북관군병에게 총을 주고 훈련시켰으며,

1733년 10월에는 평양중성을 구축하게 하였다.

영조시대에는 문화적인 성과도 많았다. 영조는 스스로 서적을 찬술하기도 했고, 인쇄술을 개량하여 많은 서적을 간행하여 나라 안에 반포시켜 일반 백성이 볼 수 있도록 하였다.

1729년에는 『감란록』을, 이듬해 『숙묘보감』을 편찬하였으며, 1732년에는 『퇴도언행록』을 간행케 하였다. 그리고 1736년에는 『경국대전』을 보강했으며, 『여사서』를 언문으로 번역하고, 1742년에는 『천문도』·『오층륜도』·『양역실총』을 인쇄하여 각 도에 배포했다.

그리고 『속대전』, 1747년의 『황단의궤』·『무원록』, 1749년 『속병장도설』, 1753년에 편찬된 『누주통의』·『천의소감』·『삼국기지도』·『팔도분도첩』·『계주윤음』 등과 『해동악장』·『여지도서』와 우리나라 최초의 백과사전인 『동국문헌비고』 등이 있다.

영조가 쓴 글로는 『악학궤범』의 서문, 『어제자성편』·『위장필람』·『어제경세문답』·『어제경세편』·『백행원』 등 10여 권의 책이 있다.

1765년 북학파 홍대용의 『연행록』이 편찬되고, 1769년에는 실학의 선구자 유형원의 『반계수록』, 신경준의 『도로고』 등이 편찬되었다.

실학의 선구자 안정복(1712~1791년)

　안정복은 안극의 아들로 성호 이익의 문인이다. 그는 1712년 (숙종 38) 충북 제천에서 태어났으며, 1717년 어머니를 따라 외가인 영광의 월산에 갔다가 그곳에서 2년 동안 살았고 1717년 할아버지 안서우가 한양에서 벼슬하자 남대문 밖 남정동으로 이사와서 10세가 되던 1721년부터 학문을 닦았다.

　그는 그 뒤 할아버지의 임지를 따라 여러 지방을 돌아다니다가 1736년 25세 때 경기도 광주 경안면 덕곡리에 자리를 잡았다.

　그의 집안은 남인 가문이었기 때문에 아버지 때부터 당쟁에 휘말려 벼슬길이 끊겼다. 그는 어려서부터 경학은 물론 역사· 천문·지리·의학 등에 걸쳐 매우 밝았지만 과거에는 단 한 번도 응시하지 않았다.

　그는 26세 때 『치통』·『도통』 등의 책을 엮었다. 그리고 3년 뒤에는 그동안 연구한 고전에 관한 연구서로 『하학지남』이라는 책을, 31세 때에는 여성의 행동 규범에 관한 책인 『여범』을 저술하였다.

　그는 남인 집안 출신인 이익의 문하에 들어갔다. 이익의 문하에 들어가기 전에 그가 심취하였던 학문은 이황의 사상이었지만 그는 당시 새로운 학문을 추구하여 많은 인재를 양성하고 있던 이익을 찾아가게 되었다.

　그가 이익의 문하로 찾아들었을 때 이익은 이미 66세이었지만 성실한 자세로 자신에게 학문의 진리를 구하는 제자에게 열정을 쏟았다.

　비록 재야에 묻힌 생활임에도 불구하고 그는 그동안 익혔던 사학·천문·지리·의학·종교 등에 대한 지식을 바탕으로 그는 자주 만나는 유생들을 깜짝 놀라게 했다.

1749년 38세에 처음 관직에 나갔는데 이때 그가 받은 직책은 강화도의 만령전의 참봉이었으며, 1751년 의영고봉사·사헌부 감찰·익위사 익찬 등을 역임했고, 65세 때 목천현감이 되었다.

안정복의 빼어난 성과는 『동사강목』의 집필이었다. 이 역사서에는 그의 사상뿐만 아니라 이익의 사상도 포함되었다. 안정복은 집필을 시작한 지 3년 만인 1759년 20권의 『동사강목』을 완성하였다.

『동사강목』은 기자시대부터 고려 말까지의 역사를 다루었는데 우리나라 및 중국의 역사를 참고하여 아이들의 교과서로 일연의 『삼국유사』의 내용과 고대사에 관련된 야사들을 과감히 인용하였다. 그리고 각 책들을 대조하여 그 문헌의 출처를 명확히 하고 내용에 관한 비판을 곁들였는데 20권 20책으로 되어 있다.

이 밖에 야사적인 측면이 강한 『잡동산이』·『성호사설유선』 등을 저술하였다.

안정복은 많은 저서를 남기고 1791년 80세에 세상을 떠났다.

과학의 선구자 홍대용(1731-1783년)

홍대용은 서인 노론파로서 목사를 지낸 홍역의 아들로 1731년에 태어났으며, 자는 덕보, 호는 담헌이다.

그는 일찍이 당대의 빼어난 유학자 김원행에게 배웠으며, 그의 사상은 북학파의 박지원에게도 많은 영향을 끼쳤다.

그는 몇 번에 걸쳐 과거에 응시했으나 당대 석학들의 뜻과 달라 번번이 실패하였다. 1774년 43세 때 음보로 종9품의 선공감 및 세손익위사시직으로 관직에 나갔다. 이어 1777년 사헌부감찰이 되었으며 그 뒤 태인현감, 영주군수 등을 역임했고, 1783년 53세에 세상을 떠났다.

1765년 조정이 청나라에 파견하는 사절단에 그의 숙부인 홍억이 서장관이 되자 그는 홍억의 비서로 북경을 방문했다. 12월에 북경에 도착한 사절단 일행은 이듬해 2월까지 그곳에서 머물렀는데 이때 그는 그곳의 학자들과 많은 교류를 갖었다. 홍대용과 교류를 나눈 사람은 육비·엄성·반정균 등 청나라 선비들이었다. 그들은 유학을 비롯하여 역사·종교·풍속 등에 관해 토론하였다. 그는 귀국하여 이 필담을 정리하여 『건정필담』이라는 책으로 엮었다.

그는 북경에 머물면서 청나라의 천문대인 '흠천감'을 방문하여 그 책임 부서에 있는 두 명의 독일인 유송령·포우관으로부터 서양의 학문을 직접 전해 듣고, 자신이 연구한 천문학에 관한 의견을 들려 주기도 했다.

흠천감에서 특히 그의 눈길을 끈 것은 관상대였다. 거기에는 중국 역대의 천체 관측기구는 물론 유럽에서 들여온 것들도 많이 있는데 그가 받은 충격은 매우 컸다.

북경에서 돌아온 홍대용은 청나라에서 사귄 친구들과 꾸준히 서신을 주고받았으며 이덕무·박제가 등이 사절단으로 청나라를 방문할 때 북경 친구들에게 편지를 보내기도 했다.

홍대용은 북경의 친구들과 주고받은 편지 내용들을 모아 『항전척독』이라는 책을 엮었다. 그리고 북경 방문의 내용을 집약

시켜 『연기』를 편찬했는데, 이 책은 마침내 박지원의 『열하일기』를 탄생시켰다.

또 그의 과학사상을 담은 『의산문답』은 자신이 북경 방문에서 얻은 과학적 지식을 중심으로 서술한 책이다.

그의 사상이 집약되어 있는 문집인 『담헌서』에서 그는 지구의 자전설을 주장했고, 인간도 자연 속에서 살아가는 하나의 생명체에 불과하다는 생명론과 우주무한론을 주장했다.

영조의 가계

영조는 6명의 부인에게서 2남 7녀의 자녀를 두었는데 정비 정성왕후 서씨와 계비 정순왕후 김씨 등은 자식을 낳지 못했고, 정빈 이씨가 효장세자를 비롯하여 1남 1녀를, 영빈 이씨가 사도세자를 비롯하여 1남 3녀를, 귀인 조씨가 1녀, 숙의 문씨가 2녀를 낳았다.

정성왕후 서씨(1692~1757년)

달성부원군 서종제의 딸로 1704년 13세에 숙종의 둘째 아들 연잉군과 가례를 올려 달성군부인에 봉해졌고, 1721년 연잉군이 세제로 책봉되자 세제빈에 봉해졌으며, 1724년 영조가 왕으로 즉위하자 왕비에 책봉되었다.

1740년 혜경이라는 존호가 올려졌으며, 1757년 2월 66세에 세상을 떠났다.

정순왕후 김씨(1745~1805년)

오흥부원군 김한구의 딸로 1759년 15세에 왕비에 책봉되어 66세의 영조와 가례를 올렸다. 그녀는 소생은 없었고, 사도세자를 몹시 미워하여 아버지 김한구의 사주를 받아 모함했으며, 나경언이 사도세자의 10가지 비행을 상소하자 그를 뒤주 속에 가두고 죽게 하는 데 큰 역할을 했다.

그 뒤 조정이 사도세자를 동정하는 시파와 그의 죽음을 당연하게 여기는 벽파로 나누어지자 벽파를 옹호하였다.

그녀는 1805년 1월 61세에 세상을 떠났다. 죽은 뒤 영조와 함께 경기도 구리시 인창동 동구릉역의 원릉에 묻혔다.

효장세자(1719~1728년)

영조의 맏아들이며 정빈 이씨의 소생이다. 비는 좌의정 조문명의 딸로 효순왕후이며, 1724년 경의군에 봉해졌고 이듬해 왕세자에 책봉되었으나 1728년 10세에 죽었다.

양자인 정조가 즉위한 뒤 진종으로 추존되었다. 능은 경기도 파주시 조리읍 봉일천리에 있으며 능호는 영릉이다.

사도세자(1735~1762년)

영조의 둘째 아들이며 영빈 이씨의 소생이다. 2세 때 세자에 책봉되었고, 10세 때 홍봉한의 딸 혜빈 홍씨와 가례를 올렸다.

그는 3세 때 『효경』을 외웠고, 7세 때 『동몽선습』을 독파했다. 그리고 그는 10세 때 이미 소론 측이 주도한 신임옥사를 비판했다고 한다.

1749년 15세 때 부왕을 대신하여 대리청정하였는데, 이때 영조의 계비 정순왕후 김씨, 숙의 문씨 등이 그를 무고하였다. 영조는 세자를 불러 꾸짖었고, 이때부터 그는 정신 질환 증세를 보이기 시작했으며 궁녀를 죽이고, 여승을 입궐시키거나 몰래 왕궁을 빠져 나가 평양을 다녀오기도 하였다.

1762년 계비 김씨의 아버지 김한구와 그 일파인 홍계희·윤급 등의 사주를 받은 나경언이 세자의 비행 10조목을 들어 상소하자 영조는 그를 휘경전으로 불러 자결하라고 명했다. 이때 그가 부왕의 명을 거부하자 영조는 그를 뒤주에 가둬 8일 만에 죽였다. 이때 그는 28세였다.

영조는 세자를 죽인 것을 후회하며 그의 죽음을 애도한다는 의미로 그에게 '사도'라는 시호를 내렸다. 그 뒤 그의 아들인 정조가 즉위하자 장헌으로 추존되었다가 다시 장조로 추존되었다.

혜빈 홍씨(1735~1815년)

홍봉한의 딸이며 정조의 어머니이다. 1744년 세자빈에 책봉되어 사도세자와 가례를 올렸고, 1762년 사도세자가 죽은 뒤 혜빈에 추서되었다. 1776년 아들 정조가 왕위에 오르자 궁호가 혜경으로 올랐고, 1899년 사도세자가 장조로 추존되자 경의왕후로 추존되었다.

그녀는 1795년 남편인 사도세자의 참사를 중심으로 자신의 일생을 적은 『한중록』을 남겼다.

제21대 영조 가계도

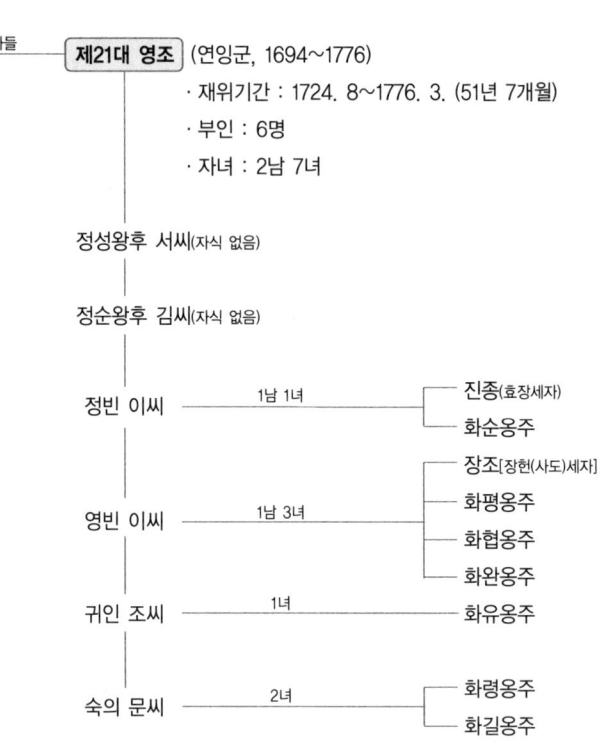

정조실록 正祖實錄

『정조실록』 편찬 경위

『정조실록』은 조선왕조 제22대 왕이었던 정조의 재위기간(1776년 3월~1800년 6월)의 역사를 편년체로 기록한 사서이다.

정조의 본디 묘호는 정종이었으므로 그 실록의 본디 이름도 『정종문성무열성인장효대왕실록』으로 약칭 『정종대왕실록』이라 하였다.

광무 3년(1899)에 묘호를 추존 개정함으로써 그 실록도 『정조실록』으로 부르게 되었다. 본서 54권과 부록 2권을 합쳐 모두 56권 56책이며, 활자로 간행되었다.

『정조실록』은 그가 세상을 떠난 익년인 순조 즉위년(1800) 12월에 편찬하기 시작하여 순조 5년(1805) 8월에 완성하였다.

정조 대에는 정치가 안정되었기 때문에 실록 편찬에도 특별한 이유가 없었으며 그 편찬 경위도 다른 실록의 편찬 사례와 대체로 같았다.

실록청 총재관에는 이병모·이시수·서용보·서매수 등 4명이 임명되어 편찬을 주도하였다.

정조는 1800년 6월 48세에 세상을 떠났다. 존호는 문성무열성인장효이며, 능호는 건릉으로 사도세자가 묻힌 융릉 서쪽에 있다. 1897년에 대한제국이 성립되자 1900년에 황제로 추존되어 선황제로 개칭되었다.

『정조실록』의 내용

　정조는 영조 28년(1752)에 사도세자의 둘째 아들로 태어나 영조 35년(1759) 8살에 세손으로 책봉되었다. 영조 38년(1762)에 장헌세자가 죽음을 당하자, 정조는 어려서 죽은 영조의 맏아들 효장세자(뒤에 진종으로 추존, 1719~1728)의 아들로 입적되었다.
　정조는 친아버지의 죽음과 시파·벽파의 대립 갈등으로 그 지위가 매우 위태로웠으나, 홍국영 등의 보호로 어려움을 이겨낼 수 있었다.
　영조 51년(1775)부터 대리청정을 하다가 다음해 영조가 세상을 떠나자, 25세로 즉위하였다. 정조는 왕위에 오른 후 곧 규장각을 설치해 문화정치를 표방하는 한편, 그의 즉위를 방해했던 정후겸·홍인한·홍상간·윤양로 등을 제거하였다. 정조 4년(1780)에는 홍국영을 축출하고 친정체제를 구축하였다. 정조는 영조 이래의 탕평책을 계승하였다. 그는 유능한 학자와 관료들을 우대하고 젊은 문신들을 선발하여 학문과 문예를 장려함으로써 자신의 친위세력으로 삼았다.
　정조는 아버지 사도세자를 장헌세자로 추존하고 그의 묘를 수원 화산 아래로 이장하여 현륭원을 조성하였다. 현륭원 조성 때문에 수원을 팔달산 기슭으로 옮겨 신도시를 건설하게 되었다.
　17세기부터 조선에는 천주교가 들어오게 되었고, 권철신·정약용 형제, 이벽 등과 같은 신자들이 나타나게 되었다. 정조 7년(1783)에는 이승훈이 북경 천주교회당에서 영세를 받았고 다음해에는 서울 남부 명례동 역관 김범우의 집에 최초의 천주교회가 창설되었다.
　정조 15년(1791)에는 조상의 신주를 불태운 진산의 윤지충·권상연 등의 사건이 있었고, 정조 19년(1795)에는 중국인 신부 주문모가 입국하여 활동하였다. 정조는 천주교를 금지하기는 하였지만 심하게 단속하지 않았으므로 1800년경에는 신도가 1만여 명으로 불어나게 되었다.

제22대 정조

(1752~1800년 재위기간 1776년 3월~1800년 6월)

홍국영의 세도정치

정조는 1752년 영조의 둘째 아들인 사도세자와 혜빈 홍씨 사이에서 둘째 아들로 태어났고, 이름은 산, 자는 형운이며 1759년 8세에 세손에 책봉되었고, 1762년 세상을 떠난 영조의 큰아들 효장세자의 양자로 들어갔으며 1755년 영조를 대리하여 대리청정하였다.

1776년 영조가 세상을 떠나자 조선왕조 제22대 왕으로 등극하였다.

정조는 왕위에 오르자 아버지 사도세자의 억울한 죽음을 복수하는 한편 조정의 파당을 없애고 새로운 사람들을 조정에 대거 등용하여 자신의 친위세력을 형성해 나가는 한편 홍국영을 몹시 신임하여 그로 하여금 자신을 돕게 하였다.

홍국영과 정조는 세손 시절부터 매우 가까운 사이였다. 홍국영은 세손을 죽음을 무릅쓰고 지켰으며, 항상 그의 그림자처럼 따라다녔다.

어느 날 세손을 반대하는 세력들은 영조에게 세손이 『시전』의 〈요아편〉을 읽는다고 무고하였다.

영조가 이 책을 읽지 말도록 당부했으나 세손은 궁금하여 어느 날 몰래 펼쳐 보았다. 그 책에는 아래와 같이 쓰여 있었다.

아버지가 날 낳으시고 어머니가 기르셨으니 그 깊은 은혜 갚고자 할진대 하늘이 끝이 없음과 같다.

세손이 『시전』의 이 대목을 읽는 것을 목격하고 곧장 영조에게 달려가서 고하자 영조는 세손을 불렀다.

"세손, 너는 오늘 어떤 글을 읽었느냐?"

"예, 『시전』을 읽고 있었습니다."

"『시전』을 읽지 말라고 했는데 왜 읽었느냐?"

"……"

세손이 어물쩍거리자 영조는 내시에게 세손이 읽었다는 책을 가져오게 하였다. 이때 마침 홍국영이 세손을 찾아갔는데 그는 자리에 없었고 『시전』이 방에 놓여 있어 이상하게 생각하고 곧장 『시전』의 〈요아편〉을 칼로 도려냈다.

영조의 심부름을 갔던 내시가 책을 가져오자 영조는 책을 살펴보니 〈요아편〉이 칼로 도려져 있었다.

"네가 〈요아편〉을 도려낸 연유는 무엇이냐?"

"예, 전하께서 읽지 말라고 하셨기에 칼로 도려냈습니다."

세손은 엉겁결에 이렇게 둘러댔다. 그러자 영조는

"음, 앞으로도 〈요아편〉은 읽지 말아라."

세손은 이렇게 하여 무사히 동궁으로 돌아왔다. 그곳에는 홍국영이 벌써부터 기다리고 있었다.

"저하, 〈요아편〉은 여기에 있습니다."

"그대는 나를 살렸소. 참으로 감사하오."

세손은 홍국영의 손을 덥석 잡고는 몇 번이나 고마운 마음을 전했다.

홍국영은 자신이 〈요아편〉을 도려낸 연유를 말하자 세손은

"그대의 재치로 내가 살았소. 앞으로 그대에게 잘못이 있다고 하여도 내 반드시 용서하리다."

정조가 왕위에 오르자 홍국영은 도승지에 임명되었고, 정조의 정적들을 없애는 데 앞장섰으며 여러 가지 어려운 일들을 혼자 도맡아 처리하였다.

이때 홍상범이 자객사건을 일으켰다. 그는 정조가 왕위에 오르자 반역을 꾀하기 위해 무사들을 모았는데 이때 호위군관 강용휘를 꾀어 자기 사람으로 만들었다.

마침내 강용휘는 전홍문을 포섭하였고, 그들은 홍상범의 친척인 홍대섭의 집에 자주 모여 모의하였다.

홍상범은 여러 사람들을 포섭하자 거사 날짜를 정하고 강용휘는 고들개철편을 품속에 지니고, 전홍문은 칼을 숨겨가지고 대궐에 들어가 만나는 사람들을 죽이기로 모의하고 자신은 20여 명을 거느리고 그들의 뒤를 따라 행동하기로 굳게 약속했다.

강용휘와 전홍문은 약속한 날에 대궐에 들어가 강계창과 나인 강월혜의 주선으로 존현각에 이르렀으나 이때 그들의 음모가 드러나 군사들에 의해 쫓겼다.

그들은 대궐에서 빠져 나와 다시 모의하다가 군사들에 의해 모두 잡혔다.

그 뒤 홍계능은 정조를 살해하고 정조의 이복동생인 은전군

제 22 대 정조

을 왕으로 추대하려는 역모를 모의하다가 발각되었다.

홍국영은 정조를 반대하는 세력들을 조정에서 쫓아냈다. 왕대비 정순왕후의 동생인 김귀주를 흑산도로 유배시켰다. 그리고 그는 자신의 여동생을 정조의 후궁으로 들여보내 원빈에 책봉되게 하였다.

정조 3년(1779) 5월 홍국영의 여동생인 원빈이 갑자기 죽었다. 이때 홍국영은 자신의 누이가 독살되었다고 하면서 중궁전의 나인들을 혹독하게 다스리자 비난이 일었다.

정조는 홍국영에 대한 비난이 일어나자 그를 조정에서 물러나게 했다. 그때 그는 32살이었고, 한창 세도를 누리다가 허무하게 쫓겨났다.

정조는 규장각을 넓히고 인재를 모았다. 그가 규장각을 만든 것은 규장각을 통해 인재를 모아 외척들과 환관들의 역모를 방지하고 나라 안에 새로운 정치를 펼치기 위해서였다.

규장각은 정조 때 생긴 것이 아니고 세종 때 양성지가 규장각을 설치할 것을 주장하였으나 시행되지 않았고 숙종 때에 선왕들의 유품을 보관하기 위해 종정시에 작은 누각을 세우고 이곳을 규장각이라 명명하였다.

정조가 즉위하여 창덕궁 후원에 전각을 세우게 하였는데 1776년 9월에 완성된 누각은 2층으로 된 주합루였는데 숙종 때에 현판을 규장각으로 달았던 곳이었다.

정조에 의해 규장각은 규모가 커졌고, 그 기능도 다양해졌으며 활자를 새로 만들거나 간서 업무와 출판을 맡아 보게 했으며 1779년에는 규장각 외각에 검서관을 두고 박제가 등의 서얼 출신 학자들을 그곳에 배치하여 새로운 바람을 일으켰다.

정조는 규장각으로 하여금 왕과 조정의 일을 토론하는 경연관으로서의 역할을 하게하고 교서 등을 찬술하는 일에서부터 편서와 간서에 이르는 광범위한 업무를 담당케 했다. 그리고 규장각을 홍문관을 대신하는 학문의 상징적 존재로 부각시켜 홍문관·승정원·춘추관 등의 기능을 부여하면서 조정의 가장 핵심적인 기구로 발전시켰다.

정조는 규장각을 앞세워 본격적인 문화정치를 추진하고 인재를 양성하고자 했다. 규장각을 중심으로 임진자·정유자·한구자·생상자 등의 활자가 만들어졌고, 『속오례의』·『증보동국문헌비고』·『국조보감』·『대전통편』·『동문휘고』·『오륜행실』 등을 편찬했다.

정조는 영조의 탕평책을 계승하였다. 이때 조정은 사색 당파에서 시파와 벽파로 나뉘어졌다. 영조 때 외척 중심의 노론은 벽파가 되었고, 정조에 찬성하던 남인과 소론이 시파가 되었다.

정조의 화성 건설

1789년(정조 13) 7월 영조의 부마인 금성위 박명원이 양주의 배봉산 기슭에 있는 사도세자의 묘를 다녀와서 상소를 올렸다.

"뱀 등이 묘지 가까운 곳에 똬리를 틀고 망주석은 쓰러져 있고 봉분에는 억새풀이 돋아 처량하기 그지없었습니다."

박명원 상소문을 읽은 정조는 가슴이 미어지는 듯했다. 왕의 아버지의 묘가 이 지경이라니 도무지 믿기지 않았다.

정조는 조정의 대신들을 희정당에 불러 승지로 하여금 박명원의 상소문을 대신 읽게 하였다. 그러자 대신들은 정조의 뜻

수원성 1794년(정조 18)에 착공하여 1797년에 준공된 길이 7.17킬로미터의 한국 근세건축의 특색을 발휘한 성이다. 팔달문·장안문·홍화문·화서문·창룡문 및 용두각·방화수류정·동장대·봉수대 등이 있다.

을 따르겠다고 말했다.

정조는 아버지 묘를 이장하기로 결정하고 그 장소는 수원부의 관청 뒤쪽으로 정하고 서유방을 경기관찰사로, 조심태를 수원부사에 임명하여 이장에 대한 일을 맡겼다.

사도세자의 이장은 신속하게 처리되어 3개월 뒤인 10월 공사가 마무리 되어 이장했으며, 묘는 영우원에서 현륭원으로 이름을 고쳤고, 묘소 옆에 용주사를 세웠다.

사도세자가 묻힌 현륭원은 수원부의 읍내로 이곳에 백성들이 살고 있었기 때문에 수원 팔달산 아래로 수원부민들을 이주시켰다. 그리고 정조는 이곳을 새로운 도시로 만들기 위해 1794년부터 34개월 동안 공사를 벌여 1797년 10월 16일 마침내 낙성식을 가졌다.

박지원
1780년 박명원을 따라 청나라에 가서 중국인들의 실생활을 보고 실학에 뜻을 두었다. 그는 홍대용 박제가와 함께 북학파의 영수로 청나라의 문물을 받아들일 것을 주장하였다. 그는 『열하일기』를 저술하여 청나라의 신문물을 소개하였고, 10여 편의 한문소설을 써 당시의 세태를 풍자하고 문체혁신의 표본을 이루었다.

새로운 시대를 여는 실학

박지원

　박지원은 1737년 한성 반송방의 야동에서 태어났는데 그의 집안은 명문이었다. 그의 5대조 박미는 서도의 대가로서 선조의 딸 정안옹주와 결혼하여 부마가 되었으며, 할아버지 박필균은 정2품의 지돈녕부사를 지냈다. 그러나 아버지 박사유는 그가 어릴 때 세상을 떠났고, 어머니 역시 일찍 세상을 떠났다.
　그는 부모를 일찍 여읜 탓으로 할아버지에 의해 자랐다. 할아버지 박필균은 노론이었지만 당쟁을 싫어하여 휘말리는 일이 없었고 또한 청렴하여 가난하게 살았다.

이런 할아버지의 가르침을 받으면서 그는 영민한 청년으로 성장해 1752년 16세 때 이보천의 딸과 혼인했다.

이보천은 비록 벼슬에는 나가지 않았지만 사람을 알아보는 안목이 뛰어난 선비였다. 그는 교리로 있던 아우 이양천으로 하여금 박지원에게 학문을 가르치게 하였다. 그는 이양천에게 주로 『사기』를 비롯한 역사 서적을 배웠고, 글을 쓰는 법을 터득하여 많은 것을 습작하였다.

1760년 할아버지가 세상을 떠나자 더욱 곤궁해졌다. 그리고 1765년 과거에 응시했으나 낙방하였고, 그 뒤부터 오직 학문과 저술에만 전념하였다.

1768년에는 백탑 근처로 이사하였는데 그곳에서 박제가·이서구·서상수·유득공·유금 등과 학문적 교류를 가졌다. 그리고 이때를 전후하여 홍대용·이덕무·정철조 등과 만나 토론하였고 또한 유득공·이덕무 등과 어울렸다.

이때 조정은 홍국영이 정권을 잡고 있었고, 그 때문에 노론 벽파에 속했던 그의 생활은 더욱 어렵게 되어 황해도 금천의 연암협에 은거하게 되었는데, 이때부터 그의 아호가 연암으로 불리게 되었다.

1780년 처남 이재성의 집에 머물다가 삼종형 박명원이 청나라에 고종의 진하 사절 정사로 북경에 갈 때 따라가 압록강을 거쳐 북경과 열하를 여행하고 돌아왔다. 이때 보고 들은 내용을 정리한 것이 『열하일기』이다.

그가 청나라에 다녀온 것은 홍대용의 영향 때문이었다. 홍대용은 그에게 자신의 중국 여행담을 들려 주면서 그곳의 신학문에 대한 호기심을 한껏 자극시켰다.

그 뒤 1786년(정조 10년) 50세에 음서로 선공감감역이 되었고 1789년에는 평시서 주부, 1791년에는 한성부 판관, 이듬해에는 안의현감, 1797년에는 면천군수, 1800년 양양부사를 끝으로 관직에서 물러났고 1805년 69세에 세상을 떠났다.

그는 면천군수로 재직할 때 『과농소초』·『한민명전의』·『안설』 등을 저술했다. 『열하일기』와 더불어 그 책들 속에는 그의 현실 개혁에 대한 포부가 잘 나타나 있다.

그의 주장은 청나라의 문명을 과감하게 받아들여야 한다는 것이었다. 또한 청나라의 조선에 대한 잘못된 인식을 비판하면서 그 개선책을 제시하고 있다.

이 같은 그의 사상은 정조 때의 젊은 선비들에 의해 받아들여져 북학파를 형성하는 중심 사상이 되었다.

그의 사상은 『연암문집』에 수록되어 있는 『허생전』·『민옹전』·『광문자전』·『양반전』·『김신선전』·『역학대도전』·『봉산학자전』 등의 소설 속에 잘 혼합되어 당대와 후대 학자들에게 큰 영향을 끼치게 되었다.

그의 문집이 세상에 모습을 드러낸 것은 그가 세상을 떠난 지 1백 년이 지난 1900년이었다. 손자 박규수가 고종 때 우의정을 지냈지만 그 내용이 불온하다는 이유로 『연암문집』은 그때까지 간행되지 못하다가, 김만식을 비롯한 23명의 학자들에 의해 비로소 세상에 모습을 드러낼 수 있었다.

정약용(1762~1836년)

정약용은 1762년 6월 16일 경기도 광주군에서 태어났다. 아버지 정재원은 진주목사를 지내다가 그가 태어날 무렵에 관직에서 물러나 고향에 묻혀 살고 있었다. 1776년 정조가 즉위하여 남인들이 다시 조정에 등용되자, 정재원도 호조좌랑에 임명

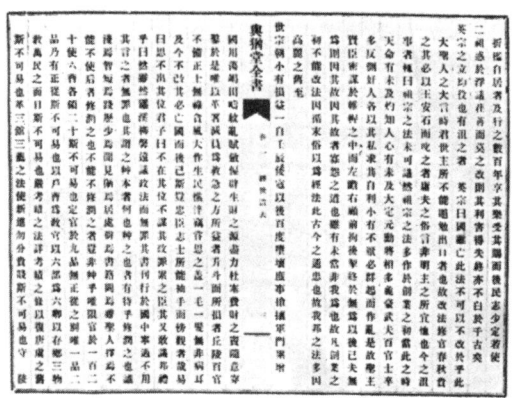

정약용의 『경세유표』
전 16책으로 구성되어 있는 이 책은 제반 제도 및 법규에 대하여 논술하고 있다. 그러나 이는 정치개혁이라기보다는 초점을 국가의 재정에 두고 토지 및 조세 제도의 역사적 비판에서 개혁안을 끌어내려고 했다.

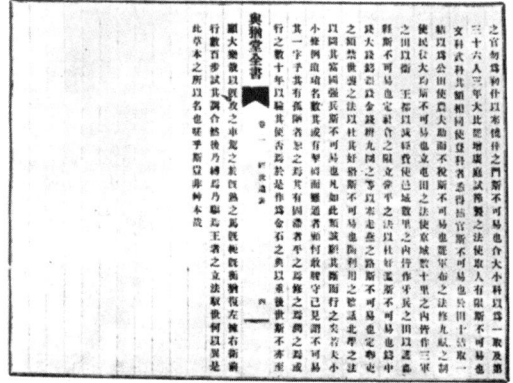

되어 한성으로 올라가게 되었다.

1770년 정약용은 아홉 살이 되던 해 어머니 윤씨를 여의었고, 1776년 정조가 왕위에 오르던 해에 승지 홍화보의 딸과 결혼했다.

한양에 올라온 그는 외가를 자주 찾았다. 그의 외할아버지 윤두서는 문인으로 명망이 높았고, 화가이기도 했으며, 장서가로도 유명했다. 정약용은 외할아버지 윤두서가 소장했던 많은 책들을 읽었다.

그는 친형 정약전과 그 친구들과의 교류를 통해 많은 지식을 쌓았다. 정약전의 친구 가운데 이승훈이 있었고, 또 이승훈의 소개로 이익의 종손 이가환을 알게 되었다. 이가환은 이익의 실학을 계승한 학자로 당시 젊은 유생들의 선망의 대상이었다.

호조좌랑이 된 아버지는 곧 다시 전라도 화순의 지방관으로 발령이 났고, 그도 역시 아버지를 따라 화순으로 내려갔다.

1782년 초시와 회시에 합격하여 생원이 되었다. 그리고 3년 뒤인 1784년 정조의 부름을 받아 경연석에서 『중용』을 강의하였다.

정약용은 1789년 3월 전시에서 합격하여 초계문신이 되었으며, 그 해에 종7품의 부사정을 거쳐 정7품의 가주서에 임명되었다. 그리고 1791년 정6품의 사간원의 정언에 제수되고, 이듬해에는 홍문관 수찬에 임명되었으며, 이때 그는 수원성 수축에 동원되어 활차녹로를 만들어 공사 기간을 단축하기도 했다.

1793년 정5품의 성균관 직강에 임명되었다. 그리고 그해 10월에 경기 암행어사가 되어 연천지방의 서용보 일당의 범죄 사실을 적발 보고하여 그를 해직케 했다.

1795년 정3품의 병조참지·동부승지·형조참의 등에 올랐다. 하지만 이때 청나라 신부 주문모 잠입사건이 발생해 충청도 금정의 찰방으로 좌천되었다. 그 뒤 규장각의 교서가 되어 편찬과 교정 업무에 종사했고, 1797년 6월 재차 황해도 곡산부사로 임명되었다. 이때 전국적으로 천연두가 유행하자 『마과회통』이라는 의학서를 편찬, 보급하였다.

1799년 그는 다시 병조참지가 되었으나 그의 정적들은 그를 천주교인으로 몰았다. 이때 그는 해명서인 '자명소'를 제출했다. 그는 자명소에서 자신은 천주교에 관심을 가졌던 것이 아니라 서양의 과학적 지식을 얻기 위해 서학에 접근했다면서 이를 위해 천주교 신부와 신자를 만났다고 밝혔다. 그리고 사퇴서를 함께 제출했다. 정조는 그가 아까워서 조정에 머무르게 했지만 그는 1800년 가족을 이끌고 낙향했다. 그 뒤 정조에 의해 한때 한성에 올라왔지만 정조가 그 해 6월에 세상을 떠나자 그는 다시 고향으로 돌아왔다.

정조가 세상을 떠나자 조정은 노론의 벽파가 장악하였고, 1801년 신유사옥이 일어나 정약전·정약종을 비롯하여 이가환·이승훈 등이 투옥되었고 이가환·정약종·이승훈 등이 죽고 서용보의 간언으로 정약용도 유배되었다.

1801년 유배지에 도착한 그는 독서와 저작에 몰두하였다. 그리고 그해 10월 황사영 백서사건이 터져 다시 한양으로 압송되었다. 이 사건으로 대부분의 서학 관련자들이 사형당했지만, 정약용과 그의 형 정약전은 유배형으로 끝났다.

정약전은 전라도 흑산도로, 정약용은 전라도 강진으로 떠났으며, 정약전은 유배지에서 세상을 떠났다.

1808년 봄 정약용은 다산에 있는 한 초당을 얻게 되었는데, 그곳은 윤박이의 별장이었다. 그곳에는 많은 책이 소장되어 있어 그가 책을 집필하는 데 많은 도움이 되었다. 그는 이 초당에서 19년 동안 살면서 자신의 아호를 '다산'이라 지었다. 그리고 자신이 머물던 곳을 '다산초당'이라 하였다.

이곳에서 그는 『목민심서』·『경세유표』 등을 비롯하여 『시경강의보』·『춘추고징』·『논어고금주』·『맹자요의』·『대학공의』·『중용자잠』 등 수많은 책들을 저술하였다. 그리고 1818년 유배가 풀리자 고향으로 돌아왔다.

고향에 돌아온 정약용은 『흠흠신서』·『상서고훈』 등을 비롯한 많은 책을 집필했다. 정약용은 1836년 75세에 세상을 떠났다.

박제가(1750~1805년)

박제가는 승지를 지낸 박평의 서자로 1750년에 태어났다. 소년 시절부터 시·서·화에 뛰어났다. 그는 박지원 문하에 들어가 학문을 배웠다.

그는 서자이었기 때문에 어릴 적부터 정신적 고통에 시달려야 했다. 게다가 11세 때 아버지가 세상을 떠나자 어린 그와 어머니는 어렵게 살았다.

그는 일찍부터 문장에 몹시 밝았고, 남달리 시와 글씨, 그림에 두각을 드러내었다.

하지만 서자이었기 때문에 과거에 응시할 수 없었고 이때의 석학들인 서이수·이덕무·유득공 등과 사귀면서 북학에 열을 올렸다. 그가 이덕무와 벗이 된 것은 그들이 모두 서얼 신분이고 북학에 대해 열정이 똑같았기 때문이다.

그들은 박지원을 찾아가 제자가 되었다. 그리고 북학파의 시조인 홍대용의 가르침을 받았다.

1776년 27세 때 정조가 즉위하자 즉시 규장각을 설치하여 젊은 학자들을 그곳에 불러들였다. 이때 그는 이덕무·유득공·이서구 등과 함께 『건연집』이라는 책을 출간하여 청나라에까지 그 명성을 떨쳤다. 이듬해 정조는 서얼 차별을 없애기 위해 '서얼허통절목'을 공포했고, 이 덕택으로 1778년 그와 이덕무는 영의정 채제공을 따라 청나라 사은사 행렬에 따라갔다.

박제가는 청나라의 문명을 꼼꼼히 살폈다. 그는 홍대용의 소개로 이조원·반정균 등의 청나라 학자들과 많은 대화를 나누며 그들의 안내를 받을 수 있었다.

그의 기록들은 귀국한 뒤 『북학의』라는 책으로 엮어졌다. 내, 외 두 편으로 된 이 책의 내편에는 수레·배·성·벽·궁실·

도로・교량・소・말 등 생활에 필요한 기구와 시설 등이 서술되었고, 외편에는 전제・농잠총론・과거론・관론・녹제・재정론・장론 등의 정책과 제도가 서술되었다.

그는 정조의 서얼 차별 폐지책에 의해 1779년 이덕무・유득공・서이수 등의 서얼 출신들과 함께 규장각의 검서관이 되었다.

그는 1790년 두 번째 청나라를 방문했으며, 돌아오는 길에 왕명에 의해 연경에 파견되었다.

조선의 원자의 탄생을 축하한 청나라 황제의 호의에 보답하기 위해 검서관이던 그를 정3품 군기시정에 임시로 임명하여 사절로 보낸 것이다.

정조가 세상을 떠나자 정권을 장악한 노론의 벽파는 천주교 금지를 명분으로 남인을 조정에서 숙청하고, 실학파 학자들을 대거 제거하였다. 이때 박제가 역시 제거 대상의 주요 인물이었다.

박제가의 『북학의』
1778년(정조 2) 박제가가 청나라의 풍속과 제도를 쓴 기행문으로 농잠・과거・재부・관록 등 17항목으로 구성되었다.

노론은 윤행임 반역사건(신유사옥)을 조작해 그를 반역 인물로 내세웠다. 그는 반역혐의를 끝까지 부인하였으며, 결국 두만강 변의 종성에 유배되었다. 그리고 1804년 유배지에서 풀려나 고향으로 돌아왔으나 이듬해 병으로 세상을 떠났다.

정조의 가계

정조는 효의왕후 김씨를 비롯하여 5명의 부인에게서 아들 둘과 딸 두 명을 두었는데, 효의왕후와 홍국영의 동생 원빈 홍씨는 자식을 낳지 못했으며, 의빈 성씨가 문효세자, 수빈 박씨가 세자 공(순조)과 숙선옹주, 화빈 윤씨가 딸 1명을 낳았으나 일찍 죽었다.

효의왕후 김씨(1753~1821년)

좌참찬 김시묵의 딸로 1762년 10세 때 세손비로 책봉되어 정조와 가례를 올렸으며, 1776년 정조가 왕위에 오르자 왕비로 진봉되었다. 그녀는 효성이 지극하여 시어머니 혜빈 홍씨를 정성껏 모셨고, 또한 우애가 극진하여 화완옹주가 그녀를 몹시 괴롭혔지만 왕가의 자녀들을 돌보는 데 정성을 아끼지 않았다.

그녀는 성품이 고결하여 사적인 감정에 치우치지 않아 궁궐에서 쓰고 남는 재물이 있어도 공물이라 하여 일체 사가에 보내지 않았다 한다.

그녀는 1821년 3월 69세에 세상을 떠났으며 경기도 수원의 건릉에 정조와 함께 묻혔다.

제22대 정조 가계도

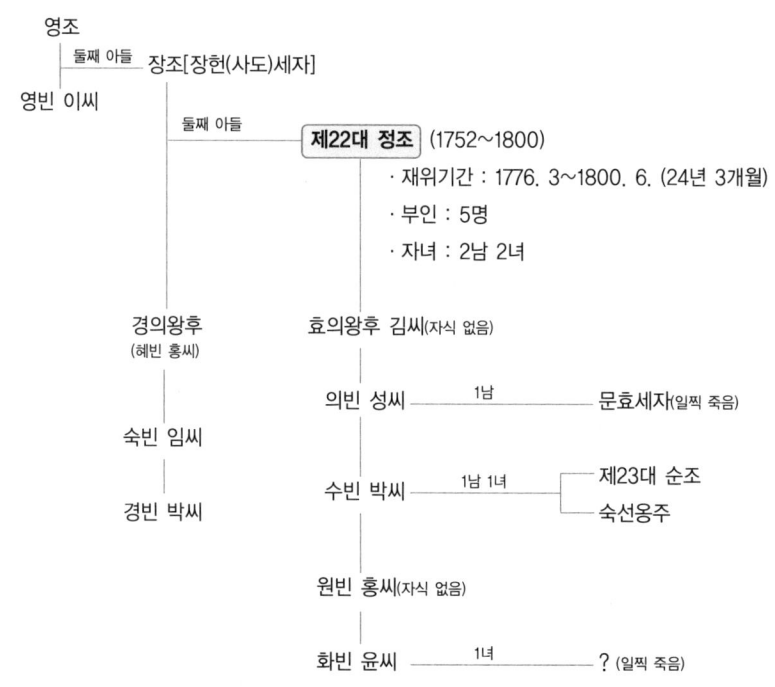

순조실록 純祖實錄

『순조실록』 편찬 경위

『순조실록』은 조선왕조 제23대 왕이었던 순조의 재위기간(1800년 7월~1834년 11월)인 34년 5개월간의 역사를 편년체로 기록한 사서이다. 본서 34권 34책과 부록 2책을 포함하여 모두 36책이며 활자로 간행되었다.

순조의 본디 묘호는 순종이었고, 그 실록의 명칭도 『순종연덕현도경인순희문안무정헌경성효대왕실록』으로 약칭 『순종대왕실록』이라 하였다.

1857년(철종 8) 8월에 묘호를 순조로 추존하면서 실록을 『순조대왕실록』으로 개칭하게 되었다. 다른 왕의 실록과 함께 국보 제151호로 지정되었다.

『순조실록』은 헌종 원년(1835)에 편찬을 시작하여 헌종 4년(1838)에 완성하였다.

총재관에는 이상황·심상규·홍석주·박종훈·이지연 등이 임명되어 편찬을 주관하였다.

순조는 1834년 11월 45세에 세상을 떠났다. 존호는 연덕현도경인순희문안무정헌경성효이며, 묘호는 처음 순종으로 정하였다가, 1857년(철종 8) 8월에 순조로 추존 개정하였다. 능호는 인릉으로 처음에 교하군(현 파주시 탄현면) 장릉(인조의 능) 경내에 조성하였으나, 철종 7년(1856)에 현재의 서초구 내곡동 헌인릉 경내로 옮겼다.

『순조실록』의 내용

　순조(1790~1834)의 이름은 공, 자는 공보, 호는 순재이다. 정조의 둘째 아들이며 어머니는 수빈 박씨이다. 정조 14년(1790)에 태어나 1800년(정조 24) 정월 왕세자에 책봉되었다. 그 해 6월 정조가 세상을 떠나자, 7월에 즉위하였다. 이때 그의 나이는 11세였으므로 대왕대비 정순왕후(영조의 계비)가 수렴청정하였다. 1802년(순조 2) 10월 정조가 간택하였던 영안부원군 김조순의 딸을 왕비로 맞았다.

　시파를 숙청하기 위한 구실로 사교 탄압을 시작하여 200여 명의 천주교 신자들을 처형하였는데 이를 신유사옥이라 한다. 1804년 순조가 친정을 하기 시작하였으나, 이때부터 부원군 김조순을 비롯한 안동 김씨 일문이 정권을 장악하여 세도정치가 시작되었다.

　1811년 12월 평안도 가산에서 홍경래의 반란이 일어나 평안도 일대를 유린하였고 난은 이듬해 4월 정주성이 함락됨으로써 평정되었다. 그러나 1813년 제주도의 양제해 난, 1815년 용인의 이응길의 난, 1817년 유칠재·홍찬모 등의 흉서사건, 1819년 액예·원예 등의 모반, 1826년 청주 괘서사건 등이 계속 일어났다.

　순조 19년(1819) 왕세자(후일 추존 익종)가 풍은부원군 조만영의 딸을 세자빈으로 맞아들이고, 1827년에는 세자가 대리청정을 하게 되자 풍양 조씨가 조정에 등용되어 안동 김씨의 세도를 견제하였으나, 1830년 세자가 죽자 세력을 잃었다. 순조 때에는 『양현전심록』·『사부수권』·『대학유의』 등이 간행되었다.

제23대 순조
(1790~1834년 재위기간 1800년 7월~1834년 11월)

'신유사옥'

순조는 1790년 6월 정조의 둘째 아들로 창경궁 집복헌에서 태어났으며 어머니는 수빈 박씨, 이름은 공, 자는 공보, 호는 순재이다.

순조는 정조와 의빈 성씨 사이에 태어난 문효세자가 일찍 세상을 떠나자 1800년 정월 세자에 책봉되었고, 이 해 6월 정조가 세상을 떠나자 11세로 왕위에 올랐다.

순조가 왕위에 오르자 그가 어렸기 때문에 영조의 계비인 정순왕후가 수렴청정하였다. 정순왕후는 김귀주의 누이로 사도세자의 죽음에 동조했고 정조가 왕위에 오르자 그의 집안은 몰락하였다.

정순왕후는 수렴청정을 시작하면서 정조 16년 영남의 남인들이 상소를 올려 사도세자의 신원을 주장하였을 때 그들의 상소에 동조한 서유린을 비롯하여 김이익·김이재·박제가 등을 유배시키는 한편 홍국영·심이지 등의 관작이 추탈당했으며

이승훈
1783년 동지사의 서장관인 아버지를 따라 북경에 가서 남천주당에서 교리를 익힌 뒤 이듬해 북경의 남천주당에서 그라몽 신부에게 영세를 받고 한국 최초의 천주교 영세 신자가 되었다. 1801년 신유박해 때 서소문의 형장에서 죽었다.

정조를 도왔던 김관주·심환지 등을 등용하였다.

조정에서 정조의 세력을 몰아낸 정순왕후는 화살을 천주교로 돌려 전국의 감사와 수령들에게 천주교도들을 색출하도록 명령을 내렸다.

천주교는 정조 8년(1784) 3월 이승훈이 북경에서 영세를 받고 귀국한 뒤 나라 안에 급속하게 퍼졌다. 1785년 천주교도들의 순교자가 발생하였으나 그들은 계속 교세를 넓히면서 중국인 주문모 신부를 맞아들여 활발한 포교활동을 벌였다.

천주교는 일반 백성들뿐만 아니라 조정의 남인들에게 전파되어 이승훈·이벽·권철신·이가환·정약용 등은 천주교에 심취되어 있었다. 이러한 분위기는 정조가 천주교에 대해 관대한 정책을 펼쳤기 때문이다.

　정순왕후는 천주교도들을 탄압하고 아울러 천주교에 관련된 남인들을 없애려고 했다. 이때 천주교도들을 잡기 위해 오가작통법을 썼다.

　오가작통법은 다섯 가구를 한 통으로 묶어 서로 범법행위가 일어나는지를 감시하고 규제하는 일종의 치안유지를 위해 생긴 것으로 정순왕후는 이 오가작통법을 이용하여 천주교도들을 잡아들였다.

　전국에 걸쳐 대대적인 천주교도 색출령이 내리자 수많은 신도들은 물론 핵심세력인 권철신·이가환·정약전·정약용·정약종·이승훈 등이 검거되었다.

　권철신·이가환은 국문을 받다가 참혹한 고문으로 죽었고, 정약용은 장기현으로, 정약전은 신지도로 유배되었으며, 정약종은 서소문 밖에서 참수형에 처해졌다. 이때 500여 명의 사람들이 희생되었는데 이 가운데에는 억울하게 죽은 사람도 있었다. 이 사건을 '신유사옥'이라 일컫는다.

　이때 중국인 신부 주문모가 자수하였는데 조선에 들어오는 과정에서 강화도에 유배된 은언군 인의 아내와 며느리가 그와 만난 사실을 확인하고 이들을 모두 사사하였다.

　그 뒤 황사영의 백서가 발각되었다. 그 백서의 내용은 다음과 같다.

　청나라 황제가 조선의 왕에게 명령하여 서양인과의 교제를 허용하도록 할 것

　안주를 청나라에 편입시켜 감독하게 할 것

　서양의 선박 수백 척을 동원하여 정병 5,6만 명을 조선에 보

내 조선으로 하여금 천주교를 받아들이도록 보장할 것 등이었다.

이 백서는 비단에 적어 중국의 북경에 보내려고 하였다.
황사영은 곧장 처형되었고, 그 뒤 조선의 조정은 천주교를 가혹하게 탄압하였다.

안동 김씨의 세도정치

순조의 후비 순원왕후 김씨는 안동 김씨인 성균관 지사 김조순과 그 부인 심씨 사이의 딸로 1789년(정조 13) 5월에 세상에 태어났다.

1800년(정조 24) 김씨는 세자빈의 초간택, 재간택을 거쳐 삼간택을 앞두었을 때 정조가 갑자기 세상을 떠나자 삼간택이 연기되었었다. 영조의 계비 정순왕후와 외척 김관주와 권유 등의 방해로 한때 위기에 처하기도 했으나 1802년(순조 2) 10월 왕비로 책봉되었다. 이때 순조는 13세, 순원왕후는 14세였다.

정조가 세상을 떠난 뒤 1801년(순조 1) 영조의 계비 정순왕후는 대대적으로 천주교도를 학살하여 조정은 노론의 벽파 중심이 되었고 순조의 후비가 된 순원왕후의 아버지 김조순은 노론 시파로서 세력이 보잘것없었다. 그러나 김조순은 부원군이 되어 뛰어난 정치력을 발휘하여 경주 김씨와 풍양 조씨의 도전을 물리치고 안동 김씨의 세도정치 시대를 열었다.

1804년(순조 4) 1월 영조의 계비 정순왕후가 수렴청정을 거두자 순조가 친정을 시작했다.

　1805년(순조 5) 1월 정순왕후가 다시 수렴청정을 원했으나 자신의 뜻이 관철되지 않자 상심한 끝에 세상을 떠났다. 이제 김조순의 세상이 되자 그동안 세도를 부렸던 벽파는 조정에서 모두 제거되고 안동 김씨의 세도 정치의 막이 오르게 되었다.

　김조순은 시파계이었으나, 규장각 대교 당시 탕평을 건의하는 등 당색을 드러내지 않는 조심스런 처신으로 정순왕후의 수렴청정 때 살아 남을 수 있었다.

　정순왕후가 죽자 그동안 실권을 잡았던 김관주는 정조를 배신한 죄와 왕비의 삼간택을 방해했다는 죄목으로 귀양을 가다가 병사했고 이미 죽은 김귀주도 정조를 해치려 한 죄목으로 역적의 죄로 다스려졌다.

　이로써 영조 때 막강한 권력을 누리던 노론의 벽파는 김조순에 의해 몰락되었고 2년 뒤 벽파의 이경신이 다시 시파에 도전했다가 옥사 끝에 죽고 잔여 벽파 세력도 제거됨으로써 이제 조정에서 김조순에게 도전할 세력은 없었다.

순조가 묻힌 인릉.

벽파가 물러난 조정은 김이익·김이도·김희순·김달순·김명순 등 안동 김씨 일문으로 채워졌다.
　안동 김씨 일족이 아니면 출사는 꿈도 꿀 수 없는 상황이 되었고 조정의 요직은 모두 척신세력들로 채워지니 그들을 견제할 세력이 없었다.
　안동 김씨 일문이 조정의 요직에 앉아 갖가지 전횡과 뇌물 수수를 일삼자 과거제도가 문란해지고 벼슬을 팔고 사는 매관매직이 성행하는가 하면 정치 기강이 무너지게 되었다.
　이렇게 되자 전국에서 탐관오리 등이 횡행하고 백성들에 대한 수탈이 심해지자 곳곳에서 도둑들이 날뛰고 백성들은 부패한 조정에 불만이 고조되어 농민들의 항거가 일어나지 않을 수 없었다. 백성들의 원성은 안동 김씨들의 세도 정치 때문이라고 이구동성으로 규탄했다.

홍경래의 난

　1780년(정조 4) 평안도 용강에서 태어난 홍경래는 원래 양반 출신으로 19세 때 초시인 사마시에 응시했으나 서북인이란 이유로 낙방의 고배를 마셨다. 이때부터 방랑생활을 시작한 홍경래는 21세 때 정조가 세상을 떠나고 11세의 순조가 등극하였으나 세상은 더욱 흉흉해지고 탐관오리의 가렴주구는 날로 더 심해지자 세상을 뒤집어 보겠다는 결의를 갖게 되었다.
　1811년 12월 서자 출신인 선비 우군칙을 만나 거사에 필요한 자금을 모으고, 안동 김씨 일문의 세도정치에 불만을 품은 일부 양반들과 지식인, 서민들과 상인들이 결합하여 '서북인 차별 대우 철폐, 안동 김씨 세도정권의 가렴주구 혁파' 등을 기치로 내세우고 대규모 체제의 변혁까지 도모하는 정치적 반란을 꾀했다.

홍경래는 스스로 '평서대원수'라 칭하고 평안도 각지에 격문을 띄워 출병하여 거병한 지 열흘 만에 관군의 저항도 받지 않고 가산·정주 등 청천강 이북 10여 개 지역을 점령하였다.

그러나 곧 관군에게 추격을 당한 봉기군은 세력이 약화되어 정주성으로 들어갔다. 그들은 보급로가 끊긴 채 무려 4개월 동안 관군과 대치하다가 1812년(순조 12) 4월 마침내 관군이 화약으로 성을 폭파시킴으로써 봉기군은 제압되었는데 이때 2,000여 명이 체포되고 홍경래도 죽었다.

이 밖에도 제주도의 토호 양제해와 용인의 이응길이 일으킨 민란, 유칠재·홍찬모 등의 흉서사건, 청주의 괘서 사건 등 크고 작은 민란과 역모 사건이 끊이지 않았으며, 1821년(순조 21)에는 서부 지방에 크게 번진 전염병으로 10만여 명이 목숨을 잃었고 나라 안에 잦은 수재 등 천재지변이 끊이지 않았다.

풍양 조씨의 세도

순조의 후비 순원왕후는 21세 때인 1809년(순조 9) 8월 왕위를 이을 왕자를 낳았다. 이 왕자가 효명세자로 정실 왕비의 몸에서 왕자가 태어난 것은 숙종이 태어난 이래 처음 있는 나라의 경사였다.

그 뒤 중전 김씨는 1남 3녀를 더 낳았으나 둘째 아들은 낳은 지 얼마 안 되어 죽고 효명세자는 4세 때인 1812년(순조 12) 7월 왕세자로 책봉되었으며 7년 후인 1819년(순조 19) 8월 11세 때 12세의 풍양 조씨 조만영의 딸을 세자빈으로 맞이하였다.

순조는 친정을 시작한 이후로는 장인인 김조순을 위시한 안동 김씨 일족 아래 있었다. 30세가 된 순조는 풍양 조씨 조만영의 딸을 세자빈으로 맞아 풍양 조씨 일족을 중용하고, 1827년(순조 27) 2월 19세가 된 효명세자에게 대리청정을 명하여 안동 김씨의 세도 정권을 견제하고자 했다. 이 해 7월 세자빈 조씨가 헌종을 낳았다.

효명세자는 장인 조만영을 훈련대장에 임명함과 동시에 자신의 처가에 군사력과 재정 기관의 권한을 부여하고 외조부인 안동 김씨 일가를 조정에서 배제시켰다. 아울러 풍양 조씨와 인척관계의 인물들을 주위에 포진시켰다.

그러나 풍양 조씨의 세력은 1830년(순조 30) 5월 22세의 효명세자가 대리청정 4년 만에 갑자기 세상을 떠나자 막을 내렸다. 순조가 다시 친정하자 3년 동안 위기에 몰렸던 안동 김씨들이 다시 집권하게 되었다. 이들은 효명세자의 대리청정 때 조정의 중심부에서 활약하던 이인부·김노·김노경·홍기섭 등을 4간신이라 칭하며 공격했다.

1834년(순조 34) 11월 45세의 순조는 자신의 야망을 펼치지도 못하고 세상을 떠났다.

순조의 안동 김씨 세도정권 견제책은 또 다른 외척 세력인 풍양 조씨 일문의 세도 정권을 만들어 냈을 뿐이었다.

순조는 처음 경기도 파주 장릉 내에 묻혔다가 1856년(철종 7) 서울 서초구 내곡동의 헌인릉 능역의 인릉으로 옮겼다.

순조의 가계

순조는 후비 순원왕후 김씨와 숙의 박씨가 있을 뿐이다. 순원왕후 김씨는 익종으로 추존된 효명세자와 4녀를 낳고, 숙의 박씨가 1녀를 낳았다.

순원왕후 김씨(1789~1857년)

안동 김씨 영안부원군 김조순의 딸로 1800년(정조 24년) 재간택을 거쳐 삼간택을 앞두었을 때 갑자기 정조가 세상을 떠나자 영조의 계비인 정순왕후의 외척 김관주의 방해로 위기에 처하기도 했지만 1802년(순조 2년) 10월에 왕비로 책봉되었다.

순원왕후 김씨는 김조순과 오라비 김좌근 등 안동 김씨의 집권에 크게 공헌하였다. 한때 세자비의 외척인 풍양 조씨에게 정권의 주도권을 빼앗겼다가 헌종 대에 이르러 다시 회복하였고, 헌종이 갑자기 죽자 자손이 없는 헌종의 왕통을 누가 이을 것인가 하는 문제가 대두되자 이때 순원왕후 김씨는 사도세자의 증손자인 강화도령 원범(철종)을 지목하여 왕위를 잇게 했다. 또한 김문근의 딸을 왕비에 책봉함으로써 안동 김씨의 세도정권을 확고히 하였다.

그녀는 1남 5녀를 두었으며 1857년 창덕궁에서 세상을 떠났다. 능호는 인릉으로 서울 서초구 내곡동에 있다.

효명세자(1809~1830년)

순조와 순원왕후 사이에서 태어났으며 이름은 영, 자는 덕인,

호는 경헌이다. 1812년 왕세자에 책봉되었으며 1819년 영돈녕부사 풍양 조씨 조만영의 딸과 가례를 올렸다.

1827년 대리청정을 하였는데, 이때 그는 어린 나이임에도 불구하고 조정에 어진 인재들을 등용하고, 형벌을 신중하게 하는 등 백성을 위한 정책에 노력했으나 대리청정 4년 만인 22세에 세상을 떠났다. 이때 외척인 풍양 조씨가 조정에 대거 등용되어 안동 김씨와 세력 투쟁을 벌여 정국이 혼란해졌고 민생은 도탄에 빠지게 되었다.

그는 아들 헌종이 즉위한 뒤 익종으로 추존되었으며, 1899년 문조익황제로 추존되었다. 능호는 수릉으로 경기도 구리시 인창동 동구릉역에 있다.

제23대 순조 가계도

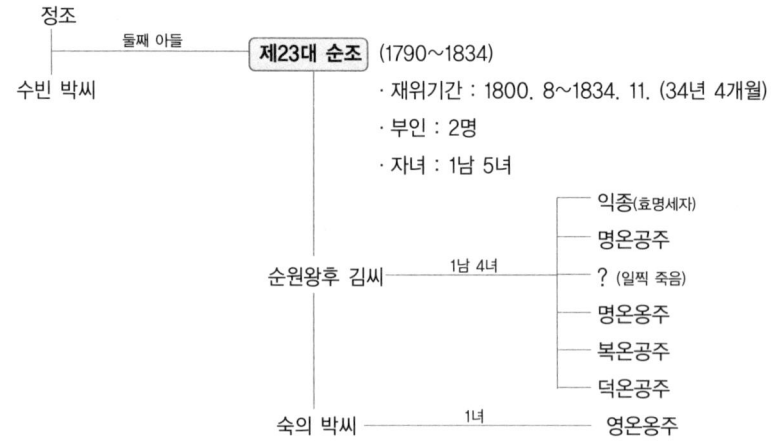

헌종실록 憲宗實錄

『헌종실록』 편찬 경위

『헌종실록』은 조선왕조 제24대 왕 헌종의 재위기간(1834년 11월~1849년 6월)의 역사를 편년체로 기록한 실록이다. 정식 이름은 『헌종경문위무명인철효대왕실록』이다.

본문은 16권 8책이며, 행록·애책문 등을 수록한 부록이 1책이다. 활자로 간행되었으며, 다른 왕의 실록과 함께 국보 제151호로 지정되었다.

『헌종실록』 편찬에 참여한 주요 인물들은 아래와 같다.

총재관 : 조인영·정원용·권돈인·김도희·박회수·김흥근·박영원, 도청 당상 : 조두순·서기순, 찬수 당상 : 김좌근·이가우·윤정현·김학성·조학두·김보근·조병준·김수근·이경재·김정집, 교수 당상 : 서헌순·김병기 등이다.

헌종은 1849년 창덕궁 중희당에서 23세에 후사 없이 세상을 떠났다. 존호는 경문위무명인철효, 묘호는 헌종, 능호는 경릉으로 경기도 구리시 인창동 동구릉 경내에 있다.

『헌종실록』의 내용

 헌종(1827~1849)의 이름은 환, 자는 문응, 호는 원헌으로 순조의 손자이며 익종의 아들이다. 어머니는 신정왕후 조씨로 풍은부원군 조만영의 딸이다. 1830년(순조 30) 세자였던 아버지 익종이 죽자 왕세손에 책봉되었고, 1834년 6월 즉위하였다. 이때 그는 8세였으므로 대왕대비 순원왕후가 수렴청정하였다.

 헌종의 즉위 초에는 안동 김씨 세도정치가 유지되었으나, 1837년(헌종 3) 3월부터 외척이었던 풍양 조씨의 세력이 우세하게 되었다. 특히 순원왕후가 수렴청정에서 물러나고 헌종의 친정이 시작되자 정치의 주도권이 그들에게 넘어갔다. 그러나 1846년 조만영이 죽은 뒤 다시 안동 김씨가 정국을 주도하게 되었다.

 1836년에는 남응준, 1844년에는 이덕원·민진용 등의 모반사건이 일어나 민심이 동요하고 사회가 불안하게 되었다.

 풍양 조씨 세도정권은 민심의 동요를 우려하여 천주교에 대한 단속을 강화하게 되었다. 이 때문에 1839년에 기해사옥이라는 대대적인 천주교 박해가 일어나게 되었다. 프랑스인 선교사들이었던 주교 앙베르(Imbert, L.J.M.), 신부 모방(Maubant, P.P.)과 샤스탕(Chastan.J.H.)을 비롯한 많은 신자들이 이때 학살되었다.

 1846년에는 최초의 한국인 신부인 김대건을 처형하였다. 1845년(헌종 11년) 이후에는 나라 안 곳곳에 서양 선박의 출몰이 빈번하여 불안을 조성하였다. 헌종 대에는 『열성지장』·『동국사략』·『문원보불』·『동국문헌비고』·『삼조보감』 등이 편찬 간행되었다.

제24대 헌종

(1827~1849년 재위기간 1834년 11월~1849년 6월)

'기해박해'

헌종은 뒤에 익종으로 추존되는 효명세자의 아들로 1827년 7월 창경궁 경춘전에서 태어났다. 그의 어머니는 풍원부원군 조만영의 딸인 신정왕후였다.

1830년 순조 30년에 왕세손에 책봉되고, 1834년 8세에 경희궁 숭정문에서 조선왕조 제24대 왕으로 즉위하였다.

헌종이 나이가 어리기 때문에 순조의 후비인 순원왕후가 수렴청정을 하였는데 순원왕후는 안동 김씨 김조순의 딸이었다. 순원왕후는 헌종의 후비로 김조순의 7촌조카인 김조근의 딸을 맞아들였다. 그러나 왕비가 병에 걸려 갑자기 죽자 1844년 10월 익풍부원군 홍재룡의 딸을 계비로 맞이하였다.

순원왕후가 수렴청정을 하는 동안 안동 김씨들의 세도 정치는 절정에 다다랐고, 그로 인한 폐해는 과거제도와 국가의 기본 재정인 삼정(전정·군정·환정) 등의 문란으로 탐관오리들의 가렴주구에 백성들은 도탄에 빠졌고, 살기 어려웠다. 더욱이

김조순
순조의 장인으로 영안부원군에 봉해졌고, 안동 김씨의 세도정치 시초를 마련하였다.

나라 안에 수재가 9년 동안 발생하여 백성들의 원성은 하늘에 닿았다.

순조 때부터 시작된 천주교도 탄압은 헌종 때에도 계속되었다. 1838년 조선에 들어와 있던 앙베르·샤스탕·모방 등의 프랑스 신부와 정하상 등 천주교 신자들이 처형되었다. 이때의 일을 기해년에 일어났다 하여 '기해박해'라 부른다.

1840년 헌종 6년 순원왕후의 수렴청정이 끝나고 헌종이 친정을 시작하자 그의 외가인 풍양 조씨가 조정의 권력을 잡았다. 풍양 조씨의 우두머리는 헌종의 외할아버지 조만영이었는데 그는 어영대장과 훈련대장을 역임하였고, 동생 조인영과 조카 조병현 그리고 아들인 조병구 등을 조정의 요직에 앉혀 기반을 확립하였다. 그러나 1846년 조만영이 죽자 정권은 안동 김씨에게 넘어갔다.

헌종 때에는 나라의 형편이 몹시 불안하여 두 번의 모반 사건이 일어났는데 남응중의 모반과 민진용의 모반이 일어났다.

1836년 헌종 2년 충청도에 내려간 남응중은 남경중·남공언 등과 모의하여 정조의 이복동생 은언군의 손자를 왕으로 추대하고 자신은 도총집, 남경중은 좌총집으로 하여 청주성을 점령한다는 계획을 세웠으나 지방 아전의 고발로 사전에 발각되어 남응중 등은 능지처참형을 당하였다.

1844년 헌종 10년 의원 출신인 민진용은 박순수·박시응 등을 포섭하여 정조의 이복동생인 은언군의 손자 원경을 왕으로 세우기로 모의하고 역모을 꾸몄으나 사전에 발각되어 민진용 등은 능지처참형을 당했고, 은언군의 손자 원경은 사사되었다.

헌종 11년 영국의 군함 사마랑 호가 제주도와 서해안을 측량하고 돌아가는 사태가 발생하자 조선의 조정은 청나라를 통해 광동에 있는 영국 당국에 항의하였고, 헌종 12년 6월에는 프랑스 제독 세실이 천주교도 탄압을 구실로 군함 3척을 이끌고 충청도 외연도에 들어와 국왕에게 국서를 전하고 돌아갔다.

헌종 12년(1846) 김대건 신부가 체포되었다. 그는 순조 2년(1821) 충청도 내포지방의 솔뫼에서 태어나 어려서부터 천주교를 믿었다.

김대건은 나백다록 신부의 추천으로 15세에 마카오에 건너가 신학을 공부하였는데 그때 나백다록 신부의 추천을 받은 사람은 김대건·최양업·최방제 등이었다.

1845년 1월에 귀국한 김대건은 그때 조선 교구장인 페레올 신부 등과 함께 포교활동에 전념하였는데 그는 황해도 연안 순위도에서 체포되었다.

김대건은 사교를 퍼뜨리고 국법을 어겼다는 죄로 7월에 새남

터에서 효수형에 처해졌다.

헌종 14년에는 이양선들이 경상·전라·황해·강원 등지에 출몰하자 백성들은 불안에 떨었으나 조정에서 아무런 조치도 취하지 않았고, 자신들의 권력 장악에 몰두하였다.

헌종은 재위기간에 『열성지장』·『동국사략』·『문원보불』 등을 찬수케 하였다.

헌종은 1849년 6월 6일 창덕궁에서 세상을 떠났다. 능호는 경릉으로 경기도 구리시 인창동 동구릉역에 있다.

김대건
우리나라 최초의 신부로 1845년 8월 충남 강경에 잠입, 위축된 교세의 확장에 힘쓰다가 1846년 체포되어 25세에 순교하였다.

헌종의 가계

헌종은 효현왕후 김씨를 비롯하여 계비 효정왕후 홍씨, 그리고 후궁 2명을 두었으나 자녀를 얻지 못하였다.

신정왕후 조씨(1808~1890년)

익종의 후비이며 헌종의 어머니로서 풍은부원군 조만영의 딸이다. 12세 때 효명세자의 비로 책봉되어 세자빈이 되었다.

1827년 순조 27년에 헌종을 낳았고, 1834년 헌종이 왕위에 오르자 세상을 떠난 남편이 익종에 추존되자 왕대비에 봉해졌는데, 이때부터 풍양 조씨가 조정의 요직을 차지하면서 세도를 누렸다.

1857년 순원왕후가 세상을 떠나자 대왕대비가 되었으며, 철종이 세상을 떠나자 조 대비는 흥선군 이하응과 손을 잡고 흥선군의 둘째 아들 명복으로 하여금 왕위를 잇게 하였다. 그리고 고종을 아들로 삼아 익종의 뒤를 잇게 하였다.

1866년 2월까지 수렴청정을 하였으나 실제 정권은 모두 흥선대원군이 잡도록 하였다. 1890년 83세에 세상을 떠났다. 능호는 수릉으로 경기도 구리시 인창동 동구릉역에 있다.

효현왕후 김씨(1828~1843년)

안동 김씨 영흥부원군 김조근의 딸로서 1837년 헌종 3년에 왕비에 책봉되었다. 왕후가 된 지 2년 만에 갑자기 병에 걸려 죽었다. 1851년 철종 2년에 경혜, 정순의 휘호가 내려졌고 다시 단성, 수원의 존호가 더해졌다. 능호는 경릉으로 경기도 구리시 인창동 동구릉역에 있다.

효정왕후 홍씨(1831~1903년)

판동녕부사 익풍부원군 홍재룡의 딸로서 1844년 헌종 10년 왕비에 책봉되었다. 그녀는 딸을 하나 두었으나 일찍 죽었고, 1849년 철종이 즉위하자 대비가 되었으며, 1857년 순원왕후가 세상을 떠나자 왕대비가 되었으며 1903년 세상을 떠났다. 능호는 경릉으로 경기도 구리시 인창동 동구릉역에 있다.

제24대 헌종 가계도

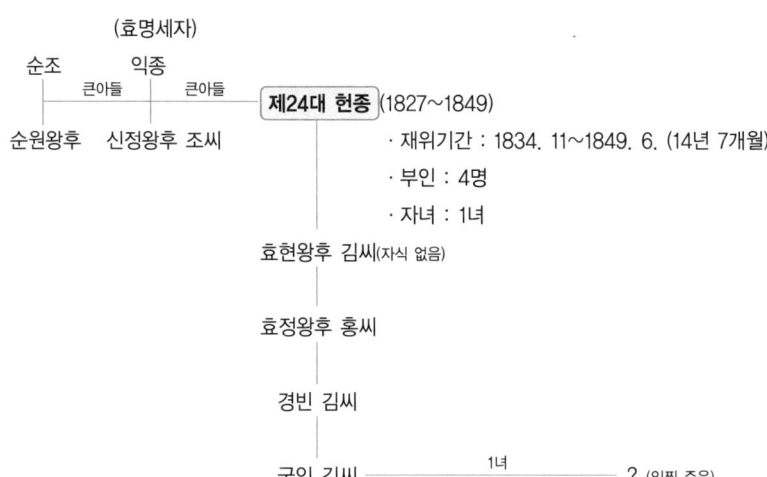

철종실록 哲宗實錄

『철종실록』 편찬 경위

『철종실록』은 조선왕조 제25대 왕 철종의 재위기간(1849년 6월~1863년 12월)인 14년 7개월간의 역사를 편년체로 기록한 실록이다. 정식 이름은 『철종희륜정극수덕순성문현무성헌인영효대왕실록』이다.

본문은 15권 8책이며, 행록·시책문 등을 수록한 부록이 1책이다. 조선시대 다른 왕들의 실록과 함께 국보 제151호로 지정되었다.

『철종실록』은 철종이 세상을 떠난 다음해인 1864년(고종 1) 4월 29일 북영에 실록청을 설치하고 총재관 등을 임명하여 편찬을 시작하였다.

『철종실록』의 편찬에 참여한 실록청의 주요 인물들은 아래와 같다.

총재관 : 정원용·김흥근·김좌근·조두순·이경재·이유원·김병학, 각방 당상 : 김병기·김병국·홍재철·윤치희·조득림·이돈영·홍종응·윤치정·조석우·이승익·김보현·조구하 등이다.

철종은 1863년 12월 8일 33세에 세상을 떠났다. 존호는 희륜정극수덕순성문현무성헌인영효, 묘호는 철종, 능호는 예릉으로 경기도 고양시 덕양구 원당동 서삼릉 경내에 있다.

『철종실록』의 내용

철종(1831~1863)의 이름은 변, 초명은 원범, 자는 도승, 호는 대용재로 전계대원군 광의 셋째 아들이며, 정조의 이복동생인 은언군의 손자이다. 어머니는 용성부대부인 염씨였으나, 순원왕후가 아들[양자]로 삼고 순조의 뒤를 잇게 하였다.

은언군은 사도세자의 서자로, 부채를 많이 진 일 때문에 영조 때 제주도에 유배된 적이 있었고, 정조 때는 아들 상계군 이담이 모반죄로 몰려 자살했을 때 연루되어 강화도에 안치되었다.

1801년(순조 원년)의 신유사옥 때 그의 아내와 며느리가 천주교 신자로 처형되자, 그도 사사되었다. 철종의 형인 원경도 1844년(헌종 10년) 이덕원의 역모에 연루되어 처형되었다.

철종은 6월 8일 덕완군에 봉해지고, 이튿날 관례를 치른 후 인정문에서 즉위하였다. 그러나 나이가 어리다는 이유로 대왕대비인 순원왕후가 수렴청정을 하였고, 1851년(철종 2) 9월에는 대왕대비의 친족 김문근의 딸과 가례를 올렸다.

철종은 1852년 친정을 하였으나, 조정의 실권은 안동 김씨가 좌우하였다. 이 때문에 매관매직이 성행하여 탐관오리들이 수탈을 일삼았고, 삼정의 문란이 극심하여 백성들이 도탄에 빠지게 되었다.

1860년(철종 11) 4월 최제우가 창도한 동학이 급속하게 전파되자, 조정에서는 1863년 11월에 그를 체포하여 다음해 3월 사도난정의 죄목으로 처형하였다.

제25대 철종

(1831~1863년 재위기간 1849년 6월~1863년 12월)

왕위에 오른 강화도령

순조의 후비인 순원왕후는 헌종이 후사 없이 세상을 떠나자 헌종의 외가인 풍양 조씨 일파가 자신들의 사람을 세울 것을 염려하여 재빨리 손을 썼다.

궁궐의 제일 어른인 순원왕후는 나라의 원로 대신들을 불러 이 문제에 대해 물었다. 이때 좌의정 권돈인은

"도정 이하전을 지명하시기 바랍니다."

라고 말하였고, 영의정 정원용은

"전계군의 셋째 아들을 지명하시옵소서."

라고 말하였다.

순원왕후는 안동 김씨 세력을 유지하기 위해 헌종의 7촌아저씨뻘이 되는 강화도령 원범을 왕으로 세우기로 했다.

철종은 사도세자의 증손이자 정조의 아우 은언군의 손자이었다.

사도세자는 정비에서 두 아들과 후궁에서 은언군·은신군·은전군을 두었다. 첫째인 은언군은 김귀주의 모함으로 사약을

받고 죽었고, 은언군의 아들 전계군은 강화도에 건너가 살았다. 이 전계군의 셋째 아들이 철종이다.

사도세자를 죽음으로 몰아넣었던 세력들은 정조가 왕위에 오르면 자신들의 처지가 위태로울 것이 염려되어 새 왕자를 왕으로 추대하려는 음모를 꾸몄는데 이 일이 드러나자 정조의 이복동생인 은전군은 자결했고 은언군과 은신군은 제주도에 유배되었는데 은신군은 제주도에서 병으로 죽고 은언군은 강화도에 옮겼다.

은언군에게는 아들이 셋이 있었는데 큰아들 담은 1779년 홍국영의 음모로 강화도에 유배되어 자살하였고, 은언군의 부인 송씨와 큰며느리 신씨는 1801년 천주교 신자로 사사되었으며 이때 은언군도 사사되었다.

철종이 태어난 집
철종은 전계대원군의 셋째 아들로 헌종이 세상을 떠나자 1850년 19세에 왕위에 올랐다.

1844년 민진용이 반역을 꾀하다 발각되었는데 이때 은언군의 아들 전계군 이광과 그의 손자 원경의 신임을 받고 있던 이원덕을 포섭하였다. 그들은 은원군의 손자인 원경을 왕으로 추대하기로 모의하다가 사전에 발각되어 능지처참형을 당했고, 이때 원경도 사사되었다. 그 뒤 둘째 아들 경응, 셋째 아들 원범은 강화도에 유배되었는데 그들은 강화도에서 농사꾼으로 살았다.
    영의정 정원용이 순원왕후의 명을 받들고 강화도에 내려가서 전계군의 집을 찾았으나 집에는 아무도 없었다.
    정원용은 그 집 주위의 사람들에게 전계군의 아들들의 행방을 묻자 모두 모른다고 대답하였다. 할수없이 그는 기다리는 수밖에 없었다.
    얼마 뒤에 나뭇짐을 진 총각이 산에서 내려왔다. 그는 늘어선 군졸들을 보자 겁을 집어먹고 몹시 불안에 떨었다. 정원용은 그에게 다가가서 허리를 굽히고
    "소신이 모시러 왔습니다."
라고 정중하게 말했다. 그러나 그는 자신을 잡으러 온 것으로 알고 살려 달라고 애걸하였다.
    정원용은 그에게 잡으러 온 것이 아니고 정중하게 모시러 왔다고 해명하였다.
    "소신은 대왕대비전의 명을 받자와 임금으로 모시러 찾아왔으니 염려 마시옵소서."
    정원용의 간곡한 해명으로 더벅머리 총각 원범은 그제야 마음이 놓였다. 이때 그 주위에 많은 사람들이 모여들었다.
    "야! 원범이가 왕이 되었구나!"
    "이게 어떻게 된 일이야?"

동네 사람들은 저마다 신이 나서 정신없이 떠들어 댔다.

마침내 원범은 한양에 올라와 덕완군에 봉해지고 6월 9일 창덕궁 희정당에서 관례를 행한 뒤 인정문에서 조선왕조 제25대 왕으로 등극하였다.

철종은 사도세자의 증손자로 아버지 전계대원군 광과 용성부대부인 염씨의 셋째 아들로 태어났으며, 이름은 변, 초명은 원범, 자는 도승, 호는 대용재였다.

철종이 나이가 어리다는 이유로 1851년까지 순원왕후가 수렴청정을 하였고, 그가 21살 되던 1851년 9월 순원왕후의 일가인 김문근의 딸을 왕비로 맞았다.

1852년부터 철종은 친정을 하였지만 조정의 실권은 안동 김씨 일족에 의해 모든 것이 처리되었다.

1853년 4월 관서지방에 대기근이 들자 철종은 선혜청의 돈 5만 냥과 사역원의 삼포세 6만 냥을 백성들에게 대여해 주었고, 그 해 여름에 가뭄이 들자 그들을 구휼하지 못하는 것이 안타까워 탐관오리들을 징벌하기도 했다.

1856년 봄에는 화재를 입은 1천여 호의 민가에 은전과 약재를 내려 구휼하게 하였으며, 함흥의 화재민에게도 3천 냥을 지급하였다. 그리고 그 해 7월에는 영남의 수재지역에 내탕금 2천 냥, 단목 2천 근, 호초 2백 근을 내려 구제하게 하였다.

그러나 안동 김씨의 세도정치로 나라 안에 탐관오리가 득실거리고 삼정(전정·군정·환정)이 문란해져서 백성들은 도탄에 빠지게 되었다.

허수아비 임금

1800년 순조가 11세로 즉위하자 정조의 유탁을 받은 김조순이 영조의 계비 정순왕후에게 접근하면서 자신의 딸을 순조의 후비로 맞아들이게 했고, 정순왕후가 1805년 세상을 떠나자, 이때부터 안동 김씨가 본격적인 척족 세도를 시작하였다.

김조순은 시파이지만 벽파정권에 협조하면서 겉으로는 당색을 드러내지 않았다. 정순왕후가 죽자 벽파 일당이 몰락의 길로 접어들면서 순조의 외척인 안동 김씨의 세도정치가 시작되었고 순조의 아들인 효명세자의 빈으로 풍양 조씨 조만영의 딸이 간택되었는데, 효명세자가 일찍 죽자 그의 아들 헌종이 순조의 뒤를 이어 8세에 등극하자 순조의 후비인 순원왕후의 수렴청정 아래 김조순의 아들 김좌근이 정권을 잡아 안동 김씨의 세도가 계속되었다.

김조근의 딸이 헌종의 후비로 간택됨에 따라 안동 김씨의 세도정치는 계속되었다. 그 뒤 순원왕후의 일족인 김문근의 딸이 철종의 후비로 간택되었고 1864년 고종이 즉위하고 흥선대원군이 섭정하기까지 60여 년 동안 안동 김씨가 조정의 권력을 독점하였다.

1851년 철종의 장인 김문근이 조정을 장악하였고 그의 조카인 김병학이 대제학, 김병국이 훈련대장을, 김병기가 좌찬성을 차지함으로써 그의 일족들이 요직을 모두 차지하였다.

이렇듯 세도정권은 견제 세력이 없자 삼정의 문란으로 수탈정책의 극을 향해 치닫게 되었고 모든 것이 안동 김씨에 의해 좌우되고, 나라 안에 뇌물이 성행하고 벼슬을 사고 파는 매관매직이 공공연하게 이루어졌다.

철종의 후비 철인왕후는 안동 김씨 영돈녕부사 영은부원군 김문근의 딸로 1837년(헌종 3) 3월에 태어났다.

　　철인왕후는 1851년(철종 2) 9월 15세에 왕비로 책봉되어 1858년(철종 9) 10월 원자를 낳았으나 6개월 만에 죽었다.

　　철인왕후가 왕비가 된 뒤 안동 김씨의 세도는 절정에 달했고 1863년(고종 1) 고종이 즉위하자 그녀는 왕대비가 되었는데, 김씨가 왕비로 책봉된 배경에는 순조의 후비인 순원왕후가 있었다.

　　순조 때부터 시작된 안동 김씨의 세도정치는 철종시대에 절정기였으며 이로 인한 탐관오리들의 전횡으로 삼정의 문란이 극에 달해 백성들은 도탄에 빠졌다.

　　안동 김씨 세도정권은 그들에 도전할 만한 다른 세력을 원천적으로 봉쇄했을 뿐만 아니라 왕족 중에서도 자신들에게 위협이 될 만한 자가 있으면 모두 죽였는데 1862년(철종 13) 왕족 이하전이 그들에 의해서 희생되었다.

　　당시 철종은 세도가의 첩자들이 온 궁중에 있을 것으로 믿고 자칫하면 자신의 목숨이 위태롭다는 것을 감지하였다.

　　안동 김씨의 세도 전황에 철종은 마땅히 대항할 방법이 없자 자연히 국사를 돌보지 않고 술과 궁녀들을 가까이 했다.

　　철종은 날이 갈수록 몸이 쇠약해져 1863년(철종 14) 12월 33세에 세상을 떠났다. 그의 혈육으로는 숙의 범씨가 낳은 영혜옹주가 있는데 뒤에 그녀는 박영효에게 출가했다.

　　철종은 경기도 고양시 덕양구 원당동 서삼릉 능역의 예릉에 묻혔다.

　　철인왕후는 철종이 세상을 떠난 지 15년 뒤 1878년(고종 15) 42세로 세상을 떠났다. 철인왕후는 철종이 묻힌 경기도 덕양구 원당동 서삼릉역의 예릉에 묻혔다.

진주 민란

철종 때에는 탐관오리들에 의한 농민 수탈의 절정기였다. 이러한 일은 삼정의 문란으로 일어났다.

전정은 토지세에 대한 징수로서 본디 토지 1결당 전세 4두~6두로 정해진 것보다 훨씬 세금이 많았다. 이것은 본디 지주들이 물게 되어 있었으나 경상·전라 지방은 땅을 빌려 농사짓는 농민들이 물고 있었다. 게다가 관아의 아전들의 온갖 농간으로 전정의 문란은 고질화되었다.

군정은 균역법의 실시로 군포 부담이 줄어들었지만 양반층의 증가와 군역 부담에서 벗어난 양민의 증가로 인해 계속 가난한 농민에게만 부담이 가중되었다. 조정에서는 고을의 형세에 따라 차별을 두어 군포를 부과하기 때문에 지방관은 그 목표량을 달성하기 위해 심지어 죽은 사람에게 군포를 부과하는 백골징포나 어린아이에게 부과하는 황구첨정(군역 적령에 이르지 못한 젖먹이까지 군적에 올려 군포를 징수한 횡포) 등을 강행했다.

환곡은 본디 양민이 관에 싼 이자를 주고 차용하는 곡식인데 여기에 비싼 이자를 붙이거나 환곡의 양을 속여서 추수기에 거두어들일 때 애를 먹이는 등의 온갖 수법을 자행해 농민들을 파탄으로 몰아넣는 관리들이 많았다.

이러한 부패현상은 세도정권의 매관매직을 통한 관기의 문란과 함께 세도정권을 뒷받침했던 지방 토호세력의 횡포 아래에 빚어진 일이었다. 삼정의 문란으로 백성들이 부담하는 온갖 세금이 가중됨에 따라 마침내 민란을 일으키는 원인이 되었다.

당시 특혜를 받은 지방의 토호세력은 이들을 비호해 준 조정의 권력층에 뇌물을 바치는 일이 성행함에 힘이 없는 백성들의 생활은 더욱 피폐해졌다.

1862년(철종 13) 진주에서 일어난 민란은 경상·충청·전라·황해·함경·경기 광주 등 전국에서 37차례에 걸쳐 들불처럼 일어났다. 그 수가 천 명에서 수만 명에 이르는 규모로 전국 각지의 농민들이 탐관오리들에 항거하여 민란에 참가했다.

당시 관리들의 수탈도 크게 늘어 농촌 사회는 피폐해질 대로 피폐했기에 농민들은 집과 농지를 버리고 떠도는 유랑민이 되거나 떠돌기 직전에 관가에 항의하는 뜻으로 봉기했다.

이 해 일어난 '임술민란'의 도화선은 2월에 일어난 '진주민란'이었다.

진주민란의 원인은 경상우병사 백낙신의 탐학과 착취에 있었는데 그는 최근 몇 년 동안 착취한 돈만도 5만 냥에 달할 정도로 엄청났다. 당시 지방 관리들이 부정하게 축낸 공전이나 군포 등을 보충하기 위해 그것을 모두 결세(토지세)에 부가시켜 해결하려 했고 모자란 환곡도 엄청나서 농민들의 부담은 가중될 처지였다.

농민 봉기군들은 초군(나무꾼)이라 칭하면서 머리에 흰 띠를 두르고 수만 명이 진주성으로 쳐들어갔다. 당황한 우병사 백낙신은 환곡과 도결의 폐단을 시정할 것을 약속했으나 농민군은 그를 붙잡고 여죄를 추궁하는 한편 악질 아전 몇 명을 죽이고 그동안 원한을 샀던 악질 토호들의 집을 불태웠다. 6일간의 진주민란으로 120여 호의 집이 파괴되고 재물 손실도 엄청났다.

2월에서 10월 사이에 봉기한 농민들은 한결같이 관리들의 횡포와 수탈을 막고 삼정의 폐해를 거두어 줄 것을 조정에 요구했다.

농민군은 관아를 습격하여 수탈의 원흉인 관리와 아전들을 처단하고 창고에 쌓인 곡식을 탈취하였다. 또한 관리와 결탁해 농민을 못 살게 굴던 양반과 토호의 집을 때려부수고 그들이 착취해 둔 곡식과 재물을 탈취하는가 하면 감옥에 갇힌 죄수들을 풀어 주기도 했다. 임술민란으로 죽은 지방의 이속이 15명 이상, 부상자는 수백 명에 이르렀고 불타거나 파괴된 가옥이 1천 호, 피해 액수는 100만 냥을 넘었다.

조정에서는 민란의 긴급 대책으로 선무사와 안핵사를 보내 난을 수습하고 민심을 진정시키도록 하는 한편, 농민봉기지역의 수령을 파직시켰다. 그 해 5월 조정에서는 '삼정이정청'을 설치하여 민란의 원인인 '삼정구폐(三政救弊)'를 위한 정책을 펴고 민심 수습에 나섰으나 10월에 다시 이 업무가 비변사로 넘어감에 농민들이 바라던 근본적인 제도의 개혁은 이루어지지 않은 채 그 뒤에도 제주·함흥·창원·황주·천안·남해 등지에서 계속 농민의 항쟁이 이어졌다.

동학의 탄생

삼정의 문란으로 민생이 도탄에 빠지고 전국적으로 농민의 반란이 일어나던 때에 외국 이양선의 출몰과 천주교의 전래로 그에 대응할 만한 사상으로 일어난 것이 동학이었다.

세도가들의 손에 좌우되는 조정에 실망한 백성들은 인간 평등과 존중의 길을 제시한 동학이 출현하자 곧장 영·호남 지방을 중심으로 급속히 확산되기 시작했다.

동학은 1860년(철종 11) 4월 최제우가 창도한 종교로서 그 교리는 시천주(侍天主) 신앙에 기초하면서도 보국안민과 광제창생을 내세운 민족적이며 사회적인 종교라 할 수 있었다.

동학이라는 이름은 교주 최제우가 천주교에 대응하여 동방의 도를 일으킨다는 뜻으로 명명한 것이며 1905년(고종 42, 광무 9) 3대 교주 손병희에 의해서 천도교로 개칭되었다.

최제우가 일으킨 당시의 동학은 시천주 신앙을 중심으로 모든 백성이 '내 몸에 한울님을 모시는' 이른 바 입신에 의해 군자가 되고 나아가 보국안민의 주체가 될 수 있다는 나라 구제 신앙이었으나 2대 교주 최시형 때에는 '사람 섬기기를 한울같이 한다' 는 사인여천(事人如天)의 교리로 발전하였고 이는 인간뿐만 아니라 모든 산천초목에도 한울님이 내재한다고 보는 범천론적 사상으로서, 백성들의 마음을 사로잡았다. 3대 교주 손병희에 이르러서는 '사람이 곧 한울' 이라는 '인내천(人乃天)사상' 을 교리로 선포했다.

동학이 서민층의 민심을 기반으로 하여 종교로 대두된 데에는 나라의 운명이 다하였다는 말세관과 변동기의 사회불안이 크게 작용했다. 당시 양반사회의 신분차별과 적서(嫡庶) 차별을 반대하던 서민층에서는 신분평등을 주장하는 동학에 대해 공명하는 자가 많았던 것은 당연한 일이었다.

최제우 자신도 몰락한 양반가의 서출로 태어났으니 그러한 교리가 세워진 것은 당연한 일이었다.

그는 1824년(순조 24) 몰락한 양반가문인 경주 최씨의 서자로 태어나 젊은 시절 의술과 복술 등에 관심을 갖다가 1856년(철종 7) 천성산에서 구도(求道)를 시작하여 1859년(철종 10) 구미산에서 수도를 계속하였다. 그가 파악한 당시의 사회상은 나라의 기운이 쇠하여 개벽이 필요한 말세라는 것이었다.

최제우
동학의 창시자로 호는 수운이다. 1860년 천주강림의 도를 깨닫고 동학을 창시하였다. 동학은 민족 고유의 신앙으로 유·불·선의 정신을 담고 '인내천'의 사상을 주장하여 인간의 주체성을 강조했다.

　그는 이와 같은 위기 의식에서 서학과 서교(천주교)에 대응하는 동학이라는 새로운 도를 제창하게 되었고 1860년(철종 11) 4월부터 자신의 득도 체험을 바탕으로 도를 닦는 순서와 방법을 만들어 1861년(철종 12)부터 본격적으로 동학을 포교하였다. 그러자 그의 고향인 경주 일대를 중심으로 신도가 많이 형성되기 시작했다.

　동학은 봉건적인 유교와 불교의 쇠운설을 주장하는가 하면 유교 사상을 비판적으로 흡수했다. 그는 서민들이 입도한 그 날부터 군자가 될 수 있다고 하여 서민이 군자의 인격을 갖추는 길을 열어 놓았다. 그리고 '시천주' 사상을 통해 각 개인이 천주를 모시는 인격적 존재이자 주체임을 강조했다.

　이러한 동학 사상은 동학농민혁명에 큰 영향을 끼치게 되었

최시형
호는 해월, 1864년 동학을 창시한 최제우가 사형당하자 제2대 교주가 되어 『동경대전』을 저술하고 교단을 조직, 강화하였다. 1892년 동학 탄압에 분개하여 교조신원운동을 펼쳤다. 동학란이 일어나자 배후에서 조종했으며 동학군이 불리해지자 원주로 피신했다 체포되어 처형되었다.

고 인간관계가 상하 주종의 지배와 복종관계가 아니라 누구나 다 같이 천주를 모시고 있는 존엄한 존재이자 '평등한 관계'임을 가르침으로써 근대적 사상의 위치에 서게 되었다.

동학의 교세가 날로 성장하자 조정에서는 동학도 서학과 같이 민심을 현혹시킨다 하여 나라가 금하는 종교로 규정하고 1862년(철종 13) 9월 교조 최제우를 경주에서 체포하였으나 수백 명의 제자들이 석방을 청원하여 무죄 석방되었는데 이 사건이 곧 동학의 정당성으로 받아들여져 그 뒤 교세가 더욱 커졌다.

신도가 늘어나자 그 해 12월 각 지역의 접주가 지역 신도를 이끌게 하는 접주제를 두어 1863년(철종 14)에는 13개 접소와

교인 3천여 명을 확보했다. 당시 관헌의 지목을 받고 있던 최제우는 이 해 8월 최시형을 제2대 교주로 세웠다.

동학의 교세가 날이 갈수록 늘어나자 두려움을 느낀 조정에서는 그 해 11월 하순 다시 최제우를 경주에서 체포하여 한성으로 압송되는 도중 철종이 죽자 1864년(고종 1) 1월 대구 감영으로 이송되었고, 3월 사도난정의 죄목으로 41세에 효수형에 처해졌다.

그러나 동학의 불길은 2대 교주 최시형에 이르러 기반을 더욱 다지면서 조선 말기의 국내외 정세에 지대한 영향을 미치는 민족 종교로 발돋움하게 되었다.

철종의 가계

철종은 철인왕후를 비롯하여 8명의 부인을 두었으나, 그들에게서 5남 1녀의 자녀를 두었다. 그러나 철종의 아들들은 모두 일찍 세상을 떠났다. 철인왕후 김씨는 아들 하나를 낳았으나 일찍 죽었고, 그 외에 후궁들에게서 아들 넷을 두었으나 모두 일찍 죽었다. 철종의 유일한 혈육으로는 숙의 범씨에게서 태어난 영혜옹주뿐인데 그녀 또한 박영효와 혼인한 지 3개월 만에 세상을 떠났다.

486

조선왕조실록

제25대 철종 가계도

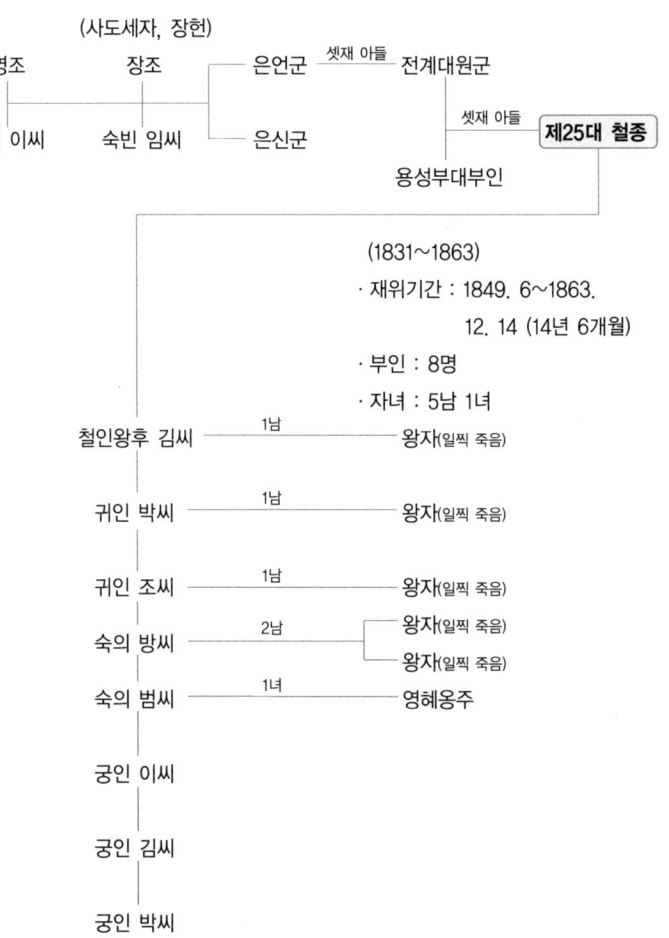

고종실록 高宗實錄

『고종실록』 편찬 경위

『고종실록』은 조선왕조 제26대 왕이며 대한제국의 첫 황제였던 고종의 재위기간(1863년 12월~1907년 7월)인 45년의 역사를 편년체로 기록한 사서이다. 원명은 『고종순천융운조극돈륜정성광의명공대덕요준순휘우모탕경응명입기지화신열외훈홍업계기선력건행곤정영의 홍휴수강문헌무장인익정효태황제실록』이다. 본문 48권 48책과 목록 4권 4책을 합쳐 52권 52책으로 간행되었다.

『고종실록』은 『순종실록』과 함께 일제 침략기에 일본인들이 주관하여 편찬하였기 때문에 일반적으로 『조선왕조실록』에는 포함시키지 않는다.

『고종실록』은 『순종실록』과 함께 이왕직의 주관으로 1927년 4월 1일에 편찬을 시작하여 7년이 지난 1934년 6월에 완성되었고, 이듬해 3월 31일에 완료되었다.

『고종실록』의 편찬에 참여한 편찬위원들은 아래와 같다.

위원장 : 소전치책, 부위원장 : 이항구, 감수위원 : 소전성오·정만조·박승봉·성전석내·김명수·서만순, 편찬위원 : 서상훈·남규희·이명상·조경구·홍종한·권순구, 사료수집위원 : 박주빈·이원승·이능화 등이다.

1910년 일제가 대한제국을 무력으로 합방하자 고종은 이태왕으로 격하되었다가 1919년 정월에 세상을 떠났다. 고종의 능호는 홍릉이며 경기도 남양주시 금곡동에 있다.

『고종실록』의 내용

고종은 1852년 7월 25일 서울에서 흥선군 이하응의 둘째 아들로 출생하였고, 1866년 9월 여성부원군 민치록의 딸과 결혼하였다.

고종은 이때 12세였으므로 조 대비가 수렴청정하였다. 그러나 흥선대원군이 국정을 총람하였고 흥선대원군은 정권을 장악하자 안동 김씨의 세도 정치를 타파하고 왕권을 확립하여, 여러 가지 혁신정책을 추진하였다.

대원군은 1866년(고종 3)부터 천주교도 박해령을 내려 8,000여 명의 천주교도들을 학살하였다. 이 때문에 병인양요를 겪었고, 1871년에는 신미양요를 극복하여 전국에 척화비를 세우고 쇄국정책을 고수하였다. 1873년 11월 고종은 직접 나라를 다스렸다. 민씨정권은 개방 정책을 시행하여 1876년 일본과 수호조약을 체결하고 구미 열강과 차례로 조약을 맺으며 개항 정책을 추진하였다. 고종과 민씨정권은 개항 후 일본에 신사유람단과 수신사를 파견하였다. 개화당과 수구세력 간에 알력으로 1882년에 임오군란, 1884년에 갑신정변이 일어났다. 1894년에 동학농민혁명이 발생하자, 그 진압 문제를 둘러싸고 청나라와 일본이 전쟁을 일으켰다. 이 청·일전쟁은 일본의 승리로 끝났고 1895년 강화조약을 체결함으로써 한반도에서 일본이 주도권을 가지게 되었다.

일본공사 미우라는 1885년 8월 군대와 낭인들을 동원하여 경복궁을 습격하고 왕비를 살해하는 을미사변을 일으켰다. 고종은 1896년 2월 갑자기 러시아 공사관으로 피신하는 아관파천을 단행하였다. 고종은 1897년 2월 환궁하였으며, 10월에는 대한제국의 수립을 선포하고 황제에 올라 연호를 광무라 하였다. 그 무렵 독립협회를 중심으로 만민공동회가 개최되고 자유민권운동이 확산되어 가자, 고종은 보부상과 군대의 힘을 빌려 이를 진압하였다. 1904년 러·일전쟁이 일어나자 일본은 한·일의정서를 강요하였고, 제1차 한·일협약을 맺었다. 그리고 다음해 일본은 을사조약의 체결을 강요하였다. 고종은 1907년 6월 네덜란드 헤이그에서 개최되는 만국평화회의에 특사 이상설·이준·이위종을 파견하였다. 그러나 일본과 영국의 방해로 이 계획이 수포로 돌아가자 고종은 일제의 강요로 7월 20일 물러났다.

제26대 고종
(1852~1919년 재위기간 1863년 12월~1907년 7월)

흥선대원군의 개혁

고종은 1852년 남연군의 넷째 아들 흥선군 이하응과 여흥부대부인 민씨 사이에서 둘째 아들로 태어났고, 헌종의 어머니인 조 대비에 의해 익성군으로 봉해졌고, 1863년 12월 조선왕조 제26대 왕으로 등극했다. 이때 그는 12세였다.

고종이 왕위에 오를 때 조정은 안동 김씨들이 모든 권력을 독차지하고 있었다. 헌종의 어머니인 신정왕후 조 대비는 그들의 세력을 조정에서 내쫓기 위해 사전에 흥선군과 결탁하여 그의 둘째 아들을 왕으로 등극시켰다.

흥선대원군은 인조의 셋째 아들인 인평대군의 6대손인 남연군의 넷째 아들로서, 남연군은 어릴 때 사도세자와 숙빈 임씨의 둘째 아들 은신군의 양자로 입적되었기에 영조의 고손자가 되는 셈이다. 그의 이름은 이하응이며 12세 때 어머니를, 17세 때 아버지를 여읜 뒤 불우한 소년기를 보내다가 24세 때인

흥선대원군 이하응
고종이 왕위에 오르자 10년 동안 섭정하였고, 민비의 세력에 밀려난 대원군은 임오군란이 일어나자 다시 정권을 장악하고 제도를 개혁하는 등 심혈을 기울였으나 청나라군에 납치되어 중국으로 끌려가 재집권의 꿈을 잃어버렸다.

1843년 흥선군에 봉해졌고, 그 뒤 도총관 등을 지내면서 안동 김씨의 화를 피하기 위해 호신책으로 시정의 무뢰한들과 어울려 방탕한 생활을 했다.

이때 그는 안동 김씨 가문을 찾아다니며 술구걸을 하는 등 비웃음과 조롱을 받으면서 어렵게 살았다.

흥선군이 이처럼 위장생활을 하고 있는 동안 철종에게는 후궁 범씨가 낳은 영혜옹주만 있을 뿐 왕위를 이을 왕자가 없었다.

1863년(철종 14) 철종이 위독하자 흥선군은 그동안 안동 김씨 세도에 짓눌려 지내던 풍양 조씨 일족의 조성하와 조영하에게 접근했다.

이들은 효명세자 비인 대비 조씨의 조카였다. 조 대비도 안동 김씨 일족에 눌려 친정 집안이 빛을 못 보고 있었기에 김씨 일족에게 나쁜 감정을 가지고 있었다.

흥선군은 은밀히 조 대비를 만나 안동 김씨 일족이 철종의 후사를 정하기 전에 선수를 쳐야 한다고 건의하자 조 대비도 흔쾌히 흥선군의 차남 명복을 왕으로 세우기로 결정하였다.

1863년(철종 14) 12월 철종이 세상을 떠나자 조 대비는 옥새를 자기 처소에 감추었다. 그리고 그 날 바로 정원용을 원상으로 임명하고 교지를 내렸다. 흥선군의 둘째 아들 명복으로 하여금 익종(효명세자)의 대통을 계승하게 했다.

조 대비의 후사 결정에는 그 누구도 반박할 수 없었다.

왕위에 오른 고종은 조 대비가 수렴청정을 맡게 되었으나 조 대비는 흥선군을 대원군으로 봉하여 모든 국정을 총람케 하고 자신은 뒷전으로 물러났다. 이로써 흥선대원군은 10년 동안 조정의 권력을 쥐고 자신의 의지대로 국정을 주도해 나갔다.

그는 먼저 안동 김씨의 세도정치를 없애고 남인 계열의 인물들인 서북인들에게 기회를 열어 주어 쇠락한 왕권을 되찾고 외세에 대적할 과감한 개혁정책을 추진했다.

그는 우선 당파와 문벌을 초월하여 인재를 고루 등용하는 한편, 당쟁의 온상이었던 서원을 철폐하고 백성들을 괴롭히는 탐관오리들을 처벌하면서 양반과 토호의 면세 전결(전답에 물리는 세금)을 철저히 조사해 국가 재정을 충당했다.

또 백성들의 부담을 줄이기 위해 온갖 잡세를 없애고, 지방에서 궁중에 특산물을 바치는 진상제도를 폐지했으며, 나라의 재정에 도움이 되도록 은광산 개발을 허용했다. 그리고 사회 악습을 개선하고 복식을 간소화했으며, 군포세를 호포세(봄, 가을에 내는 세)로 변경하여 양반도 세금을 부담토록 했다.

한편 군국의 업무를 맡아 보던 비변사를 없애고 의정부를 부활시켜 삼군부로 하여금 군국기무를 맡게 함으로써 정무와 군무를 분리시켰으며 『대전회통』·『양전편고』·『육전조례』 등의 법전을 편찬하여 법질서를 확립시켰다.

제26대 고종

1865년(고종 2) 4월에는 임진 왜란 때 불탄 경복궁을 중건하는 과정에서 화재로 인해 대량의 목재가 불타 버리자 공사비를 다시 마련하기 위해 원납전을 징수하였고, 계속 나라의 재정이 부족하게 되자 이듬해 당백전을 발행하여 화폐 가치가 폭락함에 1867년(고종 4) 이를 폐지하고 이에 앞서 2월부터 도성의 4대 문의 통행세를 징수하였으며, 그것도 모자라 소유자의 허락 없이 전국에서 거석과 거목을 징발하여 백성들의 원성을 사기도 했다.

  흥선대원군은 고종보다 한 살 많은 16세의 여흥 민씨 민치록의 딸 민규수를 외척의 세도를 경계하여 고아라는 이유로 1866년(고종 3) 3월 왕비로 간택했는데 이때 대왕대비 조씨가 수렴청정을 거둔 지 한 달 뒤였다.

흥선대원군과 명성왕후

  명성왕후가 왕실에 들어왔을 때 15세의 고종은 이미 후궁 이씨를 몹시 총애하고 있었다. 이때 민비는 부녀자의 덕을 강조하는 책보다는 『춘추』·『춘추좌씨전』 같은 서적들을 읽으며 훗날을 기다렸다.

  흥선대원군은 한때 천주교도들이 건의한 이이제이(以夷制夷 : 오랑캐로써 오랑캐를 제압한다)의 논리에 흥미를 가진 적도 있었으나 이 때문에 도리어 정적들에게 탄핵의 빌미를 주게 되자 정치적 생명에 위협을 느낀 대원군는 1866년(고종 3)부터 1872(고종 9)까지 6년여 동안 8천여 명의 천주교 신자들을 학

명성황후 민씨
민치록의 딸로서 고종의 황후였던 민씨는 고종에게 친정을 선포케 하여 대원군을 비롯한 인사들을 숙청하였고 일본과 외교관계를 맺었다. 1882년 임오군란으로 장호원에 피신하여 고종으로 하여금 청군을 끌어들이게 하였고, 1894년 갑오경장이 시작되자 러시아에 접근하여 일본의 추방을 기도했다. 1895년 미우라가 거느린 일본의 낭인들에 의해 시해되었다.

살했다.

　1866년 1월의 '병인박해'로 남종삼 등 수백 명의 신도들과 프랑스 선교사 9명을 죽이자, 프랑스는 이 해 10월 군함 7척에 군인 1천 명을 거느리고 강화도를 점령하자 제주목사 양헌수의 전략으로 정족산성에서 프랑스군을 격퇴시켰다. 이 사건을 '병인양요'라 한다.

　이에 앞서 2개월 전 대동강을 거슬러 올라온 미국 상선 제너럴 셔먼호가 통상을 요구하다가 평양군민에 의해 불에 타 침몰된 사건이 발생하였고, 5년 후인 1871년(고종 8) 4월에 1차 탐문에서 셔먼호에 대한 배상요구와 동시 통상을 요구하는 2차 원정을 결행했다. 그들이 군함 5척에 군인 1천 2백여 명, 함포 85문 등으로 무장하고 강화도로 쳐들어오자 조선군은 그들에게 기습 공격을 감행하여 이른바 '손돌목 포격 사건' 이 벌어졌다.

이 사건으로 미국은 보복하겠다고 위협하면서 평화 협상을 제의했지만 조선의 거부로 그들은 강화도 초지진에 쳐들어왔다. 조선 수비병은 광성보에서 패하였고 강화도는 미국이 장악하였다. 그러나 그들은 흥선대원군이 척화비를 세우는 등 강력한 쇄국정책에 밀려 점거한 지 한 달 만에 강화도에서 물러갔다.

병인양요와 신미양요는 프랑스와 미국이 조선과의 통상 무역을 하기 위한 침략 전쟁이었고 이는 조선 백성들의 감정을 몹시 자극하였으며 오히려 흥선대원군의 쇄국정책이 강화되는 결과를 낳았다.

한편 1868년(고종 5) 4월 이 상궁이 완화군을 낳았다.

후궁 이씨가 낳은 완화군을 원자로 책봉하려는 조짐이 보이자 민비는 대책을 강구하지 않을 수 없었다.

민비는 자신의 세력 확장을 위해 시아버지에 의해 물러났던 풍양 조씨 조영하, 안동 김씨 일족인 김병기, 고종의 형인 이재면 등을 끌어들이고 유림의 거두 최익현과도 제휴했다. 당시 유림들은 흥선대원군이 서원을 철폐한 데에 불만을 품고 있던 터였기에 언제 터질지 모르는 화약고였다.

민비는 차츰 고종의 총애를 받아 1871년(고종 8) 왕자를 낳았으나 항문이 막혀 배설을 못해 5일 만에 죽고 말았다. 그 무렵 열세 살 된 완화군이 갑자기 죽자 민비는 완화군의 생모 이씨를 궁궐에서 쫓아냈다.

1873년(고종 10) 민비는 최익현에게 흥선대원군의 퇴진 상소를 올리도록 유도했다. 당시 흥선대원군이 벌인 경복궁 중건

면암 최익현
1873년 대원군을 탄핵하여 제주도에 유배되었고, 그 뒤 석방되어 을사조약이 맺어지자 의병을 일으켜 일본군과 싸우다가 체포되어 대마도에 유배, 그곳에서 단식으로 세상을 떠났다.

사업이 원성이 높았던 점을 이용하여 그 실정을 탄핵케 하고, 고종도 22세로 친정할 때가 되었으니 대원군은 퇴진하라는 내용의 상소였다.

대원군은 마침내 정계에서 물러나고 말았다. 고종은 친정을 시작하자 흥선대원군이 운현궁에서 창덕궁으로 들어가는 출입문을 폐쇄시켜 버렸다.

흥선대원군이 정계에서 물러나자 조정은 민씨 일족이 장악하게 되었고 민비는 1874년(고종 11) 2월 둘째 아들 척(순종)을 낳았다. 그리고 이듬해 2월 척을 왕세자로 책봉하였다.

한편 일본은 1875년(고종 12) 8월 군함 운요호를 강화도에 보내 조선의 개항을 요구했으나 조선 수비병의 포격을 받고 물러갔고 한동안 영종도를 검거하고 10월부터는 부산에서 무력시위를 벌이더니 운요호 사건을 해결하기 위해 이듬해 1월 전권대신 구로타 기요다카를 특명대사로 임명하여 군함 7척과 군인 400명을 다시 경기 남양만에 보내 무력시위를 벌이면서 회담을 요구하자 결국 한 달 뒤 1876년(고종 13) 2월 강화도에서 병자수호조약(강화도조약)을 맺게 되었고, 마침내 제물포항이 개항되고 그 뒤 부산과 원산항도 개항되었다.

고종은 계속하여 미국·프랑스·러시아 등의 구미 열강과도 조약을 맺고 개항 정책을 실시했는데, 이 일은 조선이 강대국 틈에서 살아남기 위해 선진국의 문물을 받아들이려 했던 것이다.

이에 따라 1881년(고종 18) 1월 신사유람단을 일본에 보내 일본의 신문물제도를 시찰하게 하였고, 윤7월 김윤식을 영선사에 임명, 신식기계학습을 위해 유학생을 이끌고 청나라에 보냈다. 이러한 틈을 타서 일본은 재빠르게 조선에 침투했다.

신사유람단으로 일본을 다녀온 김홍집은 청나라의 외교관 황준헌이 지은 『조선책략』을 고종에게 전했는데 이는 조선·청나라·일본 3국이 단결하여 러시아를 막아야 한다는 내용으로 유생들은 이를 반대하는 만인소를 올렸다.

이 사건을 계기로 1881년(고종 18) 2월 수구파 유생들이 척사상소운동을 일으켜 민씨 정권을 규탄하기 위해 역모를 계획했다. 그 해 8월 마침내 대원군의 주변 세력 안기영·권정호 등은 대원군의 서자인 이재선을 왕으로 옹립하기 위해 역모를 꾸몄으나 사전에 적발되어 이재선과 안기영은 사형당했다. 이를 빌미로 민비는 척사를 주장한 수구파인 유림을 탄압하였다.

임오군란

한편 1882년(고종 19) 2월 민비는 민씨 일족의 정권 유지를 위해 민태호의 딸 민씨(순명효황후)를 세자빈으로 간택했는데 이때 세자(순종)는 9세, 세자비는 11세였다.

1881년(고종 18) 말 민비는 일본 군사 고문을 초빙해서 양반의 아들 100여 명을 선발하여 별기군을 창설하고 신식 훈련을 시켰는데 별기군에 비해 구식 군대에 대한 대우가 형편없었다.

1882년(고종 19) 6월 구식 군대에게 13개월이나 밀린 급료를 1개월 분밖에 주지 않으면서 돌이 반씩 섞인 쌀을 지급했다.

군인들은 쌀을 지급하던 관리를 폭행하고 선혜청 당상 민겸호의 집으로 몰려가 아수라장으로 만들어 버렸다. 이른바 '임

임오군란을 피해 나가사키에 도착한 일본 공사관원들 1882년(고종 19) 6월 임오군란 때 난군들이 일본공사관을 습격하자 인천을 경유하여 그들은 일본으로 돌아갔다.

오군란'이 터졌다.

군인들은 자신들을 보호해 줄 세력은 흥선대원군이라고 판단, 그에게 몰려 갔다. 대원군은 이를 민씨 축출의 기회로 삼고 은밀히 주동자들을 선동하여 군인들을 배후에서 지휘했다. 군인들은 민비 지지 세력들을 습격하는 한편 일본공사관을 습격했다. 그리고 민비를 죽이기 위해 창덕궁으로 몰려 갔지만 민비는 이미 창덕궁을 떠난 뒤였다.

이때 흥인군 이최응과 민겸호는 군인들에게 살해되었고 민비는 대전별감 홍계훈의 등에 업혀 간신히 창덕궁을 빠져 나와 장호원의 민응식의 집으로 숨었다.

대원군은 군사들을 풀어 장안을 샅샅이 뒤졌지만 민비를 찾지 못하자 민비가 죽었음을 전국에 선포하고 국상 절차를 밟게 했다.

10여 년 만에 재집권한 흥선대원군은 청나라 텐진에 있던 김윤식에게 사실을 전하고 청나라군의 파병을 요청했다. 그동안 일본을 감시할 필요를 느끼던 청나라는 즉시 4,500명의 군대를 파병했고 일본도 이미 공사관의 습격을 구실로 공사 하나부사 요시모토가 1,500명의 병력을 이끌고 인천에 들어왔다.

일본군은 한성으로 입성했다. 그러나 대원군이 일본군의 만행에 적극 대응하겠다는 의지를 표명하자 그들은 일단 인천으로 물러났고 청군은 이 틈을 이용해 일본군과 대원군의 협상을 중재하다 대원군을 제거하기로 결정하고, 이 해 7월 청나라의 제독 오장경이 대원군을 청나라로 납치하였으며 그날 밤 궁궐과 한성의 4대문을 지키던 조선군을 몰아내고 한성을 장악했다.

그러자 민비는 청군의 보호 아래 입궁했고, 의왕의 생모인 장상궁은 제거되었다. 일본군도 공사관의 습격에 따른 피해에 대한 배상 문제를 제기함에 1882년(고종 19) '제물포조약'을 체결하여 그들의 조선 주둔을 합법화했다. 청나라도 난을 진압해 주었다는 명목으로 조선의 내정 간섭을 강화했으며, 민비도 권력 유지를 위해서 친청정책을 펼쳐 급진 개화파들을 조정에서 점차 배제시켰다.

갑신정변

당시 민영익을 영수로 한 수구파들은 김옥균을 죽이라며 개화파를 탄압하자 신변에 위협을 느낀 김옥균과 박영효 등 개혁파들은 민비의 수구세력들을 몰아낼 계획을 세워 1884(고종 21) 10월 17일 우정국의 개국 축하연을 이용하여 거사를 일으켜 민태호·민영목 등을 죽이고 고종과 민비를 경우궁으로 옮기고 1개 중대의 일본 병사들에게 경계를 서도록 했다.

정권을 잡은 개화파들은 즉시 자신들의 정강과 개혁안을 공포하고 각국의 공사관에 새로운 정부가 수립되었음을 알렸다.

이때 민비는 수구파들에게 몰래 사람을 보내 청군의 도움을 청하도록 하여 경기감사 심상훈은 청군에 구원을 요청했다.

한편 민비는 거처를 창덕궁으로 옮기자고 고종에게 주장하였는데, 이는 창덕궁이 넓기 때문에 일본 군대가 숫적으로 우세한 청군을 막아 내기에는 부적합한 곳이라는 의도가 숨어 있었다.

김옥균이 재정 문제해결을 위해 분주히 다니느라 부재중이었던 사이, 일본 공사 다케조에가 민비의 요구를 받아들여 창덕궁으로 돌아갔다.

이 날 해질녘 청나라 군대가 달려와 방해하자 김옥균은 청군에게 밖의 경비를 맡기고 불안한 밤을 보냈다. 다음날 청나라 공사 원세개는 6백 명의 군사를 이끌고 고종의 면회를 요구했다. 김옥균이 이를 저지하며 그들과 언쟁이 벌어졌고 오후 3시경 청군이 1천 5백 명으로 늘어나자 시민들까지 궁궐 앞에 달려나와 소리쳤다.

김옥균
1884년 12월 우정국 개업식을 계기로 갑신정변을 일으켜 정권을 잡았으나 3일 만에 청나라군의 방해로 실패하여 일본으로 망명했다.

"친일파 개화당을 죽여라!"

군중들의 공격이 시작되자 일본군 2백 명은 싸우지도 않고 도망쳐 버렸고 정부군 8백 명은 숫적인 열세로 패배해 버렸다. 이 틈을 타 고종과 민비는 홍영식·박영교와 몇 명의 사관생도의 호위를 받으며 궁궐을 탈출, 청군의 진영으로 들어갔다.

이때 홍영식과 박영교는 청나라군에 의해 죽었다.

김옥균은 박영효·서재필·서광범·변수·유혁로 등과 함께 일본 공사 다케조에 일행의 뒤를 따라 일본군들의 호위를 받으며 북쪽 문으로 빠져 나와 산길로 도망쳤다. 이들 일행은 오후 7시 반에 일본 공사관에 도착했는데, 도중에 조선 군사들의 공격을 받아 일본군 10여 명이 사상했고 군중들은 일본 공사관을 공격했고, 일본인들이 살고 있던 진고개 일대를 몰려다니며 상점 등을 습격했다. 이때 살해된 일본인은 30여 명이 되었다.

홍영식
일찍이 일본·미국 등지를 시찰하고 해외 사정에 밝았으며 김옥균과 함께 갑신정변을 일으켰으나 실패했고 피살되었다.

다음날 오후 2시, 김옥균·박영효 등은 다케조에 일행과 인천으로 향했다. 이들은 공사관을 떠나기 전에 기밀문서를 불태웠는데 이때 불이 번지는 바람에 공사관이 불타 버렸다.

김옥균은 변장하고 경비대 140명을 포함하여 총 260명이 경비대의 호위를 받으며 종로를 지나 서대문을 거쳐 양화진에 도착하였는데 도중에 군중들이 쏟아져 나와 돌멩이를 던지고 욕설을 퍼부었다. 그들이 겨우 일본으로 망명함으로써 3일 만에 '갑신정변'은 끝났다.

갑신정변 이후 민비는 청나라에 의존하게 되었고, 일본은 갑신정변 때 공사관의 화재와 일본인 희생자에 대한 배상을 조선에 요구했다. 이에 따라 조선은 일본의 요구를 들어 주는 '한성조약'을 1884년(고종 21) 11월 체결할 수밖에 없었다.

이로써 일본은 조선 침략의 기틀을 마련했고, 청나라와도 차후 청나라와 일본 양군의 철수와 파병이 있을 경우 서로 통고한다는 '톈진조약'을 맺었다.

갑신정변 이후 조정의 요직은 모두 민씨들이 장악했고 그들의 세도정치는 하늘에 달했다.

권력투쟁에 집착한 명성왕후

청나라는 계속 조선의 내정을 간섭하였고 일본도 세력이 약화되긴 했으나 여전히 조선을 지배하려는 야욕을 버리지 않았다. 러시아도 이미 1860년 청나라와 베이징조약을 맺고 연해주를 차지하면서부터 블라디보스토크에 군항을 개설, 그곳을 남하 정책의 전진 기지로 삼아 조선 침투를 획책하고 있었다.

조선을 에워싸고 열강들 간에 쟁탈전이 치열해지자 민비는 러시아를 이용하여 청나라의 세력을 견제하려 했다. 당시 청나라가 주선하여 조선 정부의 고문으로 와 있던 묄렌도르프를 일본의 러시아 공사와 접촉하여 밀약을 맺으려 했다.

조선에서 청나라와 일본을 내쫓고 러시아가 조선의 보호국이 되어 주길 바라는 밀약은 사전에 알려져 청나라에게 오히려 빌미를 제공하는 기회가 되었다.

결국 러시아와의 밀약은 무산되고 청나라는 묄렌도르프를 소환했으며 임오군란 후 납치했던 대원군을 1885년 2월 원세개와 함께 귀국시켰다.

1885년(고종 22) 3월 영국 함대가 거문도를 점령했다. 영국은 점령한 지 2년 만에 청나라의 중재로 조선의 영토를 다시는 점령하지 않는다는 러시아의 약속을 받아내고 철수했다.

조선에 부임한 러시아 공사 베베르는 아내와 함께 세련된 매너로 민비와 고종의 마음을 사로잡았다. 민비는 다시 러시아와 밀약을 추진하려 했으나 청나라의 원세개에 의해 무산되었다.

조선을 둘러싸고 청·러시아·일본의 각축전 속에 민비는 권력 유지에 온힘을 쏟았다.

이때 국가 재정은 파탄지경이었고 민생은 도탄에 빠졌다. 민씨 일족은 매관매직을 일삼았고 특혜를 입은 관료들의 탐학의 폐혜는 농민들에게 전가되었다. 결국 농민들의 불만은 갑오농민전쟁으로 분출되었다.

동학혁명

동학을 창도했던 최제우가 비록 혹세무민의 죄목으로 처형되었지만 그 뒤 2대 교주 최시형을 중심으로 발전해 온 동학은 조정에 대항할 만한 조직으로 성장하였다.

1893년(고종 3) 3월 충청도 보은의 집회에서 2만여 명의 동학농민들이 집결하여 탐관오리의 척결과 민생고 타개 그리고 척왜, 척양 등을 요구했고, 이듬해 1894년(고종 31) 1월에는 고부군수 조병갑의 탐학을 계기로 전봉준의 지도하에 농민전쟁으로 확대되었다.

고부군수 조병갑은 탁월한 탐관오리였는데 그는 백성들에게 과중한 세금 부과는 물론 부당한 갈취를 일삼았고 이에 대항하는 자에게는 형벌을 가해, 함부로 사람을 죽이기도 하여 농민의 원성을 크게 사고 있었다.

이 해 3월에 전봉준에 의해 동학혁명으로 폭발되었고 4월에는 농민군이 전주성을 점령했다. 보국안민과 폐정개혁을 기치로 내건 농민들의 기세가 전국적으로 확산되자 고종과 민비는 청나라에 원병을 청했고, 청나라가 이에 응하자 일본도 톈진조약을 빌미로 파병했다.

이렇게 외세가 개입하자 농민군과 관군은 '전주화약'을 맺고

압송되는 전봉준
동학혁명의 지도자로 녹두 장군이라 불렀다. 1892년 고부군수 조병갑의 탐학이 발단이 된 만석보사건을 주도하였고, 항일구국운동의 선봉에 나서기도 했으나 금구 전투에서 대패하고 순창에서 체포되어 처형되었다.

전라도 53개 지역에 집강소를 설치하여 치안과 행정을 처리키로 하고 싸움을 중단했다. 그러나 조선에 들어온 청·일 양국 군은 철수를 거부하고 오히려 군대를 증파했다. 일본은 청나라에 함께 조선의 내정개혁을 실시하자고 제의했지만 청나라는 이 제의를 거절했다.

그러자 일본 공사 오오토리는 군대를 이끌고 입궐하여 민씨 정권을 몰아내고 흥선대원군을 앞혀 꼭두각시 정권을 탄생시켰다. 그리고 김홍집을 총리대신에 임명하고 군국기무처를 설치하여 내정 개혁을 단행했는데 이 일을 '갑오경장'이라 한다.

조선의 내정 개혁을 단행한 일본은 조선에 주둔하고 있던 청군을 공격하여 승리한 뒤 정식으로 선전포고를 하고 7월에 청국 군함에 포사격함으로써 시작된 '청·일 전쟁'은 2개월 만에 일본의 승리로 끝났다.

청·일 전쟁에서 승리한 일본은 조선 정복을 위해 본격적으로 내정 간섭을 시작했다. 이로 인해 '외세배격'을 기치로 내걸고 동학군이 다시 소집되어 대일 농민전쟁을 벌였다. 그러나 관군과 일본군의 세력에 밀려 그 해 12월 동학 농민군의 봉기는 실패로 끝났고, 전봉준은 부하의 밀고로 순창에서 체포되어 이듬해 1895년 3월 41세에 처형되었다.

비록 동학군의 봉기는 실패로 끝났지만 당시 조선의 백성들을 고난에서 구제하고자 한 현실적 사상 체계는 이후에도 계속된 농민군과 의병의 항일 투쟁의 정신적 지주로 이어지게 된다.

을미사변

1895년(고종 32) 4월에 일본과 청나라가 맺은 시모노세키조약은 청나라의 영토인 요동반도를 일본에 할양하고 조선의 완전 독립을 선언하는 등의 내용이었으나 사실상 조선에서의 일본의 우세를 확인하는 것이었다.

일본은 민비의 등장을 막고 대원군을 조정에서 퇴진시키는 한편 7월에는 김홍집을 다시 총리대신으로 임명하고 연립내각을 만들도록 했으며, 의정부를 내각으로 고쳐 일본인 고문관을 두어 내정 간섭을 더욱 강화했다.

당시 일본은 청·일 전쟁의 승전 대가로 받았던 요동반도를 러시아·독일·프랑스의 삼국 동맹군의 힘에 굴복하여 다시 청나라에 돌려준 상태였다. 이 같은 정세를 감지한 조선의 조정은 배일친러정책을 실시하여 일본군을 조선에서 몰아내고자 했다. 그러자 권력이 약화된 민비와 고종은 러시아에 의존키로 했다.

이때 이완용은 일본이 러시아에게 굴복하는 모습을 자세히 관찰하고 친러파가 되었다. 친러정책으로 전환한 민비는 김홍집 친일내각을 축출시키고 박정양 내각을 출범시키면서 이완용을 학부대신으로 임명하였다.

일본은 청·일전쟁에서 승리하였으나 친러정책을 쓰는 민비 때문에 러시아에게 밀리게 되자 마침내 민비 암살이라는 방법을 동원하기로 했다. 일본공사 미우라의 지휘로 1895년(고종 32) 10월 민비 시해에 들어갔다. 이른바 '을미사변' 이 일어났다.

당시 대원군이 살고 있던 공덕리의 아소정에 일본군이 훈련시킨 조선 군대가 일본 낭인 무사 백여 명과 함께 야간 훈련 명목으로 나타났다. 대원군이 민비와 상극관계임을 잘 아는 미우라는 대원군과 결탁하고 서정쇄신을 명분으로 대원군을 사인교에 태우고 경복궁으로 나아갔다. 이때 궁궐 수비대장 홍계훈을 사살하고 궁궐로 쳐들어가 민비를 찾아 다녔다.

민비는 궁녀복으로 갈아 입고 건청궁의 곤녕각으로 피신하였는데, 낭인 무사들이 찾아내자 내부대신 이경직이 두 팔을 벌려 민비를 가로막았다. 무사들은 이경직의 양 팔목을 잘라 버리고 민비의 온몸을 난도질했다. 민비는 세자를 부르며 죽어갔다.

그들은 증거를 없애기 위해 민비의 시신을 홑이불에 말아 근처의 녹산으로 옮긴 뒤 석유를 붓고 불태워 버렸다. 그리고 남은 뼈조각은 근처 향원정 연못에 던져 버렸다.

민비는 1895년 8월 20일 처참하게 세상을 떠났다. 민비는 슬하에 순종이 유일하게 있었다. 민비가 죽은 지 이틀 뒤 일본

명성황후 조난지
1895년 10월 8일 명성황후는 일본의 무사들에 의해 이곳에서 시해되었다.

의 압력으로 민비를 폐서인시켰으나, 이 해 10월 일본의 만행이 국제 사회에 알려져 지탄을 받게 되자 일본은 사죄의 뜻으로 형식적인 진상 조사를 하고 폐위되었던 민비를 복원시켰다.

그리고 동구릉 능역의 숭릉 우편에 시신 없는 국장을 지내고 숙릉이란 능호를 내렸다.

이 때 11월에 전국에 단발령을 내렸고 음력 11월 17일을 개국 505년 1월 1일로 하면서 양력을 쓰게 했다.

민비 시해사건이 알려지자 전국 각지에서 의병이 일어나 일본군과 관군에 대항하여 치열한 싸움이 벌어졌다. 이에 당황한 일본은 전국 각처에 주력 부대를 출동시켜 진압했으나 의병은 쉽게 소멸되지 않았다.

아관파천

을미사변 뒤 신변에 위협을 느낀 고종은 러시아 공사 베베르와 이완용의 은밀한 공작으로 1896년(고종 33, 건양 1) 2월 러시아 영사관으로 몸을 옮겼다. 이른바 '아관파천'에 성공하자 고종은 여기에서 박정양의 친러 내각을 세우고 이완용은 외부대신 자리에 오르면서 김홍집 등 친일내각 요인들에 대한 체포령을 내렸는데 김홍집과 어윤중은 군중들에게 맞아 죽었으며 이미 실시된 단발령을 철폐하는 한편 의병의 해산을 권고하는 조서를 내렸다.

그러나 친러 내각이 집권하면서 열강에 많은 이권이 넘어가는 등 국위가 추락하고 국권의 침해가 극심해짐에 이 해 7월 서재필 등 30여 명의 개화파들이 조직한 '독립협회'를 비롯한 국민들이 고종의 환궁과 자주 선양을 요구했다.

고종은 1897년 2월 러시아 공사관으로 떠난 지 1년 만에 환궁하여 8월에 연호를 '광무'로 고치고 10월에 황제에 오르면서 국호를 대한제국으로 고쳤다. 이때 죽은 민비는 명성태황후로 추존되었다.

이해 11월 민비의 능을 청량리 천장산 아래 언덕으로 옮기고 능호를 홍릉이라 했다. 고종은 홍릉에 잠든 민비를 보러 가기 위해 종로에서 청량리까지 전차를 놓기도 했지만 홍릉이 길지가 아니라는 풍수지리설이 있어 천장론이 일기도 했다.

민비가 잠든 홍릉은 후일 1919년 경기도 남양주시 금곡동으로 이장하여 고종과 함께 합장되었다.

흥선대원군은 부대부인 민씨가 죽은 지 두 달 만인 1898년(고종 35, 광무 2) 2월 79세에 죽었다. 대한제국 성립 이후 경운궁(덕수궁)에 거처한 고종은 신변의 위협이 더욱 심화되었다. 1898년 7월 안경수가 현역·퇴역 군인들을 매수하여 황제 양위를 음모하다가 발각되어 일본으로 망명했고, 9월에는 김홍륙이 차에 독을 타서 고종을 암살하려다가 발각되어 처형되었다. 10월에는 독립협회의 주최로 만민공동회가 만들어져 자유민권운동을 벌였으나 고종은 보부상 수천 명과 군대의 힘을 이용하여 이들을 진압했다.

1904년(고종 41, 광무 8) 러·일 전쟁이 일어나 일본군의 군사적 압력이 가해지는 때에 장호익 등이 황제 폐위를 음모하다가 사형되었고, 러·일 전쟁에서 승리한 일본은 고종에게 압력을 가하여 8월에 일본이 대한제국의 보호국임을 인정하라는 제1차 한·일 협약(한·일 의정서)을 강요한 데에 이어 1905년 11월에는 제2차 한·일 협약인 '을사보호조약'을 체결하고 말았다.

고종은 이 조약을 반대했지만, 이용구·송병준 등이 조직한 친일 단체 '일진회'를 비롯해 이완용도 친러파에서 친일파로 변신하여 학부대신이 되었고 친일 대신들에 의해 조약이 체결되었다.

일본이 한국의 외교권을 빼앗기 위해 강제로 맺은 이 조약 체결에 참가한 매국노 오적은 외부대신 박제순, 내부대신 이지용, 군부대신 이근택, 학부대신 이완용, 농상공부대신 권중현 등이었다.

고종은 이 조약의 무효를 호소하기 위해 미국 공사에게 밀서를 보냈다. 그러나 당시 미국은 이미 필리핀에서 미국의 우월권을 인정받는 대신 대한제국에 대한 일본의 지배를 용인하는 '가쓰라·태프트 협정'을 체결한 상태였기에 미국이 고종의 밀서에 호응할 리가 만무했다.

일본이 조선에 설치한 통감부에 의해 외교권이 박탈당하자 고종은 1907년 6월 네덜란드 헤이그에서 개최되는 제2차 만국평화회의에 전 의정부 참찬 이상설과 전 평리원 검사 이준을 파견하는 한편 러시아 황제 니콜라이 2세에게 친서를 보내 이들 특사 활동을 지원해 줄 것을 요청했다. 그러나 일본과 영국의 방해로 밀사 계획은 수포로 돌아갔고 이준 열사는 헤이그에서 분사했으며 이완용·송병준 등 친일 매국대신들과 일제의 강요로 한·일협약 위배라는 책임을 지고 고종은 초대 통감 이토에 의해 그 해 7월 20일 퇴위하였다.

순종이 즉위하고 고종은 태황제로 격상되었으나 실권은 없고 1909년 초 고종은 해외에 나가 죽어도 좋다고 러시아 총영사에게 토로하면서 국외망명을 시도하기도 했다.

그 뒤 1910년(순종 3, 융희 4) 일제가 대한제국을 무력으로 합방한 뒤 고종은 이태왕으로 불리다가 1919년 정월 덕수궁에서 68세에 세상을 떠났다. 이때 국장일인 3월 1일을 기해 거족적인 3·1운동이 일어났다.

고종은 경기도 남양주시 금곡동 홍릉에 묻혔는데 민비도 이때 함께 합장되었다.

고종과 엄 귀비

민비가 세상을 떠난 뒤 고종과 함께 지낸 여인은 순헌황귀비 엄씨[영친왕 이은의 생모]였다. 그녀는 엄진삼의 큰딸로 1854년(철종 5)에 태어나 8세 때 입궐하여 시위 상궁으로 있었다. 고종의 총애를 받았던 엄씨는 민비에 의해 쫓겨났다가 1895년 민비가 죽은 지 5일 만에 고종의 명으로 다시 입궐하였다.

당시 김홍집의 친일 내각은 그 해 11월 '단발령'을 내렸는데 이때 민비의 시해 소문과 함께 백성들의 분노가 폭발하였다.

민비 시해와 단발령에 분노한 유생들과 농민들의 봉기는 1896년(고종 33, 건양 1) 1월부터 강원도를 비롯해 지방 각처로 확산되자 일본은 궁궐 수비 정찰대까지 동원해 의병 진압에 나섰다.

신변에 위협을 느낀 고종은 이 틈에 러시아 공사 베베르와 이완용·이범진 등 친러파의 공작으로 세자(순종)와 함께 러시아 공사관으로 3월에 피신했다. 이 무렵 친일 내각의 김홍집과 정병하·어윤중 등은 분노한 군중들에게 맞아 죽었다.

이때 러시아 공사관에 거처하던 고종의 시중을 맡았던 여인이 엄씨였다. 당시 정화당 김씨가 계비로 초간택된 상황이었으나 고종이 러시아 공사관으로 피신하자 흐지부지 되었고 이 틈에 엄씨가 자리를 메웠던 것이다.

정화당 김씨는 그 뒤 처녀로 지내다가 47세 때인 1917년 조선총독부의 정략에 의해 입궐하게 되었다. 당시 조선총독부가 고종으로 하여금 일왕에게 신하의 예를 올리도록 권했으나 고종이 불응하자 김씨를 이용했던 것이다. 조선총독부는 윤덕영을 시켜 김씨에게 비빈의 예를 갖추게 한 뒤 입궁시켜 고종의 환심을 사려 했으나 고종은 거부했다.

일본에 의해 입궁한 김씨는 그 뒤 고종의 얼굴을 볼 수도 없었다. 일본으로부터 비빈으로 인정받은 김씨는 1919년 고종이 죽고 나서 그 시신과 마주했다. 김씨는 한 많은 일생을 살다 죽었다. 이때 귀비 엄씨의 소생 이은(李垠 : 영친왕)은 이미 23세였다.

아관파천했다가 1년 만에 궁궐에 돌아온 고종과 엄씨는 이해 1897년 10월 황제 즉위식을 갖고 국호를 대한제국으로 선포하면서 왕후는 황후로, 왕세자는 황태자로 개칭했다. 고종의 호칭도 전하에서 폐하로 바뀌었다.

이 무렵 엄씨는 귀인으로 책봉되었다. 3년 뒤 1900년 8월 아들 은이 영왕으로 봉해지자 순빈으로 책봉되었다가 이듬해 1901년 10월 빈에서 바로 승격되어 고종의 계비가 되었다.

그 뒤 1907년 순종이 즉위한 뒤 엄씨의 아들 영왕이 황태자로 책봉되었는데 이가 영친왕으로 알려진 대한제국의 마지막 황태자이다. 이때 엄귀비는 황귀비로 책봉되었다.

엄씨는 1906년에 진명여학교를 세울 때 거액을 내놓은 사실상의 설립자이기도 했으며 양정학교 설립 때에도 중심적인 역할을 했다.

귀비 엄씨가 낳은 10세의 황태자(고종의 넷째 아들, 순종의 이복동생)는 1907년 12월 이토 히로부미에 의해 유학이라는 이름으로 일본에 볼모로 잡혀갔다. 당초에는 매년 한 번씩 귀국할 수 있다는 조건이었으나 그는 돌아오지 못했다.

1910년 순종이 폐위되자 황태자는 황세제로 격하되었고 1920년 일본 황실 정책에 따라 일본 황족의 딸 마사코와 정략 결혼했다.

1911년 엄씨는 장티푸스로 세상을 떠났다. 이때 그녀는 58세로 서울 청량리 홍릉의 영휘원에 묻혔다.

1926년 순종이 세상을 떠나자 형식상 왕위 계승자가 되어 이왕이라 했으나 일본에서 귀국하지 못했다. 그는 일본에서 일본 육군사관학교·육군대학을 거쳐 육군 중장을 지냈다.

1963년 11월 당시 박정희 국가재건최고회의 의장의 주선으로 국적을 회복하고 부인 이방자와 함께 귀국했다.

그는 뇌혈전 증상의 실어증으로 고생하면서 1966년 심신 장애자 재활원인 자행회와 1967년 신체 장애자 훈련원 명휘원을 설립하여 운영하였지만 지병으로 1970년 74세에 세상을 떠났다.

그의 부인 이방자에게서 진과 구 두 아들을 두었으나 진은 어려서 죽고 구도 얼마 전에 세상을 떠났다.

그는 경기도 남양주시 금곡동 홍유릉 안에 묻혔으며 1989년 4월 30일 이방자 여사도 함께 묻혔다.

고종의 가계

고종은 명성황후 민씨를 비롯하여 7명의 부인에게서 6남 1녀를 두었는데, 명성황후 민씨가 왕자 척(순종)을 낳았으며, 귀비 엄씨가 영왕을, 귀인 이씨가 완화군 등 2남을, 귀인 장씨가 의왕을, 귀인 정씨가 1남, 귀인 양씨가 덕혜옹주를 낳았다.

흥선대원군 이하응(1820~1989년)

흥선대원군은 인조의 셋째 아들인 인평대군의 6대손인 남연군의 넷째 아들이다. 남연군은 어릴 때 사도세자와 숙빈 임씨의 둘째 아들 은신군의 양자로 입적되었다. 그의 이름은 하응이며, 자는 시백, 호는 석파였다. 12세에 어머니를 여의고 17세에 아버지를 여읜 뒤 불우한 청년기를 보냈다. 1841년 흥선정이 되었고, 1843년 흥선군에 봉해졌으며, 1846년 수릉천장도감의 대존관이 된 뒤 종친부의 유사당상, 오위도총부의 도총관 등을 지내는 등 불우한 시절을 보냈다.

안동 김씨가 세도정치를 하는 동안 시정의 무뢰한인 천희연·하정일·장순규·안필규 등과 어울려 파락호 생활을 하였다. 또 이때 그는 궁도령이라는 비웃음을 사기도 했다. 그는 시정잡배와 어울리면서 민심을 파악할 수 있었다.

흥선군은 1863년 12월 자신의 둘째 아들이 왕위에 오르자 흥선대원군으로 봉해져 신정왕후로부터 섭정의 대권을 위임받자 조정의 대대적인 개혁을 단행하였고 안동 김씨의 세력을 없애 왕권을 강화하였으며 쇄국정책을 추진하였다.

흥선대원군은 경복궁의 무리한 중건과 지나친 쇄국정책으로 나라 안팎에 어려움이 초래되기도 했다.

그는 1873년 11월 고종과 명성황후에 의해 조정에서 물러났다.

고종은 그 당시 이미 22세로 친정을 원하였고, 왕비 민씨는 최익현으로 하여금 대원군을 탄핵하는 상소를 올리게 하여 그를 물러나게 했다.

1881년 대원군 계파인 안기영은 고종의 이복형 이재선을 옹립하여 민씨 정권을 타도하려는 국왕 폐립 음모를 꾸몄으나 사전에 발각되어 대원군 자신의 입지도 더욱 위축되었다.

1882년 임오군란 때 재집권하였고 이때 그는 명성황후의 사망을 공포하고 다시 정국을 주도하려 했지만, 원세개가 이끄는 청국군이 개입함으로써 사태는 반전되어 청국으로 납치되어 3년 동안 중국에서 보냈다.

그는 1885년 2월 원세개와 함께 귀국한 뒤 1886년 민씨 정권이 조·러조약을 체결하자 불만을 품은 원세개와 결탁하여 자신의 손자 준용을 왕으로 옹립하고 재집권하려다 실패하고, 1894년 동학혁명이 일어나자 농민 세력과도 연합하려 하였다. 청·일전쟁 뒤 온건 개혁파가 갑오개혁을 추진할 때 영입되어 군국기무를 총괄하기도 했다.

하지만 그가 자신의 소신대로 개혁을 추진하려 하자 은퇴를 강요당했다.

을미사변 때 민비가 죽은 뒤 일시적으로 재집권하였으나 고종이 러시아 공사관으로 옮겨 가자 다시 실각하였다. 그리고 3년 뒤인 1898년 79세에 운현궁에서 세상을 떠났다. 그는 부대부인 민씨와 함께 공덕리에 안장되었다. 1907년 대원왕에 추봉되었다.

명성황후 민씨(1851~1895년)

여성부원군 민치록의 딸로 8세에 부모를 일찍 여의었고, 흥선대원군의 부인 민씨의 천거로 왕비에 간택되어 1866년 한 살 아래인 고종과 가례를 올리고 왕비가 되었다.

흥선대원군은 외척세력을 배제하기 위해 부인 민씨의 집안에서 왕비를 들여 왕실의 안정을 도모할 생각이었다.

하지만 왕비 민씨는 몇 년 지나지 않아서 왕실 정치에 관여하여 시아버지 흥선대원군과 정적으로 대립하였고, 마침내 그를 몰아내고 정권을 잡았다.

대원군이 물러가자 그녀는 민씨 일족을 앞세워 정권을 장악하고 고종을 움직여 일본과 강화도조약을 맺었다.

1882년 임오군란이 일어나자, 그녀는 궁궐을 탈출하여 장호원의 민응식의 집에 피신하였다. 그녀는 비밀리에 고종과 접촉하여 청나라에 군사 지원을 요청하였다. 그녀의 요청으로 출동한 청국군은 대원군을 납치하여 청나라로 끌고 갔다.

1894년 동학교도들이 일어나자 조선에 적극적인 공세를 펼치던 일본은 흥선대원군을 내세워 민비의 세력을 제거하려고 하였다. 하지만 민비는 일본의 야심을 간파하고 친러정책으로 일본에 대항하였다.

일본공사 미우라는 민비를 포함한 친러세력을 제거하기 위해 을미사변을 일으킨 그녀를 시해하는데 그들은 그녀의 시체를 불사르는 등 천인공노할 만행을 저질렀다.

그 해 10월 10일 그녀는 국장에 의해 숙릉에 안치되고 1897년 명성황후로 추책되고, 11월 양주 천장산 아래에 이장되어 홍릉이라 하였으며, 1919년 고종이 세상을 떠나자 2월에 남양주시로 다시 이장되었다. 그녀 소생으로는 순종 외에도 3남 1녀를 더 낳았으나 모두 일찍 죽었다.

영왕 이은(1897~1970년)

고종의 넷째 아들이며 순헌황귀비 엄씨 소생이다. 1897년에 태어났으며, 1900년 8월에 영왕에 봉해졌고, 1907년에 황태자에 책봉되었으며, 이 해 12월 조선총독 이토 히로부미에 의해 유학이라는 명목으로 일본에 볼모로 잡혀갔다.

1910년 순종이 폐위되자 왕세제로 격하되었고, 1920년 4월 일본 황족 나시모토의 맏딸인 마사코와 정략 결혼했다.

1926년 순종이 세상을 떠나자 왕위 계승자가 되어 이왕이라 불리었으나 일본에서 귀국하지 못했다. 일본에 있는 동안 일본 육군사관학교와 육군대학을 거쳐 육군 중장을 지냈다.

1963년 11월 당시 박정희 국가재건최고회의 의장의 주선으로 국적을 회복하고 부인 이방자와 함께 귀국하였으나 지병으로 1970년 74세에 세상을 떠났다.

그는 부인 이방자 여사에게서 진과 구 두 아들을 얻었으며, 맏아들 진은 어려서 죽고, 둘째 아들 구도 얼마 전에 세상을 떠났다.

경기도 남양주시 금곡동 홍유릉 내에 있는 영원에 묻혔으며, 1989년 4월 30일 이방자 여사도 이곳에 함께 묻혔다.

의왕 이강(1877~1955년)

고종의 셋째 아들로 귀인 장씨에게서 1877년에 태어났으며, 15세가 되던 1891년에 의화군에 봉해졌고, 1893년 9월 김사준의 딸과 가례를 올렸다.

1894년 일본의 전승을 축하하는 보빙대사로 임명되어 일본에 갔다가 그해 10월에 귀국하였다. 이듬해 5월에는 특파대사에 임명되었고, 8월에는 특파대사로 영국·독일·러시아·이탈리아·프랑스·오스트리아 등을 차례로 방문하였다.

1900년에는 미국에 유학하였고 같은 해 8월에 의왕에 봉해졌다. 1905년 4월 미국 유학을 마친 뒤 귀국하여 그 해 6월에 적십자 총재가 되었다.

1919년 대동단의 전협·최익환 등과 상하이 임시정부로 탈출을 모의하고, 그 해 11월 만주 안동에서 일본 경찰에 붙잡혀 강제로 본국에 송환되었다.

그는 1955년 79세에 세상을 떠났다. 그는 부인 연안 김씨에게서 우와 건 두 아들을 두었으며, 다른 부인들에게서 여러 명의 자녀들을 두었다.

제26대 고종 가계도

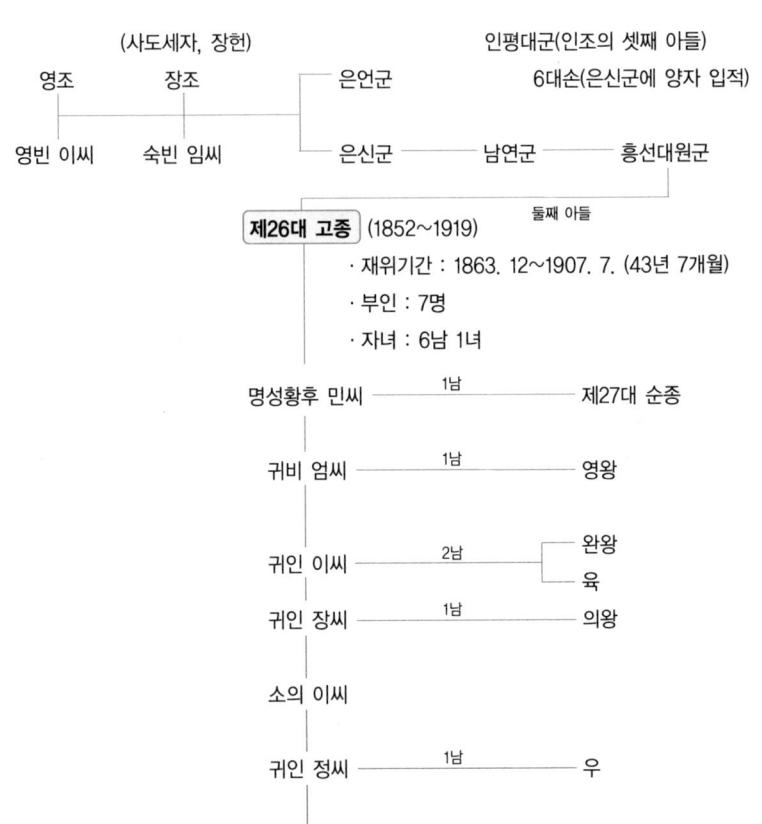

순종실록 純宗實錄

『순종실록』 편찬 경위

『순종실록』은 조선왕조의 제27대 왕이며 대한제국의 두 번째 황제였던 순종의 재위기간(1907~1910) 4년과 퇴위 후 17년간(1910~1926)의 역사를 편년체로 간략하게 기록한 사서이다.

원명은 『순종문온무녕돈인성경효황제실록』으로 약칭 『순종황제실록』으로, 본문 4권 3책, 부록 17권 4책, 목록 1책을 합쳐 모두 22권 8책으로 간행되었다.

『순종실록』은 『고종실록』과 함께 일제 침략기에 일본인들의 주관하여 편찬하였기 때문에 일반적으로 『조선왕조실록』에는 포함시키지 않는다.

『순종실록』은 『고종실록』과 함께 1927년 4월 1일부터 1935년 3월 31일까지 이왕직의 주관 하에 편찬, 간행되었다.

『순종실록』의 편찬에 참여한 편찬위원들의 명단은 아래와 같다.

위원장 소전지책, 부위원장 : 이항구, 감수위원 : 소전성오 · 정만조 · 박승봉 · 성전석내 · 김명수 · 서만순 등이다.

순종은 창덕궁에 거처하다가 1926년 4월 25일에 세상을 떠났다. 그 해 6월 10일 인산일에는 전국적인 독립만세운동이 일어났다. 능호는 유릉으로 경기도 남양주시 금곡동에 있다.

『순종실록』의 내용

　순종(1874~1926)의 이름은 척, 자는 군방, 호는 정헌으로 고종의 둘째 아들이며, 어머니는 명성황후이다. 태어난 다음해 2월에 왕세자로 책봉되었고, 1897년 대한제국이 수립되자 황태자로 책봉되었다.

　1907년 7월에 일제의 강요로 고종이 제위에서 물러나자 뒤를 이어 대한제국의 제2대 황제로 즉위하였고, 연호를 융희라 하였다. 아우인 영친왕을 황태자로 책립하고, 거처를 덕수궁에서 창덕궁으로 옮겼다.

　순종의 즉위 직후인 1907년 7월에는 일제의 강압으로 한·일신협약을 체결하여 국정 전반이 일본인 통감 이토의 간섭 하에 들어가게 되었다. 1909년 7월에는 기유각서에 의해 사법권마저 강탈하였다.

　이리하여 순종은 허수아비 황제가 되었고 이토는 본국으로 돌아갔다. 이어 군부 출신의 데라우치가 조선통감으로 부임하여 대한제국을 합병하려는 공작을 추진하였다.

　먼저 이완용·송병준·이용구 등을 중심으로 한 친일파 일진회를 앞세워 합병을 청원하게 하였고, 갖은 위협과 매수로 1910년 8월 29일 마침내 한·일합병조약을 성립시켜 대한제국을 멸망시켰다.

　1910년 8월 대한제국이 망한 뒤, 순종은 황제에서 이왕으로 강등되었다.

　일제는 그를 창덕궁 이왕으로 예우했고, 이왕직을 설치하여 왕실 업무를 담당하도록 하였다.

제27대 순종
(1874~1926년 재위기간 1907년 7월~1910년 8월)

망국의 황제 순종

순종은 고종과 민비 사이에서 1874년(고종 11) 2월에 둘째 아들로 태어났다.

순종(척)은 세상에 태어난 이듬해 1875년 2월 왕세자로 책봉되었고 1897년(광무 1) 대한제국이 수립되자 황태자가 되었으며 일제의 강요로 고종이 퇴위하면서 1907년 7월 19일부터 형식적인 대리청정을 하다가 8월 27일 황제로 즉위, 연호를 융희로 고치고 이복동생인 은(영친왕)을 황태자로 책봉했다.

순종이 계비로 맞은 순정효황후 윤씨는 해평 윤씨 해풍부원군 윤택영의 딸로 1894년(고종 31)에 태어났으며 순종보다 20년 연하였다.

윤씨는 9세 때인 1906년(광무 10, 고종 43)에 동궁의 계비가 되었다가 그 해 12월 11일에 황태자비로 책봉되었고 1907년 7월 순종이 즉위하자 황후가 되었다.

1910년(융희 4) 일본에 국권을 강탈당할 때 병풍 뒤에서 어전회

순종
조선왕조의 마지막 왕으로 1875년(고종 12) 세자로 책봉, 1897년 고종의 양위를 받아 즉위하여, 융희로 연호를 고치고 왕제 영친왕 은을 황태자로 책립하였다.

의를 엿듣고 있던 윤씨는 오적 이완용 등 친일파들이 순종에게 한·일 합병조약에 날인할 것을 강요하자 옥새를 치마 속에 감추고 내놓지 않았으나 결국 숙부 윤덕영에게 강제로 빼앗겼다.

윤씨는 1966년 1월 창덕궁 낙선재에서 후사 없이 72세에 세상을 떠났다.

그녀는 현재 경기도 남양주시 금곡동 홍유릉의 유릉에 순종과 순명효황후가 묻힌 곳에 합장되어 있다.

1907년 7월 헤이그 밀사사건의 책임을 물어 고종을 퇴위시키고 순종이 즉위하면서 한·일신협약(정미 7조약)을 강제로 성립시켜 국정 전반을 일본인 통감이 간섭할 수 있게 했고, 정부 각부의 장관을 일본인으로 임명하는 이른 바 '차관정치'를 시작했다.

내정간섭권을 탈취한 일제는 재정부족이라는 구실로 이 해 8

월 조선의 군대를 강제로 해산시켜 버렸다. 이에 분노한 참령 박성환이 권총으로 자결했고 해산된 군인과 의병들이 일본군에 대항하여 싸웠으나 무기와 병력이 우세한 일본군에게 참패했다. 그러나 이후에도 항쟁은 계속되었다.

그 해 12월에는 엄 귀비가 낳은 황태자(이은, 영친왕)가 유학이라는 명목으로 일본에 볼모로 잡혀갔다.

1908년(융희 2) 3월 스티븐스라는 미국인이 샌프란시스코에서 기자 회견을 갖고 조선의 백성들은 모두 일본을 환영하며 이토와 이완용을 찬양하고 일본이 한국을 보호하지 않으면 러시아가 쳐들어온다고 망발을 늘어놓자, 재미교포단체인 공립협회와 대동보국회가 강경하게 항의했다. 이틀 뒤 그는 장인환과 전명운에 의해 오클랜드 역에서 사살되었다.

또한 1909년(융희 3) 7월에는 기유각서에 의해 사법권마저 강탈당했고 이때 이토가 사임하고 일본으로 돌아가자 소네 총독이 통감으로 부임하였으며 일본은 대한제국의 식민화 계획을 더욱 강화했다.

일제는 각의에서 '한·일합병 실행에 관한 방침'을 통과시킨 뒤 10월에는 러시아와 사전에 만주 문제를 협상하기 위해 이토를 만주에 파견하였다.

10월 26일 오전 9시, 하얼빈 역에 도착한 이토 히로부미는 안중근 의사의 총을 맞고 죽었다. 이를 빌미로 일제는 조선에 대한 무력 강점계획을 실행에 옮기게 되었고 안중근은 이듬해 3월 여순 감옥에서 사형에 처해졌다.

이 무렵 내무대신 송병준은 이용구와 함께 노골적으로 합방론을 주장하면서 한·일합방 건의서를 일본 정부에 제출하자 이완용의 눈에서는 시기의 불꽃이 튀었다. 누가 먼저 나라를

송병준
윤시병·이용구 등과 일진회를 조직하여 국민의 생명·재산의 보호를 구호로 내세우면서 일본의 앞잡이로 활약하였다. 1907년 농상공부대신·내부대신을 역임했고 일본에 건너가 한일합방을 주장한 매국노였다.

팔아먹느냐라는 추잡한 경쟁이 치열하게 벌어졌다.

이완용은 그의 비서 이인직·민영규를 시켜 원각사에서 국민대회를 개최하게 하고 이때 송병준과 이용구를 규탄하자 4천여 군중들은 열렬하게 환호했다.

그러나 이러한 일은 이완용의 작전이었고 송병준 등의 합방안이 시기상조라고 주장을 하며 나름대로 독자적인 합방안을 꾸미고 있었다.

이완용은 이 해 12월 명동성당에서 열린 벨기에 국왕의 추도식에 참석한 뒤 인력거를 타고 출발하려는 순간 이재명이 이완용의 어깨와 심장 부위를 칼로 찔렀다. 이완용은 칼 끝에 왼쪽 폐를 심하게 다쳤으나 죽지 않았고 15년 뒤 그 후유증으로 죽었다. 이재명은 체포되어 사형에 처해졌다.

1910년(융희 4) 7월 육군대신 데라우치 통감이 일본 정부의 지시대로 이용구·송병준의 일진회 합방안을 총리대신 이완용에게 제시하자 이완용은 찬성하였다.

이렇게 하여 '조선귀족령'이 생겼고 일진회와 이완용이 앞장선 한·일합방은 쉽게 이루어졌다. 8월 11일 조선인이 원함에 따라 조선과 일본이 합방한다는 논리로 작성한 합방 조약서는 이완용의 사주를 받은 순정효황후의 숙부 윤덕영이 옥새를 훔쳐 날인하고 이완용에게 건네주었다.

형식적인 어전회의가 끝나자 일본은 합방 사실을 외국에는 즉시 통고하였으나 조선 내에서는 8월 29일 공표했다. 이로써 조선왕조는 27대 519년 만에 멸망하였다.

대한제국이 무너진 뒤 순종은 황제에서 왕으로 강등되어 창덕궁에 머물렀고 일본은 그를 이왕이라 불렀으며 16년 동안 망국의 한을 달래다가 1926년 4월 25일 53세에 세상을 떠났다.

종로거리에서 독립만세를 부르는 국민들의 모습.

이 해 6월 10일 그의 국장이 치러지는 인산일을 기해 6·10 독립만세운동이 전국적으로 일어났다.

순종의 가계

순종은 순명효황후 민씨와 순정효황후 윤씨 등 2명의 부인을 두었으나 슬하에 자녀가 없었다. 능은 유릉으로 경기도 남양주시 금곡동에 있다.

순명효황후 민씨(1872~1904년)

순명효황후 민씨는 여은부원군 민태호의 딸로 1872년(고종 9) 10월에 태어났으며 1882년 2월 11세 때 세자빈으로 책봉되었고, 1894년(고종 31)부터 황태자비로 불리었으며 1897년 10월 황태자비에 책봉되었다. 순명효황후의 아버지 민태호는 민씨 일족으로 구성된 수구파의 대표로 활약하다가 갑신정변 때 개화파에 의해 살해되었다. 그녀는 1904년 9월 33세에 슬하에 소생이 없이 세상을 떠났다.

순정효황후 윤씨(1894~1966년)

해풍부원군 윤택영의 딸로, 순종의 첫 번째 황태자비 순명효황후 민씨가 1904년 세상을 떠나자, 1906년 12월 황태자비에 책봉되었다. 그녀는 그 뒤 1907년 순종이 황제에 오르자 황후가 되었다.

1910년 국권이 일본에게 강탈될 때 병풍 뒤에서 어전회의를 엿듣고 있다가 친일파들이 순종에게 합방조약에 날인할 것을 강요하자, 이를 저지하려고 치마 속에 옥새를 감추었다. 그러나 숙부인 윤덕영에게 강제로 빼앗기고 말았다.

1966년 71세에 낙선재에서 심장마비로 세상을 떠났다. 슬하에 소생은 없었으며, 죽은 뒤 순종과 함께 경기도 남양주시 금곡동의 유릉에 묻혔다.

제27대 순종 가계도

고종 ─┬─ 둘째 아들 ─ **제27대 순종** (1874~1926)
명성황후 · 재위기간 : 1907.~1910. 8. (3년 1개월)
· 부인 : 2명
· 자녀 : 없음

순명효황후 민씨

순정효황후 윤씨

조선왕조의 정부기관

【 의정부 】

　의정부는 조선시대 조정의 백관을 통솔하고 서정을 총괄하던 최고의 행정기관이다. 1400년(정종 2) 도평의사사가 의정부로 개편되었고 1907년 내각으로 바뀌었다.

　의정부는 조선왕조가 창업된 뒤 수십 차례의 변천을 거치면서 정1품의 영의정·좌의정·우의정, 정1품의 좌찬성·우찬성 그리고 정2품의 좌참찬·우참찬 각 1명에 정4품의 사인 2명, 정5품의 검상 1명, 정8품의 사록 1명으로 구성되었다.

【 육조 】

　육조는 조선시대에 국가의 정무를 나누어 맡아 보던 이조·호조·예조·병조·형조·공조에 대한 총칭으로 별칭으로 육부 또는 육관으로 불리었다.

　육조는 각 조마다 정2품의 판서 1명, 종2품의 참판 1명, 정3품의 참의 1명에 정5품의 정랑이 2명에서 4명, 정6품의 좌랑이 2명에서 4명 등으로 구성되었다.

　육조의 기능을 살펴보면 이조는 주로 관리들의 인사를 담당하였으며, 호조는 재정 경제와 호적 관리를, 예조는 과거와 외교, 왕실의 상례를 담당했고, 병조는 군제와 군사를, 형조는 형벌 및 재판과 노비를, 공조는 도로·교량·도량형 등을 관리했다.

【 삼사 】

　삼사는 언론을 담당한 사헌부·사간원·홍문관을 합해서 일컬으며 일명 언론 삼사라고도 한다.

사헌부는 조정의 백관에 대한 감찰·탄핵 및 정치에 대한 언론을, 사간원은 국왕에 대한 간쟁과 정치 일반에 대한 언론을 담당하는 언관으로서, 이 두 기관을 합해 대간 또는 언론 양사라고 부르기도 했다.

홍문관은 궁중의 서적과 문한을 관장하였고, 경연관으로서 왕의 학문적·정치적인 일을 담당하였다.

삼사의 인적 구성을 살펴보면 사헌부에 종2품 대사헌 1명, 종3품의 집의 1명, 정4품 장령 2명, 정5품 지평 2명, 정6품 감찰 24명으로 조직되었다. 그리고 사간원에 정3품 대사간 1명, 종3품 사간 1명, 정5품의 헌납 1명, 정6품의 정언을 각각 두었다. 홍문관에는 정2품의 대제학, 종2품 제학, 정3품 부제학, 정3품 당하관의 직제학, 종3품 전한, 정4품의 응교, 종4품의 부응교 각 1명과 정5품의 교리 2명, 정6품의 수찬 2명, 종6품의 부수찬 2명, 정7품의 박사, 정8품의 저작, 정9품의 정자 2명 등을 각각 두었다.

[승정원]

승정원은 왕명을 출납하던 곳으로 오늘날의 청와대 비서실에 해당한다. 별칭으로 정원·후원·은대·대언사 등으로 불리었다.

승정원에는 도승지·좌승지·우승지·좌부승지·우부승지·동부승지 각 1명씩 6명의 승지가 있으며, 이들은 모두 정3품의 당상관들이었다. 그리고 승지 이외에도 정7품의 주서 2명이 있었고, 서리 28명을 두었다.

승정원의 6승지는 동벽과 서벽으로 나누어졌는데, 도승지·좌승지·우승지는 동벽, 좌·우부승지와 동부승지는 서벽이라 하였다.

이들 여섯 승지들이 맡은 일은 도승지는 이방, 좌승지는 호방, 우승지는 예방, 좌부승지는 병방, 우부승지는 형방, 동부승지는 공방을 맡아 업무를 처리하였다.

승정원은 왕에게 올리는 글 등 모든 문서는 승정원을 거치게 되어 있어 왕의 비서로서 그 임무가 중대할 뿐 아니라 승지들은 모두 경연참찬관과 춘추관의 수찬관을, 도승지는 홍문관·예문관의 직제학과 상서원정을 겸임하도록 했다.

1894년(고종 31) 갑오경장 이후 승선원으로 개칭되었다.
   승정원에서는 왕명의 출납과 조정의 제반 행정사무, 의례적 사항 등을 기록하여 만든 『승정원일기』가 있다.

〖 그 외 정부기관들 〗

- **의금부** 왕명을 받들어 범죄자를 다스리는 기관으로 일명 순군, 의용이라고도 불리었다.
- **포도청** 도둑이나 범죄자를 잡기 위하여 설치한 기관이며 일명 포청으로 좌·우청 둘로 나누어졌다.
- **중추부** 처음에는 군무의 최고 기관이었으나 세조 때부터는 하는 일이 없었고, 문무 당상관으로 직책이 없는 자를 우대하는 기관으로 두었다.
- **성균관** 우리나라의 옛대학으로 유학의 진흥과 문묘 등에 관한 일을 맡았다.
- **예문관** 왕의 칙명과 교명을 기록하는 기관.
- **오위도총부** 의흥위·용양위·호분위·충좌위·충무위 등의 오위의 군무를 총괄하던 관청이었으나 중종 때 비변사가 설치되고 임진왜란 뒤에 군국의 사무를 비변사가 담당하게 되어 실권이 없는 기관으로 전락했다.
- **상서원** 옥새·절월·마패 등에 관한 일를 맡아 보던 기관.
- **훈련원** 군사들의 재주를 시험하고 무예를 연습하던 곳으로 병서와 전진의 강습을 맡았다.
- **종친부** 역대 국왕의 계보와 초상화를 보관하고 왕실의 행사와 제례 등을 주관하며 왕실과 종실에 예속된 땅을 관리하고, 선원제파를 감독하는 업무를 맡았다.
- **충훈부** 나라에 공이 있는 공신들의 땅과 작위, 훈장 등에 대한 업무를 맡았다.
- **의빈부** 공주나 옹주 등과 결혼한 사람들을 관리하는 기관.

돈녕부	임금의 친족과 외척들의 친선을 도모하기 위한 관청으로 임금·왕비·세자빈 등의 친척들이 이곳의 관리로 임명되었다.
한성부	조선의 수도를 담당하는 관청으로 호적 관리와 시장 및 점포·가옥·토지·산과 도로·교량·개천 등에 관한 일을 맡은 기관.
춘추관	조선시대 논의·교명·국사 등의 일을 맡은 기관으로 일하는 사람은 모두 문관이며 다른 일을 맡은 관리들이 이곳의 임무를 겸했다.
승문원	사대교린에 관한 문서를 맡아 보는 기관.
봉상시	나라의 제사와 시호에 관한 사무를 맡은 기관.
종부시	왕족들의 족보를 편집, 기록하고 종친들의 잘못을 조사, 규탄하는 임무를 맡은 기관.
교서관	경서적의 인쇄와 반포, 제사에 쓸 향축, 도장에 새겨넣을 글씨 등을 담당하는 기관이다.
사옹원	왕궁의 음식에 관한 업무를 맡았다.
내의원	왕이 복용하는 약을 제조하는 기관이다.
상의원	왕실의 의복과 일용품·금·보화 등을 공급하는 기관.
사복시	수레와 마필 및 목장 등의 일을 맡아 보는 기관이다.
군기시	무기의 제조를 담당하는 기관이다.
내자시	왕궁에서 쓰는 쌀·국수·술·간장·기름·꿀·채소·과실·직조 등과 궁중의 연회 및 직물에 관한 임무를 맡았다.
내섬시	각 궁이나 전에 공급하는 물건, 2품 이상 관리에게 주는 술, 일본·여진인을 접대하는 음식 등을 맡아 보는 기관.
예빈시	왕실의 종친과 재상들에게 공급하는 음식을 맡은 기관.
사섬시	화폐의 제조(종잇돈)와 노비들이 노역 대신 바치는 베를 관리하는 기관.
군자감	군수물자의 저장과 출납을 맡아 보는 기관.

제용감　중국에 바치는 직물과 인삼·의복·마포·포화·염직·비단 등을 관리하였다.

장악원　음악을 맡은 기관.

관상감　천문·풍수·책력·술수·기상관측·시간측정 등의 일을 맡은 기관.

전의감　왕궁에서 쓸 의약의 공급 및 임금이 하사하는 약을 맡은 기관.

세자시강원　세자에게 경서와 사적을 강론하고 도의를 가르치는 일을 맡았다.

세자익위사　세자의 경호를 맡아 보던 기관.

종학　종친들의 교육을 맡은 기관.

풍저창　궁중의 쌀·콩·종이 등의 물건을 관리하는 기관.

전함사　중앙과 지방의 전함을 수리하는 기관.

내수사　궁궐에서 쓰는 쌀·포목·잡물과 노비에 관한 업무를 맡았다.

소격서　삼청동에 성제단을 세우고 하늘에 제사지내는 업무를 맡았다.

종묘서　조선의 역대 왕들을 모시는 사당을 지키는 기관.

사직서　사직단을 관리하는 일을 맡았다.

평시서　시전에서 쓰는 자·말·저울 등을 관리하는 임무를 맡았다.

사온서　대궐에서 쓰는 술을 담당했다.

내시부　왕궁 내에서 식사를 감독하고, 왕의 명령을 전달하며 대궐문을 지키고 청소하는 일을 맡았다.

활인서　도성 안의 환자들을 무료로 치료하는 구제 사업을 맡았다.

전옥서　옥에 갇힌 죄수를 맡아 보는 기관.

조지서　각종 종이 및 제반 일에 쓸 종이 만드는 일을 맡았다.

혜민서　의약과 일반 백성들의 병 치료를 맡았다.

내명부와 외명부

내명부(內命婦) : 대궐 안에서 봉직하는 여관으로서, 후궁들은 정1품에서 종4품의 벼슬을 받았고, 궁관(궁녀)들은 종5품에서 종9품의 벼슬을 받았다.

품계별	내 명 부	세 자 궁
정1품	빈	
종1품	귀인	
정2품	소의	
종2품	숙의	양제
정3품	소용	
종3품	숙용	양원
정4품	소원	
종4품	숙원	승휘
정5품	상궁 · 상의	
종5품	상복 · 상식	소훈
정6품	상침 · 상공	
종6품	상정 · 상기	수규 · 수칙
정7품	전빈 · 전의 · 전선	
종7품	전설 · 전제 · 전언	장찬 · 장정
정8품	전찬 · 전식 · 전약	
종8품	전등 · 전채 · 전정	장서 · 장봉
정9품	주궁 · 주상 · 주각	
종9품	주변치 · 주치	장장 · 장식 · 장의
	주우 · 주변궁	

외명부(外命婦) : 궁궐 바깥에 머물면서 작위를 받은 여인들로서, 임금의 딸인 공주와 옹주, 세자의 딸인 군주·현주를 비롯하여 왕의 친척의 부인과 조정 문무관의 부인들이 모두 해당된다.

품계별	왕의 유모	왕비의 어머니	임금의 딸	세자의 딸
			공주(公主, 적녀)	
			옹주(翁主, 서녀)	
정1품		부부인(府夫人)		
종1품	봉보부인(奉保夫人)			
정2품				군주(君主, 적녀)
정3품 당상관				현주(縣主, 서녀)

품계별	종친의 아내	문무관의 아내
정1품	부부인(府夫人, 대군의 아내)·군부인(郡夫人)	정경부인(貞敬夫人)
종1품	군부인(郡夫人)	정경부인
정2품	현부인(縣夫人)	정부인(貞夫人)
종2품	현부인	정부인
정3품(上)	신부인(愼夫人)	숙부인(淑夫人)
정3품(下)	신인(愼人)	숙인(淑人)
종3품	신인	숙인
정4품	혜인(惠人)	영인(令人)
종4품	혜인	영인
정5품	온인(溫人)	공인(恭人)
종5품	온인	공인
정6품	순인(順人)	의인(宜人)
종6품		의인
정7품		안인(安人)
종7품		안인
정8품		단인(端人)
종8품		단인
정9품		유인(孺人)
종9품		유인

조선 왕조 왕릉 현황

순위	능호	묘호	사적	소재지
1대	건원릉	태조	193호	경기도 구리시 인창동 산 2-1 (동구릉)
	제릉	신의고황후		개성시 판문군 상도리(북한)
	정릉	신덕고황후	208호	서울시 성북구 정릉 2동 산 87-16
2대	후릉	정종		개성시 판문군 영정리(북한)
		정안왕후		
3대	헌릉	태종	194호	서울시 서초구 내곡동 산 13-1
		원경왕후		
4대	영릉	세종	195호	경기도 여주군 능서면 왕대리 산 83-1
		소헌왕후		
5대	현릉	문종	193호	경기도 구리시 인창동 산 2-1(동구릉)
		현덕왕후		
6대	장릉	단종	196호	강원도 영월군 영월읍 영흥리 산 121-1
	사릉	정순왕후	209호	경기도 남양주시 진건면 사릉리 산 65-1
7대	광릉	세조	197호	경기도 남양주시 진전읍 부평리 산 99-2
		정희왕후		
추존	경릉	덕종	198호	경기도 고양시 덕양구 용두동 산 30-1(서오릉)
		소혜왕후		
8대	창릉	예종	198호	경기도 고양시 덕양구 용두동 산 30-1(서오릉)
		안순왕후:계비		
	공릉	장순왕후	205호	경기도 파주시 조리읍 봉일천리 산 4-1
9대	선릉	성종	199호	서울시 강남구 삼성동 131
		정현왕후:계비		
	순릉	공혜왕후		
	단릉		205호	경기도 파주시 조리읍 봉일천리 산 15-1
10대	연산군묘	연산군	362호	서울시 도봉구 방학동 산 77
		군부인 신씨		
11대	정릉	중종	199호	서울시 강남구 삼성동 135-4
	온릉	단경왕후	210호	경기도 양주군 장흥면 일영리 산 19
	희릉	장경왕후:계비	200호	경기도 고양시 덕양구 원당동 산 38-4(서삼릉)
	태릉	문정왕후:계비	201호	서울시 노원구 공릉동 313-19
12대	효릉	인종	200호	경기도 고양시 덕양구 원당동 산 38-4(서삼릉)
		인성왕후		
13대	강릉	명종	201호	서울시 노원구 공릉동 313-19
		인순왕후		
14대	목릉	선조	193호	경기도 구리시 인창동 산 2-1(동구릉)
		의인왕후		
		인목왕후:계비		

순위	능호	묘호	사적	소재지
15대	광해군묘	광해군 군부인 유씨	363호	경기도 남양주시 진건면 송릉리 산 59번지
추존	장릉	원종 인헌왕후	202호	경기도 김포시 풍무동 산 141-1
16대	장릉 휘릉	인조 인열왕후 장렬왕후:계비	203호 193호	경기도 파주시 탄현면 갈현리 산 25-1 경기도 구리시 인창동 산 2-1(동구릉)
17대	영릉	효종 인선왕후	195호	경기도 여주군 능서면 왕대리 산 83-1
18대	숭릉	현종 명성왕후	193호	경기도 구리시 인창동 산 2-1(동구릉)
19대	명릉 익릉	숙종 인현왕후:계비 인원왕후:계비 인경왕후	198호 198호	경기도 고양시 덕양구 용두동 산 30-1(서오릉) 경기도 고양시 덕양구 용두동 산 30-1(서오릉)
20대	의릉 혜릉	경종 선의왕후:계비 단의왕후	204호	서울시 성북구 석관동 1-5 경기도 구리시 인창동 산 2-1(동구릉)
21대	원릉 홍릉	영조 정순왕후:계비 정성왕후	193호 198호	경기도 구리시 인창동 산 2-1(동구릉) 경기도 고양시 덕양구 용두동 산 30-1(서오릉)
추존	영릉	진종 효순소황후	205호	경기도 파주시 조리읍 봉일천리 산 15-1
추존	융릉	장조 헌경의황후	206호	경기도 화성시 태안읍 안녕리 산 1-1
22대	건릉	정조 효의선황후	206호	경기도 화성시 태안읍 안녕리 산 1-1
23대	인릉	순조 순원숙황후	194호	서울시 서초구 내곡동 산 13-1
추존	원릉	문조 신정익황후	193호	경기도 구리시 인창동 산 2-1(동구릉)
24대	경릉	헌종 효현성황후 효정성황후:계비	193호	경기도 구리시 인창동 산 201(동구릉)
25대	예릉	철종 철인장황후	200호	경기도 고양시 덕양구 원당동 산 38-4(서삼릉)
26대	홍릉	고종 명성태황후	207호	경기도 남양주시 금곡동 141-1
27대	유릉	순종 순명효황후 순정효황후	207호	경기도 남양주시 금곡동 141-1

선원계도와 조선왕조 세계도 (1392~1910)

(1) 시조 한 (2) 자연 (3) 천상 (4) 광희 (5) 입전 (6) 경휴 (7) 염순 (8) 승삭
(9) 충경 (10) 경영 (11) 충민 (12) 화 (13) 진유 (14) 궁진 (15) 용부, 단신
(16) 인, 거 (17) 양무 (18) 목조(추존) (19) 익조 (20) 탁조 (21) 환조

범 례
── 선 : 혈통계
┄┄ 선 : 왕통계

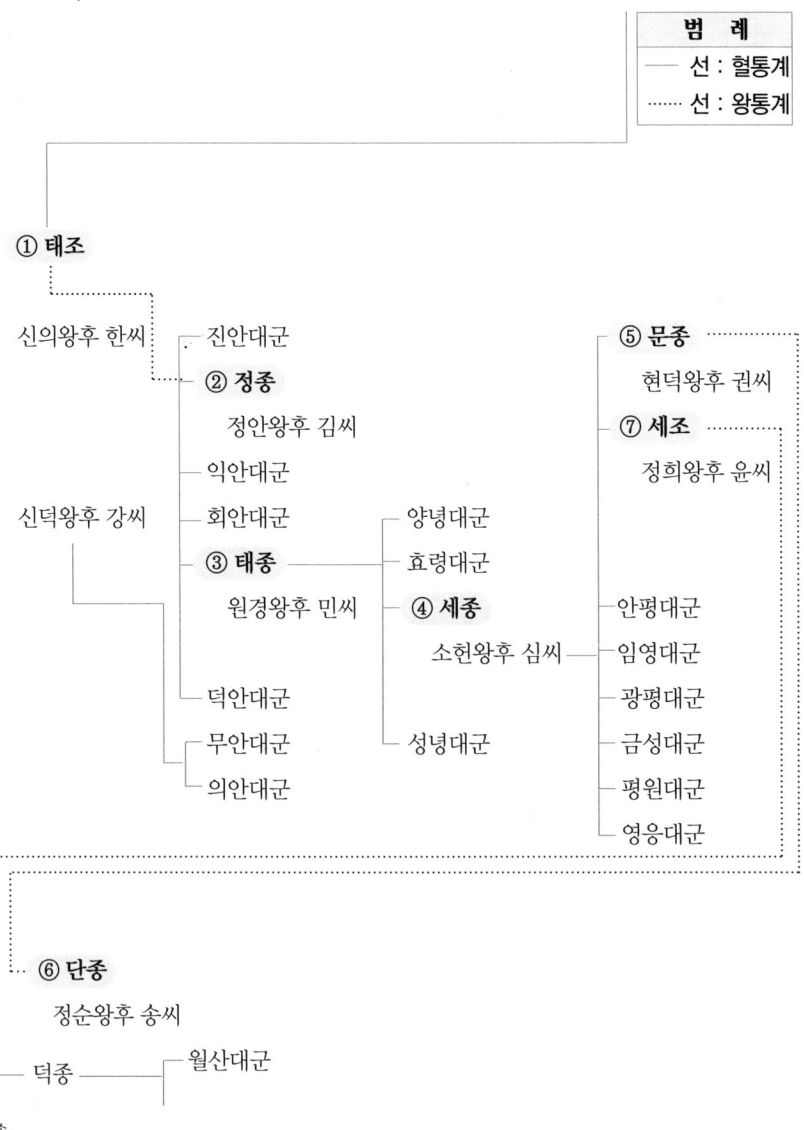

계속

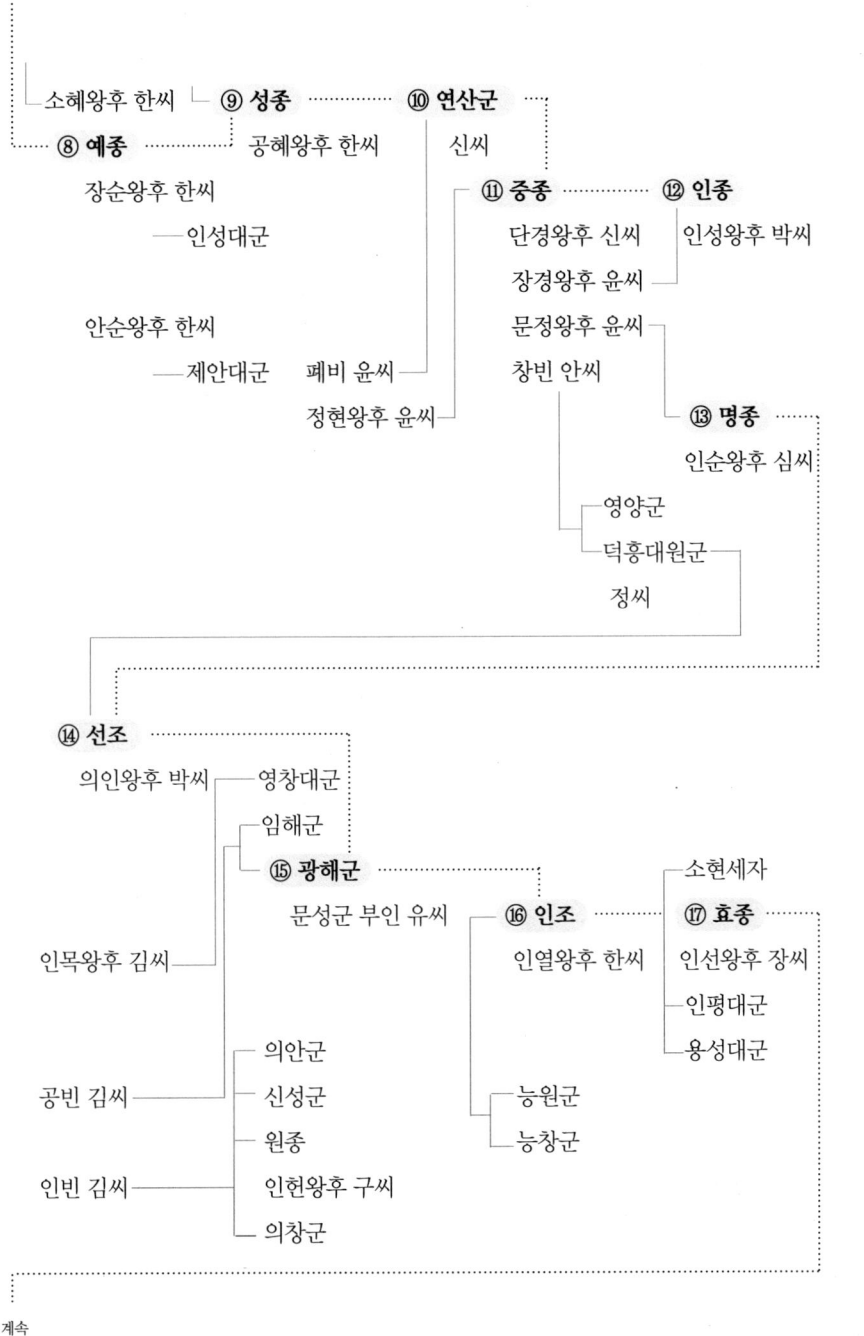

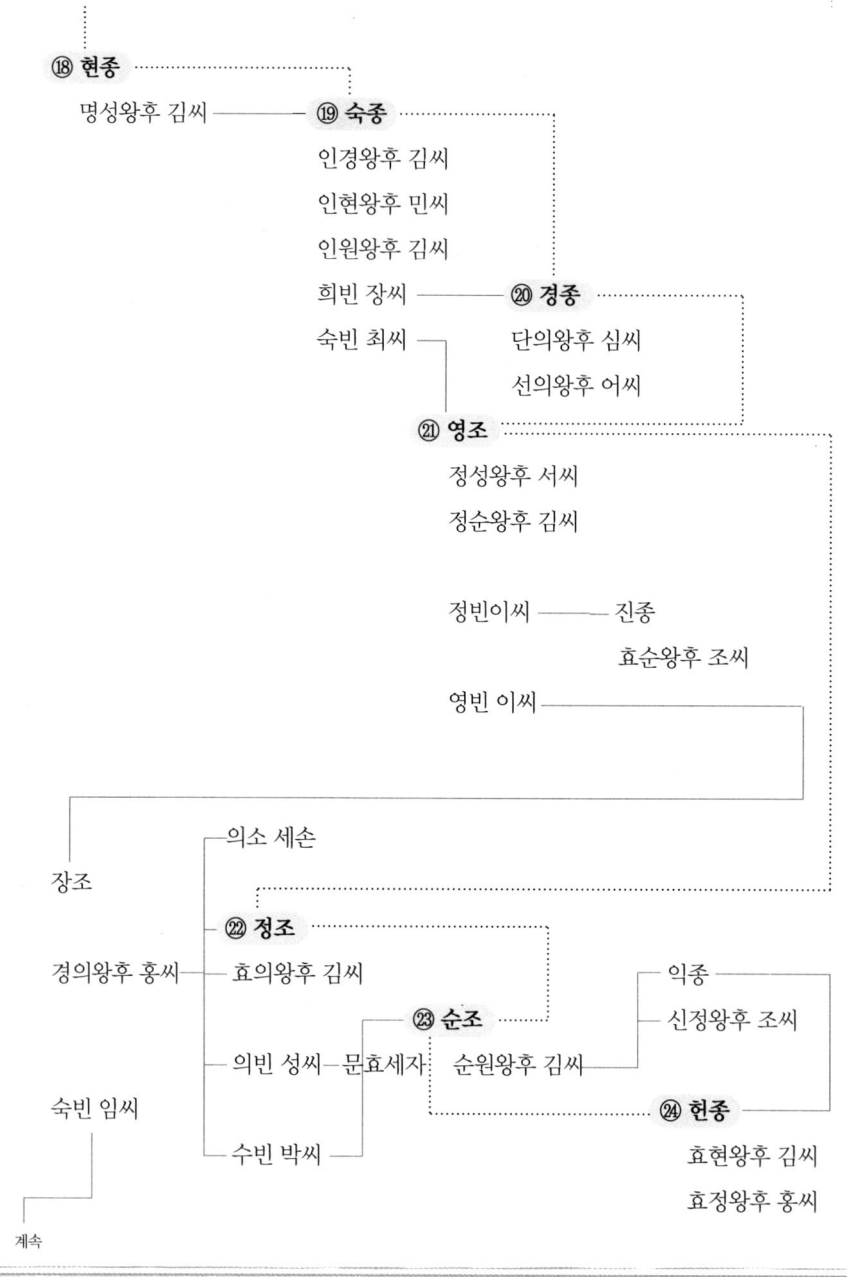

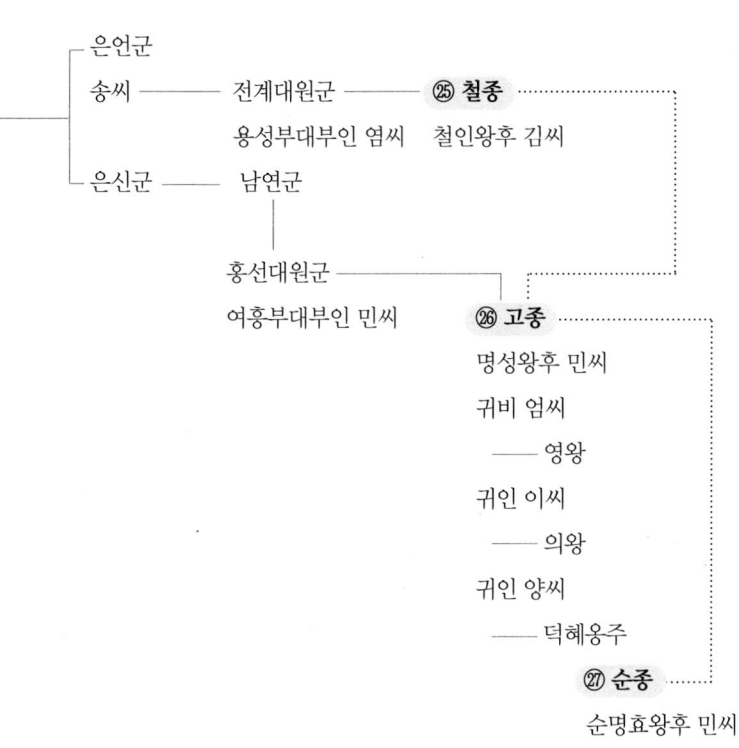

참고 문헌

『조선왕조실록』(국사편찬위원회)
『국조오례의』
『선원록』
『연려실기술』(이긍익, 민족문화추진회, 1967)
『문화재대관』(문화재관리국, 1991)
『서울 600년사』(서울특별시, 1987)
『한국민족문화대백과사전』(한국정신문화연구원, 1991)
『왕릉』(한국문원, 1995)
『왕릉 풍수와 조선의 역사』(장영훈, 대원사, 2000)
『한국사대계』(삼진사)
『국사대사전』(민중서관)

한 권으로 풀어 쓴
조선왕조실록

2017년 9월 5일 초판 1쇄 인쇄
2017년 9월 15일 초판 1쇄 발행

엮어 옮김　**유 종 문**
편집 주간　**이 선 종**

펴 낸 곳　**아이템북스**
펴 낸 이　**박 효 완**
편집 기획　**전 상 훈**
디 자 인　**김 영 숙**

출판등록　2001년 8월 7일
등록번호　제 2-3387호
주　　소　서울시 마포구 서교동 444-15
전　　화　02-332-4337
팩　　스　02-3141-4347

ISBN 979-11-5777-090-8

* 잘못된 책은 바꿔 드립니다.